ठाकुर जगमोहन सिंह समग्र

ठाकुर जगमोहन सिंह समग्र

सम्पादक

रमेश अनुपम

राजकमल प्रकाशन

नयी दिल्ली पटना इलाहाबाद कोलकाता

संस्कृति विभाग, छत्तीसगढ़ सरकार के सहयोग से प्रकाशित

ISBN : 978-81-267-2733-9

मूल्य : ₹ 800

पहला संस्करण : 2014

प्रकाशक : राजकमल प्रकाशन प्रा. लि.
1-बी, नेताजी सुभाष मार्ग, दरियागंज
नई दिल्ली-110 002

शाखाएँ : अशोक राजपथ, साइंस कॉलेज के सामने, पटना-800 006
पहली मंज़िल, दरबारी बिल्डिंग, महात्मा गांधी मार्ग, इलाहाबाद-211 001
36 ए, शेक्सपियर सरणी, कोलकाता-700 017

वेबसाइट : www.rajkamalprakashan.com
ई-मेल : info@rajkamalprakashan.com

मुद्रक : बी.के. ऑफ़सेट
नवीन शाहदरा, दिल्ली-110 032

THAKUR JAGMOHAN SINGH SAMAGRA
Edited by Ramesh Anupam

आभार

श्री रमन सिंह

मुख्यमंत्री, छत्तीसगढ़

और

श्री अजय चंद्राकर

मंत्री, संस्कृति, पर्यटन, पंचायत, ग्रामीण विकास एवं
संसदीय कार्य, छत्तीसगढ़
के प्रति, जिनकी विशेष रुचि एवं मार्गदर्शन के बिना
यह प्रकाशन संभव नहीं होता।

आदरणीय भाई श्री देवी प्रसाद त्रिपाठी के लिए

ठाकुर जगमोहन सिंह

जन्म : 4 अगस्त, 1857 निधन : 4 मार्च, 1899

प्राक्कथन

सन् 2006 अठारह सौ संतावन की क्रान्ति की 150वीं जयन्ती के साथ-साथ भारतेन्दु-युग के रचनाकार तथा भारतेन्दु हरिश्चन्द्र के अनन्यतम सखा ठाकुर जगमोहन सिंह की 150वीं जयन्ती का भी वर्ष था। सम्पूर्ण देश सहित हिन्दी भाषा तथा साहित्य ने अठारह सौ संतावन की क्रान्ति का अपने-अपने तरीके से स्मरण किया; पत्रिकाओं के भारी भरकम विशेषांक प्रकाशित किए गए जो कि सराहनीय थे, किन्तु इसे हिन्दी समाज और साहित्य का दुर्भाग्य ही कहा जाएगा कि ठाकुर जगमोहन सिंह की 150वीं जयन्ती पर भी उनका स्मरण किया जाना उचित नहीं समझा गया।

4 अगस्त, सन् 1857 को मध्यप्रदेश के विजयराघवगढ़ रियासत में जन्म लेने वाले ठाकुर जगमोहन सिंह का नाम भारतेन्दु-युग के सर्वाधिक प्रतिभाशाली रचनाकारों में प्रमुख है। ठाकुर जगमोहन सिंह की प्रांजल भाषा और रूप माधुर्य की प्रशंसा स्वयं आचार्य रामचन्द्र शुक्ल ने अपने सुप्रसिद्ध ग्रन्थ 'हिन्दी साहित्य का इतिहास' में की है। उन्होंने लिखा है "प्राचीन संस्कृत साहित्य से अभ्यास और विंध्याटवी के रमणीय प्रदेश में निवास के कारण विविध भावमयी प्रकृति के रूप-माधुर्य की जैसी सच्ची अनुभूति ठाकुर जगमोहन सिंह में थी, वैसी उस काल के किसी हिन्दी कवि या लेखक में नहीं पाई जाती। अब तक जिन लेखकों की चर्चा हुई, उनके हृदय में इस भूखंड की रूप-माधुरी के प्रति कोई सच्चा संस्कार तथा परम्परा-पालन के लिए चाहे प्रकृति वर्णन उन्होंने किया हो, पर वहाँ उनका हृदय नहीं मिलता। अपने हृदय पर अंकित भारतीय ग्राम्य जीवन के माधुर्य का जो संस्कार ठाकुर साहब ने अपने 'श्यामा-स्वप्न' में व्यक्त किया है उसकी सरसता निराली है।"

आचार्य रामचन्द्र शुक्ल का उपर्युक्त कथन ठाकुर जगमोहन सिंह के रचनात्मक वैशिष्ट्य पर प्रकाश डालने के लिए पर्याप्त है। ऐसी महान विभूति को यों ही भुला दिया जाना अपने आप में कोई कम दुर्भाग्यजनक नहीं है।

ठाकुर जगमोहन सिंह के पूर्वजों का सम्बन्ध जयपुर के इक्ष्वाकुवंशीय जोगावत कछवाहे राजपूत घराने से था। आमेर के राजा कुंतलदेव के मँझले भाई आनल सिंह के पाँच पुत्र हुए, इन्हीं पाँच पुत्रों में बालोजी एक थे। बालोजी के घर खंडेराय के आठ पुत्र हुए, जिसमें, ज्येष्ठ पुत्र भीमसिंह पारिवारिक अनबन के कारण घर छोड़कर पन्ना जा बसे। इनके पुत्र वेणी सिंह पन्ना के राजमंत्री बनाए गए। कालान्तर में वेणी सिंह के युद्ध में वीरगति प्राप्त करने के पश्चात् पन्ना नरेश ने वेणी सिंह के पुत्र राजसिंह को पुरस्कार स्वरूप मैहर की जागीर प्रदान की। जबलपुर-रीवा राजमार्ग पर स्थित मैहर पर्वतवासिनी देवी शारदा के लिए पूरे देश में प्रसिद्ध है।

बड़े भाई राजसिंह के देहावसान के पश्चात् दुर्जन सिंह मैहर के राजा हुए। इनके दो पुत्र थे–विष्णु सिंह और प्रयागदास। सन् 1826 में कम्पनी सरकार ने रियासत का बँटवारा कर दिया। बड़े को पुरखों की गद्दी मिली, छोटे भाई प्रयागदास सिंह ने कैमोर पहाड़ की तलहटी में महानदी से दो कोस दूर अपनी एक अलग रियासत का निर्माण किया और अपने आराध्य विजयराघव की मूर्ति स्थापित कर अपनी इस रियासत का नाम विजयराघवगढ़ रखा। तत्पश्चात् उन्होंने इस राज्य का विस्तार किया। 20 वर्ष तक विजयराघवगढ़ में राज्य करने के पश्चात् सन् 1846 में जब उनकी मृत्यु हुई तो उस समय उनका बेटा सरयू सिंह पाँच वर्ष का बालक था, सो रियासत का प्रबंध कोर्ट आफ़ वार्ड्स ने अपने हाथों में ले लिया। मीर साबित अली कोर्ट ऑफ़ वार्ड्स के नुमाइंदे तथा रियासत के मैनेजर नियुक्त किए गए।

1857 के महान विप्लव की आग झाँसी होते हुए जबलपुर पहुँची। गढ़ापूरवा के वृद्ध गोंड़ राजा शंकरशाह के पुत्र रघुनाथ शाह जबलपुर स्थित 52 नंबर पल्टन में अपना एक अलग ही प्रभाव रखते थे। चुगलखोरों की कानाफूसी के फलस्वरूप अँग्रेज़ों ने शंकरशाह और रघुनाथ की गढ़ी पर धावा बोल दिया। पिता-पुत्र दोनों अँग्रेज़ी फौजदारों द्वारा बन्दी बनाए गए। मुकदमे

के स्वांग में शंकर शाह के घर एक पुरजे में लिखा हुआ कवित्त मिला, इस कवित्त को मुकदमे में पढ़कर सुनाया गया।

मूंद मुख डंडन को चुगलों की चबाई खाय
खंड डार दुष्टन करे शत्रु संघारिका।
मार अंगरेज रेज कर देई मात चंडी
बचे नहीं बैरी बाल-बच्चे संघारिका।
शंकर की रक्षा कर दास प्रतिपाल कर।
दीन की पुकार सुन जाय मात होलिका।

इस कवित्त का अँग्रेज़ी तर्जुमा सुनते ही ब्रितानवी सरकार के नुमाइंदों ने बाप-बेटे को तोप के मुहाने में बाँधकर सदा-सदा के लिए मौत की नींद सुला दिया। ब्रितानी सरकार की इस करतूत की गूँज विजयराघवगढ़ तक पहुँची। विजयराघवगढ़ के 16 वर्षीय राजकुमार सरयू सिंह मन ही मन अँग्रेज़ सरकार और उनके पिट्ठुओं से खार खाए बैठे थे, सो उन्होंने भी अँग्रेज़ों के खिलाफ विजयराघवगढ़ में बगावत का बिगुल फूँक दिया। उन्होंने बन्दूक उठा ली और अँग्रेज़ सरकार के पिट्ठू फरमाबरदार मीर साबित अली की हत्या कर दी।

विजयराघवगढ़ में बगावत की खबर सुनकर अँग्रेज़ी फौज कैप्टन उले और मेजर सुलीव्हान के नेतृत्व में आगे बढी़। मेजर जानकिन की टुकड़ी भी उनके साथ थी, सरयू सिंह और उनके हिम्मती सिपाहियों ने मिरजापुर मार्ग (जबलपुर-इलाहाबाद मार्ग) पर कब्जा कर लिया तथा इस मार्ग के यातायात को पूरी तरह अवरुद्ध कर दिया, ताकि अँग्रेज़ी फौज विजयराघवगढ़ तक पहुँचने में सफल न हो सके। लेकिन रीवा नरेश के आदेश से रीवा राज्य की फौज मैहर होते हुए इस इलाके की ओर बढ़ी। रीवा राज्य को फौज ने कैप्टन उले के नेतृत्व में विजयराघवगढ़ पर धावा बोल दिया। विजयराघवगढ़ में बगावत को कुचलने में ब्रितानी सरकार सफल रही, जिसके फलस्वरूप विजयराघवगढ़ अँग्रेज़ों के कब्ज़े में आ गया, लेकिन सरयू सिंह किसी तरह अँग्रेज़ों के चंगुल में आने से बच गए और विजयराघवगढ़ से भाग निकले।

वे सन् 1864 तक अज्ञातवास में रहे। किन्तु सन् 1864 में बनारस में वे जोगी के रूप में अँग्रेज़ सरकार द्वारा पकड़ लिए गए। उन पर कोर्ट ऑफ़

वार्ड्स के मुकामी मैनेजर मीर साबित अली की हत्या का अभियोग चलाया गया। आरोप सिद्ध होने पर अँग्रेज़ सरकार ने विजयराघवगढ़ की सम्पत्ति राजसात कर ली तथा सरयू सिंह को काले पानी की सज़ा सुनाई गई। अँग्रेज़ी हुकूमत में दंड भोगने के बजाय सरयू सिंह ने मौत को गले लगा लेना उचित समझा। इसलिए उन्होंने आत्महत्या कर अपनी देहलीला समाप्त कर ली।

इस समय सरयू सिंह के पुत्र ठाकुर जगमोहन सिंह अबोध शिशु थे। विक्रम संवत 1914 अर्थात ईस्वी सन् 1857 के सावन महीने के शुक्ल पक्ष की चतुर्दशी को ठाकुर जगमोहन सिंह का जन्म हुआ था। विजयराघवगढ़ में अँग्रेज़ सरकार ने ठाकुर जगमोहन को 19 मार्च सन् 1866 में 9 वर्ष की आयु में बनारस के वार्ड्स इंस्टीट्यूट क्वींस कॉलेज में अध्ययन के लिए भर्ती करा दिया। वहीं वे हिन्दी सहित अंग्रेज़ी, संस्कृत, बांग्ला तथा उर्दू भाषा में प्रवीण हुए। ठाकुर जगमोहन सिंह सन् 1866 से 1878 तक बनारस के ही क्वींस कॉलेज में रहकर अध्ययन करते रहे। 11 दिसम्बर, 1876 में बनारस के सुपरिंटेंडेंट केदारनाथ पालथी ने ठाकुर जगमोहन सिंह को जो प्रमाण पत्र प्रदान किया उसकी भाषा कुछ इस प्रकार थी–

Wards Institution Benaras

“Certified that Thakur Jagmohan Singh The Wards Institution, Benaras on the 19th March 1866. He is now the most advanced ward in the institution and reads in the first class. Anglo-Sanskrit Department of the Benaras College. He has acquired a very fair knowledge of English, Sanskrit and Hindi. He can compose Sanskrit and Hindi verse with facility and correctness. His conduct to the best of my behalf, is an exceptionable.”

क्वींस कॉलेज में अध्ययन के समय से ही ठाकुर जगमोहन सिंह की बहुमुखी साहित्यिक प्रतिभा प्रस्फुटित होने लगी थी। मात्र 14 वर्ष की उम्र में ठाकुर जगमोहन सिंह ने महाकवि कालिदास कृत ‘गंगाष्टक’ तथा अपनी मौलिक रचना ‘द्वादशमासी’ (बारहमासी) को एक साथ एकत्र कर ‘प्रेम

रत्नाकर' के नाम से सन् 1873 में बनारस प्रिंटिंग प्रेस से प्रकाशित करवाया। इसकी भूमिका में उन्होंने लिखा–"इस छोटे से गुटके में श्री महाकवि कालिदास कृत 'गंगाष्टक' और 'द्वादशमासी' भाषा एकत्र की गई है। बारहमासी तो विशेषकर नवीन है और एक नूतन कवि से बनाई गई है और सत्य ही वह ललित पदों से सुशोभित है।"

बारहमासी कविता के प्रारम्भ में ही ठाकुर जगमोहन सिंह ने अपने बालक होने का निवेदन किया है–

श्री रघुवर के पद कमल रचौं सुमिरि कछु छन्द।
मैं हौं बालक निपट अति अरु हौं मति को मंद॥
प्रणमों अरु श्री गुरुचरण कृपा करो महाराज।
भूल चूक नहिं देखिए मतलब लेहू सम्हाल॥

मात्र 15 वर्ष की उम्र में ही (सन 1874 में) उन्होंने कालिदास कृत 'ऋतुसंहार' का उत्कृष्ट अनुवाद किया जो कि 1875 में प्रकाशित हुआ। 'ऋतुसंहार' की दूसरी आवृत्ति सन 1886 में प्रकाशित हुई। क्वींस कॉलेज के तत्कालीन प्राचार्य ए.ई. गॉफ ने इस अनुवाद तथा इसकी अँग्रेज़ी में लिखी हुई भूमिका पर अपनी सम्मति दी थी, जिसे दूसरी आवृत्ति में प्रकाशित किया गया। 'ऋतुसंहार' की पहली आवृत्ति के साथ जो अँग्रेज़ी में लिखी हुई भूमिका थी, उसे दूसरी आवृत्ति में ठाकुर जगमोहन सिंह ने निकाल दिया था। उन्होंने इस पर टिप्पणी करते हुए दूसरी आवृत्ति में लिखा–"प्रथम आवृत्ति में जो अँग्रेज़ी भूमिका थी–इस बार व्यर्थ जान सब निकाल दी गई। उससे न तो यूरोपियन या केवल अँग्रेज़ी विज्ञों को लाभ था और न केवल भाषा जानने वालों को।"

'ऋतुसंहार' की दूसरी आवृत्ति में ही (सन 1886 में) ठाकुर जगमोहन सिंह ने अपने अभिन्न और आत्मीय मित्र भारतेन्दु हरिश्चन्द्र का स्मरण करते हुए लिखा है कि–काश वे इस कृति को देखकर इसका मूल्यांकन कर पाते–"हाँ प्रिय हरिश्चन्द्र (हाय रे हरिश्चन्द्र) से कवियों के हाथ तो नहीं लगे, नहीं तो और कुछ ही ओप झलप पड़ती, तौ भी विबुध कवि और सज्जन इसे सादर पढ़कर शोध देंगे तो बड़ी ही कृपा होगी।"

क्वींस कॉलेज में पढ़ते हुए ठाकुर जगमोहन सिंह ने सन् 1874 में 'प्रमिताअक्षर दीपिका' की रचना की। 'प्रमिताअक्षर दीपिका' में उन्होंने कविता के माध्यम से छन्दों की संरचना का विवेचन किया। व्याकरण के गूढ़ विषय को उन्होंने अपनी इस कृति के माध्यम से सुन्दर रूप में प्रस्तुत किया है। सन् 1874 में रचित इस पुस्तिका की प्रस्तावना में उन्होंने लिखा है–''सब सुजन कुछ लोगों से निवेदन करता हूँ कि यदि और सब पुरुषों की बनाई हुई पुस्तकें सफल हैं, तो इस छोटी सी पुस्तक के कर्ता का भी श्रम सफल होय। वह तो ईश्वर से प्रार्थना है, पुनरपि यह बालक है, तथापि जो थोड़ी सी बुद्धि में आया और हृदय में समाया, उसको प्रकाश करता है।''

सन् 1875 में क्वींस कॉलेज बनारस में पढ़ते हुए ही उन्होंने 'पंडित रामलोचन प्रसाद पति त्रिपाठी का जीवन वृत्तान्त' लिखा। पंडित रामलोचन प्रसाद पति त्रिपाठी ठाकुर जगमोहन सिंह के अनन्यतम सखा थे जो गोरखपुर ज़िले के मुहम्मदपुर वासी थे। विवाह के पश्चात् पं. रामलोचन प्रसाद त्रिपाठी मुहम्मदपुर छोड़कर अपने ससुराल कन्हौली में बस गए थे। ठाकुर जगमोहन सिंह ने अपने इस अभिन्न मित्र के विषय में 'पंडित रामलोचन प्रसाद पति त्रिपाठी जीवन वृत्तान्त' में लिखा है–''वे काव्य बहुत अनूठी करते थे और संस्कृत भाषा में उनकी बड़ी सूक्ष्म गति थी।''

पंडित रामलोचन प्रसाद पति त्रिपाठी की पत्नी की असमंय मृत्यु हो गयी थी। पत्नी के असमय देहात हो जाने के पश्चात् एक तरह से उनका जीवन असहाय हो गया था। वे अपनी पत्नी को एक क्षण के लिए भी भूल नहीं पाते थे तथा रात-दिन उसके ही शोक में डूबे रहते थे। कालान्तर में इसी अवस्था में पंडित रामलोचन प्रसाद पति त्रिपाठी की भी मृत्यु हो गई। उनकी मृत्यु का समाचार मिलते ही ठाकुर जगमोहन सिंह शोक-विह्वल हो उठे। सन् 1874 में पं. रामलोचन प्रसाद पति त्रिपाठी की मृत्यु के पश्चात उन्होंने उनकी स्मृति में जीवन वृत्तान्त की रचना की। इस वृत्तान्त में उन्होंने उनके उन पत्रों को भी सम्मिलित कर प्रकाशित किया, जो पत्र उन्हें सम्बोधन कर पं. रामलोचन प्रसाद पति त्रिपाठी द्वारा लिखे गए थे। यह जीवन वृत्तान्त अपने आप में अनूठा है तथा यह हिन्दी साहित्य की एक दुर्लभ कृति भी है।

सन् 1878 में ठाकुर जगमोहन सिंह की शिक्षा समाप्त हुई। शिक्षा की समाप्ति के पश्चात् वे वापस विजयराघवगढ़ आए। दो वर्षों तक विजयराघवगढ़ में रहने के पश्चात् सन 1880 में ब्रितानवी सरकार में उन्हें तहसीलदार की नौकरी मिली। तहसीलदार के रूप में उनकी पहली नियुक्ति मध्य प्रान्त (वर्तमान में छत्तीसगढ़) के रायपुर ज़िले के धमतरी तहसील में हुई। धमतरी में तहसीलदार के रूप में रहते हुए उन्होंने आसपास के अनेक स्थलों का भ्रमण किया। वे सिहावा नामक उस स्थान पर भी गए, जहाँ छत्तीसगढ़ की जीवनदायिनी नदी महानदी का उद्गम स्थल है। इसका विशद वर्णन उन्होंने अपनी 'प्रलय' नामक सुदीर्घ कविता के फुटनोट में भी किया है।

धमतरी से वे बिलासपुर ज़िले के शिवरीनारायण स्थानान्तरित किए गए। शिवरीनारायण में रहते हुए उन्होंने एक योग्य तथा जनता के प्रति सदैव कृपालु रहने वाले अधिकारी के रूप में ही अपनी पहचान नहीं बनाई, अपितु एक सहृदय साहित्यकार के रूप में भी वे वहाँ विख्यात हुए।

शिवरीनारायण में ही भारतेन्दु मंडल की तर्ज पर ठाकुर जगमोहन सिंह मंडल का अभ्युदय हुआ। इस मंडल के 8 सदस्यों को लेकर ठाकुर जगमोहन सिंह ने 'सजनाष्टक' नामक उत्कृष्ट काव्य की रचना की। शिवरीनारायण में रहते हुए वहाँ सन् 1885 में आई हुई प्रलयकारी बाढ़ को केन्द्र में रखकर उन्होंने 'प्रलय' नामक एक सुदीर्घ काव्य की रचना की। यहीं रहकर उन्होंने हिन्दी के पहले कल्पना प्रधान (फंतासी) उपन्यास 'श्यामास्वप्न' का सृजन किया। 'श्यामासरोजनी' एवं 'श्यामालता' की रचना भी उन्होंने शिवरीनारायण में रहते हुए ही की।

कहा जाता है कि शिवरीनारायण में रहते हुए ठाकुर जगमोहन सिंह को श्यामा नामक एक अत्यन्त सुन्दर स्त्री से प्रेम हो गया। इस सुन्दर स्त्री के प्रेम में ठाकुर जगमोहन सिंह इतने डूब गए कि उन्होंने उसे केन्द्र में रखकर 'श्यामास्वप्न', 'श्यामासरोजनी', 'श्यामालता'–जैसी उत्कृष्ट रचनाओं का सृजन किया।

सन् 1885 में एक्स्ट्रा असिस्टेंट कमिश्नर के रूप में स्थानान्तरित होकर ठाकुर जगमोहन सिंह रायपुर आए। यहीं उन्होंने 'श्यामास्वप्न' तथा 'श्यामासरोजनी' को पूरा किया। 'श्यामासरोजनी' एवं 'श्यामास्वप्न' की भूमिका उन्होंने रायपुर

में ही लिखी। 'श्यामासरोजनी' सन् 1887 में प्रकाश में आई। भारत जीवन प्रेस काशी से यह मुद्रित हुई।

'श्यामा-स्वप्न' अर्थात् गद्य प्रधान, चार खंडों में कल्पना के प्रारम्भ में समर्पण के पूर्व उन्होंने अपने प्रिय मित्र भारतेन्दु हरिश्चन्द्र को समर्पित चार पंक्तियाँ उद्धृत की हैं, जो इस प्रकार हैं–

तन तक चढ़ि रस चूसि सब फूली फली न रीति।
पिय अकास बेली भई तुम निरमूलक प्रीति॥
है इत लाल कपोत व्रत कठिन प्रीति की चाल।
मुख से आह न भाषिहै निज सुख करहु हलाल॥

(हरिश्चन्द्र)

संस्कृत का एक श्लोक भी इसके नीचे उद्धृत है–

यदि वांछसि परपदमारो ढुं मैत्री परिहर सहवनिताभि:।
मुह्यति मुनिरपि विषयासगाच्चित्रा म्वति हि मनसो वृश्रि:॥

'श्यामा-स्वप्न' सर्वप्रथम सन् 1888 में एजुकेशन सोसायटी प्रेस बायकुला बाम्बे से प्रकाशित हुआ। ठाकुर जगमोहन सिंह ने अपनी इस कृति को अपने मित्र श्रीमत हृदयंगम बाबू मंगल प्रसाद मणिजू–कन्हौली को समर्पित किया है। इस समर्पण में ठाकुर जगमोहन सिंह के हृदय में श्यामा के प्रति जो अनन्य प्रेम और आकर्षण निहित था, उसका भी आभास मिलता है। श्यामा इस समर्पण के केन्द्र में है। इस कृति को अपने मित्र को समर्पित करते हुए ठा. जगमोहन सिंह ने जैसे श्यामा के प्रति अपने हृदय में निहित समस्त भावों को अनावृत्त कर दिया है। श्यामा के प्रति एक गहरी व्याकुल वेदना भी इस समर्पण में दिखाई देती है। समर्पण इस प्रकार है–

''प्रियतम! तुम मेरी नूतन और प्राचीन दशा को भलीभाँति जानते हौ–मेरा तुमसे कुछ भी नहीं छिपा, तो इसके पढ़ने, सुनने और जानने के पात्र तुम ही हौ, तुम नहीं तो और कौन होगा? कोई नहीं। श्यामालता के वेत्ता तो आप हौ न? यह उसी सम्बन्ध का श्यामा–स्वप्न भी बनाकर प्रस्तुत करता हूँ। रात्रि के चार प्रहर होते हैं–इस स्वप्न में भी चार प्रहर के चार स्वप्न हैं–मेरा श्यामास्वप्न स्वप्न ही है। अधिक कहने का अवसर नहीं। यह मेरी प्रथम गद्य रचना है। क्या

इसे अंगीकार न करोगे? तुम्हारा 'मोती मंगल' और यह मेरा 'श्यामास्वप्न' सदा लहलहाती रहेगी। जिस कुंज के 'प्रेम सम्पत्ति' और 'श्यामासरोजनी' रूपी विहंगम सदा चहक-चहककर 'श्यामालता' की सोभा बढ़ावैंगे-'श्यामसुन्दर' चातक सदा प्यासे ही बनकर 'पी पी' रटैंगे। -मकरंद कोकिल सदा हित के मीठे बोलैंगे और दुर्जन द्विरेफ दारुण झंकार के मचाने में कभी न चूकेंगे-यह अपूर्व सरिता की धारा कभी न रुकैगी-अन्त को प्रेमव्रता के कमंडलु में समाकर हम दोनों को दैहिक दुख और संसार के बंधन से मुक्त करेंगी। अब दिन आ रहे हैं ज्ञान का दीप भ्रमतिमिर को नाश करैगा और प्रतिदिन मार्ग सुगम होता जावेगा। चिन्ता नहीं। इस संसार में तुम्हें छोड़ और कोई मेरा सर्वस्व नहीं।'' इस समर्पण में जो तारीख मुद्रित है, वह 25 दिसम्बर, 1885 है। तारीख के ऊपर रायपुर, छत्तीसगढ़ मुद्रित है।

'श्यामा-स्वप्न' की द्वितीय आवृत्ति सन् 1954 में डॉ. श्रीकृष्ण लाल के संपादन में नागरी प्रचारिणी सभा काशी से मुद्रित हुई। डॉ. श्रीकृष्ण लाल ने 'श्यामा-स्वप्न' के विषय में अपनी विस्तृत भूमिका में लिखा है:-''श्यामा-स्वप्न'' कवि का एक मात्र उपन्यास है। इसके मुखपृष्ठ पर कवि ने हिन्दी में इसे 'गद्य प्रधान चार खंडों में एक कल्पना' लिखा है परन्तु अँग्रेज़ी में इसे नॉवेल (Novel) माना है।''

'श्यामा-स्वप्न' के नायक द्वय कमलाकान्त और श्यामसुन्दर के विषय में अपनी भूमिका में लिखते हुए डॉ. श्रीकृष्ण लाल ने कहा है-''इस प्रकार इस उपन्यास के चरित्र सभी प्रकार विशेष (Types) हैं और ये प्रकार विशेष रीतिकालीन काव्य के हैं। कमलाकान्त और श्यामसुन्दर अनुकूल नायक हैं, श्यामा मुग्धा अनूढ़ा परकीया नायिका है और वृन्दा सखी और दूती है। ये सभी के सभी कवि और सहृदय हैं।'' आगे डॉ. श्रीकृष्ण लाल ने नायकद्वय से ठा. जगमोहन सिंह की तुलना करते हुए लिखा है-''परन्तु इसमें सन्देह नहीं कि कमलाकान्त और श्यामसुन्दर दोनों एक से ही हैं-कवि, सहृदय, आदर्श प्रेमी; और सम्भवतः दोनों ही कवि जगमोहन सिंह की प्रतिकृति हैं। इन देह और देही तथा स्थूल शरीर और लिंग शरीर के सम्बन्ध से संबंधित दोनों प्रेमियों के मिलन और प्रेमालाप की कथा जटिलता से आच्छादित है। जहाँ

तक स्थूल शरीर रूप श्यामसुन्दर के स्थूल कार्यकलाप-प्रेम, विरह-निवेदन, अभिसार और समागम की कथा है, वह तो सहज स्वाभाविक रूप से कह दी गई है,परन्तु जहाँ देही अथवा लिंग शरीर रूप कमलाकान्त के सूक्ष्म कार्यकलाप की कथा आती है, वहाँ स्वप्न की जटिलता और कल्पना की अतर्क्य असंगति प्रवेश करती है और कवि को विवश होकर 'उनमत्त काव्य' का सहारा लेना पड़ता है।''

अम्बिका दत्त व्यास ने भी 'श्यामा-स्वप्न' को गद्य काव्य की संज्ञा दी है। डॉ. श्रीकृष्ण लाल ने 'श्यामा-स्वप्न' की द्वितीय आवृत्ति में जो भूमिका लिखी है वह अनेक दृष्टि से विचारणीय है। उन्होंने ठा. जगमोहन सिंह की रचनात्मक प्रतिभा का विश्लेषण करते हुए यह उचित ही लिखा है कि ''श्यामा-स्वप्न के रचयिता का अध्ययन बड़ा ही विस्तृत था। संस्कृत और हिन्दी के काव्यों का रस निचोड़ कर उन्होंने इस 'श्यामा-स्वप्न' में भर देने का प्रयत्न किया है। प्रकृति-वर्णन की प्रेरणा उन्हें संस्कृत-कवियों से मिली और श्रृंगार की प्रेरणा हिन्दी के रीतिकालीन कवियों से। जगमोहन सिंह की अपनी काव्य रचना में भारतेन्दु हरिश्चन्द्र का प्रभाव स्पष्ट परिलक्षित होता है। रीतिकालीन अलंकारप्रियता और चमत्कार के स्थान पर भारतेन्दु में रसात्मकता और स्वाभाविकता है, जगमोहन सिंह की कविता में भी उसी प्रकार की सरल, सहज स्वाभाविकता और सरसता मिलती है। देखिए-

कौन कहैगो हमैं ''पिय प्यारे सुनो मनमोहन ए बतियाँ।
तुम आवो अचानक गेह तहाँ तुहि लायहौं आनंद सो छतियाँ।
पल पावड़े डारि रहौंगी डटी डेवढ़ी डर छोड़ि अधिरतियाँ।
पुनि मुदहुँगी निज अंक में बाहु पसारि के'' ऐसी लिखी पतियाँ॥

'श्यामा-स्वप्न' में कमलाकान्त एक क्षत्रिय नवयुवक है, जो एक ब्राह्मणकुमारी से प्रेम करता है। इस प्रेम के फलस्वरूप नायक को बन्दीगृह में डाल दिया गया है। कमलाकान्त स्वच्छन्द प्रेम का समर्थक है, जिसे प्रेम तथा विवाह-सम्बन्धी प्राचीन मान्यताएँ स्वीकार्य नहीं। प्राचीन शास्त्रों में वर्णित मान्यताएँ भी उन्हें स्वीकार्य नहीं। श्यामसुन्दर जब श्यामा से गन्धर्व विवाह की बात करते हैं, तो श्यामा उससे कहती है:-''मान्यवर! प्यारे! यह क्या व्यापार

है? यह किस वेद का मार्ग है,यह किस न्याय की फक्किका है। किस वेदान्त शास्त्र का मूल है।'' इसके प्रत्युत्तर में श्यामसुन्दर यह कहते हैं–

लोक लाज की गठरी पहिले देहु डुबाय।
प्रेम सरोवर पंथ में पाछे राखो पाय॥
प्रेम सरोवर की यहै तीरथ गैल प्रमान।
लोक लाज की गैह को देहु तिलंजुलि दान॥

यहाँ ठाकुर जगमोहन सिंह की विचारधारा को समझने के लिए पुन: डॉ. श्रीकृष्ण लाल द्वारा संपादित 'श्यामा-स्वप्न' की द्वितीय आवृत्ति की भूमिका से इन पंक्तियों का उद्धृत किया जाना समीचीन होगा:–''यह विचारधारा केवल जगमोहन सिंह की ही नहीं, भारतेन्दु-युग की थी। उस समय बालविवाह, बहुविवाह, अनमेल विवाह, आदि के विरुद्ध विधवा-विवाह के पक्ष में शिक्षित जनता का आग्रह बढ़ता जा रहा था। ईश्वरचन्द्र विद्यासागर ने प्राचीन ग्रन्थों का प्रमाण देकर विधवा-विवाह को शास्त्र सम्मत प्रमाणित किया। इसी प्रकार गन्धर्व विवाह के पक्ष में भी शिक्षित लोगों का मत अनुकूल होता जा रहा था। भारतेन्दु-युग के कुछ नाटकों में इस प्रकार की आवाज़ें उठाई जा रही थीं।''

यहाँ 'श्यामा-स्वप्न' की भाषा-शैली पर भी, जिसकी आचार्य रामचन्द्र शुक्ल से लेकर डॉ. श्रीकृष्ण लाल तक ने भूरि-भूरि प्रशंसा की है, विचार किया जाना उपयुक्त होगा। 'श्यामा-स्वप्न' के प्रथम याम के स्वप्न का प्रारम्भ कुछ इस प्रकार से होता है–''आज मेर यदि तमचोर के रोर से जो निकट की खोर ही में जोर से सोर किया, नींद न खुल जाती तो जाने क्या वस्तु देखने में आती। इतने में ही किसी महात्मा ने ऐसी परभाती गाई कि फिर वह आकाश सम्पत्ति हाथ न आई! वाह रे ईश्वर! तेरे सरीखा जंजालिया कोई जालिया भी न निकलेगा। तेरे रूप और गुण दोनों वर्णन के बाहर हैं! आज क्या क्या तमाशे दिखलाए, यह (सोचना) तो व्यर्थ था क्योंकि प्रतिदिन इस संसार में तू तमाशा दिखलाता ही है। कोई निराशा में सिर पीट रहा है, कोई किसी कै नैन के चैन का प्यासा है और जल विहीन दीन मीन के सदृश तलफ रहा है–बस। इन सब बातों का क्या प्रयोजन! जो कहना है आरम्भ करता हूँ–आज का स्वप्न ऐसा विचित्र है यदि उसका चित्र लिख लिया जाय तौ भी भला लगै।''

उन्नीसवीं शताब्दी के उत्तरार्द्ध में जिस खड़ी बोली को भारतेन्दु हरिश्चन्द्र एक नया रूपाकार प्रदान करने का प्रयत्न कर रहे थे, उस खड़ी बोली में ब्रज भाषा का प्रभाव भी था और रीतिकालीन श्रृंगारिकता का भी। पर खड़ी बोली का अपना रूप माधुर्य भी कुछ कम नहीं था। ठाकुर जगमोहन सिंह मूलतः कवि थे। उनकी भाषा काव्यात्मक भाषा थी। संस्कृतगर्भित तत्सम भाषा और ब्रज भाषा के मेल से वे जिस काव्यात्मक भाषा को 'श्यामा-स्वप्न' में रच रहे थे, वह लयप्रधान चित्रात्मक भाषा थी। ठाकुर जगमोहन सिंह काव्य शास्त्र में निपुण थे। अलंकारों का सधा हुआ प्रयोग करना वे जानते थे। 'श्यामा-स्वप्न' के प्रथम याम के स्वप्न का प्रारम्भ वे जिस भाषा में करते हैं, उसमें यमक अलंकार तथा अनुप्रास अलंकार का सुन्दर निरूपण करना वे नहीं भूलते हैं। मेर, तमचोर, रोर, खोर, सोर, जंजालिया, जालिया अनुप्रास अलंकार के ही सुन्दर उदाहरण हैं।

ठाकुर जगमोहन सिंह प्रकृति का सुन्दर चित्रण करने में भी सिद्धहस्त थे। 'श्यामा-स्वप्न' में भी जहाँ कहीं उन्हें प्रकृति के सुन्दर चित्रण करने का अवसर प्राप्त हुआ, वहाँ वे नहीं चूके। प्रथम याम के स्वप्न में वे प्रकृति का सुन्दर चित्रण करते हुए कहते हैं:-"प्रकाश का पिंड धीरे-धीरे मही मंडल में अपनी कीर्ति प्रकाश कराता है। बड़े सघन लता मंडप के भीतर भी पत्रों के छेदों से चाँदनी की किरणें प्रवेश करती हैं। मैंने इस शोभा का, प्यारी चैत की रातों में कभी प्यारी के सहित कभी प्यारी से रहित नदी के तीर में मेर निकल जाने के पीछे कई बार अनुभव किया है। ऊपर चाँदनी का स्वच्छ वितान, नीचे जल की चमक-इधर बालू की सुपेदी, उधर क्षितिज तक इसका फैलाव-ऐसा जान पड़ता है मानों पृथ्वी और अम्बर एक-सा हो गया है। चन्द्रमा का बिम्ब जल की लोल तरंगों के भीतर ऐसा दिखलाई देता है, मानौ सहस्त्र नेत्रों से वह मूर्त्तिमान हो मदन के साथ इस अपूर्व शोभा का अनुभव करता हो। जल-जन्तु भी ऐसे हर्षित होते हैं कि नक्र कुलीर सफरी इत्यादि उछल-उछलकर इस शोभा पर अपने प्राण देते हैं। यह व्यौम का दृश्य भूलोकगत जनों को भी भाग्यवश दिखाई पड़ता है।"

'श्यामा-स्वप्न' में ऐसे एक नहीं, अनेक प्रसंग हैं, जहाँ ठा. जगमोहन सिंह के प्रकृति-प्रेम का परिचय मिलता है। ठा. जगमोहन सिंह प्रकृति में ही रमना अधिक पसन्द करते हैं। वे प्रकृति के सौन्दर्य के उपासक हैं। 'श्यामा-स्वप्न'

में उन्हें जहाँ भी मन के अनुकूल अवसर मिला, वहाँ प्रकृति के अनुपम सौन्दर्य का बखान करने से वे पीछे नहीं हटे हैं। वे जैसे बार-बार इसके लिए 'श्यामा-स्वप्न' में उपयुक्त अवसर ढूँढ़ निकालते रहे हैं।

इसी बीच रायपुर में एक्स्ट्रा असिस्टेंट कमिश्नर के पद पर रहते हुए ठाकुर जगमोहन सिंह को प्रमेह रोग ने जकड़ लिया। चिकित्सकों के परामर्श पर जलवायु परिवर्तन करने के उद्देश्य से ठाकुर जगमोहन सिंह ने देश के विभिन्न अंचलों की यात्राएँ की। सन 1885-86 में उन्होंने जलवायु-परिवर्तन के उद्देश्य से लाहौर से बंगलौर तक की भारत-यात्रा की, जिसका विशद वृत्तान्त उनकी उन दिनों की लिखी हुई डायरी में दर्ज है। जलवायु-परिवर्तन के उद्देश्य से की गई इस यात्रा से भी उनके स्वास्थ्य में वांछित सुधार न हो सका।

यात्रा से वापस लौटने पर ठाकुर जगमोहन सिंह ने सरकारी नौकरी से त्यागपत्र दे दिया और कूच बिहार स्टेट काउंसिल के मंत्री के रूप में कार्य करने लगे। महाराज कूच बिहार भूप बहादुर बनारस के क्वींस कॉलेज में ठाकुर जगमोहन सिंह के सहपाठी रह चुके थे, सो वे उनकी प्रतिभा और कार्यशैली से भली-भाँति परिचित थे। ठाकुर जगमोहन सिंह ने दो वर्षों तक कूच बिहार स्टेट काउंसिल में मंत्री के रूप में लगनपूर्वक कार्य किया, किन्तु यहाँ भी रोग ने उनका पीछा नहीं छोड़ा, सो उन्होंने यहाँ से भी त्यागपत्र देकर वापस घर लौट जाना उचित समझा।

अन्ततः 4 मार्च, सन् 1899 में मात्र 42 वर्ष की उम्र में सुहागपुर में ठाकुर जगमोहन सिंह का निधन हो गया। वे अपने पीछे पुत्र और पुत्री को छोड़ गए और छोड़ गए हिन्दी साहित्य की अनमोल विरासत के रूप में अपनी कालजयी रचनाएँ।

हिन्दी का पहला कल्पना प्रधान तथा रोमांटिक उपन्यास 'श्यामास्वप्न ' (सन् 1885) लिखने का श्रेय ठाकुर जगमोहन सिंह को ही प्राप्त है। 'श्यामासरोजनी, 'विनय', 'प्रलय', 'प्रेमसम्पत्ति लता', 'श्यामालता', 'प्रेम हजारा', 'सानाष्टक', 'ज्ञानप्रदीपिका', 'प्रमिताक्षर दीपिका' आदि ठाकुर जगमोहन सिंह की अनेक सुप्रसिद्ध रचनाएँ हैं। संस्कृत ग्रन्थों में 'मेघदूत', 'ऋतुसंहार' तथा 'कुमारसम्भव' के सुन्दर अनुवाद का श्रेय भी ठाकुर जगमोहन सिंह को ही जाता है।

अँग्रेज़ी के सुप्रसिद्ध कवि बायरन की अत्यन्त सुप्रसिद्ध कविता 'प्रिजनर ऑफ़ शिलन' के सर्वप्रथम हिन्दी-अनुवाद का श्रेय भी ठाकुर जगमोहन सिंह

को ही प्राप्त है। बायरन की यह सुप्रसिद्ध कविता स्वाधीनता की चेतना की पृष्ठभूमि पर आधारित है, जिसका अनुवाद ठाकुर जगमोहन सिंह ने 'शीलन का बन्दी' नाम से किया है। जिसकी कुछ पंक्तियाँ इस प्रकार हैं–

सात खंभ गाथिक साँचे के रहे पुराने भारी है।
शिलन भुँइहरे जो गम्भीर झुपी अँधियारी कारी है॥
प्रति खंभन में लोह मुंदरी जाए इक-इक साँकर है।
खनखनात भारी अति कारी दंता साहेत मुख जाकर है॥
देखु अजी वाके बाँके ए पैने दाँत लखाँय।
जो लौं प्रान रहे तन मेरे तो लौं कछु न मिटाँय॥

उस समय इस तरह के सुन्दर अनुवाद की कल्पना ही असम्भव है। ठाकुर जगमोहन सिंह भारतेन्दु-युग के किसी अन्य रचनाकार की तुलना में विदेशी कविताओं से, विशेषकर अँग्रेज़ी-साहित्य से न केवल भलीभाँति परिचित थे, वरन् उसे किस भाँति देशी भाषा में अनूदित कर हिन्दी के पाठकों के समक्ष लाया जाए, इसे लेकर भी चिन्तित थे। बायरन की कविता का अनुवाद इसका साक्ष्य है।

ठाकुर जगमोहन सिंह के पूर्व ऐसा कोई प्रमाण नहीं मिलता है कि अँग्रेज़ी कविता या विश्व-कविता का अनुवाद हिन्दी के किसी रचनाकार द्वारा उनसे पूर्व कभी किया गया हो। इस तरह ठाकुर जगमोहन सिंह हिन्दी के पहले रचनाकार हैं, जिन्होंने अँग्रेज़ी-कविता के अनुवाद का सूत्रपात किया। इसके अतिरिक्त उन्होंने मेम सिमंस की अँग्रेज़ी कविताओं का भी अनुवाद किया है।

ठाकुर जगमोहन सिंह संस्कृत काव्यशास्त्र, दर्शन, न्याय, व्याकरण आदि के गहरे जानकार तथा अत्यन्त प्रतिभाशाली रचनाकार थे। हिन्दी के आधुनिक गद्य के निर्माण में भारतेन्दु हरिश्चन्द्र के समान ही उनकी भी अत्यन्त महत्त्वपूर्ण भूमिका है। इसलिए हिन्दी साहित्य में भारतेन्दु हरिश्चन्द्र की तरह ठाकुर जगमोहन सिंह के योगदान को भुला पाना कभी सम्भव न होगा।

'श्यामा-स्वप्न' तथा ठाकुर जगमोहन सिंह की अन्य रचनाओं को 'ठाकुर जगमोहन सिंह ग्रन्थावली खंड-1' के नाम से सन् 1960 में बंगीय हिन्दी परिषद् कलकत्ता ने प्रकाशित किया। इसका सम्पादन आचार्य ललिता प्रसाद शुक्ल ने किया। सन् 2001 में जब मैंने ठा. जगमोहन सिंह की कुछ रचनाओं को पुन:

एकत्र कर ठाकुर जगमोहन सिंह रचनावली खंड-1 नाम से रायपुर छत्तीसगढ़ से प्रकाशित किया, उस समय इस रचनावली के लोकार्पण के लिए हिन्दी के सुप्रसिद्ध आलोचक डॉ. नामवर सिंह को मैंने रायपुर आमंत्रित किया। डॉ. नामवर सिंह ने लोकार्पण अवसर पर दिए गए अपने भाषण में यह रहस्योद्घाटन करते हुए कहा कि पचास वर्ष पूर्व वे स्वयं ठाकुर जगमोहन सिंह की रचनाओं को एकत्र कर नागरी प्रचारिणी सभा काशी से प्रकाशित करवाना चाहते थे। पर किन्हीं कारणों से (डॉ. नामवर सिंह का इशारा था कि नागरी प्रचारिणी सभा काशी के कोई और सज्जन उक्त रचनावली के सम्पादन में डॉ. नामवर सिंह के साथ अपना नाम जुड़वाना चाहते थे) वह रचनावली प्रकाशित नहीं हो पाई। इस तरह यह मेरा परम सौभाग्य ही था कि इस समग्र का सम्पादन डॉ. नामवर सिंह-जैसे हिन्दी-आलोचना के शिखर-पुरुष करना चाहते थे, वह मेरे हाथों सम्पन्न हो रहा है।

जब मैंने इस रचनावली को सुव्यवस्थित कर डॉ. नामवर सिंह को दिल्ली जाकर दिखलाया, तो वे प्रसन्न हुए थे। उन्होंने तत्काल राजकमल प्रकाशन के श्री अशोक महेश्वरी से फोन कर कहा यह दुर्लभ ग्रन्थ है, जिसे राजकमल प्रकाशन को प्रकाशित करना चाहिए। इस तरह 'ठाकुर जगमोहन सिंह समग्र' के प्रकाशन की परिकल्पना साकार हुई, जो डॉ. नामवर सिंह के आशीर्वाद के बिना कभी सम्भव न हो पाती।

यहाँ इस बात का उल्लेख करना भी मैं आवश्यक समझता हूँ कि ठाकुर जगमोहन सिंह की रचनाओं को एकत्र कर पाना मेरे लिए कोई सरल कार्य नहीं था। मैंने अपने लिए स्वयं एक दुष्कर कार्य का चयन किया था, सो इस मार्ग की चुनौतियाँ भी अपने आप में कोई कम नहीं थी, पर खतरे उठाने के आनन्द भी थे। धीरे-धीरे इस दुष्कर मार्ग पर अनेक सहयात्री मुझे एक-एक कर मिलते चले गए, जिन्होंने मुझे मेरे कष्टों से उबार लिया। डॉ. हरिशंकर शुक्ल, स्व. सालिगराम अग्रवाल, प्रो. अश्वनी केशरवानी ऐसे ही मेरे अग्रज, मेरे मित्र तथा शुभचिन्तक थे जिन्होंने ठाकुर जगमोहन सिंह की अनेक दुर्लभ रचनाएँ मुझे उपलब्ध करवाने में मेरी सहायता की। डॉ. हरिशंकर शुक्ल जो मेरे प्राध्यापक भी रहे हैं, उन्होंने मुझे बंगीय हिन्दी परिषद् कलकत्ता से प्रकाशित ठाकुर जगमोहन सिंह की कुछ रचनाएँ उपलब्ध करवाईं। स्व. सालिगराम

अग्रवाल जी ने सन् 1954 में नागरी प्रचारिणी सभा, काशी से प्रकाशित 'श्यामा-स्वप्न' की दुर्लभ प्रति मुझे सर्वप्रथम लाकर दी, जिसका संपादन डॉ. श्रीकृष्ण लाल ने किया है। मुझे दुख है कि वे इस समय 'ठाकुर जगमोहन सिंह समग्र' को देखने के लिए जीवित नहीं हैं। मेरे मित्र प्रो. अश्वनी केशरवानी ने भी ठाकुर जगमोहन सिंह की कुछ रचनाएँ, जो उनके पास सुरक्षित थीं, मुझे बिना किसी हिचकिचाहट के प्रदान करने में अपनी रुचि दिखाई। इसके लिए मैं सदैव उनका ऋणी रहूँगा। भाई प्रताप ठाकुर ने 'साक्षात्कार' का वह अंक मुझे उपलब्ध करवाया, जिसमें 'धरोहर' कॉलम के अन्तर्गत ठा. जगमोहन सिंह पर कुछ अद्‌भुत सामग्री तत्कालीन सम्पादक स्व. सोमदत्त ने प्रकाशित की है। इसी तरह मैं आदरणीय डॉ. चित्तरंजनकर का भी विशेष रूप से आभारी हूँ। मैं अपने इन समस्त अग्रजों और मित्रों के प्रति अपना आभार प्रकट करना अपना परम कर्तव्य समझता हूँ।

आदरणीय डॉ. नामवर सिंह के प्रति किन शब्दों में मैं अपनी हार्दिक कृतज्ञता ज्ञापित करूँ, समझ नहीं पा रहा हूँ। उनकी ही प्रेरणा तथा मार्गदर्शन के फलस्वरूप मैं पिछले एक दशक से 'ठाकुर जगमोहन सिंह समग्र' पर कार्य करता रहा हूँ। यह समग्र डॉ. नामवर जी के ही आशीर्वाद का परिणाम है।

'ठाकुर जगमोहन सिंह समग्र' जैसा भी मुझसे बन पड़ा, आप सबके समक्ष है। यह समग्र अपने आप में सम्पूर्ण नहीं है, समग्र का केवल एक प्रयास भर है। इस समग्र में भविष्य में ठाकुर जगमोहन सिंह की अन्य अप्राप्य रचनाओं को भी सम्मिलित किए जाने का प्रयत्न मैं अवश्य करना चाहूँगा। ठा. जगमोहन सिंह की डायरी तथा कुछ एक रचनाएँ मुझे अब तक प्राप्त नहीं हो पाई हैं।

इस समग्र के बहाने अगर हिन्दी-जगत का ध्यान मैं कुछ हद तक भी ठाकुर जगमोहन सिंह-जैसे भारतेन्दु हरिश्चन्द्र के मित्र-सहचर तथा महान रचनाकार की ओर आकृष्ट कर पाया तो यही मेरी उपलब्धि होगी।

गुरु पूर्णिमा, आषाढ़ शुक्ल 15, संवत 2070
जुलाई 22, सन् 2013

रमेश अनुपम

ठाकुर जगमोहन सिंह समग्र

अनुक्रम

उपन्यास

श्यामास्वप्न

श्री
समर्पण
श्रीमत् हृदयंगम बाबू मंगल प्रसाद मणिजू-कन्हौली।

प्रियतम !

तुम मेरी नूतन और प्राचीन दशा को भली भाँति जानते हौ - मेरा तुमसे कुछ भी नहीं छिपा तो इसके पढ़ने, सुनने और जानने के पात्र तुम ही हौ, तुम नहीं तो और कौन होगा ? कोई नहीं। श्यामालता के वेत्ता तो आप हौ न ? यह उसी संबंध का श्यामा स्वप्न भी बना कर प्रकट करता हूँ। रात्रि के चार प्रहर होते हैं - इस स्वप्न में भी चार प्रहर के चार स्वप्न हैं। जगत् स्वप्नवत् है - तो यह भी स्वप्न ही है। मेरे लेख तो प्रत्यक्ष भी स्वप्न हैं - पर मेरा श्यामास्वप्न ही है। अधिक कहने का अवसर नहीं।

प्रेमपात्र ! तुम इसके भी पात्र हौ। मेरी तुम्हारी प्रीति की सचाई और दृढ़ता का ब्यौरा तुम ही करोगे। यहाँ कोई निर्णय करने वाला नहीं।

यह मेरी प्रथम गद्य रचना है। क्या इसे अंगीकार न करोगे ? तुम्हारा ''मोती मंगल'' और यह मेरा ''श्यामा स्वप्न'' हम दोनों के जीवनचरित की सरिताकल्लोल का चक्रवाक मिथुन या हँस का जोड़ा आजीवान्त कलोल करैगा। जिसके सरस तीर के निकुंजमंडप पर 'श्यामालता' सदा लहलहाती रहैगी - जिस कुंज के ''प्रेमसम्पत्ति'' और ''श्यामासरोजिनी'' रूपी विहंगम सदा चहक-चहक कर श्यामालता की शोभा बढ़ावैंगे - 'श्यामसुंदर' चातक सदा प्यासे ही बन कर 'पी पी' रटैंगे - 'मकरंद' कोकिल सदा हित के मीठे बोल बोलैंगे - और दुर्जन द्विरेफ दारुण झंकार के मचाने में कभी न चूकैंगे - यह अपूर्व सरिता की धारा कभी न रुकैगी - अंत को प्रेम ब्रह्मा के कमंडलु में समाकर हम दोनों को दैहिक दुख और संसार के बन्धन से मुक्त करैगी, अब दिन आ रहे हैं। ज्ञान का दीप भ्रमतिमिर को नाश करैगा और प्रतिदिन मार्ग

सुगम होता जाएगा। चिंता नहीं, इस संसार में तुम्हें छोड़ और कोई मेरा सर्वस्व नहीं - तुम्हारा ही कहा कहता हूँ -

"मिल्यौ न जगत सहाय विरह चौरासी भटक्यौ।"

तुम्हारे अद्वितीय पिता सरयूपार प्रदीप कविराजराजिमुकुटों के अलंकार के हीरे और मेरे गुरु श्री पंडित गयादत्तमणि वैय्याकरण शेषावतार के चरणारविंद की दया जैसी मेरे पर रही तुम्हें भली भाँति ज्ञात है। तुम कवि-शिरोमणि हो। इसको बाँच के शोधन कर देना - और शुद्धभाव से इसे एक अपने जन की रचना जान और उनकी आन से अंङ्गीकार कर लेना - बस।

रायपुर, छत्तीसगढ़
25 दिसम्बर, 1885
मध्यदेश।

केवल तुम्हारा,
जगन्मोहन सिंह

श्यामास्वप्न

प्रथम याम का स्वप्न

सोवत सरोज मुखी सपने मिलीरी मोहि
तारापति तारन समेत छिति छायो री ।

मंडप वितान लता पातिन को तान तान
चातक चकोर मोर रोरहु मचायो री ।

कंजकर कोमल पकरि जगमोहन जू
अधर गुलाब चूमि मधुप लुभायो री ।

चूकृत सों वैरिन कहा से खुली धों आँख
हाय प्रान प्यारी हाय कंठ ना लगायो री ॥

आज भोर यदि तमचोर के रोर से जो निकट की खोर ही में जोर से सोर किया नींद न खुल जाती तो न जाने क्या-क्या वस्तु देखने में आती । इतने ही में किसी महात्मा ने ऐसी परभाती गाई कि फिर वह आकाश सम्पत्ति हाथ न आई ! वाह रे ईश्वर ! तेरे सरीखा जंजालिया कोई जालिया भी न निकलैगा । तेरे रूप और गुण दोनों वर्णन के बाहर हैं । आज क्या-क्या तमाशे दिखलाये । यह सोचना तो व्यर्थ था क्योंकि प्रतिदिन इस संसार में तू तमाशा दिखलाता ही है । कोई निराशा में सिर पीट रहा है, कोई जीवाशा में भूला है, कोई मिथ्याशा ही कर रहा है, कोई किसी के नैन के चैन का प्यासा है, और जल विहीन दीन मीन के सदृश तलफ रहा है - बस । इन सब बातों का क्या प्रयोजन ! जो कहना है आरम्भ करता हूँ । आज का स्वप्न ऐसा विचित्र है कि यदि उसका चित्र लिख लिया जाए तौ भी भला लगै । कल्ह संध्या को ऐसी बदली छाई कि मेरे सिर में पीड़ा आई । जो कुछ बन पड़ा व्यालू करके लंबी तान अपने बिछौनों में जा

अड़ा। लेटते देर न हुई कि नींद ने चपेट ही लिया। पहले तो ऐसा सुख लगा कि दुख ही भगा। शीत की रात - अच्छे गरम और नरम बिछौने सोने के लिए - "जाड़ा जाए रुई कि दुई" - इस पुरानी कहावत को स्मरण रख नींद का सुख अनुभव किया। पलकैं झपने लगीं - अधखुली होकर बंद हो गईं। कुछ काल तक स्मृति रही जब तक स्मृति रही अपने कृत्य को शोचा और फिर कुछ काल तक जगत का हाल बेहाल विचारते रहे - अब नहीं जानते क्या हुए - कहाँ गए। स्मृति कहाँ बिलानी - जी में क्या समानी। पानी कि पौन- ईंट या पत्थर - मौन रहना पड़ा। जिधर देखा केवल शैल पर्वत ही देखे। मन में चिरकाल से ध्यान था कि यदि ईश्वर ज्ञान दे तो तन में से म्यान से तलवार की नाईं भ्रम को निकाल अनंय भाव से किसी पावन बिजन वन में धूनी लगाकर प्यारी श्यामा के नाम की माला टारैं - जीवन भी हारैं - तन मन धन सब वारैं - बरन उस "मनोरथ मंदिर की नवीन मूर्ति" के चरण कमल युगलों पर सुमन समर्पण करते करते अपने शेष दिन बितावैं। गतागत इसी जोर में नींद की डोर ने मुझे फाँस कर गाँस लिया। गाँसना क्या साक्षात् निद्राप्रियता ने मुझे गाढ़ालिंगन करके अपनी जुगल वाहलतिकाओं से फाँस अंक में अंकही की भाँति लगा लिया। बस, देखता क्या हूँ कि मैं एक अपूर्व मनोहर भूमि पर विचरता हूँ। आमने सामने पर्वत, उत्तर भाग में एक बड़ी भारी नदी, कमल फूले हैं, कोकनद की पाँती शोक को हटाती है। कुमुद भी एक ओर मदयुक्त होकर निरख रहे हैं। इधर चातक पी पी रट रट कर अपने पुराने पातक का प्रायश्चित्त करता है। उधर काली कोयल भी अमराइयों में पंचम सुर से गा रही है। आम की मंजरी सभों को सकाम करती है। वक्र और अधखुले पलास अपने पलासों के गर्व में टेढ़े हो रहे हैं। मालती की लती-चमेली-पाटल-चम्पा इत्यादि सब के सब अपने-अपने राव चाव में मगन हो रहे हैं - पर्वत की अनूपम शोभा कहीं नहीं जाती। सरिता उसी की नव वधू सी हो उसकी गोद से निकलकर और भी प्रमोद को बढ़ाती है। पर्वत की कंदरा सिंह के नाद से प्रतिध्वनित हो रही है - इधर उस नाद को सुन गवय और गज भी भीत होकर पलीत की भाँति चिक्कार मार कर भागते हैं -हरिन अपनी प्यारी हरिणी के साथ - (हा हरिणनयनि !) कूदते जाते हैं - मयूरों के जूथ का वरुथ उड़ा जाता है - बादल छा गए - चंद्रमा छिप गए- पर बीच-बीच में उधर जाने से कभी कभी प्रकाश भी करते हैं -

कबहुं जामिनी होत जुन्हैया डसि उलटी हो जात।
मंत्र न फुरत तंत्र नहिं लागत प्रीति सिरानी जात-

यह सूरदास का भजन स्मरण होता है। इस प्रकार क्षण भर हेमंत में भी पावस का समाज हो गया था पर अंत को अकाल ही के मेघ तो थे क्षण में प्रवात से विथुर गए, आकाश खुल गया।

यह हेमंत का समय था। गुलाब से करवाली उषा ने चित्रोत्पला के उर से अंधकार के मेघ दूर किये और उदय होते हुये भानु की किरणों का प्रतिबिम्ब लहरों में लहराने लगा। इस पुराने ग्राम के एक ओर नदी के तीर से पलास, आम, ताल और खजूर के महाबन पर्यंत प्रचुर शालि की भीत अपने सुनहले सिर कपाती थी - दूसरी ओर सम्पन्न गोचारण भूमि वज्रांग के गाय गोरुओं से आच्छादित थी। परंतु जब सूर्य्य का प्रकाश ऐसे मनोहर दृश्य पर ग्राम, मंदिर और महलों पर फैला उस डायन के भुइंहरे का कारागार अंधेरा ही रहा। उस भयानक स्थान के हतभागे बंदियों में से एक युवा को छोड़ जो विद्यार्थी के रूप में था, किसी ने अपनी एकान्त कोठरी की खिड़की पर दृष्टि नहीं डाली। इस भुइंहरे के एक कोने में प्याँर पर बैठा प्रथम किरण की आशा लगाये पहरा दे रहा था। छै दीर्घ मास उसी निर्जन कोठरी में सिसक-सिसक के बिताये, समय बीता परंतु प्रत्येक दिवस और घंटों के साथ जो दुःख के बोझ के मारे मंद-मंद पग धरते थे सब नित्य आशा का अंत हुआ, उसकी सब उमंगों को उस बंदीगृह समुद्र से निकलने के लिए मोक्ष की कोई नौका न दिखी। हाँ छै महीने इसी आशा से उस नरक में काटे कि कभी तो कोई न्यायाधीश न्याय करेगा बहुतेरा रोया-गाया-प्रार्थना की, पर सब व्यर्थ, उस आधी रात सी खोह की अंधियारी में भी अपने विक्षिप्त चित्त पर परदा डालने के लिए नेत्र मूँद लेता तौ भी वे मनोरथ हजारों भाँति के भयानक रूप देखते थे कि उसने अपनी कोठरी के अंधकार से डर कर प्रकाश देखने की इच्छा की। इस युवा का अपराध क्या था? इसने प्रेम किया था अद्‌यापि प्रेम करता था एक उत्तम कुल की स्त्री - इसको यह मोह ओर उन्मत्तता से प्रेम करता था। आह प्यारी तेरी मूर्ति भी इस कारागार के अंधकार में कभी कभी मुसकिरा जाती है - उस तारा की भाँति जो मेघ के बीच में चमक कर समुद्र के कोप में पड़े हुए निराश मल्लाहों को प्रसन्न करती है।

हाँ, तुझ पर वह अत्यंत प्रेम रखता था, ऐसे चाव से चाहता था जहाँ तक मनुष्य की शक्ति है - क्या तेरा कोमल जी उसके उत्तर में न धड़कता होगा?

पहिले जुगों के राजों, लोगों, और न्यायकारियों की दृष्टि में अपने से ऊँची जाति का आकांक्षी और विशेषकर ब्राह्मणियों पर नेत्र लगाने वाला पापी

और हत्यारा गिना जाता था - वह कैसा ही सत्पुरुष और ऊँचे कुल का न हो ब्राह्मण की कन्या से विवाह करना घोर नरक में पड़ना या अग्नि के मुख में जलना था। मनु के समय में ब्राह्मणों की कैसी उन्नति और अनाथ शूद्रों की कैसी दुर्दशा थी, नीचे लिखे हुए श्लोकों से प्रकट होगी। एक तो आकाश और दूसरा पातालवत् था। एक तो दूध दूसरा पानी - एक तो सोना दूसरा पीतल - एक तो स्वतंत्र दूसरा कैसा परतंत्र और आजीवान्त सभों का दास, एक तो पारस दूसरा पाषाण - एक तो आम, दूसरा बबूर - एक तो सजीव और दूसरा जड़, निर्जीव, केवल वृक्ष की भाँति उगने, फूलने-फलने और फिर मुरझाने के लिए था। वाह रे समय ! ब्राह्मणों ही के कर में कलम था मनमाना जो आया घिस दिया राजाओं पर ऐसा बल रखते थे कि वे इनके मोम की नाक थे, या काष्ठ पुत्तलिका जिसकी डोर उनके हाथ में थी -

शूद्रो गुप्तमगुप्तं वा द्वैजातं वर्णमावसन्॥
अगुप्तमंगं सर्वस्वैर्गुप्तं सर्वेण हीयते॥ ३७४।८

अर्थ। यदि शूद्र किसी द्विज की स्त्री से गमन करैगा चाहै वह गृह में रक्षित हो वा अरक्षित इस प्रकार दण्ड्य होगा - यदि अरक्षित हो तो उसका वह अंग काट डाला जाएगा और धन भी सब ले लिया जाएगा - यदि रक्षित हो तो वह सब से हीन कर दिया जाएगा।

उभावपि तु तावेव ब्रह्मण्या गुप्तया सह॥
विप्लुतौ शूद्रवद्दराड्यौ दग्धव्यौ वा कटाग्निना॥३७७।८

यदि वे दोनौं (वैश्य और शूद्र) ब्राह्मणीगमन करैं जो रक्षिता है तो शूद्रवत् दंड होगा वा सूखे भुसे की आग में जला दिया जाएगा -

मौण्ड्यं प्राणान्तिको दण्डो ब्राह्मणस्य विधीयते॥
इतरेषान्तु वर्णानां दण्डः प्राणान्तिको भवेत्॥३७९।८

न जातु ब्राह्मणं हन्यात्सर्वपापेष्वपि स्थितम्॥
राष्ट्रादेनम्बहिष्कुर्य्यात्समग्रधनमक्षतम्॥३८०।८

न ब्राह्मणवधाद्भूयानधर्मों विद्यते भुवि।।
तस्मादस्य वधं राजा मनसापि न चिन्तयेत्।।३८१।८

अर्थात् - ''ब्राह्मण का मूड़ मुड़वा देना यही दण्ड वध के तुल्य है पर और दूसरे वर्णों का वध केवल प्राण ही लेने से होता है'' वाह अच्छा वध है, ब्राह्मणों का अभ्यास तो नित्य ही मूड़ मुड़ाने का है - देखो गंगा के तीर पर हजारों मुंडी बैठे रहते हैं और नाऊ लोग रोज ही उनको मूड़ते हैं चाहै कैसेहू पाप न किया हो ब्राह्मण को कभी नहीं मारना पर सब धन को बचाकर (अक्षत) केवल राज से बाहर कर देना चाहिए।

संसार में ब्राह्मण वध से बढ़कर और कोई अधर्म नहीं है इसलिए इसका वध राजा मन से भी न विचारे -

एतदेव व्रतं कृत्स्नं षण्मासान् शूद्रहाचरेत्।।
वृषभैकादशा वापि दद्याद्विप्राय गाः सिताः।।१३०।११

मार्जारनकुलौ हत्वा चाषं मण्डूकमेव च।।
श्वगोधोलूककाकांश्च शूद्रहत्याव्रतं चरेत।।१३१।११

ब्रह्महा द्वादशसमाः कुटीं कृत्वा वने वसेत्।।
भैक्षाश्यात्मविशुद्ध्यर्थं कृत्वा शवशिरोध्वजम्।।७३।११

शूद्र को मारने वाला छः मास (७३-८१) या तो उक्त व्रत करै अथवा ११ बैल या ११ श्वेत गैया ब्राह्मण को दे - १३०

फिर बिल्ली नेवरा इत्यादि के मारने का प्रायश्चित शूद्रवत् है - तो शूद्र बिल्ली के तुल्य हुआ इस बिचारे का जीव बड़ा सस्ता था परंतु ब्राह्मण को मारकर १२ वर्ष कुटी बनाकर वन में बसे और उसके मुर्दे की खपरोही में अपनी शुद्धि के लिए भीख माँगै। इससे ब्राह्मणों का कितना मान था जाना जाएगा।

उसकी प्यारी के पिता के कारण यह बंदीगृह में पड़ा था यद्यपि कृत्रिम दोषों का आरोप भी न था। ऐसे ऐसे बलात्कार प्राचीन समय में जबकि छोटे छोटे भी राजों को अमित अधिकार था होते थे और उसी अंधाधुंदी में न्याय होने में विलंब हुआ।

इस हेतु इस निराशित बुद्धिमान् सत्कुलोत्पन्न और सभ्य युवा के हृदय में उन प्रभुओं से बदला लेने की उमंगें उठा करतीं। उसके दुःख और वेदना ऐसी प्रबल थी कि उसी उमंग में वह यह कह उठता क्या कोई शक्ति आकाश की वा पाताल की मेरा विनय नहीं सुनती ? क्या मुझै त्राण न करेगी ? क्या मैं अपनी प्रिया के प्रेम और बदला लेने की आशा तज दूँ ? नहीं नहीं यदि मुझै क्षणभर भी कोई वैर भंजाने का अवकाश दे तो मैं बैकुंठ और प्रेम दोनों दे दूँ।

यह वाक्य उसने उसी पियांर पर बैठे बैठे सहस्रों बार कहता प्रकाश की आशा लगाए था कि भुइहरे के कारागार के फाटक का अर्गल किसी ने पीछे खींचा। लोहे की साँकर खनखनाती बाहर पत्थर के गच पर गिरी और द्वारपाल हाथ में दिया लिए आया।

प्रकाश उस चिंता कवलित युवा के मुख पर पड़ा जिस्के भूरे बाल, काली आँख और विमल आनन उसके किसी सत्कुलीन क्षत्रिय होने के सूचित थे। ''मुझसे क्या माँगते हो'' युवा अपने कटासन से युगपत् चिहुकता हुआ पूरा खड़ा होकर बोला ''यह तो मेरे रातिव का समय नहीं है। सचमुच यह काम तो आप रात को करते हो। अब प्रातःकाल होता होगा। पर क्या आप यह कहने आये हो कि मेरा बंदीगृह से मोक्ष हुआ'' युवा ने ये शब्द बड़ी जल्दी कहे और प्रसन्न होकर बोला ''हाँ मेरे मोक्ष की आज्ञा ल्याए हो तो कहो'' इतना कह हाथ बाँध खड़ा हो रहा।

जेलर ने कहा ''युवक! ऐसे स्थान में सुख समाचार सुनने की अपेक्षा दुखदायक समाचार सुनने को सदा प्रस्तुत रहना चाहिए, तौ भी आज समाचार है।''

युवक ने कहा ''क्या आज मैं यहाँ से छूटूँगा'' युवा का पीला मुख आनंद में प्रफुल्लित हो गया और मोक्ष की आशा के अंकुर उदय हुए।

जेलर बोला - ''हे युवक मैं तेरे मोक्ष का समाचार नहीं लाया परंतु यह कहने आया हूँ कि आज जब सूर्य्य की किरनैं तेरी अंधेरी कोठरी को प्रकाश करैंगी तब तक कोई न कोई तुझे तेरे अपराधों का निर्णय सुनवाने के लिए न्यायाधीश राजपुरुष के सम्मुख ले जाएगा इस्से तू अपने दोषों को मिटाने के लिए तत्पर रह''।

युवा आनंदमग्न होकर बोला ''भला आज यह दिन भी तो आया - आप नहीं जानते कि आप मेरे मोक्ष की आशा देने आए हो। मैं अपने अपराधों को भली भाँति सम्मार्जन करूंगा''।

जेलर ने उत्तर दिया ''भाई ऐसे व्यर्थ मनोरथों से मोक्ष की आशा मत कर - 'आशा वै परमं दुःखं नैराश्यं परमं सुखम्' पर यह तो कह कि तेरे ऊपर कौन सा अपराध लगाया गया है?''

युवा ने प्रत्युत्तर दिया कि ''यह कपटनाग की करनी है - उनके मित्र और कृपापात्र कार्य्याध्यक्ष वसिष्ठजी की कन्या जो रूप की धन्या थी उसे निकाल ले जाने और बलात् विवाह करने का अपराध लगाया गया है। परंतु मेरा अविचल प्रेम उसके हेतु अत्यंत निर्मल, अत्यंत पावन और अत्यंत निःस्वार्थी था और अद्यापि है। आश्चर्य है कि इतने पर भी मैं ऐसा घात और बलात्कार करने का दोषी हुआ !''

जेलर बोला ''क्या तुम नहीं जानते कि उसकी सगाई जनम ही से जगत विदित रत्नधाम के प्रतिष्ठित श्रीमान् वर्णाश्रमाधीश महाराज प्रबोधचंद्रोदय के पुत्र से हो चुकी है ?''

''मैं यह तो जानता हूँ पर मुझसे उस्से एक समय समागम हुआ और उसने मुझे केवल कृपापात्र ही नहीं वरन् प्रेमपात्र भी बना लिया और पहली ही बार इस दीन को उसने अपना किया और कोई राजकुमार सा माना'' इतना कह युवा ने लंबी साँस ली।

जेलर ने पूछा - ''तो क्या तुमने अपना अपराध स्वीकार कर लिया है ?''

युवा ने कहा ''हैं ! क्या उन्हें अपराध गिनते हो। प्रकृति के अनुसार किसी को प्रेम करना जिस स्वभाव से बड़े बड़े अभिमानी मुनि भी नहीं छूटे हैं अपराध समझते हो ?''

जेलर ने कहा ''प्रेम की दृष्टि से किसी ऐसी स्त्री को देखना जिसकी सगाई किसी महापुरुष से हो चुकी हो पाप है और इसका दंड केवल वध है।''

''वध !''अपने दिन निकट जान वह दुःखी बोला ''यह तो बड़ा भयानक है ऐसा नहीं हो सकता तुम स्वप्न देखते हो वा तुम्हारी भ्राँति है मनुष्यों का अन्याव और कुटिलता इस सीमा तक नहीं पहुँचती।''

''प्रबोधचंद्रोदय या कपटनाग से बलिष्ठ शत्रु हों तो ऐसा होना कुछ आश्चर्य नहीं जिस दिन तुम इस कारागार में बैठे थे उसी दिन तुम्हारा अंत हो चुका था।''

युवा ने कहा ''तुम न्यायाधीश के चित्त को कैसे जानते हो तुम उसके एक चाकर हो वह ऐसे चित्त के विकारों को तुमसे कभी नहीं कहने का''।

जेलर ने कहा "मैं इसे भुगत चुका हूँ और सच पूछो तो मैं अभी तक बंदी हूँ मेरे प्राण केवल इसी प्रतिज्ञा पर बचे कि जन्म भर मैं जेलर रह अपने शेष दिन बिताऊँगा" युवा ने कहा "तुम्हारा अपराध क्या था?" जेलर ने उत्तर दिया "इसको क्या पूछते हो। पर पहिये के नीचे पिस कर मरना यही मुझ पर दण्ड हुआ था।"

"तो इस प्रकार दासत्व छोड़कर बचने का क्या और उपाय न था ?" जेलर ने कहा "कुछ नहीं, पर ठहरो एक बात भूल गया था एक बड़ा पाप इस्से भी बढ़कर था उस पर प्रायः आरूढ़ हो चुका था किन्तु मेरे भले स्वभाव ने मुझे बचाया। इसी भाँति दास बनकर अपने दिन बिताना अच्छा पर उस पाप को करके यदि इंद्र या कुबेर हो जाऊँ तौ भी निषिद्ध है।"

युवा काँपकर बोला - "क्या वह ऐसा भयानक था ?" जेलर ने उत्तर दिया "बस मुझसे मत कहलाव" इतना कह वह ऐसा ऐंठा और डरा मानों इसके भीतर कोई भूत या यमदूत हो। युवा ने प्रार्थना की - "दया कर इसे बताने का वरदान तो अवश्य दीजिये मेरा चित्त इसके सुन्ने को बड़ा व्यग्र और चिंताकुल हो रहा है देखो यह मेरी थैली है और उसका द्रव्य सब तुम्हारा है। मैं तुझे देता हूँ कदाचित् इससे तुम्हारा कोई काम निकले पर मेरा तो कुछ भी नहीं।"

जेलर थैली को पंजों में पकड़कर बोला, "इस सुवर्ण के लिए अनेक धन्यवाद है यह एक ऐसी बात है कि जिससे मेरी नाड़ी शिथिल और आँतें संकुचित हो जाती तो भी सुनो यह बात प्रसिद्ध है पर केवल इसी कारागार के भीतों के भीतर ही। डेढ़ सौ बरस पहिले एक विद्वान् जिसके रात दिन उस गुप्त महाविद्या के रहस्य ढूँढ़ने में बीते थे इसी बंदीगृह का बंदी हुआ। वह तंत्र में ऐसा निपुण था और ऐसे ऐसे मंत्र जंत्र जानता था कि प्रेत, पिशाच, भूत, बेताल, डाकिनी, शाकिनी, योगिनी सब उसके वशीभूत हो गई थी। मेरी भाँति उसको भी पहिये के नीचे दबकर वध का दण्ड हुआ था परंतु केवल इसी विद्या के बल से बच गया क्योंकि उसने एक मंत्र पढ़ कर नरक के एक पिशाच को सिद्ध किया और केवल स्वतंत्रता, धन, पौरुष, अधिकार और दीर्घायु के हेतु अपना तन, आत्मा और स्वयम् आप उसके हाथ बिक गया। यह मंत्र जो इसने सिद्ध किया था अद्यावधि इसी भीत पर गहरा खुदा है लोग कहते हैं कि यह उसी के हाथ का खोदा है और इसके मिटाने में मनुष्य जाति मात्र का परिश्रम व्यर्थ है बस यही बात थी और अभी तक जो चाहे इतना बलिदान देकर सिद्ध कर ले"। ऐसा कहते

जेलर सिर से पैर तक कंपता हाथ में दिया को उस ओर उठाया जिस भीत के मूल में इस युवा की सेज थी और बोला - "भाई बचाना देखो यह मंत्र अभी तक लिखा है" युवा ने नेत्र उठाकर देखा पर जेलर ने डरकर कहा "नहीं भाई इसे पढ़ना मत नहीं तो इसके बाँचते ही वह प्रेत अपनी भयावनी मूर्ति ले आ खड़ा होगा क्योंकि यह आकर्षण मंत्र है।"

इतना कह जेलर ने दीप हटा लिया और आप भी कुछ हटा, बोला "ले भाई अब जाता हूँ कोई आध घंटे के बीच में राजदूत आ पहुँचेंगे।" इतना कह जेलर दीप को ले चला गया और वह बिचारा युवा फिर भी अंधकार में डूब गया।

एक बार फिर यह अकेला हुआ और बोला "उसने अच्छा किया जो इस पर ध्यान नहीं दिया ईश्वर मुझे भी इस लोभ और मोह से बचावे - पर हा प्यारी ! प्राण-प्यारी ! क्या तू जानती है कि मैं तेरे लिए यह सब कुछ न करूँगा? देख इस आधी घड़ी में मेरा चित्त कैसा बदल गया इस भयदायक कथा को जो मेरे कान में घंटे की भाँति बजती और जिसकी झाँईं मेरे हृदय में बोलती है, न सुनता तो अच्छा होता, मेरे चित्त में कैसे-कैसे संकल्प उठते हैं - वो मुझको ऐसे भयानक कर्म करना सिखाते हैं कि जिनके निमित्त अंत में निरन्तर नरक की अग्नि में बास करना पड़ेगा। हा प्रिये ! तुझे छाती से लगाना, तेरी अमृतमई वाणी सुनना, तेरी दया दृष्टि की छाया में विश्राम करना और तेरे धड़कते हुए हृदय को देखना मेरे लिए बैकुंठ था - पर देख इस अभिमानी कपटनाग और न्यायाधीश से बैर भंजाना, जिसने विचार के पूर्व ही यहाँ डाला - यह बैर लेना जो केवल तेरे प्रेम ही से घटकर है वह अविचल प्रेम और वह बैर जो तेरे पिता से भी लेना है, यह भी मेरे लिए बैकुंठ है - हाँ प्यारी केवल तेरी प्रीति के लिए मैं बैकुंठ को भी कुंठ समझता हूँ और बैर भंजाने के लिए नरक का निरन्तर बास भी स्वीकार करता हूँ",....

इसी समय द्वार खुल गया और एक अधिकारी हाथ में दीप लिए आ गया। उसने कहा "हे युवा मैं तुझको प्रधान न्यायाधीश के सम्मुख ले जाने आया हूँ; वे थोड़े काल में अभी धर्मासन पर बैठेंगे।"

जैसे तिजारी आवे इस युवा का बदन कंपने लगा बोला, " एक क्षणभर ठहरिये और मुझे अपने अंतकाल की दशा सोचने को तीन काष्ठा का अवकाश दीजिए"।

अधिकारी ने कहा ''जिसे बहुत घंटे नहीं जीना है उसकी प्रार्थना कभी नहीं टालूँगा ।'' इतना कह उसने प्रकाश वहीं धर दिया और चला गया, युवा फिर एकांत में बिचारने लगा - ''जिसे बहुत घंटे नहीं जीना है । फिर मेरा भाग्य निश्चय ऐसे ही होगा । जेलर ने ठीक कहा था'' इस समय फिर भी उसको उसी प्रेत का स्मरण आया और कई बार घृणा की ।

वह अधिकारी फिर आया और बोला ''समय तो हो गया चलो चलें''। युवा ने विषादपूर्वक प्रार्थना की ''भाई दो पल और ठहर देख हाथ जोड़ता हूँ, दो पल कुछ बड़ा समय नहीं है, चुटकी मारते जाता है । मुझे केवल भ्रमती हुई मनोवृत्ति को एकत्र करने दे ।'' उसने कहा ''मैं तेरे लिए अपने को न्यायाधीश के क्रोधाग्नि में डालता हूँ इधर तेरी भी प्रार्थना टाल नहीं सक्ता'' इतना कह वह अधिकारी फिर चला गया इतने में सूर्य की किरनें बड़े कष्ट से भीतर आईं वह युवा उन्मत्त की भाँति इधर उधर चलता हुआ सोचने लगा ''हाय ! नहीं नहीं मैं इस यौवन में कैसे प्राण दूँ और सब प्रिय पदार्थ कैसे पीछे छोड़ जाऊँ - प्यारी हम लोग फिर मिलेंगे और अपने प्रेम का कोष तेरे चरणारबिंदों की भेंट दूँगा तेरे पिता और दुष्ट न्यायाधीश से अपना बैर भंजा लूँगा - मेरे भाग्य में यही लिखा है ''मेटन हितु सामर्थ को लिखे भाल के अंक'' हाँ - हाँ मैं केवल तेरे प्रेम और बैर लेने को अभी जीऊँगा ।''

ऐसा कह उसने दीप उठाया और उस मंत्र की ओर चला । फिर भी सोचा - ''दास होने से मरना भला । क्या तीन पल बीत गए ? देखो पैर का शब्द सुनाता है, जो हो फिर भी कदाचित् वह पलभर और ठहरे-हाय ! मैं कैसे मरूँ मेरे तो अभी केवल २२ बसंत बीते हैं''। उसका शरीर थरथराने लगा मेधा चकरी हो गई अंत में उसने अपने सब मनोरथों को एकत्र कर अपने नेत्र उस मंत्र की ओर फेंके उसने कहा बस अब एक बार कष्ट कर पढ़ लो और क्षण भर में सब कुछ और का और हो जाएगा नरक में तो जाना ही है ।

इतना कह दीप को मंत्र के सामने उठा बड़ी शीघ्रता से यह मंत्र पढ़ा -

''ओम् अं गं भं शं मं ऋं पं गिं भाँ सूं ऋपात्मजां श्यां श्यामा श्यामसुंदरी जं जगत्पालिनी मं मनोमोहिनी सिं सिंहधिरोहिणी अं रां भुजलतावकराठीं लं क्षां मां अमुकीमाकर्षय अमुकीमाकर्षय स्वाहा''

जिस समय वह उसके ओठें के बाहर हुआ एक मनुष्य का आकार सम्मुख खड़ा हो गया।

यह आकार कुछ भी भयानक न था, वरन् शोचग्रस्त और चिंताकुल सा कुछ जान पड़ा, मानो कोई आग उसके चित्त को निरन्तर दहन करती हो। किन्तु उसके चारों ओर ऐसा प्रकाश हुआ कि कारागार का अंधकार बिला गया। यह पुरुष का नहीं परस्त्री का आकार था। यह डाइन थी। वह तो साक्षात् भगवती भगमालिनी का रूप है - चंडा मुंडा करालिनी। देखते नहीं उसके बड़े बड़े दांत किसको चर्वण न कर डालैंगे - ''चर्वयत्यतिभैरवम्'' रौरवंभी। उसके दंष्ट्राकराल के गोचर अनेक महापुरुष होकर कौर कर लिए गए। कुछ स्तुति तो करो ''भगवती चंडि प्रेते! प्रेतविमाने! लसत्प्रेते! प्रेतास्थिरौद्ररूपे! प्रेताशिनि! भैरवि! नमस्ते!''

इतना कहते देर न हुई कि बस।

''काली करालवदना विनिष्क्रान्ताऽसिपाशिनी
अतिविस्तारवदना जिह्वाललनभीषणा।
निमग्ना रक्तनयना नादापूरितदिङ्मुखा
सा वेगेनाभिपतिता घातयंती महासुरान्॥

इस प्रकार से और इस भाँति भगवती डाकिनी शाकिनी उपस्थित हुईं। बंबई की किनारदार धोती पहने, मनुष्य का कपाल हाथ में, गटरमाला फटकारते, लंक लौ लटकती लंबी लटैं, लाल लाल नेत्र, अंतराल को सिर में लपेटे नरास्थि की पुंगरी फूकती, बड़ी बड़ी लंबी टांगें फेंकती दो सुंदरी एक ओर ब्याही और एक ओर कुमारी कन्या को कांख में खोंसें थीं।

देवी ने कहा ''मुझसे क्या चाहते हो?'' युवा बोला - ''बचा, बचा, मुझे इस घोर कारागार से निकाल दे।''

देवी बोली ''मैं तुझे निकालूँगी''और उसका हाथ पकड़ आकाश की ओर उड़ गई - वह युवा तो बेसुध हो गया। प्रातःकाल को जब जगा तो क्या देखता कि अपनी पुरानी प्यारी सेज तो कविता कुटीर में थी उसी पर सोया है। आँख खोली और उसी प्राचीन ग्राम की गली देखी और जब उसके नेत्र उस कुटीर की ओर पड़े तो उस कारागार के दुःखद पाषाणों के स्थान की प्रतिनिधि अपनी वस्तु देखी - एक टेबल

पर कहीं कलम, कहीं स्याही, कहीं श्यामालता, कहीं सांख्य, कहीं योग, कहीं देवयानी के नूतन रचित पत्र इत्यादि पड़े हैं। बड़ा आनंद हुआ और युवा के नेत्र सजल हो आये, बोला ''यह बड़ा भयानक स्वप्न देखा था ऐसा जान पड़ा कि मैं किसी निर्जन कारागार के भुंइहरे में छे मास तक रहा प्रतिदिन आशा आई और गई फिर देखा कि किसी मंत्र के प्रभाव से एक चुड़ैल ने आकर मुझे निकाला उसी समय राजदूत भी मुझे न्यायाधीश के पास ले जाने को आया था। हे ईश्वर तेरी महिमा अपरंपार है तूने कैसा स्वप्न दिखाया। अब मैं अपने प्राण के पास जाऊँगा और स्वप्न का सब ब्यौरा कह सुनाऊँगा वह भी मेरे लिए क्या चार आँसू न गिरावेगी ? तो बस अब उसी के पास चलूँ'' -

ऐसा सोचता हुआ वह अपनी सेज पर ज्यौंही पौढ़ा डाइन आ गई और वह इसको फिर देख हक्का बक्का हो गया। कहने लगा ''नहीं-नहीं यह स्वप्न नहीं प्रत्यक्ष है'' इसी को फिर-फिर कहता रहा। डाइन बोली ''यह प्रत्यक्ष है क्या तू भूल गया। इस प्रत्यक्ष के प्रत्येक अक्षर ऐसे सत्य हैं जैसा कि वह सूर्य्य - इसमें तुझै अपना परलोक और भावी सुख सब मेरे हाथ बेच देना पड़ेगा। पर अभी कुछ बिलंब नहीं यदि चाहो तो छूट सक्ते हो पर फिर उसी कारागार में जाना होगा। अब तेरे होनहार सब तेरे ही हाथ में है जो चाहे कर''।

कमलाकांत बोला, ''तो अच्छा तू जा मैं तेरी सहायता नहीं चाहता। तेरे हाथ परलोक और सुख कभी देने का नहीं''।

डाइन ने उत्तर दिया - ''जो ऐसा ही है तो जाती हूँ पर एक बात और सुन - यदि तू मुझे छोड़ता है तो फिर उसी भुंइहरे में जाना होगा - वहाँ से फिर उसी न्यायाधीश के पास वहाँ से फिर सूली पर जाने का मार्ग खुला ही है''। कमलाकांत ने कहा ''कुछ चिंता नहीं मुझै तुझसे बढ़के और कहीं पवित्र शक्ति पर जिसका प्रभाव सब जानते हैं बड़ा भरोसा है। यदि तू छोड़ देगी तो वह (आकाश की ओर दिखाकर) तो नहीं छोड़ेगा।''

''है सबसे समरथ्थ प्रभु मारन हारे तैं राखनहारो''

जा जो चाहै कर''।

डाइन व्यंगपूर्वक मुसकिराकर बोली ''अरे तुच्छ मूर्ख-जड़ वह तेरी प्यारी जो इतने बड़े की बेटी है तुझै मिली जाती है क्या ? कहाँ तू और कहाँ वह? कहाँ

राजा भोज और कहाँ भुजवा तेली'', कहाँ सूर्य्य और कहाँ काँच; और फिर वह डेढ़ वर्ष तक क्या तेरे लिए बैठी है ? वह नहीं जानती कि तू इस कारागार में है, उसे केवल तेरा विदेशगमन ही ज्ञात है और फिर मनुष्य इतने दिनों तक सत्यप्रेम नहीं निवाहता''।

कमलाकांत ने कहा, ''यदि तुझमें शक्ति हो तो बुला दे तब मैं मानूँगा बुलाने की शक्ति ही नहीं, तो व्यर्थ क्यों बकती है''। डाइन बोली ''तो मैं इसका प्रमाण क्यों दूँ जब तुम विश्वास ही नहीं करते''।

कमलाकांत ने कहा ''सुन, यदि तू इसका प्रमाण दे कि वह पक्की नहीं तो मैं सर्वतः तेरा हो जाऊँ'' डाइन ने कहा ''हाथ मार, देख - फिर न बदलना मैं दिखाती हूँ''।

युवा ने हाथ मारा और डाइन खिरकी की ओर अपना दाहिना हाथ पसार के यों कहने लगी -

''चल बे चल अब ल्याव बुलाय
जो यह मंत्र फुरै मम आय
जो कुछ शक्ति होय गुरु दीन्ह
जौं सेवा बाकी मैं कीन्ह
तो आवे वह सेन समेत
अथवा जैसे होय अचेत-''

''छूः छूः छूः दुहाई वीर भैरों की, आव-आव-आव-दौड़-झौड़। छूः छूः छूः''

इतने में एक मेघ घुमड़ आया और खिड़की को ढाँक लिया, घर के भीतर मेघ घुस आया - मैंने प्रार्थना की और कहा -

''संतप्तानां त्वमसि शरणं तत्पयोदः प्रियायाः
संदेशं मे हर धनपतिक्रोध विश्लेषितस्य ।
गन्तव्या ते वसतिरलका नाम यक्षेश्वराणां
बाह्योद्यानस्थित हरशिरश्चन्द्रिकाधौत हर्म्या ॥''

इसके पढ़ते ही सब तिमिर तिमिर में समा गया, सृष्टि के नूतन विधान का निशान फहराने लगा, ''भयौ यथाथित सब संसारू'' नील अंबर में भगवान् विभावरीनायक अपनी सोलहो कला से उदय हुए, दुर्जन के सदृश अंधकार का

आकार ही लोप हो गया। स्वच्छता का बिछौना चाँदनी ने महीतल में बिछाया। कौमुदी ने चाँदनी तानी। उस समय की शोभा कौन कह सकता है।

''चञ्चचन्द्रकरस्पर्शहर्षोन्मीलित तारका॥''
अहो रागवती संध्या जहाति स्वयमम्बरम्॥

औषधियों के नायक ने सब औषधियों को अपने कर से सुधा सीचकर फिर जिलाया। कुमुदिनी प्रमुदित होकर अपने प्रियतम को सहस्र नेत्रों से देखने लगी। सौत नलिनी ने आँख बंद कर ली। परकीया कहीं स्वकीया की बराबरी कर सक्ती है। चंद्रमा से जगन्मोहन गुण की अभिरामता क्या सूर्य के तेज में है। इसी से चंद्रमा का नाम लोकानंदकर प्रसिद्ध है। कोकनद से सेवक अपने नायक की वृद्धि पर हर्षित हुए। वन की लता पता पर प्रकाश क्रम से फैलने लगा। समभूसि से, वन-वन से उपवन-उपवन से द्रुम-द्रुम से पादप-पादप से वृक्ष-वृक्ष से गुल्म लतावल्ली आदि को आक्रमण करके महीधर की मेखला-मेखला से शैल-शैल से पर्वत-पर्वत से शिखर-शिखर से तुंग पर अपना सुयश फैलाकर फिर अपनी कीर्ति कहने के लिए स्वर्गंगा मंदाकिनी में अवगाहन कर गोलोक-गोलोक से विष्णुलोक-विष्णुलोक से ब्रह्मलोक, वहाँ से चंद्रलोक को फिर लौट गया। मृत्युलोक में मानों एक वितान सा तान दिया हो। प्रथम तो सागर के किनारे से निकला, सागर की द्वितीय बड़वानल के सदृश अपनी किरनों से तरल तरंगों में फँसकर क्रम से व्यौम के किनारों को कुंदन से कलित किया। पर्वत के शिखर पर चाँदनी बिखर गई। पत्तों पर एक अपूर्व शोभा दिखाने लगी। मंद वायु से कंपित होकर पत्र भी यत्र तत्र अपनी परछांही फेंकने लगे। नदी के लोल लहरों में मिलकर सौ चंद्रमा पैठे से जान पड़ते थे - झरनों का झरना कैसा मनोहर लगता था, मानौ मोती के गुच्छे पर्वत के ऊपर से छूट छूट कर गिरते हों। झिल्ली को झनकार भेक का एक सा शब्द निशिचर विहंगमों का विहार मन को चुराये लेता था। संजोगियों को सुखद और वियोगियों को दुःखद जान पड़ता था। संजोगियों का निधुवन प्रसंग और वियोगियों के विरह का कुढंग अपनी आँखों से देख देख साक्षी भरता था। इधर सारसों का जोड़ा उधर चकवा चकई का बिछोड़ा संयोग और वियोग का उदाहरण दिखाता था। रात के कारण और सब पक्षी बसेरे में

थे, केवल उलूक से बेकाज के मनुष्य इधर उधर घूमते थे। इस समय देवजी का कहा याद पड़ा -

मंद मंद चढ़ि चल्यौ चैत निशि चंद चारु
मंद मंद चाँदनी पसारत लतन तैं॥
मंद मंद जमुना तरंगिन हिलौरै लेत
गुंजत मलिंद मंद मालतो सुमन तैं॥
देव कवि मंद मंद सीतल समीर तीर
देखि छबि छीजत मनोज छन छन तैं॥
मंद मंद मुरली बजावत अधर धरैं
मंद मंद निकसो गुबिंद वृंदावन तैं॥

और भी

घटै बढ़ै विरहिनि दुखदाई। ग्रसै राहु निज संधिहिं पाई॥
कोक शोकप्रद पंकज द्रोही। अवगुन बहुत चंद्रमा तोही॥

प्रकाश का पिंड धीरे धीरे महीमंडल में अपनी कीर्ति प्रकाश कराता है। बड़े सघन लतामंडप के भीतर भी पत्रों के छेदों से चाँदनी की किरणें प्रवेश करती हैं। मैंने इस शोभा का, प्यारी चैत की रातों में कभी प्यारी के सहित कभी प्यारी से रहित नदी तीर में भीर निकल जाने के पीछे कई बार अनुभव किया है। ऊपर चाँदनी का स्वच्छ वितान, नीचे जल की चमक-इधर बालू की सुपेदी, उधर क्षितिज तक इसका फैलाव - ऐसा जान पड़ता है मानौ पृथ्वी और अम्बर एक-सा हो गया है। चंद्रमा का बिंब जल की लोल तरंगों के भीतर ऐसा दिखलाई देता है मानौ सहस्र नेत्रों से वह मूर्तिमान् हो मदन के साथ इस अपूर्व शोभा का अनुभव करता हो। जल जंतु भी ऐसे हर्षित होते हैं कि नक्र कुलीर सफरी इत्यादि उछल उछल कर इस शोभा पर अपने प्राण देते हैं। यह व्यौम का दृश्य भूलोकगत जनों को भी भाग्यवश दिखाई पड़ता है। पर हा ! क्या वह इस समय हमसे वियुक्त रहै - हाय ! ''दुर्बले दैवघातकः'' यह कहावत प्रसिद्ध है - दिशा कामिनियों का मुकुर - मदन के बाणों को चोखा करने की शान- भगवान् उमापति के ललाट का अलंकार - व्यौम सागर का एक हँस-तारागणों के मध्य में ऐसा सोहता था मानौ दिक्कामिनी चंद्र प्रियतम पर पुष्पवृष्टि करतीं थीं -

शंख, क्षीर, मृणाल, कर्पूरादिकों की प्रभाको लजाता समुद्र को आकर्षण करता - जीव मात्र-स्थावर जंगम को सुख देता और लोकों के पाप को नाश करता हुआ विराजमान है। संसार में जो लक्ष्मी मंदराचल में - प्रदोष के समय सागर में - जल सहित कमलवन में - वास करती है वही लक्ष्मी आज निशा के समय निशाकर में देख पड़ने लगी।

वाह रे चंद्र तेरी महिमा कौन लिख सक्ता है।

तू अपनी चंद्रिका के द्वारा इतने ऊँचे पर से भी बिचारी चकोरी की चोंच को सुधा से भर देता है -

तू अभिसारिकाओं का भी बड़ा मीत है - देख एक कवि ने कैसी कविता की है-

" चतुर चलाक चित्त चपला सी चंदमुखी
गिरिधरदास वास चंदन सी तन में।
सारी चाँद तारे की सुचद्दर चमकदार
चोली चुस्त चुभी चारु चंपकवदन में।
चामीकर नूपुर चरन चम चम होत
चली चक्रधर पै मिलन चाव मन में -
तारन समेट तारापतिहिं लपेट मानौं
राकाराति चली जाति चाव से चमन में "

तू समुद्र मंथन काल में समुद्र से निकला है यह पुराण की उक्ति ठीक जान पड़ती है - क्यौंकि अभी तक तू उसी उदय पर्वत से बार-बार निकला करता है।

तेरा बिंबमंडल अद्यापि अरुण है क्यौंकि तूने इंद्र की नायिकाओं का यावक अधर चूमा है।

कहाँ तक तेरा प्रभाव गावैं। जितना तेरे विषय में कहैं वह थोड़ा उस शोभा को देखता ही था कि एक नवीन बाला गिरि के शिखर पर इस चंद्रमा को अपनी छवि से लजाती प्रकट हुई। इसकी सर क्या चंद्र कर सकता था ? नहीं, जैसे चंद्रजोत (महताब) के सामने दीप की कोई बात भी नहीं पूछता। सूर्य के सम्मुख खद्योत प्रकाश नहीं कर सकता वैसे ही इसके प्रभामंडल ने चंद्रमंडल को आक्रमण कर लिया। बाणभट्ट ने जो कादंबरी और महाश्वेता की प्रशंसा गुण रूप की की वह भी सब तुच्छ

जान पड़ी। कालिदास ने जो कुमारसंभव में पार्वती की, वाल्मीकि ने जो सीता मंदोदरी और तारा की बड़ाई की वह सब पीछे पड़ गई। श्रीहर्ष वर्णित नल की दमयंती, कालिदास कथित दुष्यंत की शकुंतला, गोतम की अहल्या, ययाति की देवयानी, अज की इंदुमती, चंद्र की रोहिणी इत्यादि इसको देख इस समय सब लोप हो गईं इनका रूप और गुण सब केवल पुस्तकों में रह गया। अब छाया भी नहीं दिखाती। उसको देख मेरे हृदय में यह श्लोक उठा -

तन्वी श्यामा शिखरिदशना पक्वबिम्बाधरोष्ठी
मध्ये क्षामा चकितहरिणीप्रेक्षणा निम्ननाभिः।
श्रोणीभारादलसगमना स्तोकनम्रा स्तनाभ्याँ
या तत्रस्याद्युवतिविषये सृष्टिराद्यैव धातुः॥

इतने से उसके सर्वांग का वर्णन संक्षेप हो गया, तौ भी बिना कुछ कहे रहा नहीं जाता। इसलिए दो चार बातैं और भी सुनो। सर्वांगसुंदरी के रूप की कौन प्रशंसा कर सक्ता है ? उपमा कौन सी दी जाए ? जिसे सोचते हैं वही जूठी मिलती है।

''सब उपमा कवि रहे जुठारी,
केहि पटतरिय विदेह कुमारी॥'' (तुलसी)

उसके घन अंजन से काले काले केश वेष की शोभा बढ़ाते थे। उसकी अलि अवलि सी घूँघरवारी अलकै मुखचंद्र के ऊपर ऐसी जान पड़ती थी मानौ व्याल के छौने अमृतपान करने की चेष्टा कर रहे हैं। सुंदर सुभग ललाट द्विरद रद की स्वच्छता को लजाता था। बुद्धि और चतुराई का सूचक-मुनि के मन का मूषक-काव्यकला का आलय- कुशलता का उदय-स्त्री चरित्र का केंद्र बुद्धि और विश्वास निर्माण करने का ध्रुव - ये सब बातैं ललाट में लिखी सी ज्ञात होतीं थीं। निशाकर सा आनन प्रभा का आकर-जिसे देखे रमा सागर में श्यामसुंदर के शरणागत हो वही शेषशायी के साथ रम रही। कमल भी जिसको देख जल में छिप गया। केशपुंज से आवृत उसका मुख जलदपटल के बीच मयंक की शोभा जीतता था। अथवा मधुकरों की शवली अवली नवली नलिनी के चारों ओर गूँजती जान पड़ती थी। पंकज का गुण न चंद्रमा में और न चंद्रमा का पंकज में होता है तौ भी इसका

मुख दोनों की शोभा अनुभव करता था। काली काली भौंहैं कमान सी लगतीं थीं। धनुष का काम न था। कामदेव ने इन्हें देखते ही अपने धनुष की चर्चा बिसरा दी। जब से इसे भगवान् शंकर ने भस्म कर दिया तब से यह और गरवीला हो इसी मिस इनसे धनुष का काम लेता था - बिलोचन इंदीवर पै भ्रमरावली, मुख मदनमंदिर के तोरन - रागसागर की लहरैं - ऐसी उस्की दोनों भौंहैं थीं। उसके नैनों की पलकैं, तरुणतर केतकी के दल के सदृश दीर्घ किंचित् चटुल और किंचित् सालस शोभायमान थीं। नैनों की कौन कहै ये नैन ऐसे थे जिस्में नै न थीं, जिन्हें देख हरिणी भी अपने पिछले पाँव के खुरों से खुजाने के मिस कहतीं थीं कि तुम अपने गर्व को छोड़ दो। हृदयवास के आगार में बैठे मदन के दोनों झरोखे - रागसहित भी निर्वाण के पद को पहुँचाने वाले, कान तक पहुँचने में अवरोध होने से अपने लाल कोयों के मिस कोप दिखाते - अशेष जगत को धवल करते-फूले कमल काननों से गगन को सनाथ करते-सैकड़ों क्षीरसागरों को उगिलते-और कुंद और नीलोत्पलों की माला मी लक्ष्मी को हँस रहे थे मानो मन के भाव के साक्षी होकर हृदयागार के द्वार पर अड़े हो।

इसका सुंदर नाशावंश मानों दशन रत्नों के तोलने का दंड अथवा नैन सागर का सेतुबंध, अथवा जोबन और मन्मथ रूपी मत्त मतंगजों का अगड़ है, मानो कंदर्प ने अपनी कला कौशल्यता दिखाने के लिए धनुष भौहों के कोनों में रूप के दोनों मीन बझा कर नाशादंड पर धर दिए हों अथवा पथिक कपोतों के फसाने के लिए भ्रू तराजू पर चुन की गोली धरी हों।

अमी हलाहल मद भरे सेत श्याम रतनार।
जियत मरत झुकि झुकि परत जेहिं चितवत इकबार॥ (बिहारी)

उसके पके बिम्बोष्ठ मुखचंद्र की निकटता के हेतु संध्याराग से रंजित हैं। दंतमणि की रक्षा के सिंदूर मुद्रा को अनुकरण करने वाले, हृदय के राग से मानो रंजित राग सागर बिद्रुम के नवीन पल्लव से उसके अधर पल्लव थे।

दशन की अवली लाल ओठों के बीच में ऐसी जान पड़ती थी मानो मानिक के पल्लव में हीरे बगरे हों, विद्रुम के बीच में जैसे मोती धरे हों, प्रवालों के बीच सुमन अथवा ललाम लाल लाल पल्लवों पर ओस के कनूके हों।

मुसकिराहट के साथ ही चाँदनी चाँद की मंद पड़ जाती थी। निरखने वालों की आँखैं बिजुली की चकाचौंधी के सदृश ढँप जातीं थीं। नव जोवन का एक यह भी समय है जब लोग भोली हँसी पर तन मन वार देते हैं अथवा उसके सम्मुख बैकुंठ का भी सुख कुंठ समझते हैं। उसकी कंबु या कपोत सी ग्रीवा मृणाल की नम्रता को भी लजाती थी, उसके दोनों स्कंध प्रेम और अनुराग सम्हारने को बनाए गए थे, उसके पीन कुच पर छूटे चिकुर ऐसे लगते थे मानो चंद्रमा से पीयूष को ले व्यालिनी गिरीश के शीस पर चढ़ाती है। मदन के मानौ उलटे नगारे हों, मदन महीप के मंदिर के मानो दो हेम कलस, बेलफल से सुफल - ताल फल से रसीले - कनक के कंदुक - मनोज-बाल के खेलने की गैंदैं - ऐसे अविरल जिन में कमल तंतु के रहने का भी अवकाश नहीं। गरमी में शीतल और शीत में ऊष्म ऐसे अग्नि के आगार जिसको हृदय से लगाते ही ठंढे पर दूर से दहन करने वाले-शरीर सागर के दो हँस पानिप पानी के चक्रवाक मिथुन-कमल की कली मन मानिक के गह्वर शैल जिन पयोधरों को विश्वकर्मा ने अपने हाथों से खराद कर चढ़ा कर रचा था इस त्रिभुवन मोहिनी के तनतरु के मनोहर और मधुर फल थे। पतन के भय से मदन ने इन पर चूचुक के छल से मानो कीलै ठठा दीं थीं। बस कहाँ तक कहूँ !

इनके नीचे नवयौवन के चढ़ने के हेतु मनोज की सीढ़ी सी त्रिवली की अवली शोभित थी। अमृतरस का कूप नाभी का रूप था।

उसकी कटि छटिकर छल्ला सी हो गई थी केहरी भी जिसे देख अपने घर की देहरी के बाहर कभी नहीं निकला, ऐसी सुकुमारी जो बार के भार से भी लचती थी? ऐसी पतरी जौ मुठी में भी आ जाती थी। कई तो उसे देख भ्रम में पड़े थे कि लंक है या नहीं या केवल अंक ही का शंक है। नवजोबन नरेश के प्रवेश होते ही अंग के सिाहियों ने बड़ी लूट मार मचाई इसी भौंसे में सभों के हौंसे रह गए किसी ने कुछ पाए किसी ने नितम्ब बिम्ब - पर यह न जान पड़ा कि बीच में कटि किसने लूट ली। लंक के लूटने की शंका केवल कुच और नितम्बों की थी क्यौंकि जोबन महीप ने जब इस द्वीप पर अमल किया तब डंका बजाकर क्रम से केवल ये ही बढ़े। सुंदर वर्तुलाकार जाघैं कनककदली के खंभों की नाई राजती थीं मानो किसी ने उलटे स्तंभ लगा दिये हों। कलभ की शुंड भी गुड़ी मार कर

उसके पेट तरे छिप जाती थी। कालिदास को भी कोई उपमा नहीं मिली, तभी तो उनने कहा है -

नागेन्द्रहस्तास्त्वचि कर्कशत्वात्
एकान्तशैत्यात्कदली विशेषाः ।
लब्ध्वापि लोके परिणाहि रूपं
जातास्तदूर्वो रूपमानबाह्याः।।

इसकी गति के अनुसारी राजहँस भी मानस सरोवर को उड़ गए, इसके चरणसरोरुह ऐसे शोभित थे मानो स्थलारविंद हों। नखों की छटा ऐसी थी मानो सूर्य की किरणों से पंकज खिला हो। जहाँ-जहाँ यह अपने चरनों को धरती ऐसा जान पड़ता कि ईंगुर बगर गया है। यह सर्वांगसुंदरी नख से सिख तक एक साँचे कैसी ढरी चित्र की छबि सी प्रकट थी। अथवा किसी ने जैसे मणि की पुतरी बनाकर गौर उपलों के पर्वत पर धर दिया हो। केशों में जिसके विचित्र विचित्र सुमन खचित थे। माँग में मोती की लर, अलकों के अंत में चमेली के फूल, जूड़े पर शीशफूल के स्थान में गुलाब, "काको मन बाँधत न यह जूड़ा बाँधनहार" और चोटी के अंत में कदम्ब का फूल देखने वालों के हिए में कटारी सी हूल देकर करेजे में शूल उपजाता था। घने केशपाशों पर दामनी दामनी सी छटा छहराती थी -

"तमके विपिन में सरल पंथ सातुक को
कैधौं नीलगिरि पै गंगा जू की धार है।
कैधौं बनबारी बीच राजत रजत रेख
कैधौं चंद कीन्हौ अंधकार को प्रहार है।
नापत सिंगार भूमि डोरी हाँसरस कैधौं
बलभद्र कीरत की लीक सुकुमार है।
पयकी हे सार घनसार की असार माँग
अमृत की आपगा उपाई करतार है।"

यह तो उसके माँग का हाल था। उसकी बेसर की महिमा कौन बिचारा कह सक्ता है। तौ भी इस प्रकार की कुछ शोभा थी।

एहो व्रजराज एक कौतुक विलोको आज
भानु के उदै में बृषभानु के महल पर ।
बिनु जलधर बिनु पावस गगन धुनि
चपला चमकै चारु घनसार थल पर ।
श्रीपति सुजान मनमोहन मुनीसन को
सोहै एक फूल चारु चंचला अचल पर ।
तामैं एक कीर चोंच दावे है नखत जुग
शोभित है फूल श्याम लोभित कमल पर।।

अथवा यह जान पड़ता था कि पृथ्वी की गोलछाया चंद्र पर पड़ी है। नाक का मोती ऊपर कजरारे लोचन के प्रतिबिंब से और नीचे प्रवाल अधरों की आभा से आधा श्याम और आधा लाल जान पड़ता है - यदि लाल गुजा की उपमा दी जाए तौ भी संगत हो। सादी सादी सूरत भोली भाली भौंहैं - मनुष्यों के हिए में सूरत सी गड़ गई थी, मुख निशाकर पर शीतला के छोटे छोटे बिंदु ऐसे जान पड़ते थे जैसे देव ने कहा है -

''भाग गरे आनन अनूप दाग सीतला के,
देव अनुराग झिया से झमकत है ।
नजर निगोड़िन की गड़ि गड़ि गाड़े परे,
आड़े करि पैन दीठ लोभ लपकत है ।
जोबन किसान मुख खेत रूपबीज वोयो,
बीज भरे बूंदन अमंद दमकत है ।
बदन के बेझे पै मदन कमनैती के,
चुटारे सर चोटन चटा से चगकत है ।।''

चाँदतारे का दुपट्टा पीत कौषेय की सारी यद्यपि भारी थी तौ भी समय के अनुसार कुछ कुढंग नहीं लगती थी । आधा सिर खुला, दक्षिणी रीति के वसन पहिने, अति सुकुमार रति का रूप - दूर से देख मेरे मुख से अकस्मात् यह निकल पड़ा कि यह ''वनज्योत्स्ना'' किस श्यामा का रूप है। मैंने तो ऐसी मोहिनी सूरति कभी नहीं देखी थी । यद्यपि मेरी आयु अभी दो हजार आठ सौ वर्ष से अधिक न थी तौ भी यह मदनमोहिनी कीसी और पहले कोई ललना नहीं लखी थी । मेरी

इच्छा हुई कि इसके चरणयुगलों की यदि आज्ञा हो तो सेवा कुछ दिन करूँ। इसी सोच विचार में चार हजार बरस व्यतीत हो गए। अंत को जब आँख खुली तो फिर भी उसी मूरत का ध्यान, वही सामने खड़ी, वही आँखों में झूलने लगी। विमान तो आज्ञाकारी था। मन में सोचते ही उसी की ओर मुड़ा निकट जाने से और भी चरित्र देखे। यह ''मनोरथ-मंदिर की नवीन मूर्ति'' नवनीत से कोमल सिंहासन पर बैठी है - इसकी तीन सखी निरन्तर सहचरी होकर इसके सुख दुःख की भागिनी सी बनी रहतीं हैं। ये दोनों ऐसी जान पड़ती थीं मानो इसकी भगिनी हों, क्योंकि बोल चाल मुख का बनाव अंग का ढाल-विमल मयंक सा आनन - वस्त्र और आभूषण सब तद्विषय के सूचक थे। मुझै इनकी मुसक्यान बड़ी सुंदर लगी। एक तो ११ और दूसरी ६ वर्ष की थी। तीसरी इसकी सखी कुछ ऐसी रूपवती तो नहीं थी, पर हाँ - संगत की आँच लग ही जाती है - देह इसकी गोरी - मानो छोटे छावले की छोरी हो।

गजराज सी चाल-गले में चमेली की माल- बड़ी चतुर पर मदनातुर - गंगाजमुनीवाल - तौ भी मन्मथ के जाल को लिए - ''मिस्सी के बदनामी का पर खोसे'' - अधरों को द्विजों से दबाए-दातों की बत्तीसी खिलाए सुमार्ग से कुमार्ग पहुँचाने की मशाल - दुष्टपथ की परिचारिका, विलासियों की सहचारिका-द्रव्य के लिए तन और मन की हारिका-सुमतिवाली बालाओं के मन में कुमति की कारिका - ''बुढ़ियाबखान'' सी पुस्तकों की सारिका -अपने भक्तों पर जीवन की हारिका-अच्छे-अच्छे कुलों का चौका लगाने वाली - अभिसारिकाओं की नौका - ऐसी प्रगल्भ मानौ डौका-मदनपाठशाला की बालाओं को परकीयत्व धर्मशास्त्र सिखाने की परिभाषा - ''परपतिसंगम'' रूप को कंदर्प व्याकरण से सिद्ध कराने वाली - रति वेदांत की परिपाटी सिखाने वाली - सुमति-लोप विधायक सूत्र को कंठ करानेवाली - कुपंथसरिता की सेतु-मदनगीता महामाला मंत्र की ऋषि- सुरति सिद्ध कराने की आचार्य - कामानल में हवन कराने की होता - परपुरुष आलिंगन तीर्थ में उतरने की सीढ़ी - संभोग की शिला-स्थूलकाय-बलिष्ठ जंघा-सिंदुर रहित माँग-कंकन शून्य हाथ - स्वेतदुकूल पहने-ऐसा स्वांग किए उसी नववधू के पीछे खड़ी है।

ये सब गुण उसके प्रत्यंग देखने से प्रकट होते थे। ऐसी ही सखी कुलवधू को लकार लोप का आकार बना देती है। ईश्वर इनसे बचावै।

मैंने इनके रूप भली भाँति अनिमिष नयनों से देखे पर स्वप्न में भी स्मरण न हुआ कि इन्हें पहिले कभी देखा था। बार-बार यही कहना पड़ा अहो ''मधुरमासां दर्शनम्'' उस एकादश वार्षिकी कन्या का रूप भी विचित्र था। साँवरा मुख-काले नैन और काले चिकुर - बाल्यावस्था की भूमि में मदन किसान ने ऐसा श्रम किया था कि यौवन बीज की अंकुर निकल रहे थे। बालापन में भी चतुराई, कुंद सी हँसी भुराई और चतुराई दोनों सूचन करती थीं, आँखैं अमृत और विष की कटोरी थीं, आँचर यद्यपि सामान्य रीति से नहीं ढांकती थी तौ भी किसी किसी को देख अनेक हाव भाव करती थी। बालक और बालिकाओं के क्रीड़ा-स्थल पर छिप जाती पर कभी किसी को देख मुसकिराकर और लाज बताकर घर में जाती। सब बातैं जो रसीलीं नवोढ़ा जानती हैं- यद्यपि उसै इनका तनिक भी अनुभव न था वह जानती थी, मानौ काम की चटशाल में उसने हाल में रति की परिपाटी ली हो। रस का अनुभव कुछ नहीं तौ भी सुन सुन के अभी से परिपक्व हो रहीं थीं रस की बातैं सुन कर ऐसी मुसकिराती कि अधर पल्लव के बाहर मुसकिरान कभी नहीं निकलती। प्रेम की घाँतैं सुन मुंह नीचा कर लेती। फल मूल मिष्ठान्न आदि उसको बहुत अच्छे लगते थे। रजतलोह की चुम्बक, मतलब की पूरी, काम की धुरी नेह में जुरी मानौ किसी ने उसी की डुरी से बाँध दिया हो।

तीसरी कन्या, रूप की धन्या, यद्यपि केवल ६ वर्ष की तौ भी कुशल और प्रवीनता की अंकुर सी जनाती थी।

इन दोनों को देख मन में यही उठता कि ''होनहार विरवान के होत चीकने पात'' जिनके रूप के केवल अवलोकन मात्र ही से इतने गुणों का सम्भव और अनुमान होना प्रत्यक्ष है तो चरित न जाने कैसे कैसे होंगे। यही बड़ी देर तक सोचता रहा। जी में आया कि निकट जाकर उस लक्ष्मी का जो ऐसी पश्यन्मनोहरा उस पर्वत के शिखर पर आविर्भूत हुई थी कुछ वृत्तांत पूछैं और सुनैं। इतने ही में ऐसी पवन चली कि विमान डगमगाने लगा। कहीं सिर कहीं धड़ कहीं टोपी कहीं जूते रात दिन का ज्ञान चला गया, न जाने किस मंदराचल के खोह में उलूक के समान जहाँ बेप्रमान अंधकार है जा छिपा। निकट जाने का विचार करते ईश्वर ने क्या अनाचार कर दिया कि सोचा बिचारा सब नष्ट हो गया। पर यह तो घर की खेती थी। उस फूस ने तो सभी युक्तियाँ बतला ही दीं थीं अब कुछ चिंता की बात नहीं थी। मैंने सोचा कि जहाँ फिर एक गोता

लगाया तहाँ ज्ञान और भान का पोता का पोता गगन गंगा के सोता से निकला चला आवैगा फिर कोई सोता भी हो तो जाग जाय, पहरे की बात नहीं। इतनी नहरैं कि उसकी लहरैं बड़ा शब्द करतीं हैं। फिर तो ''प्रबोधयत्यर्णव एव सुप्तम्'' यह गगनगंगा कहाँ से आई इसका कुछ ठीक पता नहीं लगता। पर सुनते हैं कि महादेव नंगा के जो सदा भंग में मग्न है झंगा से निकलती है पर इसका क्या प्रमाण?

पुराण।

पुराण-सुराण क्या ?

वाहजी कुराण पुराण नहीं जानते।

नहीं।

तो अधिक क्या कहैं, गंगा उस नंगा के जटाजूट में छूट कर नाचती है, फिर मर्त्यलोकवासी सत्यानासी उसके कनूकों को लूट कर क्षीरसागर के वासी होते हैं। वहाँ उन्हैं साक्षात् लक्ष्मीजी की झाँकी होती है।

क्या वे वहाँ अकेली रहतीं हैं ?

नहीं रे मूर्ख, क्या तूने अभी तक लक्ष्मी को नहीं जाना, वह कभी अकेली रहीं हैं कि रहैंगी। वे बड़ी चंचला हैं। भगवान् शेषशायी श्यामसुंदर के साथ शयन करती है। लिखा भी तो है ''एका भायर्या प्रकृतिमुखरा चंचला च द्वितीया'' पर क्या हम ऐसी बातैं उस देवी के विषय में यह सक्ते हैं - नहीं नहीं भाई - वह तो हमारी पूज्य है। तौ भी सच्ची बात के कहने में क्या डर, ''सत्यमेव जयते नानृतम'', साँच को आँच कहाँ। बस। अब युक्ति सोचने बैठे कि कौनसी युक्ति करैं जिसमें उस अलक्ष्य देवी के दर्शन फिर भी हों और कुछ बातचीत करैं। सोचते सोचते एक बात याद पड़ी पर लिखैंगे नहीं, लिखने की कौन बात कहैंगे भी नहीं। उसी युक्ति से फिर आँख मूदीं और क्षणभर ध्यान किया तो फिर भी उसी के सामने पहुँच गए वही मूर्ति फिर भी नैनों के सामने नाचने लगी। ऊमर के फूल सरीखे दर्शन हुए। उसकी सुंदरता देखते ही मेरी इन्द्रियाँ शिथिल पड़ गईं। पलकैं झपने लगीं। हाथ पैर ढीले पड़ गए मैं तो जक गया। उसी समय मूर्छित हो गिरा जाता था और भूमि ले लेता यदि मेरा एक हितकारी सेवक मुझे अपना सहारा न देता। उसके कंधे पर अपना सिर डालकर बैठ गया। आँखैं

मुकुलित हो गईं तन की सब सुधि बुधि जाती रही। गुलाब जल के अनेक छीटे मीठे मीठे मेरे मुख पर सींचे। धीरे धीरे संज्ञा आई। नेत्र आधे खुले, साँस बहुरी, सिर उठाकर देखा प्रणाम मन ही में किया। हृदय में हाथ जोड़े, इच्छा हुई कि कुछ बोलै और अपना जी खोलै या कहीं को डोलै सेवक ने सहारा दिया। बलपूर्वक इंद्रियों को सम्हार सरस्वती को मनाय वचन की शक्ति को तोल बोलने लगा।

''भगवति तेरे चरणकमलों को प्रणाम है''। इसको सुन भगवती मौन ही रही। मैंने फिर भी कहा -

''नारायणि प्राणम करता हूँ, भला इस दीन दास की ओर तनिक तो दया की कोर करो'' -

देवी ने देखा, ऐसी दृष्टि की कि मानो सेतकमल की श्रेणीं बरसाईं हो। केवल दृष्टिमात्र से मेरा प्रणाम ग्रहण किया और अपनी पूर्वोक्त सखियों की ओर निहारी। सखीं सब मुसकिराकर रह गईं। मैं और अचंभे में हो गया सोचने लगा यह कैसी लीला करती है। भला कुछ और इससे पूछना चाहिए। ऐसा मन में ठान फिर भी कुछ कहने को उत्सुक हुआ और निकट जा बोला।

''चंद्रमुखी यदि तुझै कष्ट न हो तो कुछ पूछूँ। मेरा जी तुझ से कुछ बात करना चाहता है।''

''भद्र कहो क्या कहते हो। जो इच्छा हो पूछो।'' ऐसा कह चुप हो गई।

मैंने कहा ''भद्रे - यदि क्लेश न हो तो कहो तुम किस राजर्षि की कन्या हो कहाँ तुम्हारा देश है और इस शिखरपर किस हेतु फिरती हो ?''

उसने कहा ''मेरी कथा अपार है, सुनने से केवल दुःख होगा। कहना तो सहज है पर सुनकर धीरज धरना कठिन जनाता है। ऐसा कौन वज्र हृदय होगा जो उसे सुन फूट फूट न रोवैगा - यह मेरी अभागिनी के चरित किसने न सुने होंगे और सुनकर कौन दो आँसू न रोया होगा'' इतना कह लंबी साँस लेकर नेत्रों में जल भर लिया। मैं तो सूख गया कि हा दैव इस देवी को भी दुःख है क्या ऐसी धन्य और सुंदरी को भी दुर्भाग्य ने नहीं छोड़ा। वाह रे विधाता तेरा विधान धन्य है। धिक्कार है तुझै जो तूँने इस पुण्यात्मा जीव पर भी दया न की। न जाने यह अपनी कथा कह कर कौन-कौन विष के बीज बोवैगी और क्या-क्या हाल कह कर बेहाल करैगी। फिर भी ढाढस बाँध बोला।

''सुंदरी मैं बहु शोकग्रस्त हुवा क्या मैंने तुम्हें कष्ट तो नहीं दिया। जान पड़ता है कि तुम्हारे पूर्व दुःख की घटा फिर से हृदय गगन पर छा गई। तो अब कही देना भला है क्योंकि ''विवक्षितं ह्यनुत्तमनुतापं-जनयति'' और भी किसी परिचित या सज्जन के सामने जो दुःख और सुख का समभागी हो कहने से दुःख बट जाता है।

''स्निग्धजनविभक्तं हि दुःखं सह्यवेदनम्भवति।''
''स्वजनस्य हि दुखमग्रतोविवृतद्धारमिवोपजायते।''

''मुझ अभागिन की कहानी भी क्या किसी को सुहानी है परंतु तुम्हारा यदि आग्रह है तो सुनो। मैं शुद्ध भाव से तुम्हारे सम्मुख सब यथास्थित कहती हूँ'' इतना कह कई बार लंबी-लंबी साँसैं भर आकाश की ओर दृष्टि कर यौं बोली।

''भूमण्डल में जो आखण्डल के चाप के सदृश गोलाकार है जंबूद्वीप नाम का प्रदीप जो दीपक समान मान को पाता है प्रसिद्ध क्षेत्र है। उसी में भारतखंड, ऐसा विचित्र मानो ब्रह्मा ने स्वयं अपने हाथों से बनाया हो वर्त्तमान है। भारतखंड में अनेक खंड हैं पर आर्य्यावर्त्त सा मनोहर और कोई देश नहीं। पृथ्वी के अनेक द्वीप द्वीपांतर एक से एक विचित्र जिनका चित्र ही मन को हर लेता है, वर्त्तमान है पर आर्य्यावर्त्त सी पुण्य भूमि न तो आँखों देखी और न कानों सुनी। इसके उत्तर भाग की सीमा में हिमालय सा ऊँचा पर्वत जो पृथ्वी के मान दण्ड के सदृश है भूलोक मात्र में ऐसा दूसरा नहीं। गंगा और यमुना सी पावन नदी कहाँ हैं जिनके जल साक्षात् अमृतत्व को पहुँचाने वाले हैं। त्रिपथगा की जो आकाश, पाताल और मर्त्यलोक को तारती है, कौन समता कर सक्ता है। सुर और असुरों के मुकटकुसुमों की रजराजि की परिमलवाहिनी, पितामह के कमण्डलु की धर्म रूपी द्रवधारा, धरातल में सैकड़ों सुगरसुतों को सुरनगर पहुँचाने की पुण्य डोरी - ऐरावत के कपोल घिसने से जिसके तट के हरिचंदन से तरुवर स्यंदन होकर सलिल को सुरभित करते हैं, लीला से जहाँ की सुर सुंदरियों के कुचकलशों से कम्पित जिसकी तरल तरंग हैं नहाते हुए सप्तर्षियों के जटा अटवी के परिमल की पुन्यवेनी-हरिणतिलकमुकुट के विकट जटाजूट के कुहर भ्राँति के जनित संस्कार की मानो कुटिल भौंरी, जलदकाल की सरसी, गंध से अंध हुई भ्रमरमाला, छंदोविचित की मालिनी, अंध तमसा रहित

भी तमसा के सहित भगवती भागीरथी हिमाचल की कन्या सी जगत् को पवित्र करती हुई, नरक के नरकियों को निकारती इस असार संसार की असारता को सार करती है।

भगवान् मदन मथन के मौलि की मालती की सुमन माला, हालाहलकंठ वाले के काले बालों की विशाल जाला, पाला के पर्वत से निकलकर सहस्र कोसों बहती विष्णु से जगद्व्यापक सागर से मिलती रहती है। इसकी महिमा कौन कह सक्ता है। पद्माकर ने ठीक कहा है -

''जमपुर द्वारे के किवारे लगे तारे कोऊ
हैं न रखवारे ऐसे वन के उजारे हैं।
कहै पद्माकर तिहारे प्रनधारे जेते
करि अघभारे सुरलोक के सिधारे हैं।
सुजन सुखारे करे पुन्य उजियारे अति
पतित कतारे भवसिंधु ते उबारे हैं।
काहू ने न तारे तिन्हैं गंगा तुम तारे आजु
जेते तुम तारे तेते नभ में न तारे हैं।''

''लाए भूमिलोक तैं जसूस जबरेई जाए
जाहिरखबर करी पापिन के मित्र की।
कहै पद्माकर विलोकि जम कही कै
विचारो तो करमगति ऐसे अपवित्र की।
जौलौं लगे कागद बिचारन कछुक तौलौं
ताके कानपरी धुनि गंगा के चरित्र की।
वाके सीस ही ते ऐसी गंगा धारा बही जामे
बही बही फिरी बही चित्रहू गुपुत्र की।''

''गंगा के चरित्र लखि भाषै जमराज ऐसे
एरे चित्रगुप्त मेरे हुकुम मैं कान दै।
कहै पद्माकर ऐ नरकनि मूदि करि
मूदि दरवाजन को तजि यह थान दै।

देखु यह देवनदी कीन्हे सब देव याते
दूतन बुलाय के विदा के वेगि पान दै ।
फारि डारि फरद न राखु रोजनामा कहूँ
खाता खतजान दै बही को बहि जान दै।।''

यम की छोटी बहिन को यमुना से सख्यता करने से यमराज-नगर के नरकादि बंदियों को मुक्ति कराने में कुछ प्रयास नहीं होता। प्रयागराज में यमुना की सहचरी होकर इस भाव को दरसाती है। इसका समागम इस स्थल पर उनकी श्याम और सेत सारी से प्रकट होता है।

कहूँ प्रभा श्यामल, इंद्रनीली
मोती छरो सुंदर ही जरीली ।
कहूँ सुमाला सित कंज जाला
विभात इंदीवरहू रसाला।।१।।

कहूँ लसैं हँस विहंग माला
कादम्ब के संगम बीच जाला ।
कहूँ सुकाला गुरूपत्र राजै
मनो मही चंदन शुभ्र छाजै।।२।।

कहूँ प्रभा चंदहि की विभासैं
जथा तमौ छाय मिली विलासै ।
उतै शरत् मेघ सुपेत लेखा
जहाँ लख्यौ अंबर छेद मेखा।।३।।

कहूँ लपेटे भुजगो जु काले
भस्मॉंग सों शंकर केर भाले ।
लखो पियारी बहती है गंगा
प्रवाह जाको यमुना प्रसंगा।।४।।

इसके दक्षिण विंध्याचल सा अचल उत्तर और दक्षिण को नापता भगवान् अगस्त्य का किंकर दंडवत् करता हुआ विराजमान है। इसके पुण्य चरणों को धोती

मोती की माला की नाई मेकलकन्यका बहती है, यह पश्चिमवाहिनी, जिस्की सबसे बिलग गति है, अपनी बहिन तापती के साथ होकर विंध्य के कंदरों की दरी में तप करती, सूर्य के ताप से तापित, सौतों के सदृश अपने बहुबल्लभ सागर से जा मिलती है। नर्मदा के दक्षिण दण्डकारण्य का एक देश दक्षिण कोशल के नाम से प्रसिद्ध है।

याही मगहै के गए दण्डकवन श्रीराम।
तासों पावन देश यह विंध्याटवी ललाम।
विंध्याटवी ललाम तीर तरुवर सों छाई।
केतकि कैरव कुमुद कमल के वरन् सुहाई।
भनजगमोहन सिंह न शोभा जात सराही।
ऐसो वन रमनीय गए रघुवर मग याही॥
शाल ताल हिंतालवर सोभित तरुन तमाल।
नव कदंब अरु अंब बहु विलसत निम्ब विशाल।
विलसत निंब विशाल इंगुदी अरु आमलकी।
सरो सिंसिपा सीसम की शोभा शुभ झलकी।
भन जगमोहन सिंह दृगन प्रिय लगल पियाला।
वर जामुन कचनार सुपीपर परम रसाला॥
डोलत जहँ इत उत बहुत सारस हँस चकोर।
कूजित कोकिल तरु तरुन नाचत जहँ तहँ मोर।
नाचत जहँ तहँ मोर रोर तमचोर मचावत।
गावत जित तित चक्रवाक विहरत पारावत।
भन जगमोहन सिंह सारिका शुक बहु बोलत।
बक जल कुक्कुट कारंडव जहँ प्रमुदित डोलत॥
बहत महानदि, जोगिनी, शिवनद तरल तरंग।
कंक गृध्र कंचन निकर जहँ गिरि अतिहिं उतंग।
जहँ गिरि अतिहिं उतंग लसत शृंगन भनभाए।
जिनपै बहु मृग चरहिं मिष्ठ तृन नीर लुभाए।
सघन वृच्छ तरुलता मिले गहवर धर उलहत।
जिनमें सूरज किरन पत्र रंघ्रन नहीं निवहत॥

मैं कहाँ तक इस सुंदर देश का वर्णन करूँ कहीं-कहीं कोमल-कोमल श्याम - कहीं भयंकर और रूखे सूखे वन-कहीं झरनों का झंकार, कहीं तीर्थ के आकार-मनोहर मनोहर दिखाते हैं। कहीं कोई बनैला जंतु प्रचंड स्वर से बोलता है- कहीं कोई मौन ही होकर डोलता है-कहीं विहंगमों का रोर, कहीं निष्कूजित निकुंजों के छोर- कहीं नाचते हुए मोर- कहीं विचित्र तमचोर - कहीं स्वेच्छाहार विहार करके सोते हुए अजगर-जिनका गंभीर घोष कंदरों में प्रतिध्वनित हो रहा है- कहीं भुजंगों की स्वास से अग्नि की ज्वाला प्रदीप्त होती है-कहीं बड़े-बड़े भारी भीम भयानक अजगर सूर्य की किरणों में घाम लेते हैं जिनके प्यासे मुखों पर झरनों के कनूके पड़ते हैं - शोभित हैं-

जहाँ की निर्झरिनी - जिनके तीर वानीर के भिरे मदकल कूजित विहंगमों से शोभित हैं - जिनके मूल से स्वच्छ और शीतल जलधारा बहती हैं - और जिनके किनारे के श्याम जम्बू के निकुंज फलभार से नमित जनाते हैं - शब्दायमान होकर झरती हैं।

जहाँ के गिरि विवर कुहिरे के तिमिर से छाये हैं। इन में से भालुनी थुत्कार करतीं निकलकर पुष्पों की टट्टियों के बीच प्रतिदिन बिचरतीं दिखाई देतीं हैं। जहाँ के शल्लकी वृक्षों की छाल में हाथी अपना वदन रगड़- रगड़ खुजली मिटाते हैं और उनमें से निकला क्षीर सब वन के सीतल समीर को सुरभित करता है।

ये वही गिरि हैं जहाँ मत्तमयूरों का जूथ वरूथ होकर वन को अपनी कुहुक से प्रसन्न करता है। ये वही वन की स्थली हैं जहाँ मत्त मत्त हरिण हरिणियों समेत बिचरते हैं।

मंजु वंजुल की लता और नील निचुल के निकुंज जिनके पत्ता ऐसे सघन जो सूर्य की किरनौं को भी नहीं निकलने देते इस नदी के तट पर शोभित हैं।

कुंज में तम का पुंज पुंजित है, जिस्में श्याम तमाल की शाखा निंब के पीत पत्रों से मिलीं हैं। रसाल का वृक्ष अपने विशाल हाथों को पिप्पल के चंचल प्रवालों से मिलाता है, कोई लता जम्बू से लिपट कर अपनी लहराती हुई डार को सबसे ऊपर निकालती है। अशोक के ललित पुष्पमय स्तवक झूमते हैं, माधवी तुषार के सदृश पत्रों को दिखलाती है, और अनेक वृक्ष अपनी पुष्प नभित डारों से पुष्प की वृष्टि करते हैं। पवन सुगंध के भार से मंद मंद चलती है केवल निर्झर का रव सुनाई पड़ता है कभी

कभी कोइल का बोल दूर से सुनाता है और कलरव का कलरव निकटस्थित वृक्ष से सुनाई पड़ता है।

ऐसे दंडकारण्य के प्रदेश में भगवती चित्रोत्पला जो नीलोत्पलों की झाड़ी और मनोहर मनोहर पहाड़ी के बीच होकर बहती है। कंकगृध्र नामक पर्वत से निकल अनेक अनेक दुर्गम विषम और असम भूमि के ऊपर से बहुत से तीर्थ और नगरों को अपने पुण्यजल से पावन करती पूर्व समुद्र में गिरती है।

यच्छ्रीमहादेव पदद्वयम्मुहुर्महानदी स्पर्शति वै दिवानिशम्।
तदेव तन्नीरमभूत्यरं शुचि नवद्वयद्वीपपुनीतकारकम्।।

इसी नदी के तीर अनेक जंगली गाँव बसे हैं। वहाँ के वासी वन्य पशुओं की भाँति आचरण करने में कुछ कम नहीं है। पर मेरा ग्राम इन सभों से उत्कृष्ट और शिष्टजनों से पूरित है- इसके नाम ही को सुन कर तुम जानोगे कि वह कैसा ग्राम है। इतना कह चुप हो रही। मैंने कहा - ''धन्य है सुंदरी तूने बड़ी दया की कि इतना श्रम कर इस अपावन जन के कानों को ऐसा मनोहर वर्णन सुनाके पावन किया। यदि कष्ट न हो तो और सुनावो'' देवी मुसकिरा के बोली ''भद्र सुनो कहती हूँ'' इसकी मुसकिराहट ने मेरे हृदय गगन का तिमिर तुरन्त ही मिटा दिया और बोली 'इस पावन अभिराम ग्राम का नाम श्यामापुर है। यहाँ आम के आराम थकित पथिक और पवित्र यात्रियों को विश्राम और आराम देते हैं - यहाँ क्षीरसागर के भगवान् नारायण का मंदिर सुखकंदर इसी गंगा के तट पर विराजमान है। राम लक्ष्मण और जानकी की मूरतैं सजीव सूरतैं सी झलकती हैं। ऐसा जान पड़ता है मानो अभी उठी बैठती हों। मंदिर के चारों ओर गौर उपल की छरदिवाली दिवाली की शोभा को लजाती है। मंदिर तो ऐसा जान पड़ता है मानो प्रालेय पर्वत का कंदर हो भगवान् रामचंद्र के सम्मुख गरुड़ की सुंदर मूर्त्ति कर कमल जोरे सेवा की तत्परता सुचाती है। सोने का घंटा सोने ही की साँकर में लटका धर्म के अटका सा झूलता दीन दुःखी दर्शनियों के खटका को सटकाता है। भटका भटका भी कोई यद्यपि किसी दुःख का झटका खाए हो यहाँ आकर विराम पाता है,और मनोरंजन दुःखभंजन खंजन-गंजन विलोल विलोचनी जनक दुलारी के कृपाकटाक्ष को देखते ही सब दुःख दारिद्र छुटाता है। राम और लक्ष्मण की शोभा कौन कह सक्ता है -

''शोभा सींव सुभग दोउ बीरा। नील पीत जलजात सरीरा ॥
मोर पंख सिर सोहत नीके। गुच्छे बिच बिच कुसुमकली के ॥
भाल तिलक श्रमबिंदु सुहाए। श्रवण सुभग भूषण छबि छाए ॥
विकट भृकुटि कच घूँघरवारे । नव सरोज लोचन रतनारे ॥
चारु चिबुक नासिका कपोला। हास विलास लेत मन मोला ॥
मुख छवि कहि न जाए मो पाँही। जो विलोकि बहु काम लजाहीं ॥
उरमणि माल कंबु कल ग्रीवा। काम कलभ कर भुजबल सीवा ॥
राजत रामसमाज महँ कौशल राज किशोर ।
सुंदर श्यामल गौर तनु विश्वविलोचन चोर ॥
शरद चंद्र निंदक मुखनीके । नीरजु नैन भावंते जी के ॥
चितवनि चारु मारमनहरनी। भावति हृदय जाति नहिं वरनी ॥
कल कपोल श्रुति कुंडल लोला। चिबुक अधर सुंदर मृदुबोला ॥
कुमुद बंधु कर निंदक हासा। भृकुटी विकट मनोहर नासा ॥
भाल विशाल तिलक झलकाहीं। कच विलोकि अलि अवलि लजाहीं ॥
पीत चौतनी सिरन सुहाई । कुसुमकली बिचबीच बनाई ॥
रेखैं रुचिर कंबु कलग्रीवा। जनु त्रिभुवन सुखमा की सीवा ॥
कुंजर मणिकंठाकलित उर तुलसी की माल।
वृषभ कंध केहरि ठवनि बल निधि बाहु विशाल॥''

ऐसा सुंदर ग्राम जिसमें श्यामसुंदर स्वयं विराजमान हैं - मेरा जन्मस्थान था। बाग भी राग और विराग दोनों देता है। देवालयों की अवली नदी के तीर में नीर पर परछाहीं फेकती है - ऐसा जान पड़ता है कि जितने ऊँचे कगूरों से वह अंबर को छूती है उसी भाँति पाताल की गहराई भी नापती है - जहाँ विचित्र पाँथशाला-बाला और बालक पाठशाला-न्यायाधीश और प्रबंधकों के आगार-बनियों का व्यापार जिनके द्वारे फूलों के हार टंगे हैं जहाँ के राजपथों पर व्यापारियों की भीर सदैव गंभीर सागर सी बनी रहती है चित्त पर ऐसा असर करती है जो लिखने के बाहर है।

चौड़े चौड़े राजपथ संकीर्ण वीथी अमराइयाँ और नदी के तट सब अभिसारिका और नागरों के सहायक हैं! विलासियों का सहेट अभिसारिकों का झपेट अनंगरंग का लपेट सम्पन्न जनों का दपेट सब का सब मन को प्रफुल्लित करता है।

पुराने टूटे फूटे दिवाले इस ग्राम की प्राचीनता के साक्षी हैं। ग्राम के सीमांत के झाड़ जहाँ झुंड के झुंड कौवे और बकुले बसेरा लेते हैं गवँई की शोभा बताते हैं। प्यौ फटते और गोधूली के समय गैयों के खिरके की शोभा जिनके खुरों से उड़ी धूल ऐसी गलियों में छा जाती है मानो कुहिरा गिरता हो, ये भी ग्राम में एक अभिसार का अच्छा समय होता है।

''गोप अथाइन तें उठे गोरज छाई गैल।
चलु न अली अभिसार की भली सझौखी सैल।।''

यहाँ के कोविद भरथरी-गोपीचंदा-भोज-विक्रम- (जिसे विकरमाजीत कहते हैं) लोरिक और चंदैनी-मीराबाई-आल्हा-ढोलामारू- हरदौल इत्यादिकों की कथा के रसिक हैं- ये बिचारे सीधे साधे बुड्ढे जाड़े के दिनों में किसी गरम कौड़े के चारों ओर पियार बिछा बिछा के अपने परिजनों के साथ युवती और वृद्धा बालक और बालिका युवा और वृद्ध सब के सब बैठ कथा कह कह दिन बिताते हैं।

कोई पढ़ा लिखा पुरुष रामायण और ब्रजविलास की पोथी बाँचकर टेढ़ा-मेढ़ा अर्थ कह सभा में चतुर बन जाता है ठीक है 'निरस्थपादपे देशे एरण्डोपिद्रुमायते।'

कोई लड़ाई का हाल कहते कहते बेहाल हो जाता है - कोई किसी प्रेम कहानी को सुन किसी की प्रबल विरहवेदना को अनुभव कर आँसू भर लेता है - कोई इन्हें मूर्ख ही समझकर हँस देता है। अहीर अहीरिनों के प्रश्नोत्तर साल्हो में हुआ करते हैं। यह भोली कविता भी कैसी होती है - अनुप्रास भी कैसा इन ग्रामीणों को सुखद होता है -

''देख बुढ़ौंना के गोठ परोसिन मोला कथै चलकोलामा''

करमा

आमा डार कोइली सुवा बोलै कागा - ध्रुव -
पर्रा में लालभाजी छानी मा आदा
तोर मुटियारी मजा भेंगै राजा-आमा

धानों के खेत जो गरीबों के धन हैं इस ग्राम की शोभा बढ़ाते हैं। मेरा इसी ग्राम का जन्म है। मेरे पिता का वंश और गोत्र दोनों प्रशंसनीय हैं। मेरे पुरुषा प्रथम तो

ब्रह्मावर्त्त से उत्कल देश में जा बसे थे। वहाँ बिचारे भले भले आदमियों का संग करते-करते कुछ काल के अनंतर उत्कल देश को छोड़ राजदुर्ग नामक नगर में जा बसे। उत्कल देश के जलवायु अच्छे न होने के कारण वह देश तजना पड़ा। ऋषि वंश के अवतंस हमारे प्रतितामहादिक पूजा पाठ में अपने दिन बिताते रहे। कई वर्षों के अनंतर दुर्भिक्ष पड़ा और पशुपक्षी मनुष्य इत्यादि सब व्याकुल होकर उदर पोषण की चिंता में लग गए उन लोगों की कोई जीविका तो रही नहीं, और रही भी तो अब स्मृति पर भ्रान्ति का जलपटल छा जाने के हेतु सब काल ने विस्मरण करा दिया। नदी नारे सूख गए जनेऊ सी सूक्ष्मधार बड़े नदों की हो गई। मही जो एक समय तृणों से संकुल थी बिलकुल उस्से रहित हो गई। सावन के मेघ भयावन शरत्कालीन जलदों की भाँति हो गए। प्यासी धरनी को देख पयोदों को तनिक दया न आई। बिचारे पपीहा के पी पी रटने पर भी पयोद न पसीजा और न उसके चंचुपुट में एक बुंद निचोया। इस धरनी के भूखे संतान क्षुधा से क्षुधित होकर व्याकुल घूमने लगे। गैयों की कौन दशा कहे ये तो पशु हैं। खेत सूखे साखे रोड़ोंमय दिखाने लगे। शालि के अंकुर तक न हुए किसानों ने घर की पूँजी भी गवाँ दी। बीज बोकर उसका एक अंश भी न पाया - ''यह कलियुग नहीं करजुग है इस हाथ ले उस हाथ दे'' - इस कहावत को भी झूठी कर दिया अर्थात कृषी लोगों ने कितना ही पृथ्वी को बीज दिया पर उसने कुछ भी न दिया। छोटे छोटे बालकों को उनकी माता थोड़े थोड़े धान्य के पलटे बेचने लगी। माता पुत्र और पिता पुत्र का प्रेम जाता रहा। बड़े-बड़े धनाढ्य लोगों की स्त्रियाँ जिनके पवित्र घूँघट कभी बेमर्य्यादा किसी के सम्मुख नहीं उघरे और जिन्हैं आर्य्यावर्त्त की सुचाल ने अभी तक घर के भीतर रक्खा था अपने पुत्रों के साथ बाहर निकल पथिकों के सामने रो रो और आँचर पसार पसार एक मुठी दाने के लिए करुणा करने लगीं। जब संसार की ऐसी गति थी तो हमारे पूर्व पुरुषों की कौन गति रही होगी ईश्वर जानै। मैं न जाने किस योनि में तब तक थी। जब वे लोग राजदुर्ग में आये किसी भाँति अपना निर्वाह करने लगे। ब्राह्मण की सीधी साधी वृत्ति से जीविका चलती थी। किसी को विवाह का मुहुर्त धरा - कहीं सत्यनारायण कहा - कहीं रुद्राभिषेक कराया - कहीं पिण्डदान दिलाया और कहीं पोथी पुरान कहा। द्वादशी का सीधा लेते लेते दिन बीते। इसी प्रकार जीविका कुछ दिन चली। मेरे पितामह वंश के हँस थे। उनका नाम अवधेश था। उनके दो विवाह हुए। उनकी दोनों पत्नीं अर्थात मेरी

पितामहीं बड़ी कुलीना थीं। एक का नाम कौशल्या और दूसरी का अहल्या था। अवधेशजी को कौशल्या से एक पुत्र हुआ। उसका सब सिष्टों ने मिलकर इष्ट साध वसिष्ठ सा बलिष्ठ नाम धरा। ये मेरे पूज्यपाद परमोदार परम सौजन्य-सागर सब गुनों आगर जनक थे। कुछ काल बीतने पर कौशल्या सुरपुर सिधारी। उस समय मेरे पिता कुछ बहुत बड़े नहीं थे, शोकसागर में डूबे, पर दैव से किसका बल चलता है। थोड़े ही दिनों के उपरांत भगवान् चक्रधर की दया से अहल्या को एक बालक और एक बालिका हुई। बालक का नाम नारद और बाला का गोमती पड़ा। यह वही गोमती मेरे पीछे बैठी है। इस अभागिन की कुंडली में ऐसे बाल वैधव्य जोग पड़े थे कि यह बिचारी अपना सुहाग खो बैठी। इसकी कथा कहाँ तक कहूँगी। अभागिनियों की भी कहानी कभी सुहावनी हुई है ? मेरे पिता जब युवा हुए अवधेशजी ने राव चाव से उनका विवाह शारंगपाणि की बेटी मुरला से कराया। शांरगपाणि का कुल इस देश के ब्राह्मणों में विदित है। ''यथा नामा तथा गुणाः'' अतएव उनका कुछ बहुत विवरण नहीं किया। कुछ काल बीते मेरी माता गर्भवती हुई। इस समय मेरे पितामह काल कर चुके थे। अपने नातीपंती का सुख न देख सके अहल्या भी अनेक तीर्थों का सलिल बुंद पान करते-अपने तन को अनित्य जान तीर्थाटन में लग गई थी। इसलिए इस समय घर में न थी। नौ मास के उपरांत दशम मास में मेरे पिता के एक कन्या हुई। इसे लोग साक्षात् रमा का रूप कहते थे। यह जेठी कन्या थी। उसके अनंतर एक कन्या और हुई। उसका नाम सत्यवती पड़ा। फिर कई वर्षों में भगवान् ने एक सुत का चंद्रमुख दिखाया। सब भवन में उजेला छा गया। गाजे बाजे बजने लगे जो कुछ बन पड़ा दान पुण्य भिखारी और जाचकों को दिया। पुन्नाम नरक के तारने वाले बालक ने मेरी माता की कोंख उजागर की। पर हाय ''मेटन हेतु समर्थ को लिखे भाल के अंक''-विधाता से यह न सहा गया। सुख के पीछे दुःख दिखाया - अर्थात् कुटिल काल ने इसे कवल कर लिया।

''धिक धिक काल कुटिल जड़ करनी
तुअ अनीति जग जाति न बरनी''

माता बिचारी डाह मार मार कर रोने लगी। घर में छोटे बड़े और टोला परोसियों के उत्साह भंग हो गए। जितने लोग पहले सुखी हुए थे उससे अधिक दुःखी हुए। आँसुओं से सब घर भर गया। पिता हमारे ज्ञानी थे, आप भी ढाढस कर सबों

को जेठे की भाँति प्रबोध किया और बालक का मृतक कर्म्म करने लगे। काल ऐसा है कि दुस्तर दुःख के घावों को भी पुरा देता है। जो आज था सो कल न रहा। कल्ह सा परसों न रहा। इसी भाँति फिर सब भूल गए - पर पुत्रशोक अति कठिन होता है। पिता के सदैव इसका काँटा छाती में समा गया। कभी सुखी न रहे - इस दारुन विपत्ति को स्मरण कर फिर भी सजल नैनों से माता हमारी की दशा देख विलाप करने लगते। फिर गिरस्ती में लोग लगे- कुछ काल के अनंतर उन्हैं एक कन्या और हुई। इसका नाम पत्रिका के अनुसार सुशीला पड़ा सो हे भद्र ! देखो यहीं सत्यवती और सुशीला मेरी दोनों भगिनी सहोदरी हैं और मुझ अभागिन का नाम श्यामा है'' - इतना कह चुप हो रही। इस नाम के सुनते ही मेरा कलेजा कँप उठा और संज्ञा जाती रही - हाय हाय ! कहता भूमि में गिर पड़ा और स्वप्न-तरंग में डूब गया।

॥ इति प्रथम स्वप्न ॥

अथ दूसरे याम का स्वप्न

कवित्त

आनंद सहित कृष्णचंद्र द्वारका के बीच
रुकमिनी जू के महल पर जागे हैं सोय
सपने में देखो ब्रजराज ब्रजवासिन के
घर घर हाय ब्रजराज को विलाप होय
ख्वाब में मिलाप बाढ़ो मदन को दाब बोधा
परम प्रलाप हरि हिय में न सके गोय
हाय नंद बाबा हाय मैया हाय मधुबन
हाय ब्रजबासी हाय राधे कहि दीन्हो रोय।

ग्रीष्म की रातें कैसी सुखद होती हैं - पर सुख का समय बात की बात में कट जाता है। चाँदनी खिली थी तारे छिटके थे, दूसरा पहर रात का लग गया था मैं अपनी अकेली सेज पर बाहु का उपधान किए सोता था। श्यामा का ध्यान लगाकर मग्न था, इतने ही में कोई पहरेवाला गा उठा।

अहो अहो वन के रुख कहूँ देख्यौ पिय प्यारो।
मेरो हाथ छुड़ाय कहौ वह कितै सिधारो।।

उस ध्यान से विलग हो गया - फिर भी वही मोहिनी मूरति सामने दिखाई दी। मैं तो उसे देखते ही भूमि पर गिर पड़ा था। अब कुछ संज्ञा हुई सेवक ने धीरज धराया। मुझे बहुत समझा बुझाकर अपने आपे में लाया और बोला -

''यह किस बखेड़े में पड़े - महाराज-सचेत होकर इसकी मनोरंजनी कहानी को तो पूरी सुनिए। यह क्या बात थी जो आपको उसका नाम सुनते ही मोह और मूर्च्छा आ गई''।

मैंने कहा - ''मुझै भी इस मोह का कारण नहीं ज्ञात हुआ कि अकस्मात् क्यौं ऐसा हो गया था'' -

इतना कह मैंने श्यामा की ओर देखा। उसका मुख भी मलीन पड़ गया था। इसको देख मुझै और भी शंका हुई कि यह क्या विचित्र लीला है। भला मैं तो ऐसा हो गया पर यह भोली किस भ्रम में पड़ी है। हृदय के शोक को रोक पूछा -

''सुंदरी तुम्हारी यह क्या दशा है - तुम क्यौं मलीन पड़ती जाती हौ -''

श्यामा ने कहा - ''कुछ नहीं ! इसका सब वृत्त तुम आप धीरे धीरे जान जावैगे। केवल चित्त लगाकर सुनौ। भला तुम क्यौं निःसंज्ञ हो गए थे -''

''क्या जानूँ यह क्या मुझै हो गया था - पर अब सुनता हूँ कहिए''...इतना कह मैं चुप हो गया।

श्यामा बोली - ''जब मैं छोटी थी मुझै माता पिता बड़े लाड़ में रखते थे - उनके कोई पुत्र न रहने के कारण मैं उनके नेत्रों की पुतरी थी और वे लोग मुझे सदा हाथ ही पर धरे रहते थे, रात दिन मेरे लालन और पालन ही में लगे रहते थोड़े दिनों पर मेरे प्रथम के संस्कार करके मुझे मेरे माता पिता ने एक बाला पाठशाला में विद्याउपार्जन के हेतु भेज दिया। यह पाठशाला ग्राम के कारन बहुत भारी न थी - तौ भी २० या २५ बालिकाओं से कम प्रतिदिन इस शाला में पढ़ने को नहीं जातीं थीं। मेरे साथ अनेक बाला पढ़ती थीं पर ईश्वर की दया से मैं इतने शीघ्र पढ़ गई कि मेरी बराबरी पुरानी विद्यार्थिनी भी न कर सकीं। हाँ - एक तो मालती और एक माधवी मेरी सहपाठिनीं थीं। उनसे मेरा निरंतर स्नेह बना रहता और एक दूसरे के घर उठने बैठने उत्सवों में और सहज रीति पर भी आया जाया करतीं। जब मैं पढ़ लिख चुकी पाठशाला को छोड़ घर बार के काम में तत्पर हुई और मेरे पिता ने मेरे विवाह की चिंता की। धन-हीन होने के कारण कोई कुलीन ब्राह्मण नहीं मिला और मिला भी तो मुझ दीना का पाणिग्रहण करने को उपस्थित न हुआ। मेरे पिता की चिंता बढ़ी और उनने इस्का उद्योग किया। मेरे पिता यहाँ के विख्यात प्रतिष्ठित परिव्राजक राजकुल के मान्य कार्याध्यक्ष थे। उस कुल का नाम इस देश की पुरानी बुरी परिपाटी के अनुसार कपटनाग था। मैं नहीं जानती इस बड़े कुल का ऐसा बुरा नाम क्यौं पड़ा। इसका वृत्तान्त न तो मैंने कभी पूछने की इच्छा रक्खी और न कभी मेरे पिता ने मुझ से कहा इसी से मुझे नहीं ज्ञात है - पर नाम से कुछ प्रयोजन

नहीं। कुल देखना चाहिए। अभी तक पाटलीपुत्र के एक मुख्य नवाब के कुल का नाम ''नवाब गदहिया'' है। कपटनाग का कुल इस देश में बड़ा मान्य और पूज्य था। इसकी गद्‌दी पुराने महाराजों के समय से अखंडित चली आती थी और इसमें अनेक पहुँचे पुरुष भी हुए। ए एक चालीसी के अधिपति थे। वहाँ से मेरे पिता ने बहुत कमाया था। और सामान्य रीति पर भोजन आच्छादन की कुछ कमती नहीं रहती थी।

इसी ग्राम में एक सुंदर कुलीन क्षत्रियवंश के अवतंश भी यहाँ के अधिपति थे। इनका लाँछनरहित कुल देश देशांतरों में प्रसिद्ध था और इनकी बात का प्रमाण था। इनके माता पिता का हाल मुझे कुछ भी ज्ञात नहीं पर ये विद्या के सागर -सब गुणों में आगर - काव्य में कुशल-बल में प्रबल-नवल नागर लंबे लंबे बाहु -प्रशस्त ललाट -काले काले नेत्र - कालीं कालीं भौंहें-गेहुँआ रंग-चतुराई के सदन-इसी ग्राम में बहुत काल से बसते थे। रात दिन पठन पाठन में इनका चित्त रहता। काव्यकला ने हृदय का कपाट खोल दिया था। ये सब बातैं इनके ललाट ही से जान पड़तीं थीं। सुडौल अंग अनंग के आलय थे। चिकने और काले काले बाल युवतियों के मन को काल थे। मधुर मधुर बोली हमारी हमजोली के मन को नवनीत सरीखा पिघला देती थी। इनकी चितवन से प्रेम और विश्वास प्रकट होते थे। बड़े गंभीर और धीर -नीर के सदृश स्वच्छ निष्कपट चित्त असंख्य वित्त के आगार - मुझै बहुत भले जनाते थे। कोमल कमल से कर - छोटी छोटी दाढ़ी और मूछैं जवानी के आगम को सुचाती थी, विद्या और कविता तो इनके जिह्वा पर नाचती थी और इस दोहे को सार्थक करने वाले इनमें सभी गुण थे -

तंत्री नाद कवित्त रस सरस राग रति रंग।
अनबूड़े बूड़े तरे जे बूड़े सब अंग ।।

देश देशांतर के पंडित और गुणी इनका नाम सुयश, और दातृत्व सुन स्वयं आते और उनका यथोचित कालानुसार मान पान भी होता। इनका नाम श्यामसुंदर था। इनकी वय केवल २६ वर्ष की थी। ये हमारे परोसी थे। और मुझसे इनकी कुछ कुछ जान पहिचान भी रही। इस समय मेरी भी वय ठीक १४ की थी पर विद्या लाभ के कारन सभी बातैं कुछ कुछ समझ लेती थी।

श्यामसुंदर मेरे परोसी होने के हेतु दिन में दो चार बार भेंट करते। मैं भी उन्हें अपना हितू और सहायक जान प्रायः बोल चाल करती थी। एक दिन प्रातः काल को जब मैं स्नान करके अपनी अटा पर चढ़ी बाल सुखा रही थी श्यामसुंदर अपने कविताकुटीर के तीर बैठा कुछ बना रहा था। मुझे नहीं मालूम क्या लिखता था। द्वार पर लता छाई थी और उसके पत्तों के फैलाव से उसका मुख कुछ ढ़का और कुछ प्रकट था। ऐसा जान पड़ता था कि उस मंडप में अकेला गुलाब का फूल खिला हो। मैं उनकी ओर सहज भाव से देखने लगी। वे नीचे मस्तक किए कुछ गुनगुनाते थे। कभी ऊपर देख कुछ लिख लेते और फिर कुछ सोचने लगते-मैं तो उनके स्वभाव को भली भाँति जानती थी - मैंने जान लिया कि वे कुछ कविता करते होंगे। एक बेर और मैंने उनको भली भाँति देखा और अचांचक उनकी भी दृष्टि मेरे ऊपर पड़ी। वे मेरी ओर एक टक देखने लगे और मैं भी अनिमिष नैनों से उन्हें निहारती रही।

''भए विलोचन चारु अचंचल।
मनहु सकुचि निमि तज्यो दृगंचल॥''

यद्यपि मैं उन्हें प्रतिदिन देखती थी तौ भी उस दिन उनके मुखारबिंद की कुछ और शोभा रही मैंने भी उनके निहारने से जान लिया कि वे भी आज मुझे किसी और भाव से देख रहे हैं। तौ भी मेरा जी विश्वस्त था। मैं उनके स्वभाव को जानती थी और परिचित भी थी। मैंने और कोई चेष्टा नैन या कर से नहीं की, स्तब्ध सी वहीं खड़ी रही, पर हृदय में उस समय अनेक प्रकार के भाव आए, कुछ लज्जा भी हुई दृष्टि नीचे कर ली। फिर सिर उठाकर उसी जगन्मोहन को देखा। उनको देखकर मुसकिराई। वे भी मेरे हृदय के भाव अपने हृदय में गुन मुसकिरा गए। मेरी बहिनें सत्यवतीं और सुशीला यद्यपि मेरे साथ वहीं थीं पर कुछ न समझ सकीं-हाँ वृंदा जब आई मेरी तन की बुरी दशा देख पूछने लगी।

''श्यामा-आज तेरे शरीर की यह दशा कैसी हो गई। तू तो कभी इतना विलंब अटा पै नहीं करती थी आज क्या हो गया देख मुझसे मत छिपावै, मैं सब अंत में जान ही जाऊँगी-'' इतना कह उसने मेरी ओर देख श्यामसुंदर की ओर देखा।

''कुछ तो नहीं - मेरी भला क्या गति होगी। जो गति रोज की सोई आज की। विशेष आज क्या हुआ जो पूछती है -'' इतना कह मैं अचंभे में आ उसकी ओर देखने लगी।

''सुन श्यामा - आज तेरे मुख पर कुछ और पानी है। केश छूटे और आँखें लाल सजल सी दिखाई देती हैं - तन बदन की सुधि है कि नहीं। देख आँचर कहाँ और सिर का घूँघट कहाँ है'' वृंदा ने कहा।

मैं इस व्यवस्था को सच्ची जान लज्जित हो गई। पर जहाँ तक बन पड़ा लाज को लुकाया और उत्तर सोचने लगी। उत्तर सोचने में तो सब भेद खुल ही जाता। झपट कर सुशीला को गोद में उठा चिढ़ी हुई सी बातें करने लगी। ''अभी गिर परती तो क्या होता इसी के मारे तो कभी अटारी पर ज्यादा देर नहीं लगाती यह बुरी कही नहीं मानती देखो अटा के बाट ही पर बैठती है। गिर परेगी तो खाट पर धरी-धरी रोवेगी'' इतना कह सुशीला के गाल पर एक चटकन जड़ी कि वह रोने लगी। वृंदा ने झट उसे मेरी गोद से ले लिया और चूम चाट उसे खूब सा पुचकारा। मेरी ओर तिउरी चढ़ा और नाक को सकोर ''क्यों मार दिया'' ऐसा कह लंबी हुई। अपने प्रश्न के उत्तर भी न लिया। मैंने जाना बलाय टरी। अच्छा हुआ। सत्यवती के साथ वृंदा के पीछे ही उतर गई''।

मैंने टोका ''वाह री श्यामा! १४ वर्ष में जब तुम इतनी चतुर थीं तब आगे न जाने क्या हुआ होगा। पर ढिठाई क्षमा करना मैं शुद्धभाव से तुम्हारी बुद्धिमानी की प्रशंसा करता हूँ फिर क्या हुआ'' - श्यामा ने उत्तर दिया - ''दिन दिन नूतन नूतन शाखा वृक्ष से निकली। उस दिन वृंदा चुप रही। न जाने सचमुच भूल गई वा चतुराई से उसको भुलावा सा दे भुलाये रही, पर कभी कई दिनों तक उस प्रश्न की चर्चा तक ओठों पर न लाई। श्यामसुंदर तो फिर उस समय सब बातें ताड़ गया और मुसकिरा कर हट दिया। मध्याह्न के समय उसने सत्यवती को बुलाकर बहुत प्रीति दिखाई। फलादिक भोजन कराए और नवीन वस्त्र देकर एक सादी सी अँगूठी सत्यवती को दी सत्यवती अपना भाग खुला जान बड़ी प्रसन्न हुई। घर आ पिताजी से सब कहा। श्यामसुंदर की उदारता कौन नहीं जानता था। दादा भी प्रसन्न हुए और हम लोगों के श्यामसुंदर से समागम करने में तनिक रोक टोक नहीं करते थे। वरंच और भी हम लोगों को उनके पास आने जाने और गुण सीखने की आज्ञा दी। हम लोग सबके सब

जब घर के काम से अवकाश मिलता उनके घर आया जाया करते। श्यामसुंदर ने बड़ी दया और मया दरसाई। हम लोगों की दरिद्रता दूर कर दी। हम लोगों को कई बार बुला चुला के न्यौता करते अनेक भाँति की कथा सुनाते और अनेक गुन और कला भी कभी कभी बताते। काव्य और नाटकों की छटा बताई। सिद्ध पदार्थ का विज्ञान दरसाया। रेखागणित और बीजगणित की परिपाटी सिखाई -मानो मेरे हृदय में विद्या का बीज बो दिया। चित्रकारी पर भारी वक्तृता करी। सरगम का भाव बतलाया। मेघ और इंद्र की विद्या सिखाकर इन्हों के सजीव पुरुष या महेंद्र होने का भ्रम मिटाया। मैं बिचारी क्या जानूँ - ए सब बातें। यद्यपि ये सब बातैं उन्होंने किसी विशेष पुस्तक से नहीं पढ़ाई तौ भी जब जब उन्हें अपने काम धाम से समय मिलता मेरे शून्य और अँधेरे हृदय में ज्ञान का बीज और दीप स्थापन करते। जितने विषय मैंने श्यामसुंदर से सीखे उतने पाठशाला में भी नहीं सीखे थे। हमारी शाला के गुरु यद्यपि बड़ी कृपा करके सिखाते तौ भी मुझे इतना चाव उनके मुख से कोई बात सीखने में नहीं हुआ। जब श्यामसुंदर कोई विद्या का विषय कहता उसके मुख से मानो फूल झरते थे। जब कोई मेघदूत सा काव्य या शकुन्तला सा नाटक सुनाता मेरे कानों में अमृत की धारा सी चुवाता। वृंदा भी मेरे साथ रहा करती और उसे मुझसे अधिक उनकी बातों को सुन रस का अनुभव होता। वह तो कभी कभी छेड़ भी दिया करती थी पर सत्यवती और सुशीला खेल में लगीं रहतीं थीं। यह बात नैसर्गिक है। इतनी थोरी उमरवाली लड़की ऐसी ऊँची बातों में मन नहीं लगा सकतीं। यह उमर ऐसी ही है जिसमें सिवाय खुनखुना लट्टू गुड़ियों के और कुछ नहीं सुहाता।

जब जब मेरी और उनकी चार आँखैं होतीं मेरा वदन कदंब का फूल हो जाता - आँखों में पानी भर आता और तन में पसीने की बूँद झलक उठती। जाँघैं थरथरा उठतीं बदन ढीले (शिथिल) पड़ जाते और वसन शिथिल हो जाते थे। श्यामसुंदर भी कभी कभी कहते कहते रुक जाता - रसना लटपटा जाती। और की और बात मुँह से निकल परती। फिर कुछ रुक कर सोचता और कथा को छूटी डोर सी गह लेता। चकित होकर वृंदा की ओर देखता कि कहीं उसने यह दशा लख न ली हो। पर वृंदा बड़ी प्रवीण थी ! बीच बीच में मुसकिरा जाती। सत्यवती भी कभी कभी कान देकर कोई कहानी सुना करती। ऐसे समय प्रतिदिन नहीं आते थे पर जब जब बैठक होती तीन चार घंटे से कम की कदापि नहीं होती थी। क्या करे श्यामसुंदर को अपनी

जमीदारी के कारबार से इतना अवकाश मिलना दुस्तर था। धीरे धीरे उसका प्रेम बढ़ चला मेरे जी प्रति दिन प्रेम का अंकुर जम चला सोचने लगती कि कब उसे देखूँ। जब तक वह अपने कुटीर में बैठता किसी न किसी व्याज से मैं उसे देख लेती। वे भी मेरे लिए मेरी देहरी पर दीठि दिए ही रहते। मेरे पैर की आहट को सुन तत्क्षण पलक के पाँवड़े बिछा देते। मेरे मुख को देख चकोर से प्यासे नैनों को बुझाते - पर यह सब ऐसी गुप्तता से हुआ कि घर के बाहर के वरंच परोसी भी कभी न जान सके। हाँ सेवकों के कभी कभी कान खड़े हो जाते - क्यौं कि रात दिन का झमेला एक दिन खुल ही पड़ता है - ''अति संघर्ष करै जो कोई। अनल प्रकट चंदन से होई'' - यह कहावत है। माता पिता का कुछ इस बात पर लक्ष्य न था - और मेरा भी मन का भाव अभी तक स्वच्छ था, पर बीज इसका बोया गया था और अभिनव अंकुर भी निकल चुके थे। मैं यद्यपि उनसे ढीठ थी तौ भी मान्य और पूज्य शब्दों को छोड़ कभी और प्रकार के वचन न कहे। उनका काम सब काम को छोड़ करती। जब कभी वे प्यासे होते और अपनी दासी को भी इंगित करते तौ मैं ही उठकर शीघ्र उनको जल ला देती। ईश्वर जाने वे उस जल को अमृत या अमृत का दादा समझते थे, पर उनके प्रति रोम से यही प्रकट होता कि वे प्रेम के पथिक और मुझ पर दयालु हैं।

इस प्रीति की रीति को कहाँ तक कहूँ। यह दईमारी साँपिन सी काटती है किसी मंत्र में सामर्थ नहीं कि इसका विष उतारै। एक दिन श्यामसुंदर भोजनोत्तर अपनी शय्या को सनाथ कर रहे थे कि सत्यवती किसी काम के लिए उनके पास ठीक दुपहर को गई और उनकी आज्ञा से उन्हीं के निकट बैठ गई। कुछ काल तक इधर उधर की बातैं हुई, फिर उन्होंने मेरी चर्चा निकाली। सत्यवती बहुत कम बोलती थी। उन्होंने जो-जो बातें उससे पूछी उनका यथार्थ उत्तर न पाया क्यौंकि सत्यवती एक तो इतनी पुष्ट बुद्धि की न थी और दूसरे उसको लाज भी थी। हँस कर रह जाती। हार मान श्यामसुंदर ने एक दोहा मुझे लिख भेजा। वह यह है -

जो बाला अलि कुंतलन अँगुरिन सों निरुवार।
सो चुराय के मो हियो गई कटारी मार।।

इस दोहे को उनने बड़े डर के साथ एक कागद के टुकड़े पर लाल-लाल अक्षरों से लिखा और कमल के कोष में रखकर सत्यवती के हाथों भेज दिया। सत्यवती ने

मेरी माता मुरला के समक्ष देकर कहा ''जिजी ! इस कमल का छतना कैसा पीला है टुक देख तो सही'' उतना कह नैन मटकाए। मैंने पूछा ''यह कहाँ से लाई है ?'' उसने कहा ''श्यामसुंदर ने बड़ी कृपाकर यह फूल तुझे भेजा है और मुझसे कहा कि श्यामा को देकर यह कहना कि ''यह मेरा हृदय कमल का कोष है मैंने श्यामा को समर्पण कर दिया है'' इतना कह चुप हो गई। मैंने जान लिया कि इसमें कुछ कारण है, और फूल को ले जाकर अपनी उसीसे की गदिया तरे दबा दिया और फिर अपने घर के कारबार में लग गई। माता कुछ ध्यान न देकर कुछ और कृत्य करने लगी। मैंने स्नान किए। तुलसी की पूजा कर हुलसी, भोजन कर शयनागार को गई। घर के संकीर्ण होने के कारण जिस कोठरी में मैं सोती थी उसी में पोथी पत्रा और लेखन के साधन धरे रहते थे। गरीब का घर कहाँ तक अच्छा हो। चित्त में तो फूल की समानी थी देह आनंद के मारे फूली सी जाती थी और यह तरंग उठै कि श्यामसुंदर के 'हृदय कमल के कोष' को देखूँ तो सही क्या है। उन्होंने तो 'समर्पण' ही कर दिया है। इस रूपक को घरवालों ने नहीं समझा था। जिस समय सत्यवती फूल लाई और श्यामसुंदर के कहे को कहा मेरे मन में तो चटपटी समानी थी। मैंने झटपट कमल को उठाया। बदन कदंब हो गया। पत्तों को टार के कोष में देखती क्या हूँ कि एक पात जो प्रेम रस की काती थी लपेटी हुई धरी है। मैंने उसे

करलै चूमि चढ़ाय सिर हिय लगाय भुज भेंट।
पियतम की पाती प्रिया बाँचत घरत लपेट॥

मैंने उसके भीतर का दोहा पढ़ा। कई बार पढ़ा। पढ़ते ही पीरी पर गई और मन में जान गई कि मैं उनके नैनबानों का निशाना हुआ चाहती हूँ। हुआ क्या चाहती हूँ होई गई। मेरे तन में अतन का भाव कुछ कुछ आ चला था - यद्यपि मुग्धता बनी रही तौ भी ज्ञान की झलक आ गई थी, इसी से सब कुछ थोड़ा थोड़ा समझ जाती। इस समय अनेक भाव उपजे एक मन हुआ कि पत्र का उत्तर लिख दूँ फिर एक मन हुआ कि न लिखूँ। अंत में श्यामसुंदर के विश्वास और प्रेम ने मुझसे लिखवा ही लिया और मैंने अपनी सीधी साधी मति के अनुसार एक पत्र लिखा जिसे मैं तुमसे कहती हूँ -

''-षु आपने जो लिखा सो सब ठीक है, पर प्रीति सदा निबाह ले जाना। हमने क्या अपराध किया जो तुमने हमको फिर दर्शन नहीं दिया। अब हमारे अपराध को

क्षमा कीजिए आपका पठन-पाठन देख हृदय प्रफुल्लित हो जाता है। विद्या सीखना ही अधर्म है। घर का काम न करे तो हँसी जाए। मैं तुमको कहीं न कहीं से देख ही लेती हूँ। यद्यपि ...। घात लगाए रहते हैं पर क्या करैं। बिन देखे चैन नहीं पड़ता। कहीं न कहीं से आपके दर्शन हो ही जाते हैं। तुमने मेरा जो-जो उपकार किया उसको जन्म भर नहीं भूलने की। मेरा सब अपराध क्षमा करना द्वापर कृष्ण युग की लिखी।

तुम्हारी श्यामा''

इस पत्र को लिख कर लौट के बाँचा भी नहीं और यह भी नहीं देखा कि क्या भूल चूक हुई। मैं लिखते समय अपने को भूल गई थी- इसी से दुबारा भी नहीं बाँचा। झटपट सत्यवती को देकर कहा इसे ले जा। वह भी शीघ्र ही लेकर श्यामसुंदर के हाथ में दे आई। श्यामसुंदर ने कहा ''इसका उत्तर पीछे भेजूँगा अभी तू जा'' - सत्यवती लौट आई। श्यामसुंदर बाँचकर आनंदमग्न हो गए। कई बार मेरे अक्षरों की बनावट देखी। मैं कुछ बुरा नहीं लिखती थी पर श्यामसुंदर को नहीं पाती। दस बेर मेरी पाती उन्होंने फेर-फेर बाँची, और न जाने क्या-क्या कविता की। उन्हें कविता की बीमारी थी। मैं उसे बहुत नहीं समझती - इसी से उनने मुझे सदा सीधे साधे पत्र लिखे। मुझे जब वे पत्र लिखते या तो रात को जब किसी की बात भी न सुनाती - और या तो बड़े प्रातः काल संध्या वंदन के उपरांत। पर उनकी लगन मुझ पर लग गई। यद्यपि कई मास तक उनने अपनी मनोवांछा ढाँक रक्खी थी तौ भी मैं उनकी बोल चाल डीठि, रहन बतरान और हँसन से सब कुछ जान गई थी पर मैं मौन रही। मान गहि लिया और मन चाहता कि कुछ और कहै पर लाज और स्वभाव के वश कुछ नहीं कह सकी। एक दिन वे अचानक मेरे द्वारे आन कढ़े। मैं अपनी अटा पै ठाढ़ी रही-वे मो तन देख हँस पड़े। पर मैं लाज के मारे मौन के भीतर भाज गई। उसी दिन से इन कुचाइन चवाइयों ने मिलि के चौचद पारा। मैं क्या करूँ इस विषय को जभी मन में करो तभी अलहन हो जाता है। मैंने बहुतेरा चाहा कि छिपै पर नर्म सखियाँ कभी कभी ताना मार ही देती थीं। नहाते, आते, जाते सभी मुझे बंक दृष्टि से देखती - पर मैं जान बूझ कर अजान बन जाती - पर वे क्या इस बात को न समझ जाती होंगी। इस गाँव में एक से एक पड़ी थीं। अब सुनिए दूसरे ही दिन नौ बजे दिन को सुशीला के हाथ सत्यवती को बुलाकर मेरे पत्र का पलटा उन्होंने दिया। मैंने अपने धन्य भाग मनाए, और उसे पढ़ने लगी। उसमें यह लिखा था।

''आज पहिला दिन है कि मैं तुमको लिखता हूँ इसी से भूलचूक होगी क्षमा करना। पहले तो मैं इसी बात में अटक गया कि तुम्हें क्या कह के लिखूँ। जो मैं तुमको भली भाँति जानता हूँ और बहुत दिनों का परिचय भी है तो भी एकाएक तुम्हें जैसा जी चाहता है लिखने में सकुच लगती है पर मुझे विश्वास है कि तुम सब समझ लोगी, और भी इसका ब्योरा निपटाना तुम्हारा ही काम रहेगा। जब तक मुझे तुम आप लिखकर कोई राह न बताओगी मैं तुम्हें सामान्य रीति पर ही लिखूँगा। तो बस - तुम्हारे पत्र के पढ़ते ही मैंने तुम्हारी बुद्धि की सराहना की मुझे आशा न थी कि तुम पहली ही बेर इस ढिठाई के साथ लिखोगी पर वह मार्ग ही ऐसा है कि कोई क्या करै। तुम्हारा पत्र तुम्हारे अंतरंग और मनोगत का सच्चा प्रमाण है। इस विषय में मुझे और कुछ नहीं कहना क्योंकि तुमसे परिचित सुजन से और ढ़िठाई का कहना मेरा ही अपराध गिना जाएगा - ढिठाई - हाँ ढिठाई तुम न करोगी तो कौन करेगा और भी जितना अवकाश तुम मुझे कहने का दोगी उतना ही मैं भी कहूँगा - क्यौंकि जहाँ तक खाट होगी पाँव वहीं तक फैलेंगे - यह तो रहै - पर - ''प्रीति''- हाँ प्रीति - इसके क्या अर्थ - और ''निबाहने'' के क्या अर्थ हैं, यह जरा मुझै बतावो। ये दोनों शब्द मैंने आज तक किसी शब्दवर्ण में भी नहीं पाए।

तुम तो अवश्य ही जानती होगी तभी तो तुमने इन्हें लिखा भी है, पर जब तक तुम इन शब्दों के लक्षण न बतावोगी मैं कुछ उत्तर नहीं दे सक्ता। आज तक मैंने जो ''प्रीति'' के अर्थ समझे हैं वे ये हैं - ''प्रीति'' के अर्थ ''टेढ़ी'' और ''निबाहने'' के अर्थ ''अनहोनी'' के हैं यदि तुम्हारे कोष में भी यही अर्थ हों तो मेरे अर्थ को पुष्ट करो नहीं तो स्याही फेर देना। मैं अपनी छोटी समझ से उस तुम्हारी पंक्ति का छोटा सा उत्तर देता हूँ कि ''यह सब तुम्हारे ही हाथ है''। सत्यवती के हाथ जब मैंने तुम्हैं कमल भेजा था तब उसने क्या कहा - याद है ? उसने कहा होगा कि - ''यह'' - ने हृदय कमल का कोष, तुम्हें समर्पण किया है - क्यों यही बात है न-यदि यही हो तो इसको समझ लेना, मुझसे अधिक नहीं लिखा जाता मेरा हाथ कुछ और लिखने में काँपता है। क्षमा करना।

''हमने दर्शन नहीं दिए'' - ठीक है तुम्हारे आज काल दिन हैं कह लो जो चाहो, पर उस दिन कौन था जो चार घड़ी तक...के पास खड़ा रहा और आपने एक बार भी आँख उठाकर नहीं देखा। क्या जाने आप न रहीं हों, तो बस यह मेरी ही

दृष्टि का दोष है। क्या इससे भी और कुछ प्रमाण लोगी ? सुना चाहो तो कहें। नहीं तो बस हो गया।

''तुम्हारा मेरा समागम हुआ करता तो समय कट जाता, और तुम्हें सिखाने में मेरा भी जी लगता, पर इस दुखदाई रीति से सभी हारा है परवश सभी सहना पड़ता है।

''यदि तुम मुझे इतना चाहती हो कि जैसा तुमने अपने करकमलों से लिखा है तो बस रहने दो, मैं इस विषय में कुछ नहीं कहता। यह आपकी सहज दया है, मन में आवै तो दो डड़ीचँ लिख भेजना, हाथ जोड़ता हूँ।''

द्वापर कृष्णयुग
फाल्गुन

तुम्हारा शुभचिंतक
श्यामसुंदर।''

यह पत्र मेरे कलेजे में बान सा लगा ! मैंने इसको कई बार बाँचा और मन ही में समझ गई। क्षण भर तन की सुधि भूल गई। मन में बहुत सी बातैं सोचने लगी। श्यामसुंदर उत्तर की आशा लगाए रहे जब मैं नहाने जाती मेरे पीछे आप भी नहाने जाते। कहते कुछ नहीं पर ध्यान उनका मेरे पर लगा रहता। इधर उधर देखते पर छिन-छिन पै टेढ़ी दृष्टि करके मुझे भी देख लेते। जब मैं घर लौट जाती तो वे भी दूसरी खोर से अपने कुटीर को चले जाते पर ऐसा जान पड़ता कि मेरे ध्यान से क्षण-भर विलग नहीं रहते। मैंने कुछ उत्तर न दिया क्योंकि मुझे ज्ञान न था कि क्या लिखूँ। अंत को वे बीमार हुए। ज्वर आने लगा। एक तो बड़े आदमी के लड़के दूसरे सर्वदा सुख ही में रहे इस्से बड़े सुकुमार थे मुरझा गए। ज्वर दइमारे ने उन्हें थोड़े ही दिनों में निर्बल कर दिया। पर औषधि अच्छी कीं। एक या डेढ़ सप्ताह में चंगे हो गए। चलने फिरने लगे। खाने पीने लगे। अब कुछ कुछ बल भी आने लगा। पर भली भाँति अच्छे नहीं हुए। इस ग्राम के जलवायु ने उन्हें बहुत अशक्त कर दिया था। वैद्य ने उन्हें मति दी कि एक मास के लिए दूर देश की यात्रा करो नहीं तो और शरीर बिगड़ेगा। वैद्य को उन्होंने हामी भर दी पर मुख पर पीरी आ गई उन्हैं मेरा वियोग सहना दुस्तर था। छन भर मेरे बिना रह नहीं सकते थे, पर शरीर की भी रक्षा मुख्य थी। थोड़ी देर में वैद्य के जाने पर उन्होंने सत्यवती को बुलाके कहा कि ''श्यामा से मैं कुछ कहूँगा तू जा उसे बुला ला'' यह सुन सत्यवती ने आकर मुझसे कहा। मैंने सोचा आज क्यौं बुलाते हैं।

कुशल तो है तौ भी जाने के लिए तत्पर हुई। सफेद कोसे की सारी पहन, और एक छोटी सी माला गले में डालकर चली। अपनी देहरी पर जाकर ठठक गई, फिर मन में सोच आया कि कहाँ मुझे बुलाया है और मैं कहाँ जाती हूँ, यह बात तो मैंने सत्यवती से भी नहीं पूछी थी। कहाँ बे ठीक ठिकाने की उठ चली। हाय रे भगवान् बड़े कठिन की बात है - मैंने बड़ी भूल की थी। मैं बाहर निकलकर कहाँ जा ठाढ़ी होती। ऐसा सोच विचार के फिर लौट आई। सत्यवती से कहा ''मुझै कहाँ बुलाते हैं -जा पूछ आ''। सत्यवती गई और एक क्षण में आकर कहा कि ''उन्होंने तुझै कविता कुटीर में बुलाया है। अभी दुपहरी का समय है - कोई नहीं है चली जा'' - मैं बाहर निकली और श्यामसुंदर के कुटीर के तीर ज्योंहीं पहुँची श्यामसुंदर उठकर बाहर आए और मेरा हाथ बड़े चाव से पकड़कर भीतर ले गए। ले जाकर मुझै बड़ी कोमल कुरसी में बैठाया और वे भी मेरे सम्मुख एक हाथ की दूरी पर बैठ गए। यह कुटीर बड़ा मनोहर था। इस कुटीर में चारों ओर के द्वारों पर माधवी लता छाई थी। चमेली की बेली अपने लंबे लंबे हाथ पसारे माधवी से मिलकर मुस्किराती थी। गुलाब भी अपनी अलौकिक आब फूलों के मिस दिखाता था। विलायती किते की कुरसियाँ मखमल और रेशम से मढ़ी करीने से धरी थी। गोल चौपहल और अनेक आकार के मेज जिन पर रंग बिरंग की बनातैं पड़ीं थीं बीच में रक्खे थे। मनोहर और विचित्र-विचित्र पूठों की पुस्तकें अच्छी रीति पर धरीं थीं। सामने और आजू बाजू अलेमारियाँ जिनमें सैकड़ों पुस्तकें अनेक विद्याओं को सिखाने वाली भरीं थीं- शोभित थीं। बीच में एक गोल छोटा सा मेज धरा था, उस पर श्यामसुंदर का चित्र हाथी-दाँत की चौखट में जड़ा धरा था इसको देख सभी दंग हो जाते। उसमें श्यामसुंदर हीरे का बड़ा सिरपेच बाँधे जिसमें बड़े-बड़े बहुमूल्य के पन्ने लटकते थे हीरे ही की सुंदर कलगी दिए - हाथ में तलवार लिए बैठे थे। कंठ में बड़े मोतियों का कंठा - और मयूरहार उर में झूलता था। पछाहीं पगड़ी अड़ी थी। कानों में मोती के बाले कपोलों पर झलकते थे। चंद्रहार भी मन को चुराए लेता था। मैंने तो आज तक ऐसे बहुमूल्य रत्न कहीं नहीं देखे थे। कपटनाग की यद्यपि पुरानी गादी थी पर ए लोग सदा सादी चाल से रहे और आश्चर्य नहीं कि इनकी चालीसी की चालीसी श्यामसुंदर के मुकुट के एक मणि के भी मोल को न पाती। इनके इस चित्र में मुख से वीरता और माधुर्यता (माधुर्य) दोनों पाई जाती जो इनके कुल और काव्य कुशलता के हेतु थी। नेत्रों से प्रेम टपकता था। ललाट

से अशेष विद्वत्ता जान पड़ती थी। उस समय ए दो और बीस बरस से अधिक न रहे होंगे। दाढ़ी पर एक-एक अंगुल बाल थे। यह छबि मेरे जी में गड़ गई-और शोच किया कि उस समय मुझसे इनसे क्यौं परिचय न हुआ।

इसी गोल मेज के किनारे एक और चौपहल मेज धरा था। इस पर सुंदर काले काठ की मंजूषा में एक सुरीला बाजा रक्खा हुआ था। इस अरगन बाजा को श्यामसुंदर जब मौज होती बजाते और सुनाते। गाने बजाने का भी इनको व्यसन था। उसी कुटीर के पश्चिम भाग में एक परदा पड़ा था और उसके उस तरफ उनका पलंग बिछा था। एक नजर में जो कुछ देखा तुमको सुनाया - अब हमारे भेट का हाल सुनो। श्यामसुंदर मुझे बैठा कर सब काम छोड़ वार्तालाप करने लगे। उन्होंने पूछा ''कुशल तो है'' - मैंने उत्तर दिया - ''आपके रहते हमैं अकुशल कैसी? आप तो भले हैं ?''

(साँस लेकर) 'हाँ बहुत अच्छे और अब तुम्हैं देख और भी अच्छे हो गए - तुम तो देखती थीं मैं कैसा बीमार हो गया था। वैद्य ने औषधि की, अब अच्छा हो गया। पहले से कुछ अच्छा हूँ- पर एक वज्र पड़ा।'' - इतना कह कर एक लंबी साँस ली।

मैंने कहा - ''क्या? कुशल तो है-ईश्वर ऐसा न करै'' मैं तो कुछ जान गई थी कि वही यात्रा की बात होगी। पर मुझे भी उनके बिना कैसे चैन पड़ता यही सोचती रही।

श्यामसुंदर ने उत्तर दिया - ''वज्र यही कि अब कुछ दिनों के लिए हमको तुमसे विलग होना पड़ेगा। वैद्य ने मेरे शरीर की अवस्था देख कर कहा है कि जलवायु दूसरे देश का सेवन करना होगा नहीं तो शरीर और भी बिगड़ जाएगा। शरीर की रक्षा मुख्य है - तो अब मैं दो एक दिन में जाऊँगा। तुम्हारा तो मेरे साथ जाना नहीं हो सकता और इधर तुम्हारा वियोग। अब नहीं मालूम क्या होगा'' - इतना कह आँख में आँसू भर मेरे दोनों हाथों को अपनी छाती से लगा लिया और चुप हो गए। सिसकी भर रोने लगे और फिर कुछ भी न कहा।

मैंने उनके नेत्र आँचर से पोंछ दिये और उनके सिर को छाती से लगा कर उन्हें समझाया। पर उनके नैन सावन भादों हो गए थे। सावन भादों की सरिता कहीं रुकती हैं। उनके नैनों से ऐसा धाराप्रवाह उमड़ा कि मेरा आँचर भींज गया। मैंने उसास ली

और रोने लगी। प्रीति की नदी उमड़ आई मैंने मन में कहा कि अंत को यही होता है - पर अब तो लग ही गई थी छूटती कैसे। मैंने श्यामसुंदर से कहा ''कुछ कहोगे भी कि बस रोते ही रहोगे। मुझे भी तुमने अपने दुःख दिखाकर दुखी बना दिया। तो अब तुम्हें कौन समझावैं'' - ''मुझसे क्या पूछती हो। मैं तुम्हैं छोड़ कैसे जा सकूँगा - जिसको नैन प्रतिदिन देखते थे उसको अब बहुत दिनों तक न देखैंगे। अधिक कहता हूँ तो अभी द्वारे पर भीर लग जाएगी और समय भी अधिक इसमें नहीं लगाना चाहिए। तो सुनो। मेरा जाना तो अब ठीक हो चुका। इस शरीर के लिए जाना ही पड़ा। मेरी तुमसे यही विनती है कि तुम इस दीन और मलीन अपावन जन को मत भूलना। मैं तुम्हैं अपना पता लिखकर कई लिफाफे दिए जाता हूँ तुम इसके भीतर पाती लिखकर बंद कर देना और मेरे विश्वासपात्र हरभजना को दे देना वह मेरे पास पहुँचा दिया करै या तो डाक द्वारा भेजा करैगा और मेरे भी उत्तर तुम्हें उसी के द्वारा मिला करैंगे - पर यह मेरी बारंबार विनती है कि भूलना कभी नहीं और एक बेर प्रतिदिन मुझ दीन का स्मरण करना। यदि मेरी किसी सहायता का कभी काम पड़े तो मुझे खबर पहुँचाने में विलंब न करना - यदि मेरे बिना कोई काम ऐसा आन पड़ै कि न हो तो मैं सब छोड़ कै आ जाऊँगा। दया रखना - देखो - पर बस, अब लोग आवैंगे तो तुम जाव - हाय रे वज्र हृदय ! फट नहीं जाता और उलटा ''जाव'' ऐसे वचन कहवाता है - इतना कह फिर भी आँखें भर लीं।

मैं तो निःसह होकर श्यामसुंदर के अंक में गिर पड़ी। श्यामसुंदर ने मुझै सम्हार लिया। यदि वे सहारा न बन जाते तो मैं कब की भूमि पर गिर पड़ती। श्यामसुंदर ने अपने वस्त्र से लोचनों को पोंछ उरई के व्यजन से व्यजन करने लगे। गुलाबजल की पिचकारी मेरे नैनों में मारी और मुझै चुंबनों से आच्छादित कर दिया। मुझे कुछ संज्ञा हुई। मैंने अपनी सकपकानी दृष्टि उनके मुखारविंद पर फेकी। बरौनी में मेरे आँसू लटके थे। उन्होंने फिर भी इस बार पलकों का चूमा लेकर उन्हें पोंछ दिया और बोले, ''तुम क्यौं रोती हौ आज सब प्रेम खुल गया, न तो तुम हमसे दुरा सकी और न मैं ढांक सका। कैसे ढांकता, प्रेम क्या सूजी है जो छिपै। पर यदि हमी तुम जानैं तो अच्छा है। प्रीति प्रकट नीकी नहीं होती।'' इतना कह उन्होंने मेरा हाथ पकड़ लिया और फिर बोले - ''आज यदि तुम्हारी आज्ञा पाऊँ, तो ''प्यारी'' कह के तुम्हें टेरूँ'' - मैं चुपकी रही। ''तुम कुछ देर तक मौन रहीं, मुझै

ढाढ़स हुआ, मैं तुम्हें अवश्य प्यारी कहूँगा, क्षमा करना तो - प्यारी ! प्रानप्यारी ! मैं तुम्हें जी से चाहता हूँ मोह करता हूँ - सुंदरी मेरे हृदय में तेरी गाढ़ी प्रीति भरी है। जगन्मोहिनी ! मैं तेरी मूरति की पूजा करता हूँ। तू मेरी इष्ट देवी है और मैं तेरा भक्त हूँ। मैंने तुम्हारी मूरति की पूजा उसी दिन आरंभ की थी जिस दिन से पहले तुम्हें उस दिन अटारी पर बार बगराते देखा था।'' इस वाक्य को भली भाँति बल दे के कहा, वह कहन मेरे हृदय में गड़ गई - इतनी गहिरी के अद्यापि मेरे हृदय के उत्तर दायक तार झनझनाते हैं। मैंने भी उन्हें कहा ''प्यारे जो हाल तुम्हारा था सोई हाल मेरा भी था पर गुप्त ही रखना पड़ा, आज अच्छा हुआ जो दोनों के जी की सफाई हो गई।'' इतना सुनाय मैंने उनके करकमल पकर अपने हृदय से लगाए - उनने मेरे हाथ को ले अपने ओठों से लगाया। मैंने झींका भी नहीं, मेरा हृदय तनिक भी उस अपूर्व आनंद को स्मरण कर न मुड़ा और मुझै उस समय ऐसा सुख हुआ जो मैंने पहले कभी अनुभव नहीं किया था। ज्यौंही मैं उस समय की तरंगों के बल से आगे झुकी उनका अनुपम मुख निरखने लगी - और उनके काले नैनों की गंभीरता में उनके उस प्रेम को बाँचने लगी जो अभी उनके अधर पल्लव से निसरा था - त्यौं ही उन्होंने मुझे गलबही देकर हृदय से लगा लिया - हम लोगों के अधर मिले और बड़े विलंब में चुंबन का अनुकरण शब्द निकला। उन्होंने बिदा दी और मुझे इस प्रतिज्ञा पर छोड़ा कि ''चलते समय एक बेर और दिखाई देना।''

आह ! उस क्षण का सुख कैसे कहूँ ये वे भाव थे जो मेरे गंभीर हृदय के कुंड से अमृत की नाईं झरने लगे थे। यह मेरा शुद्ध और पावन प्रेम था जो श्यामसुंदर के लिए अंकुरित हुआ था। मैं उसे टटोल भी चुकी थी। जान भी गई कि यह ऐसा ही था। ''प्रेम प्रेम'' जिससे इन्द्रियों से कुछ संबंध नहीं प्रेम - जिस पर इन्द्रियों का धक्का नहीं लगा था, प्रेम - जो मेरी आत्मा के दृष्टिगोचर हो चुका था।

''मैं घर गई। बैठी उठी, पर श्यामसुंदर की झलक आँख की ओट न हुई। फिर भी इच्छा हुई कि जाकर भेंट करें पर सोचा कि बार बार का जाना अच्छा नहीं होता। कदाचित् कोई कुछ कहने लगे तो भी ठीक नहीं। इसको सोचा तो सही पर न रहा गया। अंत में कागद कलम लेकर एक छोटा सा पत्र जहाँ तक लिख सकी लिख भेजा। वह यह था।

''मन मोहन प्यारे।

आपने जो कहा था सो सब याद है। आपके बदन और मुख हमारे दोनों आँख के सामने झूलते रहते हैं। पर आपके कुटीर के द्वार की जाली नैनों को तुम्हारे तक पहुँचने को रोक देती है - क्या मोह कमती हो गया। बस अब नहीं लिखा जाता - जो मन में है मन ही में रहने दो। ''ऐ बाग के माली अपने बाग के फलों की भली भाँति रक्षा करना - तकना - कोई पक्षी चोंच न लगाने पावै'' - चलते समय अटारी पर से भेंट होगी, बस।''

द्वापर फाल्गुण।

इस पत्र को भेज दिया। उत्तर नहीं मिला और उत्तर की अपेक्षा भी तो नहीं थी। दूसरे दिन श्यामसुंदर के जाने की तैयारी हुई। डेरा डंडा सब पहले ही चला गया था। अकेले वे ही रह गए थे। भोर होते ही उठे स्नान-ध्यान कर कुछ कलेवा किया और सात बजे तक जाने के लिए उपस्थित हो गए। रथ बड़ी देर से कसा खड़ा था। उनके नर्मसखा मकरंद भी संग हो गए। इसकी सकुच मुझै बहुत लगती थी और सच पूछो तो अनेक कारणों से लाज और भय भी रहा आता था। ये सब बातें श्यामसुंदर को पहले से ज्ञात थी - इसीलिए उन्होंने मकरंद को पहले ही रथ के निकट भेज दिया था - और वे चलते समय अकेले रह गए। मैं भी अपनी प्रतिज्ञा पालने के लिए अटारी पर चढ़ गई। सत्यवती और सुशीला भी मेरे संग में थीं। मैंने श्यामसुंदर को निकलते देखा, मेरी उनकी आँखैं चार भईं, उन्होंने मेरा प्रान अपने साथ ले लिया - बार बार मुरक मुरक मेरी ओर दृष्टि फेकते थे। मैं भी मुर मुर देखती थी- अपने नेत्रों में जल भर लिया। मेरी भी वही दशा हो गई। सूख साख काठ हो गई, मुख से वचन न निकला। ज्यौंही मेरे घर के नीचे आए मुझसे रहा न गया - मैंने झट यह दोहा पढ़ा ...।

''चलत-चलत लौ लै चले सब सुख संग लगाय।
ग्रीषम वासर शिशिर निशि पिय मो पास बसाय॥''

इस दोहे को उन्होंने नीचा सर करके सुन लिया और एक दोहा उसी समय बनाकर पढ़ा -

जौं शरीर आगू चलत चपल प्राण तुहि जात।
मनौ बातबस फरहरा पाछे ही फहरात॥

जो कुछ उन्होंने कहा सब सत्य था। मैंने अपने जी में बहुत धीरज धरा पर एक भी काम न आया। मेरी दृष्टि उनके पीछे चली, वे गए, वे गए - नदी के तट पर पहुँचे। रथ पर चढ़ चले ... मेरा भी जी मन के रथ पर बैठकर उनके पीछे हो लिया। वे जाते हैं, मझधार में पहुँचे। इधर मेरा भी जी प्रीति की नदी के मझधार पहुँचा। केवट तो चला जाता था, मुझे कौन बचाता, पर आशा वृक्ष की शाखा पकड़ कर लटक गई। श्यामसुंदर गए, उस पार हुए पर मैं इसी पार थी। एक मन हुआ कि घर की कुल कान छोड़ दौड़ जाऊँ - पर लाज के लगाम ने मुहजोरी रोक दी। नदी के तीर तक मैं भी गई। श्यामसुंदर उस पार पहुँचकर ऊँचे टीले पर बैठ पारदर्शक यंत्र को अपने नैनों से लगा - मुझे देखने लगे। क्या जानै मैं उन्हें दिखी या नहीं पर मैं उन्हें जहाँ तक दृष्टि गई बराबर देखती रही। वन की लता पता मेरे ऐसे बैरी भए कि उन्हें शीघ्र ही लोप कर दिया। रथ चला, पहिए के धूर दिखाने लगी। इधर भी मेरी धूर ही धूर दिखाती थी कहावत है कि ''दिलों पर खाक उड़ती है मगर मुँह पर सफाई है'' अंत को मैंने अपने जी में यह दोहा पढ़ा -

वह गए बालम वह गए नंदी किनार किनार।
आप गए लगि पार पै हमैं छोड़ि मझधार॥

स्नान करके घर आई। घर के कुछ काम न अच्छे लगे। माँ से कहा ''माँ आज मेरा माथा पिराता है'' माँ ने पूछा ''क्यों'' - मैंने उत्तर दिया ''क्या जानूँ - शरीर तो है'' माँ बोली ''तौ जा सो रह'' - यह तो मेरे ही मन की कही। मैं शीघ्र जा सेज पर सो रही और मूड़ को ढाँक खूब रोई-भूख प्यास सब भूल गई। तन से मन निकल कर मनमोहन के पास चला गया। खाट पर केवल शरीर धरा रहा। माँ ने बहुत कहा ''बेटा कुछ खा ले'' पर मैंने कुछ उत्तर न दिया। अंत को माँ ने मुझै सोई जान फिर हूँत न कराया - वृंदा ताड़ गई पर मुझसे कुछ भी न कहा यद्यपि वह मुझे बहुत चाहती थी पर उसका श्यामसुंदर पर गुप्त प्रेम रहने के कारन मुझसे कुछ कुछ बुरा मानती थी। श्यामसुंदर उससे भी हँस के बोलते पर उनका सब प्रेम मेरे ही लिए था। वे अपने प्रान को भी इतना नहीं चाहते थे। नैनों की तारा मैं ही थी। प्रेमपिंजर की उनकी मैं ही सारिका थी। ब्रह्म, ईश्वर, राम जो कुछ थी मैं थी, वे मुझै अनंय भाव से मानते थे पर हाय री मेरी बुद्धि अब कहाँ बिलाय गई। भद्र! मैं अब वह नहीं हूँ जो पहले थी अब वह बात ही चली गई। मैं श्यामसुंदर के मुख दिखाने के योग्य नहीं हूँ।

श्यामसुंदर अभी तक मुझे उसी भाव से मानता जानता है और अनंय भाव से भजता है पर मैं हाय अब क्या कहूँ, मेरी कपट रीति विश्वासघात - हाय रे दई - मैं सब कुछ ए कुवचन सहूँगी। जगत की कनौड़ी बनूँगी- हायरे दई - मुझै जो चाहे दंड दे - मेरी गर्दन झुकी है ले जो चाहै सो कर मैं हूँ तक न निकालूँगी, मार मार जार डार जैसा मैंने उन्हें जराया है तू भी मुझै जलाकर क्वैला कर दे - हाय रे ईश्वर - हाय हाय रे करम क्या मैंने सब धरम बहा दिया। किस भरम में पड़ी शरम भी नहीं आती हा हा'' ऐसा विलाप करते करते गिर पड़ी। सत्यवती और वृंदा ने सम्हार लिया। अपनी ओली में बैठकर मुख पोछा हवा करने लगीं। चूमा लिया, पर मैं तो इस लीला को देख दंग हो गया। स्तब्ध होकर भीति की सी चिचौर बन गया, अनिर्वाच्य हो गया। आश्चर्य करने लगा कि ऐसे मनोहर शरीर वाले भी जो केवल पुण्य के पुंज हैं, दैहिक दैविक और भौतिक तापों की ताप में तपते हैं आश्चर्य है कोटिवार आश्चर्य का आस्पद है, मैंने कुछ सुरीली तानें भरीं, श्यामा देवी की आँखें खुलीं। वृंदा विजना झलती थी। वह इन सब बातों की प्रत्यक्ष देखने वाली थी सब कुछ समुझ बूझकर सासैं भर भर के रह गई देवी को संज्ञा हुई, मैं हाथ जोड़कर बोला।

''कमलनयनी ! तू क्यौं इतनी अधीर हो गई। अभी तो कहानी पूरी भी नहीं हुई इतने ही में ऐसा हाल हुआ, पूरी होते-होते न जानें तेरे प्रान बचैंगे कि नहीं - वृंदा तनिक देवी को समझा दे शोच न करै, क्या ऐसे-ऐसे जनों को भी दुःख का लेश चाहिए।''

श्यामा देवी गद्‌गद स्वर और स्खलित अक्षर से बोली ''सौम्य! तुम बड़े सभ्य हो। यह स्थल ही ऐसा है कि यदि तुम इस सब वृत्तांत के साक्षी होते तो न जाने तुम्हारी कोन सी गति होती, पर तुम्हारा चित्त इस कहानी को पूरी कराने में लगा है तो लेव सुनो। मैं रोते गाते सब कुछ कह सुनाऊँगी'' इतना कह सुख से सिंहासन पर बैठ गई। चंद्रमा की प्रभा ने मुख कोकनद को विकास कर दिया था। दंत की छटा मंद मंद कौमुदी में मिली जाती थी। वृंदा पंखा झलने लगी। सत्यवती ने पान का डब्बा खोलकर सामने धर दिया और सुशीला रात बहुत हो जाने के कारण सोने लगी। देवी ने मुख पोछा दोनों हाथ पसार ईश्वर से मंगल कुशल के साथ पूरी कथा कहने की शक्ति का आवाहन किया, सरस्वती से हाथ जोड़े भगवती के पदकमल स्पर्श करके यों कहने लगी -

''सुनो जी मेरी बड़ी बुरी दुर्दशा हुई। मुझे श्यामसुंदर का वियोग सताने लगा। उनके उठने बैठने के ठौर मुझे काटे खाते थे और मैंने बार बार यह छंद पढ़ा।

खोर लौ खेलन जाती न तौ कहुँ
आलिन के मति मैं परती क्यौं
देव गुपालहिं देखती जौ न तो
या विरहानल मैं बरती क्यौं।।
बाबरी आम की मंजुल वाल
सुभाल सी ह्वै उर मैं अरती क्यौं।
कोमल क्वैलिया कूकि कै झूर
करेजन की किरचैं करती क्यौं।।

बस मेरी ठीक यही दशा हो गई थी, परवश में पड़ी थी। प्रान तो श्यामसुंदर के पास थे शरीर मात्र यहीं रह गया था। उधर श्यामसुंदर भी बेचैन थे। मकरंद से अपना दुःख का रोना रोया करते, संसार उन्हें सूना हो गया। अन्न जल में स्वाद नहीं लगता। साँप की साँस सी समीर लगती, शरीर में ऐसी पीर उठती मानो भुजंग की मैर हो, नेत्र नरगिस की भाँति हो गए, पीरीं-पीरीं पत्तियों की भाँति तन सूख गया था। वदन सूखि के किंगड़ी और रगैं तार हो गई थीं, रोम रोम से सुर उठकर मेरा ही नाम बजता था। यद्यपि अभी उन्हें गए दो चार दिन से अधिक नहीं भए थे तथापि विरह ने व्याकुल कर दिया था। दिन भर मेरा गुन गाते और रात को मेरा स्वप्न देखते। वन वन धूर छानते फिरे वन पर्वत की कंदराओं में मेरे ही वियोग की तान गान कर कर झाँई से हुंकारी झराते थे।

देखी कहूँ मृगनैनी अहो वन पर्वत निर्झर सो मुहि भाखो
वात सों कंपित पादप हाय कहो किहि आतप को दुख चाखो।
हों जगमोहन श्यामा विहाय फिरौं विलगाय इतै मन माखो।
दै जु बताय कहाँ गई मोहिनी मूरत आरत को जिय राखो।।
देखी कहूँ सरिता गिरिखोह कहूँ मनरंजनि मोहिनी मूरति
सो गई पंकज लेन कै खेलत कै बहलावत है मनहूँ अति।
कै कहुँ प्रेम प्रकासिबे काज लुकाय रही वन पल्लव सूरति
हौं जगमोहन देहु बताय वियोग शरीर अजौ मुहिं झूरति।।

इसी प्रकार के अनेक गीत अभीत हो वन में गाते फिरते। इस चौपाई को बार-बार कहते, मकरंद ही केवल इन्हें साहस देता रहता।

''सो तन राखि करब मैं काहा। जिन न प्रेम पन मोर निबाहा॥
हा रघुनंदन प्रान पिरीते। तुम बिनु जियत बहुत दिन बीते॥''

और कभी कभी यह भी -

मुसौवर खींचले तस्वीर गर तुझ में रसाई हो।
उधर समशीर खींची हो इधर गरदन झुकाई हो॥

ये रस की भीनीं तुकैं गा गा कर आँसू भर लेता। अंत को उसने मुझे एक पत्र भेजा जिसको मैं तुमसे कहती हूँ।

''प्रानप्यारी

''रटत-रटत रसना लटी तृषा सूखिगे अंग।
तुलसी चातक प्रेम कौ नित नूतन रुचि रंग॥''

इसे समझ लेना जब से मैं तुम्हारी दया दृष्टि से दूर हुआ दर दर घूमा पर ऐसा कोई न मिला जो तुम्हारे विरहताप की ताप मिटाता। वन के रम्य रम्य मनोहर स्थलों को देख तुम्हारे बिना करेजा टूक टूक हो जाता है। प्रतिकुंज में तुम्हें देखता हूँ - पर स्वप्न सा जान पड़ता है। इस साल श्यामापुर में मेरी फाग नहीं हुई। कारण तुम जानती हो। लिखने का प्रयोजन नहीं बस - समझ जावो। इसी से मैंने टर दिया सो देखो इस साल की फाग ने मेरे बदन में आग लगा दी है, तन में वियोगाग्नि की भस्म रूपी अबीर लगी है। नैन पिचकारी हो गए हैं और ताप की ज्वाला में तन जरा जाता है। शोक और चिंतारूपी जुगल कपोलों में पीर की राख लगी है। अधिक क्या लिखैं, तुम्हारा वियोग सहा नहीं जाता। इस पावन वन में केवल मैं हीं अपावन होकर विचरता हूँ। मुझै वन के जन्तुओं ने दीन मलीन और पापी जान तज दिया। जब तुमसे विलग हुए तब और कौन जगत में मेरे संग लग सकता है। मुझे पक्षी भी देख भागते हैं। शुक सारिका भी क्रूर शब्द सुनाते हैं अब कहाँ तक कहैं। इसका उत्तर देना, मैं भी कुछ दिनों में आ पहुँचता हूँ। धीरज धरना और मुझे कदापि अपने जी से न टारना।

दोहा

चातक तुलसी के मते स्वातिहु पियै न पानि।
प्रेमतृषा बाढ़त भली घटे घटैगी कानि।।

इस पावनारण्य से मैं मार्जारगुहा को जाऊँगा। वहाँ से वीरपुर होते वाणमर्य्यादा नामक ग्राम में दो दिन निवास करूँगा, वहाँ पहुँचकर मार्ग का वृत्त लिखूँगा पर तुम इस पत्र के उत्तर देने में विलंब न करना। पूर्वोक्त युक्ति से पत्र मुझै अवश्य मिलैंगे। इन वनों का भी संपूर्ण वर्णन - पर संक्षेप यदि हो सका तो तुम्हारे मनोरंजन के लिए भेजूँगा - कृपा रखना।

द्वापर-फाल्गुन
पावनारण्य

तुम्हारा वही अपावन
श्यामसुंदर ''

यह पत्र मुझे वृंदा के द्वारा मिला-उसे हरभजना ने दिया था। मैंने पढ़कर छाती से लगाया और बार बार चूमा। मैंने उसी क्षण इसका उत्तर लिखा।

उत्तर :

श्री :

''श्यामसुंदर !

वृंदा ने हमैं आपकी पाती दी। आप हमारे विरह में क्यौं - अब क्या लिखूँ ? भूल गई ! क्षमा करो। चलते समय मैंने कुछ कहा था न ? उत्तर क्यों नहीं दिया। दूर निकल गए। क्या चिंता

''हिरदे सै जब छूटिहो मरद बदौंगी तोहि।''

दोहा

पंच द्यौस दस औधिकर गए नाथ केहिं देश।
सो बीती अब प्रान कहु रहैं सु किमि तन लेश।।
वीर धीर मुहिं तजि गयो लैगौ असन रु पान।
हा प्यारो क्यों छौड़िगो दइमारे सठ प्रान।।

तुम तो चतुर हो इसे सत्य जान जो उचित हो सो करना

द्वापर-फाल्गुन।

श्यामा ''

यह पत्र उसी रीति पर भेज दिया और उनके पास भी पहुँच गया। उसके उत्तर में उन्होंने एक लंबा पत्र पीतवन से लिखा, उसमें प्रतिदिन का वृत्तांत था।

''प्राणप्यारी, तुम्हारा पत्र मुझै पीतवन में मिला मुझे इतना सुख हुआ कि मैं अपने को भूल गया। जिस समय दूत ने तुम्हारी पाती मुझै दी मैं शिवरूप साक्षात् हो गया। इधर उधर ढूँढ़ने लगा कि इस दूत को क्या दूँ। पाती से आधी भेंट होती है। उसे प्रत्यक्षर मेरे लिए रामनाम थे। बड़ी देर तक उलट पलट बाँचा और सोने के सम्पुट में मढ़कर हृदयकपाट के द्वार पर लटका लिया। पत्रवाहक को सकुच कर चार सहस्र स्वर्ण पारितोषिक दिये। उस गरीब का काम ही हो गया। हमारी तुम्हारी जय मनाते घर गया। पावनारण्य से बुधवार के दिन सायंकाल मकरंद और मधुकर के साथ चलकर मर्जारगुहा में पहुँचे। आज केवल एक कोस चलना पड़ा। इस अनूप देश का अधिपति एक वृद्ध भील जिसका नाम विराध है मर्जारगुहा में वास करता है। इसके दो चार तुरंग और हाथी सदा संग में रहते हैं। इसके विकट आयुध भाला और फरसा थे। तलवार कटि में लटकी रहती - हाथी का सा भारी मस्तक-कराल दंष्ट्रा-सिर पर फूल की कलगी खुसी-वृक्ष से भुजा विकट गह्वर सा उदर-अजगर से दोनों पाँव-चट्टान सी छाती-हाथी पर सवार तरवार आगे धरे ऐसा भयानक लगता था मानौ भयानक रस आज मूर्तिमान् होकर सजीव पर्वत पर बैठा चला आता है। यहाँ बहुधा वन दूर दूर पर हैं। यह महीप मेरी अगुआनी के लिए महासागर तक आया। आज मनुष्य और पशु की वार्तालाप जो पुराने ग्रंथों में लिखी है ठीक-ठीक सत्य और प्रत्यक्ष देखने में आई।

''नर वानरहि संग कहु कैसे''

इस चौपाई का मानो अर्थ खुल गया। इस ग्राम में एक दिन चूतवाटिका में डेरा लगा कर रहा। अतिथि-पूजन भली भाँति हुई और चलते समय मधुकर के हाथ गरम कर दिये। यह एक ब्राह्मण हैं, यहाँ यही लेखा लगा।

''वृहस्पति के दिन हम लोग वीरपुर पहुँचे। यहाँ का ग्रामपति विराध से कुछ सभ्य है इसका नाम खर है - यहाँ मलयज नामक वन निकट है यह खर उस वन का केसरी सा दिखता था। इसका रूप विराध से कुछ थोड़ा ही अच्छा है इसलिए अधिक नहीं लिखते। यह ग्राम मैदान में है। जलप्राय वन के निकट ही यह बसा है। यहाँ के

जलवायु दोनों भले नहीं इसी से दूसरे ही दिन कूच कर गए। शुक्र के दिन तुम्हारे ही पत्र की आशा लगी रही।''

''शनिवार का दिन वाणमर्यादा'' में बीता। यहाँ से पर्वत पाँच कोस पर रहे। यहाँ अच्छा सरोवर जिसके किनारे कदली का उपवन है शोभित है, भगवान् भवानीपति का मंदिर यहाँ के ग्रामीणों का अवलंब है। यहाँ के 'रसालाराम' में तंबू तना था। ग्राम भी कुछ छोटा नहीं और ग्रामाधिप भी ऊँचे जात का पुरुष है। आज होली जरी - मेरा शरीर तुम्हारे बिन आप होली हो गया है। झोली में अबीर भर भर हमजोली की भीर में घुस रसाल रसाल कबीर गातें हैं। इस वन में होली का उत्सव कुछ विचित्र सा जनाता है, जैसे दूध में मिरचा, विलायत के गिरिजाघर में कुरान की आयत का पढ़ना या रामचंद्र के मंदिर में प्रभु ईशु मसीह का नाम लेना और बेंड बजाना तथा मसजिद में शंखध्वनि का होना इत्यादि जैसे असंभव और असंगत जनाते हैं वैसे ही इस देश में ऐसे उत्सव थे।''

''रविवार के दिन मैंने चातक निकुंज जाने का विचार किया। यह उत्कल देश का द्वार है और यहाँ का स्वामी बड़ा नामी पुरुष है। पर यह देश तुम्हारे पूर्व पुरुषों का निवास था इसी से वर्णन नहीं किया। तुमने अपने माता-पिता से इसका सब वृत्तांत सुन ही लिया होगा - निदान यहाँ से प्रातःकाल ही को रथ पर बैठा और सायंकाल तक देख भाल फिर वाणमर्यादा को लौट आया। इस ग्राम से यह केवल चार कोस पर था। इस राज्य में रसाल के रसाल रसाल विशाल वृक्ष बहुत हैं। इसका नाम मैंने कोकिलकुंज रख दिया है। इस ग्राम का स्वामी जब मैं गया उपस्थित न रहा पर उसके प्रतिनिधि ने बड़ा सत्कार किया और यहाँ के मुख्य मुख्य निवास और कार्यालय दिखलाए। वंश का सघन वन इसके चारों ओर लगा है और राजा के महल एक पर्वत पर बने हुए हैं जो सजल होने के हेतु अति मनोहर लगते हैं। निर्झरों का घर्घर शब्द-वन जन्तुओं का गरजना-सिंह व्याघ्रों का तरजना जिसे सुन विचारी कोमल बालाओं के हृदय का लरजना - इस दुर्ग के गुर्जों ही से बैठे सुन लो। सुंदर सरोवर बरोबर बरोबर जिन पर तरोवर झुके हैं शोभा बढ़ाते हैं। यहाँ से लौटकर वाणमर्यादा के ''रसालाराम'' में रात भर विश्राम किया। तुम्हारा स्वप्न आधी रात को देखा। ऐसा देखा मानो तुम्हारे पिता ने तुम्हें कहीं भेज दिया हो और ज्यौंही मैं उन्हें निबारने लगा मेरे नेत्र खुल गए करेजा काँप उठा। होनहार प्रबल होती है। पर भावी वियोग यद्यपि

स्वप्न ही था तथापि शोक का अंकुश कुश की भाँति हृदय में गड़ गया था कुछ गड़बड़ तो नहीं हुआ, लिखना। पर तुम्हारी प्रीति की कथा यहाँ तक विदित है।''

''सोमवार २ - आज मैं बाणमर्यादा से वाराहगर्त्त को आया - छोटे छोटे ग्राम बहुत से विराम के लिए पथ में मिले पर कहीं नहीं ठहरा। वाराहगर्त नामक वन अच्छा सुहावना लगता है। यहाँ के पर्वत और शैल आकाश को अपने अपने शृंगों से छूते जान पड़ते हैं। यह तराई का प्रदेश आगे बढ़ने से ऐसा लगता है मानों अघासुर के उदर में हम लोग - ग्वाल बाल की नाई घुसे जाते हों। दोनों ओर सघन शैल की श्रेणी - बीच में सूक्ष्ममार्ग - मानों घन चिकुर में सेंदुर भरी माँग-यहाँ की मृत्तिका लाल होती है। मध्याह्न के उपरांत आखेट के लिए गए थे। ४० मनुष्यों ने मिलकर खेदा किया पर केवल एक शशक निकला सो भी हे शशांक - वदनी तुम्हारे नाम के प्रथमाक्षर सरीखा जान छोड़ दिया गया। आज का दिन अच्छा कटा सभी लोग डेरे में बैठे-बैठे वनों की नाना कथा कह रहे हैं।

''मंगल ३ - आज मंगल ही मंगल है। लोग कहते हैं ''जंगल में मंगल'' - सो ठीक हैं - यहीं पर होली का दंगल भी आज हुआ और इसी पीतवन में तुम्हारे प्रेमपत्र ने मुझे सनाथ किया। मैं आज कुछ और हूँ। मेरा शरीर और मन पीररहित है। मृगया के अनंतर मैं इस सर्ज के तरे बैठा हूँ। धीर समीर मेरे श्रम को मिटाती है - तुम्हारे शरीर को स्पर्श करके आती अवश्य होगी, तभी तो मेरे ही - तल को शीतल करती है। तुम्हारी पाती ने आज जो मुझे आनंद दिया - ईश्वर की साक्षी है - सब व्यवस्था तो पूर्व पत्र में लिख ही चुके हैं।''

''बुधवार ४ - आज पीतवन में डेरा है। आगे नहीं बढ़े।''

''बृहस्पति ५ - पीतवन से आज चल के पुष्पडोल में डेरा हुआ, यहाँ कुल्लुक नाला सघन वन से निकला है। इसी के तट पर आज विकट कटक पड़ा। वनैले जंतुओं के भयानक रव का दव कैसा सुनाई पड़ता है। आधी रात में सब सून सान परा है केवक हूँमाँ की हुँकारी की झाँई पर्वत के कंदरों में बोलती है।''

''शुक्र ६ - आज भी पुष्पडोल में रहे काम बहुत था।''

''शनिवार ७ - पुष्पडोल से रत्नशिला। यह शैलमय वनोदेश ऐसा सघन और विचित्र है कि ऐसा मैंने इस प्रदेश में पूर्व नहीं देखा था। शार्दूल गज गवय भालू इत्यादि समूह के समूह इतस्ततः घूमते दिखाई देते हैं। यहाँ केवल पगडंडी

राह है। मन चलता है कि इस विजन वन में एकांत हो केवल तुम्हारे ध्यान में मग्न हो बैठें।''

''रविवार ८ - रत्नशिला से सरलपल्ली। इस पल्ली में केवल तीन घर हैं। दूध दही कुछ नहीं मिलता, बन का अन्न भी दुर्लभ है। किसी प्रकार से निर्वाह कर लिया। यह दण्डकारण्य का प्रदेश दर्शनीय है। हा देव हमारी श्यामा को क्यों बिलग कर दिया।''

''सोमवार ९ - सरलपल्ली से यमपुरी - यह पुरी साक्षात् यम की पुरी है। यहाँ का जल बड़ा दुखदाई और ज्वरादिक अनेक रोगों को उपजाता है। नागरिक लोग यहाँ आते ही यमसदन सिधारते हैं। हम लोग सहे बहे हैं। किसी प्रकार से दिन काट ही लेते हैं। यहाँ से निकट ही मतंगवाटी नाम की घाटी प्रसिद्ध है। इसकी उतरने की परिपाटी ऐसी दुस्तर और अटपटी है कि शाटी आदि बसन बदन पर नहीं रह सकते। यहाँ के वासी लाटी बोलते हैं। इस वन के बाँस की सांटी (सोंटा) प्रसिद्ध है। लोग बड़े कुपाटी - नट नटी से कूद कूद वन में विचरते रहते हैं। सुनते हैं कि यहाँ एक वृद्ध व्याघ्र बुद्धि का भरा किसी अन्य देश से आया है। यह ऐसा ढीठ है कि ग्राम के पशुओं को दिन द्योसे धर खाता है।

तुम्हारा केवल बस वही।''

''यहाँ से चल श्यामसुंदर मान्यपुर की ओर मुड़े। मेरे लिखे अनुसार कंचनपुर के पंथ में पाँव भी न धरा। उन्हें अब चटपटी पड़ी और मेरी सूरति की सुरत करते करते मग्न हो जाते। किसी प्रकार से दो दिन और गली में भली भाँति लगाए। पर इसका हेतु बिजली और मेह था। बदली छाई रहती। अकाल के मेघ दुर्दिन के सूचक थे। सुदिन के सूर्य ने अंत में वियोग तम फाड़ दिया। हँसमाल में आ पहुँचे। बसंत झलकी आम के मौर लगे जिन पर भौंर के डेरा जमे। धमार की मार होने लगी। सरसों के खेत फूले - धान पकी - कोइल कुहकने लगी। जिधर देखो उधर उत्साव ही उत्सव था पर इस अवसर पर केवल श्यामसुंदर ने निरुत्सवता की समाधि लगा ली थी। आँख मूँद के मेरा ही ध्यान लगा लेते और यदि कोई बीच में बोलता तो - ''श्यामा-श्यामा'' कह उठते, उन्हें उनके एक प्राचीन प्रियतम का कवित्त बहुत प्यारा लगता और बार बार उसी को अकेले दुकेले कहते रहते ...।

आवत बसंत आली कंत के मिलाप बिनु
मदन भभूकें अंग-अंग आन फूकैं गी।

हरीचंद फूछैंगे पलास कचनार वन
त्रिविध समीर की झकोरैं चारु झूकैंगी।।
गावत बहार ह्वै है जीव को निकार आजु
एक एक तान प्रान लेन को न चूकैंगी।
करैगो कसाई काम वाम कतलाम बिना, श्याम
बैठि डार हाय कोइलैं कुहूकैंगी ।''

हँसमाला में उनके पहुँचने का समाचार मेरे पास पहुँचा, मैं तो आनंदरूप हो गई। तन-वदन की सुधि तक न रही; कोई कुछ पूछता तो कुछ का कुछ कह उठती। द्वारे में वंदनवारे बाँधे, हर्ष गात में नहीं समाता था। माता पिता ने पूछा ''आज तोरन क्यौं सँवारे हैं'' मैंने उत्तर दिया। ''वसंत पूजा है न - माधवका उत्सव करती हूँ।'' इस यथोचित उत्तर को पा सभी मौन रहे। तुलसी की माला बनाकर पहनी। केशपास सँवारे, माँग मोतियों से भरी, नैनों में काजर की ढरारी रेख लगाई। पीतांबर धारन कर प्रफुल्लित बदन पीत पंकज सा फूल उठा - जिस मग से वे गए थे उसी मग में उनके आने की आस बाँध टक लाय रही। आशा थी कि साँझ नहीं तो सबेरे तक अवश्य पधारैंगे और मेरे द्वार को सनाथ करैंगे। दिन बीता, साँझ हुई, श्यामसुंदर न आए। रात को आने की तो कुछ आस थी ही नहीं, भोर ही शीघ्र उठने के लिए साँझ ही सब काज पूरा कर चुकी और अल्प आहार कर ८ बजे तक लंबी तान सो रही जिस्में सकारे नींद खुलै। रैन में चैन नहीं मिला-नैन प्रान प्रियतम के दर्शन के लिए प्यासे रहे। नींद न लगी ज्यौं-त्यौं कर निशा काटी। इस पाटी से उस पाटी करोंटे लेती रही। झपकी भी न ले पाई थी कि रात रहतेई बड़े भोर तमचोर बोला। घर के सब सोए थे। वृंदा को जगाया और तरैयों की छाया रहते स्नान को चली। घाट तो निकट ही था - सूधी बाट धर ली। मेरी एक और परोसिन थी। उस्से मैं सब अपने मन का भेद कह देती और वह मेरी तथा वृंदा की भी प्राणोपम सखी थी। मेरी ही जाति होने के कारण और भी घनी प्रीति लग गई थी। जब समय पाती वह मेरे घर और मैं उसके घर उठने बैठने आती जाती। इसका नाम सुलोचना था। सुलोचना क्या यदि इसका दुःखमोचना भी नाम धरते तो भी कुछ सोचना न था, यह मेरे लिए सचमुच दुःखमोचना थी। वृंदा ने इसे भी जगाया और अब हम तीनों नहाने चलीं। हम तीनों पढ़ी थीं - यह और आनंद था - रास्ते में वृंदा ने छेड़ा

‘‘क्यौं गुइयाँ आज हमें अवश्य पेड़ा खाने को मिलेगा न - अचरज नहीं कि भोर ही कलेवा के समय मेवा मिलै।’’

सुलोचना ने कहा - ‘‘पेड़ा तो नहीं पर भेड़ा अवश्य मिलैगा। भला कहु तौ आज पेड़ा की भोरही को सूझी - क्या पेड़ा ही पेड़ा तो नहीं सपनाती रही ?’’

वृंदा बोली- ‘‘नहीं गुई ! इसमें बड़ा भेद है, उसे सुनोगी तो छाती में छेद हो जाएगा। पर मैं कुछ नहीं जानती- श्यामा से पूछ। इसका भेद वही बतावेगी।’’

मैं त्यूरी चढ़ाके बोली - ‘‘ऐसी हँसी मेरे मन नहीं भाती। भला मैं क्या जानूँ, वृंदा बड़ी ठठोल है।’’

सुलोचना बोली - (हँसकर) ‘‘ठठोल है तभी तौ ढोल पीटेगी। मैं क्या जानूँ - वृंदा से पूछ वही आज सबेरे से ‘‘पेड़ा पेड़ा’’ बक रही है।’’

वृंदा हँस पड़ी, कहने लगी- ‘‘यह कलजुग का तो पहरा है - जिसके हितकी करै वही उलटा चिढ़ती है। भला गियाँ। तू ही सोच मैंने श्यामा के विषय में कुछ बुरा कहा’’- मैं जी में जान गई कि इन दोनों ने जान लिया - क्या करुँ कुछ कहा नहीं गया। कहा कैसे जाय - सच्ची बात को झूठी करने में बीस और झूठ मिलानी पड़ती है और सखियाँ जान भी गईं तो क्या हानि, लोक जानता है और जानैगा तो इससे भला यही है कि सखीं जान जायँ। भला ए तो बने बिगरे में काम आवेंगी और लोग क्या साथ देंगे - ऐसा सोच विचार मन में कहा ‘‘कुछ चिंता नहीं’’मैं बोली ‘‘राम राम तुम कभी मेरे लिए बुरा कहोगी वा करोगी, यह तुम्हारी बड़ी भूल है जो ऐसा सोचती हो, भला अब तुम्हीं कहो क्या बात है ?’’

सुलोचना ने कहा - ‘‘मैं क्या जानूँ वृंदा पेड़ा-पेड़ा चिल्लाती है, उसी से पूछ-’’

वृंदा हँसी - बड़े जोर से खख्खामार के हँसी और बोली - ‘‘बुरा न मान तो अब कहीं डारूँ, कहने में क्यों रुकूँ’’ मैंने कहा - ‘‘भला तुझसे कभी बुरा माना है कि आज ही मानूँगी कह न जो कहना हो’’ - छाती धरकउठी- करेजा कँप उठा - साहस कर सुनने लगी।

‘‘उस दिन अटारी का ब्यौरा अब तूही कह डार- क्या-क्या हुआ। मैंने क्या नहीं देखा। पर तू मुझसे आज तक छिपाये गई - क्या मैं मिट्टी पत्थर की थोड़े ही बनी हूँ जो इतना देख सुन के भी न जानूँ - मैंने तुझसे कुछ नहीं कहा आज तक चुप रही पर सुलोचना से सब कुछ कह दिया था - विश्वास न हो तो पूछ ले। फिर

जब तेरे चितचोर ने मुझे जाते समय बुलाया और विलाप किया - क्या वह सब मैं नहीं जानती - मैंने तो तेरे अनजाने में इसी छेद (छेद को उँगली से दिखाकर) से सब कुछ देख लिया था। कुछ चिंता की बात न थी। मुझसे कहती तो क्या मैं दगा देती, पर तेरा सुभाव सदा का कपटी है। जनम भर एक साथ रही तौ भी जी की मुझसे न कही। भला कुछ हानि नहीं - क्या आज तुम मुझै न खिलावोगी। मैंने कल्ह संध्या को टोले में श्यामसुंदर के आने की चर्चा सुनी - सो क्या तू नहीं जानती। कैसी अजान बन गई है - देख तो सुलोचना तू इसकी चतुराई नहीं परखती क्या ? तो आज तेरा इतने सबेरे स्नान करने का क्या प्रयोजन था, और दिन तो ऐसा नहीं होता था। आज यह नवीन ठाठ। वाह री भोरी ! क्यौं न हो !'' इतना कह आगे बढ़ी।

मैंने कहा - ''क्या तूने मुझसे कभी पूछा भी था कि वृथा कपट का कलंक लगाती है ?''

वृंदा ने कहा - ''ठीक है री श्यामा ठीक है - क्यौं न हो, तू ऐसी न पढ़ी होती तो ऐसी बातैं क्यौं बनाती। भला जो कुछ हुआ सो हुआ, अब यह बताव कि यदि आज श्यामसुंदर आवैं तो मेरा मुख मीठा करैगी वा नहीं - सत्य ही कह दे। आज मैं क्या इनाम पाऊँगी। सत्य ही कहना। तिल भर भेद न रखना'' -

सुलोचना बोली - ''मेरा भी उस इनाम में भाग रहैगा कि नहीं - फिर तेरा सब काम तो हमीं लोग सुधारैंगे'' मैंने कहा - ''जो चाहो तुम लोग कह लो अब तो फँस ही गई। तुम लोगों से कुछ असत्य थोड़े ही कहना है, सब तो जान ही गईं अब मेरे ही मुख से सुनने में क्या बात लगी है। क्या तुम्हारे ऊपर कभी नहीं बीती ?

वृंदा और सुलोचना बोलीं - ''नहीं थोड़े ही कहते हैं - सभी पर बीतती है, पर हमने तो तेरे कपट पर इतना कहा नहीं तो जैसा चाहती वैसा ही होता'' -

मैंने कहा - ''तो अब क्षमा करना - श्यामसुंदर आज आते होंगे। मुझे उनके दरसन का बड़ा चाव है। सखी सुलोचना कैसी करूँ रहा नहीं जाता -

सखी हम कहा करैं उनके बिन।
वह मोहिनि मूरति छिन छिन में झुलती नैनन निसिदिन ।।१।।
उठत बैठत निसिवासर डोलत बोलत चितवत ।
घर के काज अकाज किए सब जग सुख दुखमय बितवत ।।२।।

॥2॥

कछु न सुहात बात सुनु एरी मात पिता परिवार।
हिय में बसत एक उनकी छबि वे पवि हृदय बिचार॥३॥

हँसनि कहँनि बतरानि माधुरी खटकत जिय दिन रैन।
पै उनके बिनु कल न परै पल अलि औरौ निशि चैन॥४॥

सोवत जगत डगत मनमोहन लोचन चित्र मझार।
आधी रात सुरति जब आवति हूलै बिरह कटार॥५॥

कैसी करौं सुलोचनि वृंदा-कटै न श्यामा रात।
कही सुनी जो श्यामसुंदर ने सो खटकत दिन रात॥६॥*

यदि आज आ गए तो अच्छा होगा - नहीं तो मेरा दुःख फिर दूना हो जाएगा - पर देख अभी मेरी बांई आँख और भुजा दोनों फरके, सगुन हुआ अब चिंता गई - तो चल शीघ्र ही स्नान करके घर चलैं नहीं तो माँ खीझैगी। इतने में काक का बोल सुन श्यामा मैंने कहा -

''सुनि बोल सुहावने तेरे अटा यह टेक हिय में धरों पै धरों।
मढ़ि कंचन चोंच पखौवन ते मुकता लरैं गूथि भरों पै भरों॥

तुहि पाल प्रवाल के पींजरा में अरु औगुन कोटि हरों पै हरों।
बिछुरे पिय मोहि महेश मिलें तुहि काक ते हँस करों पै करों॥''

सुलोचना ने कहा - ''आज श्यामसुंदर का आना ध्रुव है टोले में तो कल्ह से उनके आने की चर्चा हो रही है।''वृंदा सुलोचना और मैं नहा धोकर घर आई - गृह के कृत्य किए-और ऊपर की खिरकी से उनकी अवाई की प्रतीक्षा करने लगीं - भोर हुआ, चिरैयाँ चहचहाने लगीं, गाय और बछरू का शब्द सुनाने लगा। अहीर लोग गैयाँ दुहने लगे।''

---

* ''कही श्यामसुंदर ने जो कछु सो खटकत हिय बात'' यह भी पाठ है।

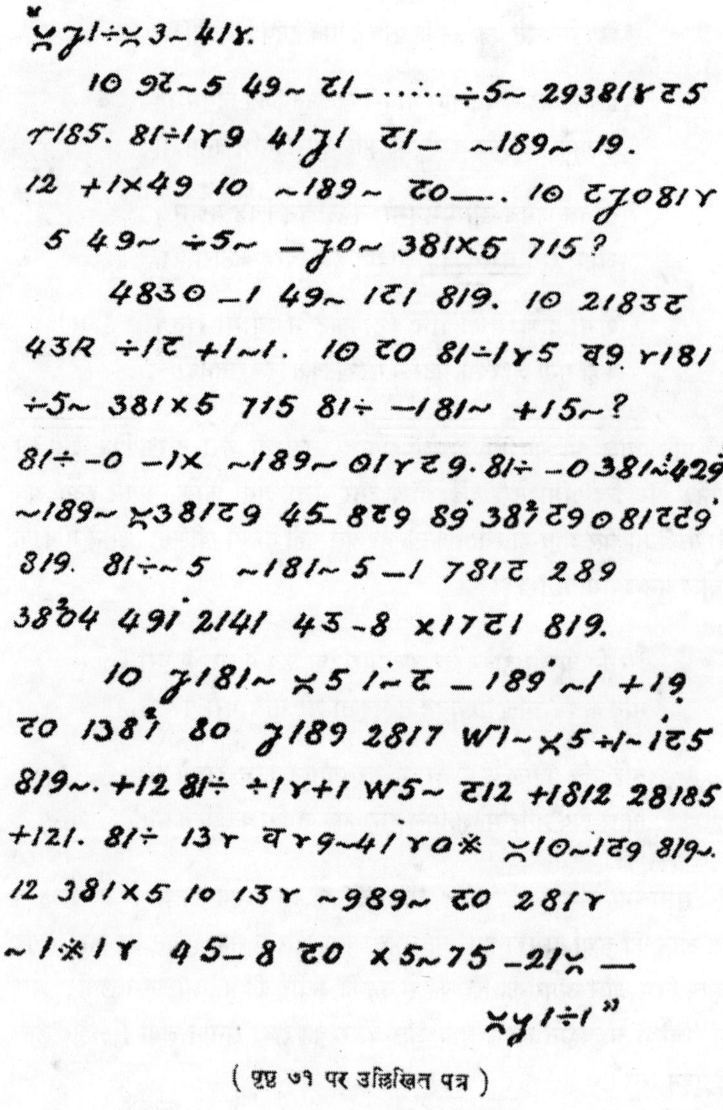

(पृष्ठ ७१ पर उल्लिखित पत्र)

अरुणोदय हुआ। मारतंड का मंडल दिखने लगा। लोग भैरवी गाने लगे, सब लोग अपने अपने इष्टदेवता की मूर्ति पूजते थे पर मैं श्यामसुंदर की समाधि लगाकर उन्हैं ध्यान में पूजती थी। इस प्रकार की पूजा सबसे उत्तम होती है। एक घंटा दिन चढ़ा, दो घंटा बीता, तीसरी घड़ी में नदी के उस पार कुछ मनुष्य दिख पड़े-फिर कुछ घोड़े दिखाने - मेरे जी में तो धक्का सा लगा। मैं हक्का-बक्का हो गई, जी कूद उठा। छिन भर डिरा सी गई, फिर खड़ी होकर देखने लगी। मेरे घर की अटारी बहुत ऊँची थी, उस पर से बहुत दूर का दिखाता था, उसी पर से देखने लगी। घोड़ा ज्योंहीं निकट आता था मुझे यही जान पड़ता था वे ही हैं। अंत को नदी के उस तीर पर आया। पानी टिहुँनी तक रहने के कारण नाव की अपेक्षा कुछ न थी। घोड़ा पानी में हिला, पानी पीने लगा। फिर साँस लेने को सिर उठाया, फिर ग्रीवा झुकाई और कुछ पी पा के आगे चला। वह आया - वह आया - जी में इतना हर्ष हुआ कि यदि वृंदा न होती तो मैं कब की नीचे दिखाती। वे इस पार आए। अचानक आ गए। किसी प्रतिष्ठित को यहाँ से आगे जाने का अवकाश न मिला कि आगू चलके ल्यावैं - वे कदाचित् यही चाहते थे - घाट पर आए, घाट से उनके कुटीर की दो राहैं फूटी थीं, एक तो सूधी वंशीवट के तरे से होकर, दूसरी सूधी मेरे घर के तरे से होकर उनके घर को जाती थी। यह दूसरी राह टेढ़ी थी - पर उन्हें इसकी क्या चिंता जो सोचते। यह तो राह ही टेढ़ी थी जो उनने धरी। सूधी बाट छोड़ मेरी ही गली से निकले।

''जहाँ तलवार चलती है उसी कूचे से जाना है।''

यहाँ पहुँचते ही उनकी आँखें कोने कोने दौड़ीं मानौ मुझे ही ढूँढ़ती थीं- मैं तो ऊपर की खिरकी से उन्हैं निहारती थी। वे तो घोड़े पर थे। खोर में इधर उधर देखा - कोई न दिखा तब अपने कलेजे से पलास की डार मय गुच्छे के मुझै हाथ से बौंका दिया - बोले कुछ नहीं पर चार आँखैं हो गईं - हिये से हिया, दूर ही से मिल गया, ललाट खुजाने के मिस मुझै प्रणाम किया, वृंदा को देख हँस पड़े। सुलोचना की ओर टेढ़ी दृष्टि कर चले गए। घर से सम्मुख घोड़ा खड़ा कर दिया - आप उतरे और कई भले आदमियों से कुछ सूक्ष्म वार्तालाप कर भीतर चले गए। वह दिन तो किसी प्रकार से कट गया पर होनहार न जाने क्या थी। श्यामसुंदर कई दिन तक मुझसे न मिले - मैं एक दिन सोचने लगी - हाय मुझसे क्या कोई अपराध हो गया है जो श्यामसुंदर सुधि तक नहीं लेते' - ऐसे सोच विचार करते करते कई घड़ी व्यतीत हो गईं। मैं नहीं

जानती थी कि श्यामसुंदर भी उधर विरह अगिन में पच रहे हैं और केवल मेरे प्रेम की परीक्षा लेने की कोई युक्ति विचारते हैं। थोड़ी देर के उपराँत उन्नै मेरा स्मरण किया, पूर्ववत् सत्यवती को बुलाके मुझै बुलवाया और मैं उसी कविताकुटीर में गई। श्यामसुंदर मुझे देख उठ खड़े हुए - मेरा हाथ धर लिया और बड़े प्रेम से अपनी कुरसी के निकट मुझे भी कुरसी दी। पर मेरी देह झुरसी देख खेद करने लगे और बार बार मेरा कुशल प्रश्न पूछा। नैन सजल हो गए - मैं भी सिसकने लगी। कुछ समय तक यही लीला रही। अंत को उनने कहा - ''क्यों अब मैं प्यारी कह सकता हूँ न - हाँ - तो प्यारी तुम्हारा अंत का पत्र मुझे दो दिन हुए मिला था'' - इस पत्र को खीसे से निकाल पढ़ने लगे ...।

इसको बाँच कर कहा - ''क्यों यह तुम्हारी ही लिखी है न ?''

मैंने उत्तर दिया - ''हाँ है तो''।

श्यामसुंदर ने कहा - ''फिर अब क्या मरजी है ?''

मैंने कहा - ''क्या मरजी - मरजी तो सब आपही की चाहिए, मैं तो तुम्हारी दासी के तुल्य हूँ''।

उन्होंने कहा - ''मुझे इस बार यात्रा में बड़ा दुख हुआ - प्राणयात्रा केवल प्राण बचाने को होती थी नहीं तो सचमुच आज तक प्राण की यात्रा हो जाती, तब तुम्हारे मुखचंद्र का कौन दरसन लेता।

नाम पाहरु रात दिन ध्यान तुम्हार कपाट।
लोचन निज पद यंत्रित जाँहि प्रान केहि बाट॥
श्यामा-श्यामा सामरी श्यामा सुंदर श्याम।
श्यामा-श्यामा रट लगी श्यामा प्यारो नाम॥

बस इतने ही से सब समझ जाना।''

मैं कुछ विलंब तक सोचती रही कि क्या उत्तर दीजिए, पर श्यामसुंदर ने उठकर मेरा चुंबन लिया और बोले - ''अब क्या विलंब करती हो - कुछ तो कहो -

हौं अधीन तु अ सामरी तुम बिनु जी अकुलात।
देह दशा तेरे सुमुख क्यों न पसीजत जात॥

मुझै तो कविता बनाना ज्ञात न था - उत्तर में पुराने दोहे कहे -

> ''प्रीति सीखिए ईख सौं जहँ जो रस की खान।
> जहाँ गाँठ तहँ रस नहीं यही प्रीति की बान।।''

श्यामसुंदर झटझपट बोले -

> ''प्रीति सिखाई ईख पै गाँठहि भरी मिठास।
> कपट गाँठ नहिं राखिए प्रीति गाँठ दे गाँस।।''

और भी प्यारी देखो बिहारी ने कहा है -

> ''दृग अरुझत टूटत कुटुम जुरत चतुर चित प्रीति।
> परत गाँठ दुरजन हिए दई नई यह रीति।।''

मैं हाथ जोर के बोली - ''तुमसे कौन बराबरी करै - तुम पंडित और सर्वज्ञ हौ - जो चाहो सो कहो - पर कुछ लोक लाज, वेद तो समझो तुम्हैं कोन सिखावै'' - श्यामसुंदर खड़े कँपते थे। बदन का थरथराना मैंने लखा। लिलार, कपोल और हाथों में पसीना आ गया, स्वरभंग और प्रलय के लक्षण लक्षित थे - पलकों में आँसू झलके - बैन सतराने लगे - रोमांच हो आया, मुख विवर्ण को प्राप्त हुआ, गात्र भी स्तंभ हो गया। श्यामसुंदर गिरने लगा - मैंने सम्हारने को किया पर तब तक वह भूमि पर आ गया मेरे चरण के नीचे गिर पड़ा, मैं अपने को ऐसी भूल गई कि मंच से न उठी, मेरा भी वही हाल हो गया था, पर शरीर में बुद्धि बनी रही। श्यामसुंदर को हूँत कराया - पर वे न बोले। मैंने फिर बुलाया, वे बड़े कातर हो गए थेग्न गद्‌गद स्वर से कुछ बोले पर मैं कुछ समझी भी नहीं। कातर नैनों से मेरी ओर देखने लगे। मैंने अपने तन की ओर देखा फिर उनको देख लज्जित हो गई। मुख नीचे कर लिया। एक पोथी के पत्र गिनने लगी, भूमि को पद के अँगूठे से खोदने लगी। आँख में आँसू की धार चलने लगी, ऊपर देखा न जाता था, साहस कर ऊपर निहारी, फिर मुख नीचा कर लिया, लंबी साँस ली, नैनों का जल आँचर से पोंछ डाला और श्यामसुंदर के मुख की ओर एक बार और साहस कर बोली - ''मान्यवर प्यारे! यह क्या व्यापार है ? यह किस वेद का मार्ग है, यह किस न्याय की फक्किका है - कि वेदांत शास्त्र का मूल है - वा मोक्ष का उपाय है - कै तप का नियम है - वा

स्वर्ग जाने की नसेनी है - मैं तुम्हारी दशा भली भाँति समझती हूँ पर इसी से तुम जान लोगे जब मैं कहूँगी कि 'ईश्वर की ओर ध्यान लगावो' - कि मैं स्त्री जाति और बाला भी होकर निर्बुद्धि नहीं हूँ - मुझे भी तो किसी का डर भय है कि नहीं - अकेली तो नहीं हूँ - माता पिता सुन के क्या कहेंगे - तुम तो निर्भय हो - पर मैं तो परवश हूँ - क्या ए सब तुम नहीं जानते - और भी धर्म अधर्म का कुछ विचार है कि नहीं - कहाँ तुम और कहाँ मैं वर्णों में कुछ भेद है कि नहीं, भला इन सबों को तो सोचो - कहो क्या कहना है ?''

श्यामसुंदर आँसू भरकर बोले - ''यदि शास्त्र तुमने बाँचा हो तो मैं कहूँ - न्याय वेदांत और वेदों का भेद यदि तुम जानती हो तो कहो ? मेरी बात का प्रमाण करोगी वा नहीं ? मेरी दशा देखती हौ कि नहीं ? धर्म अधर्म की सूक्ष्मगति चीन्हती हो तो कहो ? सुनो - धन्य है तुम्हारे वज्रमय हृदय को जो तनिक नहीं पिघलता मेरी ओर देखो और अपनी ओर देखो । मेरी करुणा और अपनी वीरता देखो वेद शास्त्र की बात का यह उत्तर है - जो मेरे प्रवीन मित्र ने कहा है -

लोकलाज की गाठरी पहिले देहु डुबाय ।
प्रेम सरोवर पंथ में पाछे राखो पाय।।
प्रेम सरोवर की यहै तीरथ गैलप्रमान ।
लोकलाज की गैल को देहु तिलंजुलि दान ।

सो यह तो तुम कर ही चुकी हो । न मानो तो अपने पत्रों ही को देख लो । भला अपने लिखे का प्रमाण मानोगी कि नहीं ? (संदूक से निकाल कर) भला देखो तो ये किस के हस्ताक्षर हैं ? तो बस तुम्हारे मौन ने मेरे वचन को पुष्ट कर दिया - अब रहा धर्म अधर्म । उसका भी एक प्रकार से उत्तर हो चुका - नलदमयंती - दुष्यंतशकुंतला - राधाकृष्ण - विद्यासुंदर इत्यादि गांधर्व विवाह के अनेक उदाहरण मिलेंगे - द्वापर में विशेष करके - और यह भी तो द्वापरयुग है न जहाँ भगवान् यदुनाथ स्वयं यादवों के सहित विराजमान हैं तो फिर अब क्या रहा - जब कहोगी यदुकुलचंद से स्वयं पुछवा देंगे ।

''यह इस ग्राम का नाम भी तो श्यामापुर किसी भले पुरुष ने धरा है - यहाँ की गली और खोरों में - यहाँ के वनों में - यहाँ के आराम अभिराम में - यहाँ के शेल पर्वतों में - यहाँ के नवग्राम और पुरातन ग्राम में यहाँ के विलासी और विलासिनियों

के सहेट निकुंज में - यहाँ के नदी नाले और निर्झरों के वाट में - जब तक सूर्य्य चंद्र हैं श्यामा श्यामसुंदर की प्रीति की कहानी चलैंगी, तौ प्यारी इतनी दूर बढ़ा के अब क्यों हटती हौ। वर्णों के संबंध में कुछ दोष नहीं, देवयानी और ययाति के पावन चरित अद्यापि भूमंडल को पवित्र करते हैं। बस यह सब समझ लो - मुझ दीन के अनुराग और भक्ति को क्यौं तुच्छ करती हौ यदि हमारी सेवा तुम्हैं भली न लगी हो; तो उसकी बात ही निराली है - नहीं तो - बस अब आज्ञा दो'' - इतना कह मेरे चरणों पर लोट गया। मैंने उसका सिर उठाकर दोनों जाँघों के बीच में रख लिया। बहुत प्रबोध दिया उन्हैं उठाय छाती से लगाया और बोली - ''सुनो प्रान - तुम हमारे जीवन धन हौ। इसमें संदेह नहीं - मेरे तुम और मैं तुम्हारी हो चुकी। तुम्हारी प्रीति की परीक्षा हो चुकी - पर शीघ्रता मत करो - मैं तुम्हे अवसर लिख भेजूँगी - सुलोचना और वृंदा सहाय करैंगी। सत्यवती न जानै - तब तक न जानै जब तक कार्य की सिद्धि न हो। तो मुझे विदा दो, सोचने का अवसर दो - और मेरे सुंदर उत्तर का पंथ जोहते रहो - अब मैं जाती हूँ'' - इतना कह चलने को उद्यत हुई कि श्यामसुंदर ने मेरे हाथ धर एक बाहु मेरे गले में डाल दिया, अधरों को मेरे अधरों के पास ला बोला - ''यदि आज्ञा हो तो एक बार सुधा रस पीलें''- मैं चुप रही। श्यामसुंदर मेरा चुंबन ले बोले - ''लो प्यारी हमारी तुम्हारी शुद्ध प्रीति का अंतिम चुंबन है - लो - बार बार लो।''

मैंने बड़े प्रेम से चूमा लिया पर लाज के मारे फिर सिर न उठा सकी - और चादर ओढ़ नैनों को छिपा घर की ओर चली।

श्यामसुंदर तब तक देखते थे जबतक मैं उनके नैनों की ओट न हुई। अंत को मोड़ के पास पहुँचते ही एक बार हाथ जोड़कर उन्हें प्रणाम किया और वे ललचौहीं नजर से मुझै देखते रहे। अब तो संध्या हो गई थी। गली चलती थी - दीप प्रज्वलित थे - मुझै नाहक श्यामसुंदर इतनी देर बिलमाए रहे थे - पर यह तो प्रेम का झोंका था - प्रेम कथा की धारा कभी रुक सकी है - ज्यौंही मैं मोड़ से अपने घर की ओर मुड़ी विष्णुशर्मा आ पहुँचा, लाल बनात का कानों को ढकने वाला टोपा दिये रंगीन कौषेय का दोगा पहने हाथ में कमंडलु लटकाए - श्वेत धोती पहिरे - गटर माला गले में - पनाती बस्ते में पाठ की पोथी काँख में दबाए - नंगे पैर त्रिपुंड धारन किए - भस्म चढ़ाए - लंबी-लंबी छाती को छूने वाली श्वेत दाढ़ी फटकारे तांत्रिक का रूप

बनाए आ पहुँचा - इसे देख मैं ऐसी डरी जैसे बाज की झपेट में लवा लुक जाता है वा सिंह को देख हरिनी सूख जाती है - बलि पशु जैसे यजमान को देखै - सर्प के सम्मुख छछूंदर - सिचान के आगे मुनैया इनकी ऐसी गति मेरी भी उस समय हुई। आगे पाँव न उठे - कँपने लगी - करेजा धड़क उठा - पीली हरदी के गाँठ सी सूख गई - यद्यपि उन्होंने अभी तक कुछ भी नहीं कहा था तौ भी भयभीत हो काँपती थी - सच पूछो तो चोर का जी कितना - विष्णुशर्मा मुझे देख ठठके गृध दृष्टि से मुझे देखा और चीन्ह लिया। इनने मुझे श्यामसुंदर के कुटीर से निकलते देख लिया था या धनेश नाम के महाजन के द्वारे से देखा यह नहीं कह सकती पर जैसा मैं अभी कह चुकी मैं सूख तो गई थी। विष्णुशर्मा से और मुझसे कुछ नाता भी लगता था पर संबंध बहुत दिन पहले से टूट गया था। यही तो और भी भय का कारण था - विष्णु शर्मा बोला - ''बाई कहाँ गई थी'' ?

मैंने कहा- ''दर्शन के लिए।''

विष्णु - ''अकेली रात को क्यौं गई ?''

''अकेली तो नहीं थी वृंदा, सत्यवती, सुलोचना इत्यादि सभी तो रहीं - वे अगुआ गईं और मैं पीछे रह गई थी ''- इतना कह कर मैं शीघ्र चली और फिर उसको और पूछने के लिए अवसर न दिया। विष्णुशर्मा कुछ हकलाता था इसी से दूसरा प्रश्न करने में विलंब लगा इतने में तो मैं घर पहुँची और माँ के पास बैठी। माँ ने उस दिन कुछ पपची इत्यादि पकवान्न बनाए थे। मुझसे खाने को कहा और मैं उधर सुमुख हुई। विष्णु शर्मा अपने घर गया पर मन में ये सब बातें गुनता गया। उसके मन में भरम पड़ गया था पर कोई प्रमाण न होने के कारण मौन रह गया - तौ भी जब जब अवसर पाता आपुस के लोगों में निंदा कर बैठता। श्यामसुंदर के भय से सभी काँपते थे। जानबूझ कर भी सभी अनजान सा बन जाते। यहाँ के एक और ग्रामाधीश महाशय थे। उनका नाम वज्रांग था। जैसा नाम वैसा ही गुण भी था। उनका नाम सुनते ही सब दुष्ट थर्रा जाते। प्रजा तो उनके हाथ की चकरी थी। भले और दुष्ट सभी मैन के नाक थे। जैसा कहते वैसा करते। उनके डर से शत्रुओं की अबला सदा रोया करतीं, शत्रु लोग स्वयं इधर उधर निःशंक भ्रमन करने में शंकित रहते थे। इनका कुल सदा से उद्दंडता में विख्यात चला आया है। इनके पिता द्विजेन्द्र केसरी की कहानियाँ अद्यापि कही और गाई ज़ाती हैं -- जिस सुवली

की संधि के निमित्त विदित शूरवीर कंचनपूराधीश ने भी पयान किया। बहुत कहाँ तक कहूँ -

‘‘इंद्रकाल हू सरिस जो आयुस लांघै कोय।
यह प्रचंड भुजदंड मम प्रतिभट ताको होय॥’’

ये महाशय श्यामसुंदर के परम मित्र और सहायक थे। सब विद्या लौकिक इन्हैं आती थी। सब बातों में कुशल-मुशल से उद्‌दंड भुजा-सदा कुशलपूर्वक सकुटुंब यहीं रहते थे। विष्णुशर्मा ने वज्रांग से सब कुछ कह दिया। वज्रांग ने हँसकर इन्हें डाँटा और कहा - ‘‘तुम मौन रहो - तुमसे कुछ संबंध नहीं - अपनी सूधी राह आया जाया करो’’ - उस दिन से विष्णु शर्मा ने अपना मुँह सी लिया। पर चार कान होते ही बात बिजुली की चिनगारी की भाँति चारों ओर बिथर जाती है। मेरे पिता ने भी किसी भाँति सुन लिया। इधर उधर अपने सखाओं से पूछपाछ की पर कुछ जीव न पाया इसी से चुप रहे - पर मुझे संदेह है कि क्या वे हमारा और श्यामसुंदर का प्रेम नहीं जानते थे। क्यों नहीं ? अवश्य, पर क्या प्रेम रखना बुरा है ? प्रेम न रक्खैं तो क्या द्वेष ? अब उस बात से कुछ प्रयोजन नहीं। जिसके जी की वही जानैं - मुझे क्या पड़ी थी जो खुचुर करती। किंचित् काल में सब भूल गए। मैं तो यही जानती थी कि किसी को कुछ ज्ञात नहीं, इसी में भूली रही। क्या करूँ ऐसे समय में ऐसा ही होता है। इसी से सब कहते हैं प्रीति अंधी होती है। इसमें उपहास और निंदा सभी होती हैं पर जो मनुष्य इसमें फँसता है उसे कुछ भी नहीं सूझता। सूझै कैसे - आँख हो तब तो सूझै -

नेकु अवलोकैं जाके लोक उपहास होत
ताही के बिलोकिबे को दीठि ललचात है।
जाहि विरहागि से दमार सी लगी है देह
गेह सुधि भूली नेह नयो दिन रात है।
कैसे धरों धीर सिंह विकल शरीर भयो
पीर कहा जानै री अहीर वाकी जात है।
मन समुझाय कीन्हौं केतिक उपाय तऊ
हाय कथा एते पर वाही की सुहात है॥

गतागत कई दिन बीते, श्यामसुंदर मेरे उत्तर का मग जोह रहे थे। मैं ऐसी निठुर हो गई कि कुछ नहीं लिखा। कारन इसका कुछ कपट या दगा नहीं था - केवल सकुच और लाज थी और ए दोनों स्वाभाविक थीं - अंत को श्यामसुंदर ने मुझे एक पत्र लिखा-

''प्रान प्यारी,

दोहा

''बरखि परुख पाहन पयद पंख करौ टुक टूक।
तुलसी परा न चाहिए चतुर चातकहि चूक।।''

मग जोहते एक कल्प बीत गया। मन का मनोरथ सब मन ही में रीत गया। यह अनरीत कहाँ सीखी। परतीत देकर यह विश्वासघात ! बलिहारी है ! धन्य है, लाज नहीं लगती ? ''चिरी को मरन बालकन को खेल है'' - क्यों - ऐसा ही है न ? हम इस पाती में तुम्हारी उस दिन की बात कुछ भी नहीं लिखते। वह तो सब तुम्हारे स्मृति के फलक पर लिखी ही होगी। तो अब विलंब क्यौं करती हो। मैं अपनी दशा क्या लिखूँ - जो न जानती हो तो लिखूँ। प्रेम का हमारा तुम्हारा तत्व एक तो है, मन मेरा तुम्हारे पास है। सो प्यारी तुम मेरे मन को जानती हो, उसी से पूछोगी तो सब खुल जाएगा। बस - पर इस दोहे को समझ के उत्तर शीघ्र देना - नहीं तो इधर कूच है,

दुखित धरनि लखि बरसि जल
धनउ पसीजे आय-
द्रवत न तुम घनश्याम क्यौं
नाम दयानिधि पाय-

तुम्हारा
तृषित ''

इस पत्र का मेरे पर बड़ा असर हुआ। मेरे हृदय में सब बातैं व्याप गईं। मैं हाथ पर हाथ धरे रह गई। मन शोच सरोवर में पड़ गया - क्या लिखूँ और क्या न लिखूँ - यही जी में समानी। समय और अवसर की ओर विचार किया। मन किसी भाँति नहीं मानता था और मैं ये दोहे एक बेर श्यामसुंदर के पास कह चुकी थी -

मन बहलावत दिन गए महा कठिन भई रैन।
कहा करौ कैसी करौ बिनु देखे नहिं चैन ।।

छिन बैठे छिन उठि चलै छिन छिन ठाढ़ी होय।
घायल सी घूमत फिरे मरम न जानत कोय।।

और सत्य भी था। अब क्या उत्तर देवैं यही सोचती थी। यह तो जान गई कि जो उत्तर मैंने अपने जी में विचारा है वह कदापि उन्हैं भला न लगेगी पर जो काज रह के होता है वह अच्छा होता है। मैंने यह पत्र अंत में लिखा।

''प्राणधन ! जीवन आधार ! मेरी राम राम अंतःकरण से लेव। तुम शीघ्रता बहुत करते हो। अवसर को नहीं परखते। यहाँ के भी वृत्तांत पर कुछ ध्यान धरो। मैं सब भाँति तुम्हारी ही हौं। लेव - अब प्रसन्न हुए ? मैं तुम से अवश्य मिलूँगी। बस बात दे चुकी हार दिया। ''प्राण जाएगा पर प्रन नहीं जाएगा।'' दो बेर थोड़े ही जन्म होगा कि बात बदलें पर मेरी विनय यही है जो आप मानिए।

दोहा

कारज धीरे होत है काहे होत अधीर।
समय पाय तरुवर फरै केतिक सींचो नीर।।
क्यों कीजे ऐसो जतन जाते काज न होय।
परवत पर खोदै कुओं कैसे निकसै तोय।
सुधरी बिगरै बेग ही बिगरी फिर सुधरै न।
दूध फटै कांजी परैं सो फिर दूध बनै न।।

मैं फिर लिखूँगी। क्षमा करना। तुम्हारी नेह देह तरुवर की
श्यामालता''

इस पत्र को बाँचते ही श्यामसुंदर को हर्ष विषाद दोनों एक ही संग उपजे। हँसे और आँसू गिराए। सुलोचना से कहा जाव मेरी दशा कह देना और क्या कहूँ - इतना कह मौन हो गए। पत्र को फिर-फिर बाँचा। हृदय में लगाकर कहा।

''श्लिष्यति चुम्बति जलधर कल्पम्
हरिरूपगत इति तिमिरमनल्पम्।''

निराश से हो गए। मुख से कुछ नहीं कहा, भीतर चले गए। फिर बाहर आये। वसन धारन कर निकल पड़े। अकेले थे किसी अनुचर को भी साथ में न

लिया। नदी के तीर तीर घूमने लगे। चक्रवाक के जोड़े देख कर रोने लगे। फिर आँसू पोंछ आगे बढ़े, दूर ही से मुझे घाट में नहाते देख ठिठुके। मैंने भी उन्हें देख लिया। विलंब किया, अंत को जब सब घाटवारी नहा धो के चली गईं - श्यामसुंदर आगे बढ़े। जहाँ मैं थी वहाँ तो कोई न था पर यदि दूसरी ओर कोई रहा भी तो मैंने नहीं देखा, उन्होंने भी नहीं देखा। बस मेरे पास आ गए। ऐसे दीन हो बोले कि मेरा जी नवनीत सा पिघल गया, मैं उन वचनों को क्या कहूँ - कहे नहीं जाते - छाती फटी जाती है, सुधि करते ही जी टूक-टूक होता है मुझै स्मरण मत करावो'' -

इतना कह श्यामा की बुद्धि भ्रंश हो गई - पुरातन वृत्तांत मन नेत्रों के सम्मुख नाचने लगा - मैंने कहा ''श्यामा - तुम्हारी संज्ञा कहाँ गई - इस विचारे श्यामसुंदर अभागे की कथा पूरी कर'' - इतना कह प्रबोध किया।

श्यामा बोली - ''मैं उनका विलाप नहीं कह सकती - अपने को अभागिनी तो कही दिया है। श्यामसुंदर मूर्छित होकर गिर पड़े - मैंने सोचा यह क्या अनर्थ हुआ। घाट की वाट - कोई न कोई आ ही जावै तो मेरी कितनी भारी दुर्दशा हो, और इधर इन्हें छोड़ चली जाऊँ तो भी तो नहीं बनता। मैंने मन में कुछ ठान उनका हाथ पकड़ बोली - ''उठो तो सही। मैं क्या भगी जाती हूँ जो तुम इतने अधीर हो गए, वाह - तुम तो पुरुष और मैं स्त्री हूँ - पर तुम में मुझ सा भी धीरज नहीं है - उठो यह क्या करते हो'' - ऐसा कह के उठाया। श्यामसुंदर उठे और मेरे कंधे के आसरे से खड़े हो गए। मैंने कहा ''यह क्या करते हो - मुझे घाट पर मत छुवो कोई दुष्ट देख लेगा तो वही विष्णुशर्मा - याद है न - उसी दिन सा हाल होगा।''

श्यामसुंदर ने उत्तर दिया - ''मैं तो जानता हूँ - पर सुनो अब मुझे अधिक न सतावो। धीर नहीं धरा जाता।'' इतना कह मुझै छाती से लगाया - मेरी कटि को बाँह में ले भली भाँति चुंबन कर अति गाढ़ आलिंगन किया कि मैं तो जल का कलस माथे पर धरने लगी थी न तो इसे उतार सकी और न धर सकी। श्यामसुंदर तो ढीठ थे ही - मुझे एक परग भी आगे न बढ़ने दिया - मै उनसे हार गई थी। कितना समझाया पर उनके मुँह से यही निकला।

अधर कुसुम कोमल ललित तृषित मधुप रस लीन।
पिय न वांहि दै मधुर मधु गुनि ताकंह अति दीन॥

मैं हैरान हो गई इनसे, इनके मारे घाट छूटा सा जान पड़ैगा, मैंने चिरोरी

की, ''यह क्या करते हो'' - इतना ज्यौंही कहा कोई दूर से ठुमरी की धुनि में यह कवित्त गा उठा। हम लोग ठठक गए और एक दूसरे की ओर निहारने लगे - मुख से बात भी न निकली। ओठों पर हम दोनों के लखौटा लग गया और गीत सुनने लगे।

''छूटो गृह काज लोक लाज मन मोहिनी को
भूलो मन मोहन को मुरली बजायबो
देखि दिन द्वै में रसखान बात फैल जैहैं
सजनी कहाँ लौ चंद हाथन दुरायबो
काल ही कलिंदी तीर चितयो अचानक हू
दोहुन को दोऊ मुरि मृदु मुसिक्यायबो
दोऊ परैं पैयाँ दोऊ लेत हैं बलैयाँ उन्हें
भूलि गईं गैयाँ इन्हें गागरि उठायबो।''

मैंने धीरे से कहा - ''मैं तो कहती थी कि कोई देख लेगा भला अब कहो क्या होगा यह तो दुष्ट मकरंद की सी भाँख लगती है। जो वह हुआ तो बड़ा अनर्थ हुआ पर तुम अब ऐसा करो कि आगे हो जाव और मुझे अपने पीछे कर लेव, गली में मेरी ओर न देखना और न मकरंद की ओर जिस्में जान पड़े कि तुम्हारा ध्यान किसी ओर नहीं है। वह छोटी सी पुस्तक जो तुम्हारे खीसे में है निकाल कर बड़े ध्यानपूर्वक पढ़ते चलो। नैन वहीं गड़ा दो। यदि कोई मिले तो बुलाने पर भी मत बोलना। जुहारै तो सिर भर हिला देना, ऊपर कदापि न देखना नहीं तो नैन अंतरंग भाव के सदा साक्षी रहते हैं छिपते नहीं और समय पर जैसी बनै वैसी चतुराई करना। तो चलो मेरे साथ चलने में कोई दोष नहीं, ऐसा तो कई बार हुआ है और मेरे पिता ने भी कई बार देख लिया है पर कुछ नहीं बोले।''

इतना सुन वे भी यथोपदिष्ट रीति से चले। मकरंद मिला। बड़ी देर तक इस जुगल झाँकी के दरसन किये पर श्यामसुंदर ने देखा भी नहीं। ऊँचे चढ़कर गली ही के पास नारद मिले, वे मुझसे कहने लगे ''क्यौं इतनी देर लगाई चल भौजी बुलाती है उसके ओषधि का समय है न'' - श्यामसुंदर नारद की ओर तनिक न देखे और मैंने भी नारद को उत्तर न दिया। मैं नारद को सदा घृणा करती।

उसका मुख मुझे नहीं सुहाता। केवल दाद की आन से कुछ नहीं बोलती - किंचित् आगे बढ़कर श्यामसुंदर पढ़ते-पढ़ते खड़े हो गए, गली रुक गई - मैंने कहा ''चलिए मुझे जाने दो।'' यह सुनकर चिहुँक से पड़े बोले, ''कौन है ? '' (ऊपर देखकर) ''श्यामा मैं पुस्तक पढ़ रहा था; तू कहाँ से आ गई प्रसंग टूट गया।'' इतना कह हट गए। मैंने कुछ भी उत्तर न दिया और सूधी घर को चली गई। श्यामसुंदर ने भी अपने घर का मग लिया। भगवान् का दर्शन किया और उधर से सब मंदिरों की झाँकी झाँक फिर लौट आए। इतने में ८ बज गए। रात सापिन सी आई। बिना साथिन के काटना था पर उलटा वही इन्हें काटने लगी। सेज बिछी थी मैं भी कुछ व्यारी करके चिंता में मग्न-गरमी के दिन तो थे ही अटारी पर वृंदा और सत्यवती के साथ सोने के लिए बिछौने बिछाकर लेटी। चाँदनी छिटकी थी। मैं भी चाँदनी की शोभा आपनी चाँदनी पर से देखती थी, वृंदा और सत्यवती दोनों मेरे पास बैठीं थीं - और कुछ बातचीत कर रहीं थीं। नीचे सुलोचना अपने आँगन में सोई - सोई वृंदा से कभी कभी मुझसे बातैं करती। जहाँ मैं सोई थी वहाँ से श्यामसुंदर के बिछौने स्पष्ट दिखाते थे। श्यामसुंदर ने उस दिन कुछ भी भोजन नहीं किया और चुप आकर सूनी सेज पर सो रहे। थोड़ी देर में रामचेरा और उद्धव दोनों पहुँचे। एक पंखा करने लगा और दूसरा पाँव मीजने लगा। श्यामसुंदर ने ऊपर देखकर कहा, ''कुछ मत करो - न हमैं पंखा चाहिए और न संवाहन तुम लोग जावो।''यह सुन रामचेरा और ऊधो दोनों सूधो मग धरे बाहर आ बैठे, झरप पड़ी थी। श्यामसुंदर अकेले लेटे थे, इतने में ऊधो ने जा हाथ जोड़कर कहा -

''महाराज एक सितारिया आया है और चाहता है कि महाराज को अपना गुन दिखावै यहीं बाहर खड़ा है जैसी आज्ञा हो।''

श्यामसुंदर ने सुन लिया। कुछ सोचकर कहा - ''आने दो पर मकरंद को भी बुला लेना।'' उधो बोला- ''जो हुकुम।'' यह कह मकरंद और सितारिया को साथ ले फिर जा उनके सम्मुख बोला - ''महाराज ! ए लोग सब आ गए।'' परदा उठाई और वे सब कविता कुटीर में घुस गए। मकरंद उनके उसी से निकट बैठा और सितारिया भी सम्मुख अपना वाद्य आगे धर सलाम कर बैठ गया।

श्यामसुंदर ने सितारिये की ओर देखा और मकरंद से कहा - ''ए गुनी कहाँ से

आये हैं और इनका गुन जस कैसा है ?''

मकरंद ने कहा - ''सौम्य, मुझ से इनसे प्राचीन परिचय है। ये एक बड़े भारी गुनी के पुत्र हैं जिनका नाम गान और वाद्य विद्या में इस देश से चिरकाल से विख्यात है, उनकी विद्या ऐसी उत्कृष्ट थी मानौ गंधर्वों से गान नारद मुनि से बीना और तुंबुर से तंबुरा सीखा हो। मलार का जब कभी अलाप करते कुऋतु में भी बादल छा जाते। दीपक राग के टेरते ही आपसे आप दीप प्रज्वलित हो जाते थे। इनने बहुत कुछ राज दरबारों से कमाया था। उनका नाम रामसागर था। ये उन्हीं के पुत्र प्रेम लालित वीणाकंठ हैं। इनका निवास पहले क्षीरसागर के द्वीपांतर में था अब इसी श्यामापुर में अपना दिन काटते हैं। मैंने भी एक दो चीजें इनसे ले ली हैं। आपका नाम और यश सुन चले आए हैं, आज्ञा हो तो कुछ अपना गुन सुनावैं।''

श्यामसुंदर बोला - ''यह तो अच्छी बात है मेरा भी मन बहलेगा। तो अब होने दो पर तुम तबला ले लो।''

मकरंद तबला के बजाने में क्षिप्रकर था और सम विषम तालों का ज्ञान भी था। उधर वीणाकंठ ने भी सितार ठीक किया और श्यामसुंदर के आज्ञानुसार यह गजल गाई और बजाई।

''ऐ तबीबो मेरे जीने के कुछ आसार नहीं
मत करो फिक्रो दवा
उस मसीहा को दिखा दो तो कुछ आज़ार नहीं
अभी हो जाए शिफा
कितना चाहा कि तेरे इश्क में मर जाएँ हम
पर निकलता नहीं दम
सच तो यों है कि हमें इश्क सज़ावार नहीं
तेरी तकसीर है क्या
ऐ सनम तू ही मेरी शक्ल से रहता है रुसा
है अजल भी तो खफा
बेवफा तुझसा जहाँ में कोई दिलदार नहीं
कीजिए किससे गिला
फस्ले गुल को न क़फस में मुझे दे ख़ुशख़बरी

यॉं है वे बालो परी
लायक़े सैरे चमन अब ए दिलफ़गार नहीं
क्यों रुलाती है सबा
सब वज़ादार तेरे आकर क़दम चूमते हैं
मैं तो आशिक हूँ तेरा
अपने नज़रों में कोई तुझसा तरहदार नहीं
है क़सम खाने की जा
शमारुख़ का तेरे ऐ गुल ! कोई परवाना नहीं
और अगर हूँ तो महीं
दामे काकुल का तेरे कोई गिरफ़्तार नहीं
पेंच हम पर ए पड़ा
कतल ही गर मेरा मंजूर है ऐ उरविदा साज़
खैर हाज़िर है गुलू
कोई अरमां मुझै जुज़ हसरते दीदार नहीं
रुख़ से परदा तो उठा
देख पछतायगा मूनिस न तू दे मुफ्त में जां
तर्क कर इश्के बुतां
फ़ायदा इसमें सिवा रंज के ऐ यार नहीं
रख नज़र सू ए खुदा -''

इसको बड़े ध्यानपूर्वक सुना। लंबी साँस ली और उन्हें किसी प्रकार विदा दे आप अकेले हो लेट गए। अब दस बज गया था। गीत सुनते-सुनते मेरी आँख नहीं लगी थी। अंत को जब सब उठ गए श्यामसुंदर विलाप करने लगा -

''आज की रात कैसे कटेगी इस गीत ने तो और मुझै बेकाम कर दिया - रह रह के मुझै प्रानप्यारी की सुधि आती है। यह रात मुझै साँपिन सी हो गई मुझै कुछ भी नहीं सुहाता। हाय रे ईश्वर! क्या करूँ कहाँ जाऊँ। मैं अब जी नहीं सकता। प्यारी ! प्रानप्यारी ! हाय ! क्या तुम्हें दया नहीं आती बस हो चुका, इतना व्यर्थ क्यों सताती हौ। हाय री पापिन ! मैं कुछ भी न कर सका। तूने मेरी कुछ दया न देखी उस दिन की करुणा भूल गई ? इष्टदेवता का मन पाषाण से भी कठोर होता है। अब

मेरे लिए कौन सी दिशा रह गई है जिधर जाऊँ।'' इतना रो कर हाथ में तरवार उठा कर कहने लगा - ''हाय रे निर्दई काम ! तूने मुझे क्या का क्या कर डाला। देवी ! अब तू ही मेरे कंठ में लग जा और मेरे दुःख का अंत कर। तू भी आज लौं ऐसे कोमल कंठ में न लगी होगी। आज इस विरही की गलबाहीं दे विरह को हटा, तेरी धार न बिगड़ैगी मैं फिर सान पर धरा दूँगा। पर मेरी कही तो कर - चांडालिन चंडिके! क्या तू भी मेरी बैरिन हो गई ? लोग तो देवी की स्तुति और पूजा करके अपने सब दोष छुड़ाते हैं - मैंने इतनी तेरी स्तुति की, तू तनिक भी न पिघली; ठीक है - ''दुर्बलै देवघातकः'' - मैं आज दुर्बल हूँ न।'' इतना कह तरवार की धार को ज्यौंही गले में लगाया विचारा ऊधो पहुँचकर हाथ रोक लिया। श्यामसुंदर चिहुँक पड़े कि यह आधी रात को और कौन आपत्ति आई, ऊधो को देख - ''बोले तू इतनी रात को कहाँ आ गया मैं तो अब'' - ऊधो ने बात काटी और कहने लगा - ''इसीलिए तो आया - देखिये श्यामा वह अटारी पर चढ़ी चढ़ी आपकी व्यवस्था देखती थी सो उसने मुझै सुलोचना के द्वारा कहकर शीघ्र पठाया - वह आपका तरवार उठाना देखती थी'' -

श्यामसुंदर ने बड़ी प्रीति से पूछा - ''कहो क्या श्यामा का संदेसा है ? वह काहे को कुछ कही होगी। मैंने उसे चीन्ह लिया - वह बड़ी पापिन और कपटिन हो गई है। न जाने उसके मन में क्या सूझा है जो मेरे से दीन की तनिक सुधि नहीं करती -

ऊधो ने कहा - ''महाराज आप ऐसे शीघ्र ही अधीर हो जाते हैं तो फिर कैसे काम होगा। उस दिन क्षण भर श्यामा के पत्र के आने में विलंब हुआ तो आपने निर्जन स्थान में जा मकरंद के गले से लग कितना विलाप किया - ''

''हाँ किया तो सही था पर इसका कौन देखनेवाला है - 'वन में मोर नाचा किसने देखा' इतने पर भी तो उस कोमल चित्तवाली को दया न आई।'' यह श्यामसुंदर ने उत्तर दिया।

ऊधो बोला - ''महाराज सुनिये श्यामा ने कहा है कि तुम जाकर उन्हें समझा देव मैं अवश्य उन्हैं मिलूँगी और धीरज धरैं कल्ह कोई न कोई उपाय निकाल ही लूँगी।''

श्यामसुंदर ने कहा - ''कह दे कि यदि कल्ह तक उत्तर न आया तो मेरी

तिलांजुलि ही देनी पड़ेगी। तू जा मैं अब जैसी नींद लूँगा रात और सेज दोनों साक्षी रहेंगी।''

ऊधो चला आया। श्यामसुंदर मुख ढांक बड़ी देर तक सोचते रहे, राम-राम कर रात काटी इस पाटी से उस पाटी कराह कराह समय बिताया। मैं उनकी दशा कहाँ तक कहूँ। उन्हें मेरे बिना एक छिन दिन की भाँति और एक दिन कल्प के समान बीतता था। भोर हुआ। सब लोग अपने-अपने काम में लगे पर वे अभी तक सेज ही पर पड़े हैं। रामचेरा ने बरबस उठाया, मुख हाथ धुलाए, कुछ दुग्ध पान करके फिर भी लेट रहे राजकाज सब छूटा। ध्यान मेरा लगा के हृदय का कपाट बंद कर लिया। मुझे भी चिंता हुई। आज जो कुछ बात नहीं होती तो वे अवश्य आत्मघात कर लेंगे। इतना सोच भोजनोत्तर सुलोचना के घर गई और एक पत्र श्यामसुंदर को लिख कर उसी के द्वारा भिजवा दिया। यह पत्र कुछ विचित्र नहीं था, केवल सहेट का सूचक था। प्रकाश करने का प्रयोजन कुछ नहीं, समय तो साँझ का ठहरा था - स्थान ''धीर समीर'' - वंशीवट के उस पार। ग्रीष्म के दिनों की साँझ कैसी मनोहर होती है, यही समागम का उत्तम समय था। चित्रोत्पला मंद-मंद बहती थी। तरल तरंगों में सफरी उछलतीं थीं। हँसी की श्रेणी - चक्रवाक के जोड़े, कुररियों की कतार पार पार पर बैठी शोभित होती थी।

आर्या

सुभग सलिल अगाहन पाटल संगम सुरभि वन की पौन।
सुखद छाहरे निदिया दिवस अंत रमनीय न भौन।।
तनिक-तनिक करि चुंबन केसर सुकुमार डारन पै भौंर।
सदय दलित मधु मंजरि सिरिसा सुमन पर रहैं झौंर।।

ऐसे समय में श्यामसुंदर का और मेरा समागम विधि ने रचा था। दिनर-कर ने पश्चिम दिशा के मुख में गुलाल लगा दिया। संध्या समय के पश्चिम दिशावलंबी मेघ नाना प्रकार के वर्ण दिखलाने लगे। सूर्य के रथ का पिछला भाग ही केवल दृष्टि पड़ता था। पूर्वाशा को छोड़ सूर्य नायक ने पश्चिमदिगंगना को सनाथ किया, वह भी इस नायक को पाकर रजनीपट मंडप में जा छिपी मानो मुझे समागम को पाटी सिखा दी; मैं अपने जी में डरी कि प्रथम समागम का आगम कैसे होता है। हँसी -मुसकिरानी -

संध्या के समान जवा के सदृश लाल वसन धारन किए। सुलोचना आगे और वृंदा पीछे बीच में दोनों के मैं हो गई, जैसे दिन और रात्रि के बीच में संध्या हो। श्यामसुंदर ने दूर ही से देखा - उठे बैठे इधर उधर देखा, फिर मेरी ओर देखकर खड़े हो गए, मैं अब निकट पहुँचती जाती थी। मेरा भी सकुच के मारे मुँह नीचा होता जाता था पर श्यामसुंदर को बिन देखे लोचन कल नहीं लेते थे। सखियों के बीच में बार बार किसी न किसी मिस से देख लेती थी। अब बहुत ही निकट गई। उन्होंने मेरे तन को देख चिरकाल की प्यास बुझाई और मुझे झपट कर अंक से लगा लिया - वाह रे दिन - धन्य है वह घरी जिसमें इस आनंद की लूट हुई। मैं उनके और वे मेरे बदन को देख-देख भी नहीं अघाते थे। मैं चंपकमाल सी उनके हृदय से लपट गई। प्रथम समागम में भी इतनी ढिठाई स्वभाव वश - या केवल चतुराई के कारन होती है, पर मैं इस नवीन संगम के दिन यद्यपि नवोढ़ा रही तौ भी मुझै श्यामसुंदर ने पहले से सब कुछ सिखा दिया था। मैंने कहा, ''प्यारे अपने जी की पीर मिटा लो'' पर उनने कुछ उत्तर न दिया वे अवाच्य हो गए उन्हें कोई उत्तर न सूझा, केवल ललचोहीं और प्यासी दृष्टि से मेरी दृष्टि पर टकटकी लगाए रहे। जुगल त्रिलोचनों पर जुगल कमल सनाल समर्पण किए अथवा तन सरोवर में पैठ चक्रवाक के दो बच्चों को हाथ से पुचकारते। चुंबन किया आलिंगन किया मेरा तो बस अब वही हाल हो गया था जैसा पजनेस ने कहा है।

''बैठी विधुवदनी कृशोदरी दरीची बीच
खीच पी निसंक परजंक पर लै गयो।
पजन सुजान कवि लपटी लला के गरे
झपटी सुनीवी कर जंघन सबे गयो।
गोरो-गोरो भोरो गुख सोहै रति भीत पीत
रति क्रम रक्त ह्वै कै अंत सो रजै गयो।
मानो पोखराज ते पिरोजा भयो मानिक भो
मानिक भए पै नील मनि नग ह्वै गयो॥''

अधिक क्या कहूँ श्यामसुंदर ने मनभाई कर लिया। मुझै भी उनका इतना मोह लगा था कि रात दिन समागम की कथा मुख से नहीं छूटती थी।

श्यामसुंदर ने मुझे अपनी अंक से वियुक्त नहीं किया। वे तो मुझे अपने हृदय

से चिपकाए रहे। बार बार चुंबन का लेना देना होता था मानो जोबन की हाट आज सेंत में लुटी जाती हो। वे मुझे गले से लगा बोले। ''सुनो प्यारी -

जियतें सो छवि टरत न टारी।
मुसकिराय मो तन गलवाहीं दे चूम्यो जब प्यारी। ध्रुव।
करि इक ठौर बैठि रस बातें भुजा भुजा सो मेली
मुख में मुख उरसो उरझान्यो उरज गेंद अलबेली।
ताहीं समै निसंक अंक मधि मरि भुज जबै लगाई
ह्वै रासंक करि बंक नैन मनु डंक मारि लपिटाई।
अधर अधर धर धरकत हियरो कच धर जवै बटोर्यौ
कदली चाँपि चारु रस सुंदर सिसको भरत निहोर्यौ।
लाय अंक कर कंपित छतियन मुतियन माल गिरानी
बाल बेलि मदनासव छाकी सुरत सीच तन पानी।
श्यामा हू तन पुलकित पल्लव अगुरिन मुख निज ढाँपी
चूमत मोहि निवार्यौ ता छन मनो प्रेम रस नापी।
जलकन कलित सरीर सरोरुह झलकत बुंद सुहाते
विलुलित अलकन लपटि ललाटहिं पौनुह सुखद बहाते।
तीर नीर ग्रीषम के वासर सिकता सेज सुहाई।
मनौ मदन निज काम जानि के मुक्त चूर बगराई।
तापर बहत बयार सुपावन सुरत परिश्रम टारी
जगमोहन सो दुर्लभ सपने सुख संगम बलिहारी।''

इनका मेरे सामने एक चित्र सा लिख गया। श्यामा के विराम लेते ही वह प्रचंडा देवी जिसका वर्णन कर चुके हैं और जो हमें स्वप्न में मंत्र बता गई थी प्रकट हुई, बड़े-बड़े स्वेत-स्वेत दांत चमके 'दुर्दर्शदशनोज्ज्वला' - विटप की शाखा से लंबे लंबे बाहु पसार जादू की छड़ी ज्यौंही निकाल श्यामा की चोटी से छुवाया बादल छा गए अंधकार छा गया और वह मनमोहिनी प्राणप्यारी जीवन अवलंब की शाखा श्यामसुंदरी श्यामा लोप हो गई - तिमिर ने सब लोप कर दिया। जिधर देखो उधर अंधकार।

॥ इति द्वितीय स्वप्नः ॥

अथ तृतीय प्रहर का स्वप्न

''जिनके हित त्यागि कै लोक की लाजहिं संगही संग में फेरो कियो ।
हरिश्चंद जू त्यों मग आवत जात में साथ घरी घरी घेरो कियो ।
जिनके हित मैं बदनाम भई तिन नेकु कह्यौ नहीं मेरो कियो ।
हमैं व्याकुल छोड़ि कै हाय सखी कोउ और के जाए बसेरो कियो ।।''

हा ईश्वर ! क्या यह स्वप्न था कि प्रत्यक्ष ''हमें व्याकुल छोड़िके हाय सखी कोउ और के जाए बसेरो कियो'' - इसके क्या अर्थ थे यह कौन सा मंत्र था किसने कहा, कब कहा, दिन में कहा कि रात में, सामने कहा कि पीठ पीछे, कान में कहा कि और कहीं, मुझै कुछ स्मरण नहीं । सोचते-सोचते ध्यान सागर में एक सीप हाथ लगी उसको खोलते ही बड़े बड़े मोती निकले - इतने बड़े थे कि दो दो आँख रहते भी न सूझ पड़े। अब क्या करूँ पाना और न पाना बराबर था, पाई के क्या किया जो किसी काम न आए। इच्छा हुई कि किसी श्वेतद्वीपवाले की दूकान से एक जोड़ी चश्मा मोल लाते तब तो यह करिश्मा भी दिखता ।

दूकान कहाँ की जो ऐसे शीघ्र मिलती । पर रेल तो थी ही । उसी पर बैठ के चलने की इच्छा हुई - इतने में कलकत्ते के स्टेशन पर मनोरथ पर बैठ पहुँचे । स्टेशन के कपाट बंद थे, ये लोहे के बने थे ऐसे पुष्ट थे कि नष्ट के भी दुष्ट बाप से न खुल सकै। इन्हीं कपाटों में कई बार माथा फोड़ा हथियार लेकर तोड़ा, पर यह जोड़ा ऐसा था कि तनिक न टसका । मन में सोचा कि सूर्य का सतमुँहा घोड़ा आवै तब तो यह दुमुहा द्वार खुलै पर आवै कैसे । इसी सोच में तो एक चौकड़ी की कड़ी बीत गई । उस बूढ़ी ने तो हमें अनेक प्रकार के जादू सिखा ही दिए थे - सिखाना क्या बरन सब कामरूप कामाक्षा को झोली में भरकर मुझे दे गई थी । मैंने उसी का स्मरण किया झोली तो ओली ही में धरी थी । वीर बजरंग और श्यामा देवी के नाम-स्मरण कर ज्यौंही हाथ डाला मंत्र की एक

पुड़िया हाथ लगी, पुड़िया को खोलते ही उस्में से मंत्र की धुनि होने लगी। इस समय तो सतमुहा घोड़ा बुलाना था, यह मंत्र याद कर लिया।

''ॐ उच्चैः श्रवाय नमः एहि एहि फाटकं खोलय झोलय स्वाहा।''

इसका जप गोमुखी में हाथ डार के करने लगा। अष्टोत्तरशत भी न पूरने पाया कि एक सहस्र किरनवाले भगवान् मरीचीमाली अपने घोड़े को कोड़े फटकारते पहुँच ही गए, हाथ जोड़ कर बोले ''क्या आज्ञा है'' - मैने कहा ''इस स्टेशन के निगड़ कपाट तो खोलो।''उसने सुनते ही रथ हाँका घोड़ा तो बड़ा बाँका था खोलते खोलते हार गया, टापैं मारी लत्ती, फेंकी बचा को ऐसी चोट लगी कि फिर लौट कर हरदी अजवाइन से सेंकी छठी का दूध याद किया होगा। घोड़ा का बल निकल गया बचा से कुछ भी न हो सका। मैंने कहा ''यदि तुम में यही बल था तो आए क्यौं वहीं बैठे रहते व्यर्थ हमें कष्ट दिया अब अपना सा मुख ले जाइए।''

इतना सुनते ही सूर्य भगवान् भागे। क्या करैं बिचारे मुह तो विलायती अनार सा सूख गया था, ऐसा रथ भगाया कि फिर पश्चिम समुद्र में जा डूबे - लाज ऐसी होती है पराभव की लाज के मारे मुह सदा नीचे ही रहता है। अब रेल के खुलने का खेल निकट था, इसी से जी में और चटपटी समानी दूसरा मंत्र याद पड़ा ''गंगजराजाए नमः'' - इसे भी पूर्व रीति पर जपा पर ज्यौंही गोमुखी में इसके जपने की जुगत की गौमुखी सौमुखी हो गई, सब पाँजर झाँझर हो गए, माला नीचे लटक पड़ी। मुझै यह ज्ञान न रहा कि यह गौमुखी साक्षात् ब्रह्मा की झोलों से निकली थी। मुझै क्या पड़ी थी जो उस्में हाथ डाल कोई मंत्र जंत्र जपते। मेरा तो अपवित्र हाथ था डालने के साथ ही जल भुन जाता। पर यदि ऐसा साहस न करता तो श्यामारहस्य की थाह भी न मिलती। रुद्रयामल और कालिकातंत्र तो अभी हरितालिका के दिन के बने थे मैं बड़े घन-चक्कर में पड़ गया। पर इसकी क्या चिंता फक्कर तो होना ही था, जप न हो सकी। क्यौंकि उस गोमुखी में अनेक छिद्र हो गए थे। वाह रे विष्णुशर्मा ! क्यों न हो ! तू ही तो एक मेरा नवखंड पृथ्वी में मित्र था। लक्ष्मी जी की पूजा करते करते स्वयं नारायण को भी राजी कर लिया अब क्या बचा था जिस्के पीछे तू दौड़ता। मैं तो आम की फुनगी में लटक गया भौंरों के साथ उड़ने लगा - काले काले कपोत पोत में बैठकर उड़ते थे। मंदिर के कंगूरे में बैठकर अंगूर खाने लगा। हाथ जोड़ कर कपोतों को बुलाया - कपोत कब विश्वास करते थे ? वे दूर ही से देखकर उड़ जाते। मैंने बहुतेरा अपना सा बल

किया। बड़े बड़े रस्से मद्रास और माड़वार से डाक पर मंगवा कर बाँधे पर फंदा न लगा। जिस चिड़िया को फाँस लगाई वही चिड़िया निबुक गई। मानौ इन्होंने महाबीर से निबुकना सीखा हो -

''निबुक चढ़्यो कपि कनक अटारी
भई सभीत निशाचर नारी'' -

इस ब्रह्मफांस से निबुकने के लिए सिवाय बजरंगबली के और कौन समर्थ था - हाँ - सो भी श्यामा और श्यामसुंदर के आशीर्वाद से। अंत में एक कपोत को पोंछ पुचकार के विश्वास दिया। संदेसा भेजने के लिए इनसे बढ़के और कोई विहंगगणों में नहीं है। यह चतुरता की कला इनकी रूम रूस के युद्ध में भली भाँति लखी गई थी। एक कपोत से कहा 'तू जाकर किसी बड़े भारी ऋषि को बुला ला कि जरा मेरी गोमुखी को टाँक तो दे।' कपोत उड़ा उड़ते उड़ते कैलास पहुँचा वहाँ महादेव से कहा ''कोई ऐसा मुनि बताइये जो गोमुखी सी दे। वे जप करने को ज्यौंही बैठे उनकी माला नीचे लटक पड़ी अब वे जप बिना समाप्त किए भोजन नहीं करते।''

महादेव ध्यान धर के कहने लगे ''इसका सीनेवाला तुम्हें तुंडदंष्ट्रा नामक देश में मिलैगा वह यहाँ से सौ कोस पर दक्षिण दिशा में रहता है।'' कपोत पल भर में उड़कर पहुँच गया। दंष्ट्राकराल का राजा विरागचंद्र गौतममुनि का चेला था। वात्स्यायन का भाई - वसिष्ठ का बाप - नारद का बहनोई और विश्वनाथ का गुरुभाई। विरागचंद्र से भी यही कहने लगा। विरागचंद्र ने अपने पूर्वोक्त ज्ञातिबंधुओं को बटोरा मंत्र किया। सूचीकार के ढूँढ़ने को ए सब बहुत इधर उधर दौड़े। पर हार मानकर घर बैठे। जब ऐसे ऐसे मुनियों का बल विफल हो गया तो मनुष्यों की क्या गणना थी ! अब क्या करता ? गोमुखी से हाथ निकाला उक्त मंत्र का जप करते करते १० वर्ष बीत गए। एक वर्ष होम करते बीता। बारहें बरस मंत्र सिद्ध हो गया। इंद्र के अखाड़े का ऐरावत गजराज झूमता हुआ आया। यह पलकदंता हाथी मत्त था। धर्म की ध्वजा बाहर के दांतों की नाईं निकाले पर भीतर के दसनों के तुल्य कपट और विश्वासघात तथा अधर्म का पक्ष दबाए उपस्थित हुआ। मैं इसे देख उठ खड़ा हुआ। यह उपेंद्र का गजराज था। भला क्यौं इसे देख आसन न देता। नहीं तो कहीं दुर्वासा सा कोई आकर शाप दे देता तो फिर मैं क्या करता। गज के दोष से दुर्वासा मुनि ने इंद्र को शाप दे ही दिया था।

भला क्या इंद्र ने दुर्वासा की दी माला भूमि पर फेक दी थी या गज ने जो सामान्य पशू था ? - पर बड़ों को कौन कह सकता है चाहै जो करैं, चाहै आकाश में महल बनवावैं उन्हैं तो ''रवि पावक सुरसरि की नाईं है''। बाबाजी नई बालाओं को पूरा भोग भी देते हैं तौ भी बाबाजी ही बजते हैं - कहावत है कि ''माई को माई भई - माई बुलावन जात हैं'' - चमारिन, डोमिन, पासिन, धिरकारिन, धोबिन, तेलिन, सभी गंगा के तुल्य हैं - ''आशंख चक्रांकित वाहुदण्डा गृहे समालिंगितबालरण्डाः । मुण्डा भविष्यन्ति कलौ प्रचण्डाः'' -

बस हश ! हाँ तो फिर मैंने गजराज महाराज को नमस्कार किया और वह फाटक खोलने की प्रार्थना की। लोभी पशु एक पसर धान के लालच में झट दतूसर फाटक पर लगा ही तो दिया (विश्वास न हो तो कर्पूर तिलक का वृत्तांत हितोपदेश में देख लो) फट से फाटक फट पड़ा खुल गया। दूरबीन लगाने की भी आवश्यकता न पड़ी बिना इस यंत्र के उस पार का सब कुछ उघर गया। फाटक तो खुला ही था - भगवती भगीरथी गंगा की भी धार निकल पड़ी अब तो ऐरावत जी की नानी सी मर गई। कलकत्ता के निकट की तो बात है। भगीरथ कई सहस्र वर्षों तक तप करके पाए इधर केवल 'गं' बीज के जप मात्र से शीघ्र ही निकल पड़ी - ऐरावत लोट गया - स्नान किया हाथियों का मन जल में बहुत रमता है - किनारे को सब कमलिनी क्रम से उखाड़ उखाड़ कौर कर गए ऐसा जान पड़ा मानों -

''चित्रद्विपा पद्मवनावतीर्णाः
करेणुभिर्दत्त मृणालभंगाः''

गंगा की धार फाटक के आर पार बह गई। मैंने तो जाना कि बस स्टेशन भी बहा ले जाएगी पर मेरे भाग्य से बच गया। बीच धार में शेष निकला तब तक भूमि के भार सम्हारने की एवजी कूर्म को दे आया था - शेष पर भगवान् जगन्मोहन विष्णु सोए थे। लक्ष्मीजी पाँव पलोटती थी - नाभि कमल से मृणाल निकला - फिर कमल का फूल हो गया - कमल का ध्यान करके देखा तो उसी जलज में से जलजासन निकले- चारों वेद पाठ करते - पर मधुकैटभ दैत्यों ने इनके भी दाँत खट्टे किये। ब्रह्मा भागे दैत्यों ने पीछा किया जोतसी लोग सायत विचारने लगे पर ज्योतिष का उनको कुछ बोध थोड़ा ही था। अगहन की सायत सावन भादो ही में धरी। शुक्र का भी उदय नहीं हुआ था,

अगस्ति का भी उदय न था - पंथ का जल भी सूखा था - देत्यों ने ब्रह्मा का ऐसा पीछा किया जैसे बालि ने मायावी का किया था - न मानो तो वाल्मीकि रामायण पढ़ो - मैं भी पीछे पीछे गया। ब्रह्मा फाल्गुण ऋषि के चेले शाक्य मुनि की कंदरा में जा घुसे - उनके घुसते ही मैंने द्वार पर एक महा शिला लगा फिर उसी स्टेशन पर आ गया। विष्णु से सब हाल कह दिया। विष्णु भी उन्हीं दैत्यों को मारने के हेतु गजराज पर सवार हो लक्ष्मी को छोड़ चले गए अब बिचारी लक्ष्मी शेषनाथ के पाले पड़ी - यदि मैं न होता तो वह उसे सांगोपांग लील जाता। जैसे दमयंती को अजगर से व्याधे ने बचाया - पर अंत को व्याधा अनाचार करने लगा। दमयंती ने शाप देकर भस्म कर दिया, पर मैं भस्म तो नहीं हुआ केवल कोइला होकर पड़ा रहा। मैंने प्रार्थना की लक्ष्मी प्रसन्न हुई और शेष का विष खींच मुझे सदेह कर फिर सजीव किया। यही तो आश्चर्य था कोई अमृत पीने से जीता है मैं विषपान कर जिया। धन्य है री मायादेवी धन्य है ! इतने ही में गंगा की ऐसी लहर आई कि लक्ष्मी उसी तरंग में बह गई - मैंने शोच किया, रेल आई टिकट ली चार रूपये नौ आने साढ़े दस पाई देना पड़ा। रेल पानी पर चलने लगी। गंगा बहते बहते ब्रह्मपुत्र से जा मिली और अंत को सहस्र धारा हो सागर में जा गिरी - वहाँ सौतें तो बहुत मिलीं पर गंगा की तृप्ति कब होती है, एक सागर से दूसरे, दूसरे सागर से तीसरे इसी तरह सातो सागर घूमी - अंत को फिर क्षीरसागर में पहुँच कर विलास करने लगी। मैं भी गंगासागर के मुहाने तक गया। मुहाने में घुसी - वाहरी रेल।

''अग्नि वायु जल पृथ्वी नभ इन तत्वों ही का मेला है
इच्छा कर्म संजोगी इन्जिन गारड आप अकेला है।
जीव लाद सब खींचत डोलत तन इस्टेशन झेला है
जयति अपूरब कारीगर जिन जगत रेल को रेला है।''

दूसरा स्टेशन दिखाने लगा। विचित्र लीला, अब जल से थल हो गया। उस स्टेशन के स्तंभ दिखाने लगे, स्टेशन तो हैमिल्टन साहब की दूकान था। वाहरे ईश्वर! मनोरथ पूरा हुआ। चश्मा मिलने की आस लगी। दूकान पर उतरे। एक गोरी थोरी वैसवाली निकल आई, इस गोरी के पीछे एक पुछ भी थी। मैंने तो ऐसी स्त्री कभी नहीं देखी थी। मुख मनोहर और वदन मदन का सदन था। इस कामिनी के कुचकलशों पर दो बंदर नाचते थे, इनके नाम दंभाधिकारी और पाखंड थे। इन बंदरों की पूछ से कपट

और घात नाम के दो बच्चे और लटकते थे। मैंने ऐसी लीला कभी नहीं देखी थी। करम ठोका आश्चर्य किया। साहस कर दूकान के भीतर जा पूछने लगा ''गोरी तेरी दूकान में एक जोड़ चश्मा मिलैगा ?'' उसने त्यूरी चढ़ा के उत्तर दिया ''मूर्ख द्वापर और त्रेता में कभी चश्मा था भी कि तू माँगता है। तब सभी लोगों की दृष्टि अविकार रहती थी। यह तो कलियुग में जब लोग आँख रहते भी अंधे होने लगे तब चश्मा भी किसी महापुरुष ने चला दिया। मुझै नहीं जानता मैं पाखंडप्रिया अभी श्वेतद्वीप से चली आती हूँ, मैं फणीष की बहिन हूँ, देख बिना चश्मा के तू देख लेगा कि मैं कैसी हूँ और मेरा रूप कैसा आश्चर्यमय है। भाग जा नहीं तो - हाँ तमाशा बताउँगी।'' मैंने कहा ''हा दैव ! किस आपत्ति में तूने मुझै डाला। झट श्यामा का स्मरण किया और ज्यौंही गंगासागर संगम में डुबकी लगाई पाप कट गए सब भ्रम नाश हो गया। रेल का खेल बिला गया फिर भी वही श्यामा और मैं - फिर भी वही पर्वत और नदी - और फिर भी वही चाँदनी की रात रात के दोपहर बीत चुके थे, तीसरा पहर था।

जिधर देखो उधर सूनसान - पशु पंछी सब योगियों की भाँति समाधि लगाए अपने अपने स्थल में बैठे थे। सच पूछो तो वह समय ऐसा ही था जैसा हरिश्चंद्र ने नील देवी के पंचम दृश्य में कहा है।

राग कलिंगड़ा, तितला

सोओ सुखनिदिया प्यारे ललन।
नैनन के तोरे दुलारे मेरे वारे, सोओ सुख निंदिया प्यारे ललन।
भई आधी रात वन सनसनात, पशु पंछी कोउ आवत न जात,
जग प्रकृति भई मनु थिर लखात, पातहु नहिं पावत तरुन हलन।
झलमलत दीप सिर धुनत आय, मनु प्रिय पतंग हित करत हाय,
सतरात अंग आलस जनाय, सनसन लगी सीरो पवन चलन।
सोए जग के सब नींद घोर, जागत कामो चिंतित चकोर,
विरहिन विरही पाहरू चोर, इन कहं छिन रैनहु हाय कलन।

वर्षा के बादरों ने अपना आगम जनाया; विरही लोग कादर हो हो चादर से अपना मुँह छिपा छिपा लगे रोने। संजोगी अपनी अपनी प्यारियों के साथ सादर हँसने बोलने लगे, मानौ अपना रावचाव दिखा के वियोगियों को लजाते और उनके दुस्सह

दुःख पर हँसते थे। जो हो ये दिन भी न रहैंगे। यह तो रथ के चक्र सी मनुष्य के भाग की गति है - कभी सुख कभी दुःख, कभी गाड़ी नाव पर और नाव कभी गाड़ी पर चलती है। हाँ - आषाढ़ के गाढ़े गाढ़े मेघ गरजने लगे। वियोगियों के जी लरजने लगे, आकाश में बक की पाँति उड़ती ऐसी जान पड़ती थी मानौ काली ने कपाल की माला पहनी हो। बिजुली चमकने लगी - बादर बार बार घहराने लगे। श्यामा ने कहा - ''भद्र! तुम इतनी देर तक कहाँ गए थे। देखो पावस आ गई। बिरहियों के प्रान अब कैसे बचैंगे ? सुनो -

लागैगो पावस अमावस सी अंध्यारी जामे
कोकिल कुहुकि कूक अतन तपावैगो।
पावैगो अथोर दुःख मैंन के मरोरन सो
सोरन सो मोरन के जिह हू जलावैगो।
लावैगो कपूरहु की धूर तन पूर घिसि
भार नहि कोउ हाय चित्त को घटावैगो।
ठावैगो वियोग जगमोहन कुसोग आली
विरह समीर बीर अंग जब लागैगो।

और भी -

को रन पावस जीति सकै लहकारै जबै इत मोरन सोरन।
सोरन सों पपीहा अधरात उठै जिय पीर अधीर करोरन।
रोरन मेघ चमकत बिज्जु गसे अब नैन सनेह के डोरन
डोरन प्रेम की आय गहो जगमोहन श्याम करो दृग कोरन ॥''

मैंने कहा - ''देवि ! मुझै ज्ञात नहीं मैं कहाँ था और कौन कौन आपत्ति झेल रहा था, तुम तो अंतरजामिन हौ सब जान ही गई होगी। तुम्हारा नाम स्मरण करते सब मोहितिमिर नाश हो गया। फिर तुम्हारा दर्शन पाया जैसे फणी अपना मणी पा जाय। तो ठीक है पावस तो आ गई अब चलो इस गुफा में बैठे, चलते नहीं तो पानी के मारे तुम्हारी कथा भी न सुन सकैंगे।''

यह सुन श्यामा अपनी बहिन और वृंदा के साथ उठी और इसी पर्वत की कंदरा में बैठी। यह कंदरा बड़ी विचित्र थी मानौ विश्वकर्मा ने स्वयं श्यामा के बैठने को

बनाया था। नाना प्रकार के पक्षी गान करते थे। मत्त हँस सारस पपीहा कोइल इत्यादि पक्षी नीचे बहती हुई चित्रोत्पला में नहाते और कलोल करते। प्रकृति का उद्यान यहीं था। बस -

साल ताल हिंताल तमालन बंजुल धवा पुनागा
चम्पक नाग विटप जहँ फूले कर्निकार रस पागा।
कंचन गुच्छ विचित्र सुच्छ जहँ किसलै लाल लखाहीं
लताभार सुकुमार चमेलिन पाटल विलग सजाहीं।
तरुण अरुण सम हेम विभूषित दूषित नहीं कोउ भाँती
वेदी लसत विदूर फटिकमय सलिल तीर लस पाँती।
जहँ पुरैन के हरित पात बिच पंकज पाँति सुहाई
मनु पन्नन के पत्र पत्र पै कनक सुमन छबि छाई।
नील पीत जलजात पात पर विहँग मधुर सुर बोलैं।
मधुकर माधवि मदन मत्त मन मैंन अछर से डोलैं।
हरिचंदन चंदन ललाम मय पीत नील वन वासै
स्यंदन विविध वदन जगवंदन सुखकंदन दुख नासै।

हम लोग सब इसी में बैठ गए। मैंने कहा अब पावस की शोभा देखो -

जलनिधि जलगहि जलक्षर धारन धरनीधर धर आए
पटल पयोधर नवल सुहावन इत उत नभ घन छाए।
फरफरात चंचल चपला मनु घन अवली दृग राजै
गरजत घूमि भूमि छ्वै बादर धूम धूसरे साजै।
गजकदम्ब मेचक से अंबुद नव लखि नभ में छाए
को न गई पिय वल्लभ ढिग निशि करि अभिसार सुहाए।
श्याम जलद नव सुंदर हरिधनु सुखद सरस मधि सोहै
श्याम सरीर श्यामता हर मनु विविध मनिन जुत मोहै।
वारिद वृंद बीच बिजुरी बलि चंचल चारु सुहानी।
छिन उघरत छिपि जात छिनक छिन छटा छकित सुखदानी
नव तमाल सावन तरु तरलित धीर समीरहिं मानौ

विटपन छिपि छिपि जात मंजरी छिन छिन उघरत जानौ।
विधुर वधू पथिकन की नीरद नीर नैन सो पेखैं
असुभ दरस वारिद गुनि जीवन अंत अपुनो लेखैं ।
मानिनि मान नमन घन मारुत उपवन वनन नचावै
ललित विकच कंदल कुलकलिका जगमोहन अकुलावै ।

श्यामा बोली - ''आप तो बड़े प्रेमी और कवि जान पड़ते हैं। पावस की अच्छी छटा दिखाई। आपका वर्णन मेरे जी में धस गया। मैं भी कहती हूँ सुनिये -

जलद पाँति धुनि संपति निज लहि कल आलाप सुहाई
किलकि कलाप कलापिन कुहुकत कोकिल काम कसाई।
बाजत मनौ नगारे सुनि धुनि पावसराज बधाई
श्रुति सुखदायक मोर पपीहा वग पंगति नभ छाई ।
नव कदंब रज गगन अरुन करि अंबर सुषमा साजै
कंदल सुमन पराग सुरभिजुत जेहि लहि सब दुःख भाजै।
अनुरागिन चित नव नव उपवन पौन प्रेम प्रकटावै
नवल नवेलिन मन मनोज मथि परसि अंग उपजावै ।
नीरद प्रथम नीर के बूँदन मही रहित रज कीन्ही
ताप मिटाय सबै विधि धरनी आँगन सुख दै चीन्ही ।
केतक चहुँ सोहत बन बागन जापै भृंग गुंजारै
गज रद से अति सेत मनोहर रागिन हृदय विदारै ।
घन घन अवलि विघट्टन सों मनु खस्यौ खंड शशिकेरा
कृशित शिखा अति पथिक भृंग सम आतत गिरत घनेरा।
कुटज पराग सुमन कन निर्झर चारु बुंद मनु राजै
चूरन ललित दलित मोती सित अनुपम सोभा भ्राजै ।
मनु दधि रेनु सुहात मनोहर पियत भृग मकरंदा ।
पावस सुखद समीर डुलावत श्यामा तन सुखकंदा । ''

मैं श्यामा की कविता सुनकर दंग हो गया। मैंने ऐसी अपूर्व कविता कभी किसी ललनागण के मुख से नहीं सुनि थी। मैं श्यामा और श्यामसुंदर की प्रेम कहानी सुन

चुका था - बहुत जी में विचार किया हाथ कुछ न आया मैंने कहा ''श्यामा तुम्हारी कविता ने मेरे जी में छेद कर दिया - हाय रे दई ! आज श्यामसुंदर न हुआ नहीं तो तुम्हारे रूप और गुण दोनों की बलिहारी होता, पर यदि उनकी ओर से मैं यह कहूँ तो तुम्हें कैसा लगे ?

प्यारी पावस प्रबल प्रलय सम तुअ बिनु मुहि दुःखदाई
अब हूँ तो सुधि लेहु देत ए बादर बिरह बधाई।
नूतन अबलि नीप वन दस दिसि वारिद पट सरि धारे
निज रज वसन समान दियो मुनि सखी भाव दुःख टारे।
गगन गहन गिरि गिरा गभीरन गरजत गरज गयंदा
बीच बीच विचरत वन बिजुरी विलग विलग बक वृंदा।
भीम भयानक भौनहु भामत भांदो भामिनि भोरी
तेरे रहित अतन तरकस तै तीर तान तन तोरी।
मृगनैनी मृगांक मनमंदिर मुद्यौ मधुर मुख तोही
परम प्रीति परतीत पीर पिय प्यारो परवस पोही।

चतुर चलाक चपल चपला चितचोर चलु चीन्हो
छिप्यो छपाकर छितिज छीरनिधि छगुन छंद छल छीन्हो।

झन झनात झिल्ली झंपावत झरना झर-झर झाड़ी
ठसकि ठसकि ठठकी ठसकीली ठाठ ठाठ ठकि ठाड़ी।

डरत डरत डग डगरी डगरहिं डगमगात डहकानी
थर थरात थर थर थिर थाकी थम्हिं थम्हिं थहरि थकानी।

दई दगा दर दर दिल दाह्यौ दहकि दहन द्रुम दामा
जोहत जगो जगत जमजामिनि जगमोहन जनजाना।''

श्यामा ने कहा - ''बस बस - मैं सब जान गई - पर तुम यह तो मुझै कहो कि तुम कौन हौ - मुझै बड़ा संदेह होता है - ''

मैंने कहा - ''अभी तुम अपनी कथा पूरी करो - अंत में कहूँगा जो कुछ कहना है - तुम्हारी कथा यद्यपि दुखदायक है पर सुनने को जी ललचता है। इससे जब तक

पूरी न सुनावोगी मैं कुछ भी न कहूँगा। जैसे इतनी दया कर इतनी कही वैसे ही शेष तक कृपा कर कह डारो।''

श्यामा बोली- श्यामसुंदर की प्रीति दिन दिन शुक्ल पक्ष के चंद्रमा सी बढ़ती गई - बार बार मुझसे समागम हुआ, बार-बार मैंने उनकी तपन बुझाई। अब तो वे ऐसे विकल हो गए थे कि बिना मेरे एक छिन भी न रहते। जब देखो तब मेरी ही बात- मेरा ही ध्यान- मेरा ही मान- तान में भी मेरा नाम - कविता में भी मैं - श्यामसुंदर के नैनों की तारा- श्यामसुंदर के नैन चकोर को चन्द्रिका - उनके हृदय-कमल की भ्रमरी - और कहाँ तक कहूँ उनकी जो कुछ थी सो मैं ही। उन्होंने ऐसा प्रेम लगाया जिसका पारावार नहीं।

''जागत सोवत सुपनहू सर सरि चैन कुचैन
सुरति श्यामघन की हिए विसरे हू बिसरैन।''

और मेरी भी यही दशा हो गई थी -

''जहाँ जहाँ ठाढ़ो लख्यौ श्याम सुभग सिर मौर
उनहू बिन छिन गहि रहत दृगन अजौं वह ठौर।
सघन कुंज छाया सुखद सीतल धीर समीर
मन ह्वै जात अजौं वहै वह जमुना के तीर।''

एक दिन श्यामसुंदर प्रातःकाल स्नान को जाते थे, मैं भी नहा के नदी की ओर से आती थी। हम दोनों गली में मिले। दिन निकल चुका था। पर उस समय वहाँ कोई न था। ज्यौंही उनके निकट पहुँची बदन कँप उठा, जाँघें भर आईं और पिंडुरीं थरथराने लगीं - इतने में मेरी एक और सखी सावित्री नाम की पहुँच गई। हाथ भी कँपने लगे और माथे की गघरी गिर पड़ी। सावित्री ने मुझे थाम्ह लिया नहीं तो मैं भी गिर पड़ती। गघरी तो चूर चूर हो गई। श्यामसुंदर हँस के चले गए। यह भेद किसी ने नहीं समझा। श्यामसुंदर ने उसी दिन मुझे यह लिख भेजा -

तन काँपे लोचन भरे अँसुआ झलके आय
मनु कदंब फूल्यौ अली हेम वल्लरी जाए।
हेमवल्लरी जाए कनक कदली लपिटानी

अति गम्भीर इक कूप निकट जेहि व्यालि विलानी।
निकसि जुगल गिरि तीर जासु पंकज जुग थापे
खेलत खंजन मीन तरल पिय लखि तन काँपे।

यह उन्हीं की रचना थी मैं पढ़के समझ गई और मनहीं मन मुसकाती लज्जित हुई। मैंने उनसे कहला भेजा कि इसका अर्थ समझा दो। वे बड़े आनंद से आए मुझे घर में न पाया मैं उस समय सुलोचना और वृंदा के साथ नहाने चली गई थी। श्यामसुंदर घर से फिरे और घाट की ओर चले - वहाँ पहुँचते ही मुझे वहाँ भी न पाया-कारन यह कि मैं तब तक नहा धो अपने घर चली आई। श्यामसुंदर निराश हुए घर लौट गए, ऊधो को बुला के उरहना दिया -

तरसत श्रौन बिना सुने मीठे बैन तेरे
क्यों न तिन माहिं सुधा वचन सुनाय जाए
तेरे बिनु मिले भई झाँझर सी देह प्रान
रखि लेरे मेरो धाय कंठ लापिटाय जाय
हरीचंद बहुत भई न सहि जाए अब
हाहा निरमोही मेरे प्रानन बचाय जाय
प्रीति निरवाहि दया जिय में बसाय आय
एरे निरदई नेकु दरस दिखाय जाए।

ऊधो ने बहुत प्रबोध किया श्यामसुंदर रात भर विकल रहे। भोजन और नींद सपने हो गई। सुधि बुधि तन की भूलि गई। दूसरे दिन मैंने सुलोचना द्वारा सब वृत्तांत उनका सुना। बड़े सोच में रही - क्या करती कुछ उपाय नहीं था, पर उनके मन को संतोष करना मेरा मुख्य धर्म था। मैंने लिख भेजा कि वट-सावित्री के पूजन के पीछे भेट होगी। मैं - दिन सखी सहेलियों के साथ वट पूजने जाऊँगी तुम भी वहीं चलना। इतना ही लिख भेजा। मैं अपने जी में प्रसन्न हुई केसर का उपटन वदन में लगाकर केसर वदनी हो गई। शुद्ध स्नान कर पीत कौषेय की सारी पहिन वसंतवधूटी बन गई। वृंदा ने मांग गुह दी, सिंदूर की रेख धर दी। सीस फूल खोंच लिया, नागिन सी चोटी पीठ पर लहराती थी। नेत्रों में काजर की रेख मात्र लगा ली। कानों में कर्णफूल सोने के - कंठ में विद्रुम और हेम की कंठी, सोने की हँसुली - श्यामसुंदर की दी काँचनी

माला- लिलार में टीका - पटियों में बंदनी-हाथों में गुजरियाँ - पैरों में पैजनियाँ - बाजूबंद इत्यादि पहन के पूजा करने को वृंदा, सुलोचना, सावित्री, सत्यवती, सुशीला, मालती, मदनमंजरी, चंपककलिका, सुरतिलतिका इत्यादि सबों के साथ चली। वट का वृक्ष निकट ही तो था सब सहेलियाँ मंगल गीत गातीं चलीं। श्यामसुंदर ऊधो के साथ दूसरी ही वाट से पहुँचे। सैकड़ों के बीच में से उन्होंने मुझे चीन्ह लिया और उनके नैन किबिलनुमा की भाँति मेरे ही ऊपर छा गए -

''वाही पर ठहराती यह किविलनुमा लौ डीठि''-
और मेरी भी गति चातक चकोर सी हो गई थी -
'फिरै काक गोलक भयो देह दुहुन मन एक'

श्यामसुंदर मेरी छबि पर रीझ गए आँख आँख से मिली और मन मन से, पर हाय रे समय ! हम लोग यद्यपि अति निकट थे बोल चाल न सके। पूजा समाप्त हुई। मैं उसी राह से अपने घर आई और वे भी उसी राह से गए। वर्षा का आरंभ हो आया था - श्यामसुंदर ने मुझे मिलने को लिख भेजा। मैंने भी यह उत्तर दिया -

'' तीर है न वीर कोऊ करैना समीर धीर
वाढ़्यौ श्रमनीर मेरो रह्यो ना उपाव रे
पंखा हे न पास एक आवन को आस तेरे
सावन की रैन मोहि मरन जियाव रे
संगम में खोलि राखी खिरकी तिहारे हेतु
भई हौं अचेत मेरी तपन बुझाव रे
जान जात जानै कौन कीजिए उताल गौन
पौन मीत मेरे मौन मंद-मंद आव रे।''

इसको पढ़ श्यामसुंदर आनंदरूप हो गए। बार बार इस कवित्त को पढ़ छाती से लगाया और ''धन्य भाग'' कह किसी प्रकार से साँझ को नियत समय पर श्यामसुंदर पहुँच ही तो गए। इस बार के सुख का पारावार नहीं कहती मुझै तो मानौ साक्षात् बैकुंठ भी कुंठ जान पड़ता था। श्यामसुंदर की बड़ाई मैं कुछ नहीं कर सकी - मेरी रसना उनकी प्रशंसा और सुख कहते कहते थक गई थी। पर हाय मैं ऐसी बेकाज ठहरी कि उनको मुँह बताने की भी न रही। उनकी भलाई और मेरी बुराई - उनकी सुजनता

और मेरी दुष्टता - उनकी दया और मेरी निर्दयता - उनकी कृपा और मेरी निठुरता - उनकी सचाई और मेरी झुठाई - उनकी दीनता और मेरी क्रूरता - उनकी हाय और मेरी हँसी - उनकी बड़ाई और मेरी नीचता - उनके दिल की स्वच्छता और मेरी कपट - उनका तलफना और मेरा हँसना - इन दोनों पाटियों का सेतु हम दोनों की जीवन नदी में बाँधा जाएगा और आंचद्रार्क दोनों की कहानी लोक में प्रसिद्ध रहैंगी। बस अब अधिक कहने से क्या होगा - संसार इसको जान बैठा। तो मैं अपनी कथा कहती हूँ, सुनो। इस विषय में श्यामसुंदर ने जो कविता की वह तुम्हैं बताती हूँ।

सोरठा

दूतो बीजुरि रैन, सहचरि चिर सहचारिनी
जलद जोतिषी वैन, सायत धरत पयान की।
तिमिर सुमंगल वैन, तोम सदा झिल्ली रवै
मुग्धे लहि मिलि चैन, छोड़ि लाज पिय कंठ लगि।

कुण्डलिया

पैंया परि करि विनय बहु लाई वाहि मिलाय
जमुना पुलिन सुबालुका रही हिये लपिटाय।
रही हिये लपिटाय मिटावत तन की पीरा
मदनमंजरी चंपमालती अति रतिधीरा।
सजनी राखे प्रान सींचि अधरामृत सैंयाँ
मुरझत नव तन बेलि विरह तप सों परि पैंयाँ।

बरवै

सुभगसलिल अवगाहन पाटल पौन
सुखद छाहरे निदिया सुरभित भौन।
रजनी मुख सजनी सो अति रमनीक
रमनी कमनी चुंबन बिनु सब फीक।
तनिक-तनिक लै चूमा बकुलन भौंर

अति सुकुमार डार पै मौरन झौंर।
सदय दलित मधु मंजरी सिरिस रसाल
आलबाल नव जोबन द्रुमहु विशाल।
लैकर बीन वसंतहिं गीत वसंत
कोई परबीन लीन ह्वै बाग लसंत।
कुंज चमेली बेली फैली जाय
श्यामालता नवेली फूलीं धाय ।
एला बेला लपटी बकुल तमाल
मनु पिय सों आलिंगन करती बाल।
अमराई में कोकिल कुहकै दूर
धीर नीर के तीरहिं जीवन मूर ।

वार ना लगाई सखी लाई सो मिलाई कुंज, जेठ सुदी सातैं परदोष की घरी घरी
घेरि घरि छहरि हिये व्यौम आनंदघटा, छाई छिन प्यासी छिति वरस भरी भरी।
थाह ना हरष को प्रवाह जगमोहन जू, गंगा औ कलिंदी कूल तीरथ तरी तरी।
हरी हरी दूब खूब खुलत कछारन पै, डारन पै कोइल रसालन कुहू करी।

अली शुभ तीरथ तीर लसै मलमांस पवित्र नदी जुगसंग
अनंग के घाट नहाय नसैं भलै पातक केंचुरी मानो भुजंग।
मनोरथ पूरन पुन्य उदै अपनावै रमा गहि हाथ उमंग
गिरीश के सीस पयोज चढ़ै जगमोहन पावन तौ सब अंग।

सातैं जेठ अधिक सुदी बुधवासर परदोष
सुररारि और कालिंदिका कूल फूलमय कोष।
कूल फूलमय कोष पुन्य तीरथ जो आवै
ताहि रमा गहि आपु दया करिकै अपनावै।
बड़े भागजो पाव परब मज्जन करि ह्यातैं
पातक विनसै मिलै सुपद जगमोहन सातैं ।

यह कविता उन्होंने बाँचकर मुझे सुनाया और प्रत्यक्षरों का मनोहर अर्थ भी बताया। मैं उनकी कौन-कौन सी कथा कहूँ यदि एक दिन का समाचार एकत्र करके

लिखूँ तो महाभारत से भी बड़ा ग्रंथ बन जाए। पर वे सदा मेरे वियोग के शंकी थे। नाना प्रकार के भाव और दाव जी में करते रहे - मुझै बड़ी दयापूर्वक एक अमोल वज्र की अँगूठी केवल स्मरणार्थ दे गए थे। पर मेरा वज्र हृदय न पसीजा; एक मन आवै कि लोकलाज छोड़कर अनंय भाव से श्यामसुंदर को भजै, एक मन आवै कहीं निकल जाऊँ, एक मन आवै कि जोगिन बन वन वन धूनी रमाती रहूँ - पर थोरी वैस में ए बातें असंभव थीं - हाँ प्रेमजोगिन बन श्यामसुंदर के वन में मदन अनल की धूनी रमाना संभव था - इतने में वज्र गिरा। हायरे दई ! मुझै गर्भ की शंका हुई। वह शंका काल के बीतने से रोज रोज पुष्ट हुई। आज और कल्ह कुछ और था मैं घबड़ानी, चिहुँकी - जकी सी रह गई। "भइ गति साँप और छछूँदर केरी" न किसी से कहने की और न सुनने की बात थी। कहती किस्से, कहती तो केवल श्यामसुंदर से और उनसे कहना ही पड़ा। पर वृंदा और सुलोचना दोनों जान गई थीं। त्रिजटा भी जानती थी। फैलते फैलते बात ऐसी फैली कि वज्रांग विष्णुशर्मा और मकरंद सभी जान गए। मुझै नहीं मालूम कि मेरे माता पिता भी इसे जानते थे। पर पिताजी तो घर में थे ही नहीं। उन दिनों कार्यवशात् पहले ही से पाताल को चले गए थे। उन्हे मंत्र अच्छे अच्छे आते थे इसी से नागलोग के जाने में कभी शंकित नहीं हुए। और ब्राह्मणों की कहाँ आगति है। आकाश पाताल और मृत्युलोक तीनों में विचरते रहते हैं। मेरे पिता के परम हितैषी और संबंधी पंडित वज्रमणि थे। मेरे पिता पाताल जाने के पूर्व ही अपना कुटुंब उनके और श्यामसुंदर के भरोसे छोड़ गए थे। पर सच्चा हितैषी और कृपालु केवल श्यामसुंदर ही था जिसने कभी बंक दृष्टि से हम लोगों को नहीं देखा। दयाछत्र की छाया सदा हमारे दीन मस्तकों पर किए रहे। शत्रुओं ने जब जब क्रोधाग्नि से हमारा दीन परिवार वन जलाना चाहा वे सदा कवच से हो सहायता का शीतल जल बरसाते रहे। संसार में ऐसा कौन पदार्थ था जो उन्होंने मेरे मागे और बिना मागे नहीं दिया। कच ने भी इतनी सेवा देवयानी की न की होगी। राम और नल को भी सीता और दमयंती के विषय में इतने दुःख न झेलने पड़े होंगे। दुष्यंत भी शकुंतला के लोप हो जाने पर इतने विकल न भए होंगे। लोप ! हाय लोप - यह क्या भविष्यबानी निकली। लोप और कोप दोनों।" इतना कह श्यामा रोने लगी। मैं इस विचित्र लीला को देख चकित हो गया। मुझसे कुछ कहा नहीं गया मन चिंता के झूले में झूलने और कुछ और वृत्तांत सुनने को फूलने लगा। पर अब सुनना कैसा अब तो प्रत्यक्ष देखना रह गया था। एक तो स्वप्न

दूसरे स्वप्न में भी प्रत्यक्ष-प्रत्यक्ष पर भी परोक्ष, परोक्ष पर शब्द और शब्द भी कैसा कि आप्त, सर्वथा विश्वास योग्य। रथ यात्रा का मेला आया। प्राणयात्रा खूब हुई हाँ-तो रथयात्रा की बात - यह जगन्नाथपुरी के मेला का अनुकरण है। श्यामापुर में सभी रंग तो होते हैं। श्यामा और श्यामसुंदर इसी ब्रज की खोरी में खेलते खाते रहे, पर कच्चे गऊ का माँस कभी नहीं खाया। यह तो वही कहानी है। कोई विश्वासपात्र और मित्र किसी राजा के पास अपने अंगरखे के भीतर छाती के निकट एक लवा को लपेट लेकर गया और जब युद्ध का समय आया बोला '' महाराज जो इस जीव को होगा सो आपको होगा। '' यह कह वह अपने घर आया और उस लवे की ग्रीवा मरोर डारी। बिचारा छोटा सा पक्षी मर गया और उन लोगों ने मिलकर उस राजा का भी वही हाल कर दिया। बस, स्वप्न में भी नीति, स्वप्न में सभी देखा। होनी अनहोनी सभी हस्तामलकी के समान जान पड़ी। यात्रा की सैर हुई। जगन्नाथजी की पावन झाँकी हुई, पर मैं नास्तिक हूँ यदि नहीं भी हूँ तो लोग तो ऐसा ही समझते हैं। मैं तो शपथपूर्वक इस कोरे कागद पर लिखे देता हूँ कि आज लौ मेरे हृदय को किसी ने नहीं पाया। किसके माँ बाप और किसके पुत्र कलत्र, कोई किसी का नहीं, ''जग दरसन का मेला है'' मिल लो, बोल लो, हँस लो खेल लो। '' चार दिनों की चाँदनी फेर अंधेरा पाख'' - अंत को सब एक राह से निकलेंगे, राजा रंक फकीर सभी की एक सी गति होगी। जो पहिले सरागी नहीं हुआ वह विरागी कैसे होगा। सच तो यही है -

नारि मुई घर सम्पति नासी
मूँड मुड़ाय भए सन्यासी।

सन्यासी नहीं सत्यानाशी हैं।

जपमाला छापातिलक सरे न एको काम।
मन काँचे नाचे वृथा साचे राचे राम ॥

विषय-भोगतृष्णा - विषय करो, झंडा गाड़ के करो, पर तृप्ति न होगी। ''हविषा कृष्णवर्त्मेव भूय एवाधि वर्द्धते'' -

संसार तुच्छ है, असार है इसमें संदेह नहीं - मैं कहता हूँ - यह मेरा पुत्र और वह मेरी पुत्री है - तो भला यह कहो- तुम कौन हो ? तुम कहाँ से आए - कहाँ रहे - कहाँ हो - और फिर कहाँ चल बसोगे ? कुछ जानते हो कि बिना कान टटोले कौव्वे के पीछे

दौड़ चले ? संज्ञा तुम्हारी कहाँ चली गई। ज्ञान तो तुम्हारा अपना कर वह देखो तुम्हें छोड़ भागा जाता है - दौड़ो - दौड़ो पकड़ो जाने न पावै। भला, यह तो हुआ। तुम्हारा बल अपने शरीर पर है या नहीं ? यदि कहो नहीं - तो बस तुम हार गए। फिर तुम्हारा बल और किस पर होगा ? कर्म बंधन है - कर्म से मुक्ति नहीं होती - यज्ञ, जप, तप, वेद, पाठ, पूजा , फूल, चंदन, चावर, पाषाण मूर्ति, देवालय, तीर्थ - इन सभों से मुक्ति नहीं ''ऋते ते ज्ञानंन मुक्तिः'' ये ही सर्वोपरि समझो -किसका ईश्वर और किसका फीश्वर ''ईश्वरासिद्धेः'' ईश्वर मुक्त है या बद्ध ? मुक्त है तो सृष्टि बनाने का प्रयोजन क्या था - नहीं जी कदाचित् बद्ध है - तो बद्ध होने में मूढ़ है - फिर सृष्टि बनाने को सर्वथा असमर्थ है - क्यौं क्या कुछ और बोलोगे। आत्मा का ध्यान करो ''नित्यःसर्वगतः स्थाणुरचलोयं सनातनः'' ''असंगोयं पुरुषः'' इत्यादि देखो। शुभाशुभ कर्मों से कुछ प्रयोजन नहीं जब पुरुष प्रकृति से विलग होता है तभी मुक्ति है और पुनर्जन्म भी तभी बंद होगा - अब अधिक सुनोगे तो पूरे योगी ही हो जावोगे।

ज्ञान सूझ रहा है, क्यौं न हो मेरे मित्र क्यौं न हो मैं तुम्हारा दास हूँ - चलो अब कुछ तीर्थ सेवन करैं - बहुत हो गया। जाने दो - जाने दो जो चाहै सो करै करने दो, हमें क्या पड़ी जो दूसरों के बीच में बोलें। परमार्थ करो। हमको तो सदा गोतमजी का न्याय कंठ करना है, फक्किका फाँक के बैठ रहो वा चलो रथ यात्रा का मेला देखैं, या गंगा जी चलो प्रयागराज चलैं, त्रिवेनी में बुड़की लगावैं। कुंभ का मेला देखो। कुंभजमुनि का दर्शन कर अपनी आत्मा शुद्ध करैं नहीं नहीं श्यामा न छूटे। श्यामा कहाँ गई - तो अब श्यामा रोने लगी - मैं बड़े घनचक्कर में पड़ा यह नहीं जानता था कि श्यामसुंदर भी यह कहानी निकट लतामंडप मैं छिपा छिपा सुन रहा था। मैं देखने लगा यह कौन आता है ? श्यामसुंदर ! श्यामसुंदर ही था। दौड़ कर श्यामा के अभिमुख हुआ। श्यामा ने कहा ''हायरे मनमोहन प्यारे - हाय हाय - कहाँ था प्यारे'' ऐसा कह श्यामसुंदर की ओर दौड़ी कि उसे धाय के कंठ में लगाले त्यौंहीं आँसुओं का सागर उमड़ा जिधर देखो उधर जल ही जल दिखाने लगा। पानी बढ़ने लगा। पानी श्यामसुंदर के कमर तक था, श्यामा उसी शिखर पर खड़ी थी चिल्लानी ''चलो-चलो तैर आवो।

प्रेम समुद्र अथाह है पास न खेवनहार।
पास न नाव लखात गहि आस शिला लगु पार॥''

समुद्र में पाला पड़ने लगा उत्तर की हवा बही क्षण में श्यामा की मूर्ति देखते ही देखते बिला गई। उधर श्यामा ने सहारा देने को हाथ फैलाया इधर श्यामसुंदर ने पर भावी प्रबल है। सब श्रम निष्फल हो गया। बस वही दोहा हाथ रह गया। श्यामसुंदर रोने लगा भूमि पर गिर पड़ा मैंने उसे उठाया प्रबोध किया आँखें पोछीं और धीरज धराया पर सच्चे नेही कब मानते हैं।

"डरन डरैं नींद न परै हरै न काल विपाक।
छिन छनदा छाकी रहति छुटत न छिन छबिछाक॥"

श्यामसुंदर मुझे अपना प्राचीन मित्र जान कहने लगा। संबंध, बस, जैसे देह और देही का - स्थूल और लिंग शरीर का हम लोगों में भेद नहीं था। इस मित्रता की कथा का स्वप्न नहीं हुआ इसी से इस स्थल पर नहीं लिखी। श्यामसुंदर का अनंत विलाप सुनो, सुनने के लिए महाराज पृथु हो जावो ब्रह्मा से प्रार्थना कर उनसे उनका एक दिन भी उधार ले लेवो; वह बोला "प्रिय पहले तो वह पत्र सुनो जो मेरे प्रियतम प्रेमपात्र ने लिखा था तब आगे कुछ कहूँगा।

प्रियतम !

तुम्हारा पत्र बहुत दिनों पर आया जिसके विलंब का कारण तुमने किसी श्यामालता को बतलाया जो आज कल्ह तुम्हारे प्रेमतरु पर नित नव पल्लवित होगी। खैर - तुम्हारे प्रेम समुद्र की नौका तुमको आधार है - तुम्हारे आनंद के पाल उड़ें पर ईश्वर तुमको उन निराशा की चट्टानों और वियोग के तूफानों से बचावै जिनने प्रायः प्रेम के सौदागरों की आशा भंग करके विध्वस्त किया है। तुम्हारे मनोरथ मंदिर की नवीन मूर्त्ति जिसकी पूजा तुमने प्रेम से की होगी - जिस्के चरणों पर सुमन समर्पित किये होंगे - और जिसके वरदानों से तुमको तृप्ति नहीं होती कृपा करके तुमको फिर-फिर कृतार्थ करै।

तुम्हारा
प्रेम

सुनो इस पत्र के प्रत्येक अक्षर का कैसा बल है - वाहरे प्रेम पात्र तेरी बड़ाई क्या करूँ - तू तो मेरा परम सुहृद और आँखों का तारा है। तूने यह कैसी भविष्यवाणी

भाषी। मैं तो इस विचित्र आत्मा के संयोग का उदाहरण देख चकित हो गया। आहा! इसी को सिद्धि कहते हैं। जीव एक है। देखो हजार कोस पर बैठा प्रेमपात्र हमारा भविष्य जान गया - जान ही नहीं गया वरंच लिख भी दिया। यही सच्चे का प्रमाण है। ध्यान भी लगाना इसी का नाम है। समाधि भी इसे कहते हैं। मैं प्रेमपात्र का बड़ा भरोसा रखता हूँ। वे मेरे अद्वितीय मित्र और इस जगतीतल में मेरे मानस के एक ही हंस हैं। जैसे चकोर अद्वितीय भाव से चंद्र को-मयूर मेघ को- कमल रवि को और कोइल रसाल को भजते हैं उसी प्रकार मैं साक्षात् मंगल मूर्त्ति प्रेमपात्र को भजता हूँ।

जिमि मंदर मथि सागरहिं पायो लोकानंद
चंद्र सरिस मंगल मिल्यौ जगमोहन सुखकंद।
जिमि अशेष जग को तिमिर नासत एक मयंक
मंगल मणि शशि हिय तिमिर जगमोहन जिय अंक।
उत फणि मणि वासुकि सिरहिं अहिपुर करहिं प्रकास
इत मंगल मणि मोर हिय पुर लहि दिपत अकास।

उनकी मूर्ति मेरे हृदय पर लिखी है - बस- कहाँ तक लिखूँ उनकी हमारी प्रीति निबह गई। ईश्वर सभी की ऐसे ही निबा है। मैं तो निराश हो गया। श्यामा ने क्या कहा - स्वप्न तो नहीं था। प्रत्यक्ष था कि स्वप्न मुझे कुछ भी नहीं मालूम -

सुख ना लखात नहीं दुख हूँ जनात हमैं,
जागत कै सोबत बतात तुम सो दई।
बैठ्यौ कै चलत चित्यौर मैं लिख्यौ कैधों चित्र,
देह सो विदेह कैधों अगति दई दई।
मातौ कै वियोग विष घूँट घूँट्यौ मीत मैंने,
मोह सब इंद्रिन विचारत कहा नई।
जीवत कै मरत विकार भरमात अहो,
श्यामा बस कौन जगमोहन दशा भई ॥''

इतना कह श्यामसुंदर ने आँसू भर लिए। मैंने कहा -

''यही तेरे आँसू गिरत धरनी जर्जर कना
कहीं बातैं कासूँ बिखर मनु मोती मन धना

भयो भारी तेरी विरह जिय घेरो घहरि कै
कहै चेतौ मेरो अधर तुअ नासा थहरि कै।''

श्यामसुंदर ने कहा - ''भाई मैं क्या कहूँ मुझसे कुछ कहा नहीं जाता -

विरह अगिन तन वेदना छेद होत सुधि आय
जियते नहि टारी टरै चाह चुरैलिन हाय -

बस अब मेरी कहानी, विनय और विलाप सुनना होय तो विनय [1] पढ़ो -

कुण्डलिया

दुसह विरह को आँच सो कैसे बचिहैं प्रान
बिनु सँजोग रसके सिंचे श्यामा दरस सुजान
श्यामा दरस सुजान परस तन पाप नसावन
दरद दरन सुख करन अधर मधुमान सुपावन
श्री मंगल परसाद लजावत शरद इंदु कह
मुख मयंक तुअ बंक अलक अरु भाल विंदुसह
श्यामा श्यामा नाम को जीह रटत दिन रैन
श्यामा की मूरति अजों टरत न पलभर नैन
''टरत न पलभर नैन हियो निज धाम बनायो
बहुरि छुड़ायो खान पान प्रानन अपनायो
श्री मंगल परसाद तुही जग में सुख धामा
और सकल जंजाल तोहि बलि जाऊँ श्यामा''
पावस गइ झलकी शरद खंजन आगम कीन्ह
खंजन गंजन लोचनी श्यामा दरस न दीन्ह
श्यामा दरस न दीन्ह चंद वा मुख सम भायो
गए बहुत दिन बीत शरद पूनो चलि आयो
श्री मंगल परसाद और जियरा विरहा बस
नीर नैन ते झरत झरै झरना जिमि पावस

1. यह विनय अंत में छपी है।

लावनी

मिलैंगे प्यारी तुमसे कभी यह आस लगाए रहते हैं।
यहाँ वहाँ या और कहीं बस तलफ तलफ दुख सहते हैं।।
किए करार अपार सार कुछ मिला न फल तुझसे प्यारी।
हार मान कर बैठे बस अब भई रैन मुझको भारी।।
कही बहुत कुछ सही पीर हम हाय धीर अब ना आवै।
सिसक सिसक के आह आह कर सजल नैन दुख तन तावै।।
कलन परै पल एक कलपते आह आह करते बीते।
रैन द्यौसहू चैन छिना नहिं सकल मोद मनते रीते।।
मारो वा राखो मुहि प्यारी बार बार यह कहते हैं।
यहाँ वहाँ या और कहीं बस तलफ तलफ दुख सहते हैं।।
बहुत कहा समझाया तुझको कही न मानी सो तूने।
याद करो बस बात पुरानी, भए नए दुःख ए दूने।।
घाट बाट की सुरति न आवति कहा कहौं तेरी बतियाँ।
रीझि खीझि के कंठ लगी तब दरक जात सुधि कै छतियाँ।।
रोय-रोय हम नदी बहाई आँसुन की तहँ बहते हैं।
यहाँ वहाँ या और कहीं बस तलफ तलफ दुख सहते हैं।।
पैंया परौं गुसैंया जाने जी में जो मेरे आती।
कहे से क्या अब लिख लिख भेजी सब कुछ हम तुमको पाती।।
हाथ धरो या साथ तरक कर मैं न आह करनेवाला।
है कपोतव्रत गरदन तेरी कभी न हूँ टरनेवाला।।
प्रान जाए पै प्रनन नसावै कही तेरी हम कहते हैं।
यहाँ वहाँ या और कहीं बस तलफ तलफ दुख सहते हैं।।
छोड्यो तू मझधार हमैं कहु कौन पार करनेवाला।
तेरे सिवा नहिं धीर हमारो पीर कौन हरनेवाला।।
जौ तेरे सनसुख मर जाते तौ न सोच जी में करते।
एक नजर भर देख भला हम मौतहु से नाहीं डरते।।

श्यामा बिनै सुनो जगमोहन हियो प्रान तन दहते हैं।
यहाँ वहाँ या और कहीं बस तलफ तलफ दुख सहते हैं॥

सवैया

दूर बसे बस भागन आँगन तौहू भज्यौ इक आस समीरन।
प्रीति की डोरन टूटै कबौं वरु बाढ़ै मनो सुनु द्रोपदी चीरन॥
वैरिये कैसे कटै दुख द्यौस दुखी जिय होत हमैं कहुँ धीर न।
भोगत प्रान परे केहि पातक सो जगमोहन को हरै पीर न॥

आएं सुधि धीरज विलोत विललात हियो।
मीन जलहीन लौ तलफ तलफावतो॥
कोंचत करेजन कजाकी कमजात काम।
कानन कमान तान कानन दिखावतो॥
चंदहू चकोरपिय मंद गहि बानि हाय।
चोंच ना चकोर सुधा बूँदन चुवावतो॥
होती इक आसना प्रबल जगमोहन जू।
तौ तौ पौन पावक ह्वै तन मुरझावतो॥

मैं श्यामसुंदर का विलाप और अकथ कहानी सुन बोला "भाई तुमने तो ऐसा वृत्त सुनाया जिसे मैं आजीवन नहीं भूलने का। तुम्हारे प्रेम के साखे चलैंगे, तुम्हारी प्रीति की अकथ कहानी इस लोक और परलोक तक कही और सुनी जाएगी, मेरा हृदय पिघल के नवनीत हो गया, मेरे नेत्र सजल हो गए। मैं तुम्हारे दुःख में दुखी हो गया। जो आज्ञा हो वह करूँ। कौन उपाय तुम्हारे फिर रागागग के किए जाएँ। किस उपाय से श्यामा प्यारी के दरशन हों। किस रीति से उसकी उपलब्धि होगी, हाय रे करुणावरुणालय ! तुझे हमारे प्रिय श्यामसुंदर की दशा पर तनिक दया नहीं आई। हा देव ! तूने क्या कर के क्या कर दिया। क्या तुझे किसी का समागम नहीं भाता ? तभी तो किसी ने कहा है -

"मेल उन्हैं भावै नहीं हैं सबसे प्रतिकूल।
घूणन्याय सों मेल हू करत होत हिय सूल॥"

हायरे विधना ! क्या तेरे ऐसे ही गुण हैं ? तुझै ऐसी-ऐसी बातें कह किसने किसने न कोसा होगा - पर तुझै लाज नहीं - सकुच नहीं - कपटी, कुटिल और दूसरों के दुःखों में सुखी होने वाला है। मुँह छिपाकर उसी सागर में क्यौं नहीं बिला जाता जहाँ से निकला था। ऐसे ऐसे कर्म और तिस्पर भी लोगों के बीच में चार चार मुख खोलकर दिखलाना। तुमसा भी निर्लज्ज कम होगा। इस लोक में तो कोई बोध न हुआ पर उस लोक में सिवा तेरे और कोई नहीं है। दुष्ट ! दुःशील ! शील दावानल ! दुश्शासन ! पापी ! पापात्मन् ! पापकर्मा ! अधर्मी ! निर्लज्ज! निर्दयी ! कपटी ! संयोग-कपाट ! वियोगशाली ! विपत्ति कल्पतरु ! सम्पत्तिकानन कुठार ! क्यौं इतने दुर्वचन सहते हो ? अपना स्वभाव क्यौं नहीं छोड़ते क्या तुम्हें यश लेना अच्छा नहीं लगता ? क्यों सदा कलंक प्रिय ही बनना भाता है'' -

श्यामसुंदर कपोल हाथ पर रख कराहने लगा, मूर्छित हो भूमि पर गिर पड़ा। ज्ञान आँसुओं के साथ बह गया, विज्ञान का प्रदीप जो हृदय में जलता था बुझकर वाष्प हो आह के साथ निकल गया। केवल आह की बतास मात्र भर गई।

> ''साँसन ही सो समीर गयो अरु आँसुन ही सब नीर गयो ढरि
> तेज गयो गुन लै अपनो पुनि भूमि गई तनु की तनुता करि।
> देव जिये मिलबे ही की आस सु आसहूपास अकाश रह्यौ भरि।
> जो दिन तै मुख फेरि हरैं हंसि हेरि हियो जु लियौ हरिजू हरि।''
> ''पटी एको न जाकी कही जितनी जेहि नेह निवाह्यौ न एको घटी,
> घटी लाज सबै कुल कान भटू कहिए अब कासो कहे से लटी
> लटी रीति सखी मनमोहन की कवि देव कहैं ब्रज में झगटी
> गटी ग्वालिन की लटी बाँधे फिरै बसिए ना भटू कपटी की पटी।''

अधिक कौन कह सक्ता है। केवल मन में मसूसि मसूसि रह जाना पड़ता है। मैं सोचने लगा कि देखो श्यामसुंदर नदी के इस पार खड़ा रहा - हा ईश्वर श्यामा कहाँ लोप हो गई। अंतर भी दोनों के बीच में कुंछ ऐसा न था कि जिसके कारण श्यामसुंदर को श्यामा के निकट पहुँचना असंभव होता। पर बिधाता की अनीति कही नहीं जाती। मैंने श्यामसुंदर से कहा '' भाई धीरज धर धीरज धर - देख यह आशानदी मनोरथ के जल से भरी तृष्णारूपी तरंगों से आकुल है। इसमें राग के अनंत ग्राह कलोल करते हैं, इसके

किनारे वितर्क के विहंगम उड़ रहे हैं और यह स्वयं धर्म के द्रुम को ध्वंस करती है। इसमें मोह की दुस्तर भौंरी पड़ती है और यह चिंता की अति गहन और ऊँची तटी के बीच से बह रही है। इसके पार जाना काम रखता है - " इसको सुन श्यामसुंदर उठ खड़ा हुआ। आगे देखा तो वही नदी बहती दिखी जिसने मनमोहिनी प्रानधन श्यामा को तरंग हाथों के बीच छिपा लिया था और इस्से वियोग कराया था। उस नदी के बीच में वही शिखर मात्र दिखाता था जिस पर श्यामा का सिंहासन धरा था। श्यामसुंदर मुझसे बिना पूछे और उत्तर दिये कूद पड़ा; सैकड़ों गोते खाए। मेरा करेजा उछलने लगा।

मैं उसे थाम्हकर रह गया। एक तो श्यामा गई दूसरे श्यामसुंदर भी उसी के पीछे चला - मैंने सोचा कि जीना मेरा भी व्यर्थ है - यही जान विमान को छोड़ कूदा - आँखैं बंद हो गईं कानों में पानी समा गया। अब तो नदी में मग्न हो गए - क्या जाने कहाँ गए - कुछ सुधि न रही - विवश थे - सुधि बुधि भूल गई - पाताल गए कि आकाश - बस, आँख मूँद के रह गए।

श्यामसुंदर की दूर से धुनि सुन पड़ी और वह यही कहता गया -

प्यारी जीवन मूरि हमारी।
दीन मोहि तजि कहाँ सिधारी॥
तुअ बिनु लगत जगत मुहि फीको।
गेह देह सर्वस नहि नीको॥
कह तो वह गुलाब सो आनन।
तेरे बिना गेह भो कानन॥
हाय हाय लोचन की तारा।
हा मम जीवन जीवनधारा॥
हाय हाय रति रंग नसेनी।
हा मृगनैनी नागिनीवेनी॥
हा मम जीवन प्रान अधारा।
हा मम हृदय कमल मधुवारा॥
हा मम मानस मान सरोवर।
पंकज विहँग शरीर तरोवर॥

हा मम दृग चकोर शशिचांदनि।
हा विधुवदनि सुकोइल नांदनि ॥

दोहा

हा मम लोचन चंद्रिका,
हा मम नैन चकोर।
हा मम जीवन प्रानधन,
कहा गई मुख मोर ॥
बाँह गहे की लाज तो,
करियो तनिक विचारि।
तिन सी तोरी प्रीति क्यौं,
काहे दियो विसारि ॥

"तलफत प्रान तुम सामरे सुजान बिना, कानन को बंसी फेर आय के सुनाय जाहु,
चाहत चलन जीय तासो हौं कहत पीय, दया करि कैहूँ फेरि मुख दिखराय जाहु,
रहि नहिं जाए हाय हिय हरिचंद हौस, बिनवत तासौ ब्रज और नेकु आप जाहु,
कसक मिटाय निज नेहहिं निभाय हाहा, एक बैर प्यारे आय कंठ लपिटाय जाहु।

॥ इति तीसरे याम का स्वप्न ॥

अथ चौथे याम का स्वप्न

"थाकी गति अंगन की मति पर गई मंद
सूख झाँझरी सी है कै देह लागी पियरान,
बावरी सी बुद्धि भई हँसी काहू छीन लई
सुख के समाज जित तित लागे दूर जान,
हरिचंद रावरे विरह जग दुखमयो
भयो कछू और होनहार लागे दिखिरान,
नैन कुम्हिलान लागे बैनहु अथान लागे
आओ प्रान नाथ अब प्रान लागे मुरझान।"

चौथा पहर रात्रि का लगा; यह धर्म का पहरा था। स्वप्न की डोर अभी तक नहीं टूटी तौ भी क्या का क्या हो गया। अब भोर होने लगा। तमचोर बोल उठा। मोर भी रोर करने लगा। मंद मंद वायु चलता था मैं तो घोर निद्रा में मग्न था। भैरवी रागिनी सज के आ गई। गैवैयों की छेड़ छाड़ मची। धर्म की वेल फिर भी लहलहानी। चकई की कहानी पूरी भई। प्यारे चकवा से पंख फटकार और परों को चोंच से निरुवार चली मिलने। संयोगियों को काल सी प्राची दिशा दिखने लगी।

वा चकई को भयो चित चीतो चीतोति चहू दिसि चाव सों नाची,
ह्वै गई छीन कलाधर की कला जामिनि जोत मनों जम जाँची,
बोलत बैरी विहंगम देव संजोगिन की भई संपति काची,
लोहू पियो जो वियोगिन को सो कियो मुख लाल पिशाचिन प्राची।

खंडिता भी अपने-अपने चिर बिछुरे प्रियतमों से मिल प्रसन्न हुईं, लगीं लाल-लाल आँखें दिखा दिखा झिड़कने और छिपे प्रेम से उरहने देने और बात कहने।

यथा सवैया

द्वारिका छाप लगै भुजमूल कह्यौ फल वेद पुरानन तौन है,
कागद ऊपर छाप सुनी जिहि कौ सिगरे जग जाहिर गौन है;
आप लगाई जो कुंकुम की सो सुहाई लगै छबि सों उर भौन है
छाती की छाप कौ प्यारे पिया कहियै बलि याकौ महातम कौन है।

कोई उत्कंठित होकर यह कहने लगी -

"छपाकर जोति मलीन महा दुति छीन त्यौं तारन की दरसात,
न आए गुपाल कहाँ धौ रहे यह कासो कहों हियरा हहरा;
कहै ललिते तिमि लाज औ काम परी दुऔ बीच बनै न बतात
कछू तिय बैन जुबान पै आय भलैं नट कैसे बटा फिर जात।"

और कोई तो -

"देखि ढुरी पिय की पगिया अलसानि भरी अँखियाँ जब जोई
त्यौं ललिते पग के डग डोलत बोलत औरई भाँति बनोई
कैसी बनी छबि आज को या मन भाई करौ बरजै नहिं कोई
खोइए सोय सवै श्रम यौं कहिं रूसि के बाल मसूसि कै रोई।"

जैसे सुर लोगों ने सागर को मथि चंद्रमा रत्न निकाला था वैसे ही भोर ही अहीर लोग दधि को मथानी से मथि नवनीत के गोले को निकालने लगे।

रात भर दंपतियों का नव निधुवन प्रसंग देखते देखते अनिमिष नैनों से जब दीपक थक गया तब अपने नैनों की जोत मिल मिलाने लगा।

चिरैंयाँ अपने बसेरे से उठ लगी च्यों च्यों करने स्वप्नावस्था में ही श्यामा का पता न लगा। श्यामसुंदर वही कवित्त कहता कहता वहाँ चला जाता था बिचारे को थाह न लगी। न जाने कब तक और कहाँ तक बहैगा। मैं भी तो बिमान सिमान सब छोड़ उसी की खोज में तत्पर था। उसके राग की तान नदी की तरंगों पर लहरा कर वायु के टक्कर खाती और उसकी प्रत्येक आह की आह ब्रह्मांड में समा कर समस्त लोक में व्याप्त हो स्वयं ब्रह्मा के सिंहासन को भी हिला देती थी। ऐसे

अवसर पर श्यामा न जाने किस पर्वत की कंदराओं में जा बसी थी कुछ ज्ञात नहीं। उसको श्यामसुंदर का हाल कहने वाला कोई न था। उधो का पता न था सेवक लोग सब सेवकाई में लगे थे। और किस की गणना थी। भावी प्रबल होती है पर मैंने पीछा न छोड़ा। श्यामा की खोज लगाने के लिए आगे बढ़ा। जल के अनेक प्रकार के जन्तुओं के फंदे में गिरता पड़ता चला। थाह न लगी एक भी नौका न थी - तीर लगना कठिन था। अभी तो अनेक भ्रम, आवर्त्त, नाद, हृद, शिला और चट्टानों से ठोकर खानी थी। तीर तो देख भी नहीं पड़ता था। पार करना केवल ईश्वर के हाथ रह गया। मुझे सिवाय बहने के कुछ नहीं सूझता था - बस फिर क्या पूछिए बह चला। बह गया बह गया। पता नहीं - ठीक नहीं, तरंगों ने अपने हाथों में उपगूहन कर लिया। मैं तो चाहता था कि या तो पार लगै या बही जाऊँ। एक बार जोर मारा - दस बीस हाथ बह कर उस शिखर की ओर मुड़ा फिर बीस हाथ तैरा - तीस हाथ गया - चालीस हाथ जाकर पचास हाथ पर शिखर हाथ लगा। साँस लेने का स्थान तो मिला। शिखर पर चढ़ते ही छींक हुई पर इसकी क्या चिंता सम्मुख की छींक सदा लाभदायक होती है। इस शिखर पर अशोक के वृक्ष तरे सिंहासन मात्र था। मैंने इसे भली भाँति देखा भाला, यहाँ वही श्यामा का सिंहासन था पर दैवयोग से श्यामा न थी। अभी तक न तो श्यामा और न श्यामसुंदर का पता था। नदी के बीचो बीच का शिखर - पहले थल था पर अब जल हो जाने के हेतु कोई जन्तु भी नहीं है। भयंकर वन सांय सांय बोलता था। केवल झिल्ली की झनकार सुनाई पड़ती थी। मैं उसी अशोक के नीचे बैठ गया और सोचने लगा कि हाय रे ईश्वर ! तू मुझ हतभागे को किस विजन वन में लाया। अब क्या करूँगा - कहाँ जाऊँगा। भगवान् ! तू भी बड़ा विचित्र है, मेरी दशा इस समय तो ऐसी हो गई थी "जैसे काक जहाज को सूझत और न ठौर" यह सब मुझे अपने मित्र श्यामसुंदर के काज सहना पड़ा - पर श्यामसुंदर अद्यापि कहीं दिखाई नहीं दिया। मैं इधर उधर बहुत दूर तक दृष्टि फेक देखने लगा पर कुछ भी पता न लगा। मैं अब मौन होकर आसन जमा के बैठ गया। अशोक से शोक मिटाने की प्रार्थना की, वह जड़ कब बोलने का था ? " जब तक स्वासा तब तक आशा" यह कहावत प्रसिद्ध है। प्राणयात्रा की कुछ आशा न थी - प्राण बचना दुर्लभ जान पड़ा। थका माँदा अपने करम को ठोक बैठा।

रात ही को मुझै भगवान् दिवाकर ने दर्शन दिये। यह भी आश्चर्य की बात है - सूर्योदय से मुझै कुछ भी हर्ष न हुआ - क्यौंकि फिर तो संध्या की चिंता आई - जब संध्या होगी तब रात्रि तो अवश्य ही होगी। यह बड़ी गाढ़ी चिंता उपस्थित हुई क्यौंकि इस निर्जन शिखर पर ही बिना अन्न पानी रात बितानी पड़ैगी। आश्चर्य नहीं कोई वन का हिंसक जंतु आ टूटे - तो बस कथा समाप्त हो जाए, दिया बुझ जाए। जो होना था सो तो होईगा अब बहुत सोच विचार से क्या हाथ आना है - चलो - ''जब ओखली में सिर दिया तो मूसरों की क्या गिनती रही'' - यही निदान सोच शिव सी अखंड समाधि लगाय आसन मार बैठ रहे। ज्यौंही समाधि लगाई अनेक कौतुक देख पड़े। शरत्काल प्रगट हुआ। आकाश निर्मल शंख सा दिखाने लगा। सारस हंस चकोर सब के सब पूनो की शोभा निरखने लगे। जल विमल हो गया। नदियाँ स्वच्छ धारा से बहने लगीं, चंद्र का प्रतिबिंब जल के अंतर्गत छबि करने लगा। दुष्ट काले मेघ चंद्रमा के प्रकाश को देख बिला गए - ईश्वर बैरियों का इसी भाँति पराभव करै। हंसों का रोर सुनते ही मोर भागे और अपने पक्ष गिराने लगे क्यौंकि अब उनका पक्षकार कोई भी न रहा।

फूले कास सकल महि छाई। जनु बरषाकृत प्रकट बुढ़ाई ॥
उदित अगस्त पंथ जल सोखा। जिमि लोभहि सोखै संतोषा ॥
सरिता सर निर्मल जल सोहा। संत हृदय जस गत मद मोहा ॥
रस रस सूखि सरित सर पानी। ममता त्यागि करहिं जिमि ज्ञानी ॥
जानि शरद रितु खंजन आए। पाय समय जिमि सुकृत सुहाए ॥
पंक न रेणु सोह अस धरनी। नीति निपुण नृप कै जस करनी ॥
जल संकोच विकल भए मीना। अबुध कुटुंबी जिमि धन हीना ॥
बिनु घन निर्मल सोह अकासा। हरिजन इव परिहरि सब आसा ॥
कहुँ-कहुँ बृष्टि शारदी थोरी। कोइ इक पाव भक्ति जिमि मोरी ॥
चले हरषि तजि नगर नृप तापस बनिक भिखारि ॥
जिमि हरि भक्ति पाइ जन तजहिं आश्रमी चारि ॥
सुखी मीन जहँ नीर अगाधा। जिमि हरि शरण न एको बाधा ॥
फूले कमल सोह सर कैसे। निरगुन ब्रह्म सगुन भए जैसे ॥
गुंजत मधुकर निकर अनूपा। सुंदर खग रव नाना रूपा ॥

चक्रवाक मन दुख निशि पेखी। जिमि दुर्जन पर सम्पति देखी ॥
चातक रटत तृषा अति ओही। जिमि सुख लहइ न संकर द्रोही ॥
शरदातप निशि शशि अपहरई। संत दरस जिमि पातक टरई ॥
देखि इंदु चकोर समुदाई। चितवहि जिमि हरिजन हरि पाई ॥
मसक दंस बीते हिम त्रासा। जिमि द्विज द्रोह किए कुलनासा ॥''

ऐसी शरत् ऋतु आई इसकी शोभा निहार रहा था कि शिखर पर और भी कौतुक देख पड़े। क्या देखता हूँ कि एक बड़ी भारी विचित्र सभा लगी है। ऐसी सभा मैंने कभी नहीं देखी थीं। भगवान् रामचंद्र, सीता और लक्ष्मण के सहित एक चंद्रकान्त के सिंहासन पर जो शिखर के ऊपर धरा था विराजमान हैं। उनके सामने हनुमानजी हाथ जोड़े खड़े हैं, गरुड़ भी सेवा में तत्पर अड़े हैं।

बाईं ओर एक वज्रबली भोग लगानेवाला पार्श्वद ब्राह्मण खड़ा है। महावीर की पूँछ पकड़े एक बड़ी सुपेत डाढ़ी वाले वृद्ध महामुनि थे इनके पीछे हाथ जोड़े बड़े गुरियों की माला लिए दोगा पहरे लाल बनात का कनटोप दिए - त्रिपुण्ड्र के ऊपर रामफटाका फटकाए उपनहे पावन- एक आँख से हँसता और दूसरी से रोता - लंबा साठिया-बूढ़ा-गाढ़ा और मुनिजी के सुख में सुखी और उनके दुख में दुखी बना उन्हीं के पीछे खड़ा था। इसके ललार की खाल सिकुड़ गई थी, दाँत और ओंठ दोनों बदरंग पड़ गए थे। आश्चर्य नहीं कि ताम्बूल और चूर्ण दोनों अपना काम दसनों पर आरंभ कर चुके थे। मुख विवर ऐसा जनाता था मानों किसी पर्वत की गुफा हो। दाँत की पाँति ऐसी थी मानो कंदरा के मुख पर चट्टाने लगी हों - बुढ़ापा झलक आया था और आधे से अधिक यौवन का कुठार बन चुका था। इसके बगल में एक भैरववाहन पाहन से भी दुष्ट लुलखरी करता बैठा था। भैरववाहन का रंग गेहुआँ माथे पर रामानदी तिलक-बाहु और हृदय पर रामनाम छापे - पूछ हिलाते, उदर और दाँत दिखाते-कभी कभी भोंकता हुआ देख पड़ा। आगे के दाँतों में गीता की पोथी दबाए पर भीतर हड्डी चबाते बैठा था। इसके दाहिनी ओर इसका प्राणोपम मित्र और अनुचर साक्षात् वाराह भगवान् अपने दंष्ट्रकराल पर लवेद की पुस्तक धरे मानों अभी महासागर से उसे उद्धार कर लाया हो बैठा था। इसके गलमुच्छे और कान तक लंबे बाल शोभा देते थे। माथे पर रोरी या चंदन की रेख इसके मत को पुष्ट करती चमकती थी। इसी के पार्श्व में महाशय शीतलावाहन भी डटे थे। ए वाराह भगवान् के भाई थे

इनको शीतला अष्टक गप्पाष्टक से भी बढ़ के कंठ था और यद्यपि ए अपने खर शब्दों के हेतु कल कंठ न थे तथापि भगवती दुर्गा को लपेट सपेट के दो तीन घंटों में सायंकाल को दुर्गा पाठ करके संतुष्ट ही कर लेते थे। इन दोनों के मध्य में एक जंबुक अपने पैरों से भूमि खोदता- इधर उधर देखता - सभों के कानों में फुसफुसाता - धान की रोटी दांतों में दबाए रामायन बाचते बैठा था, इसके पीठ पर एक महाधर्मी निष्कपट बक ''प्राणिनाम्बधशंकया'' एक चरण उठाए भटकता था। यह वही जंबुक था जिसने कर्पूरतिलक को राज का लालच दे बड़े भारी पंक में फँसाकर उसी का मांस नोच नोच खा लिया पर दुनिया वेष को पूजती है। अंत में सभी अपने किए को पाते हैं। एक ओर सुषेण वैद्य - चित्रगुप्त - काकभसुंडि- धृतराष्ट्र-शिवशंकर-बिलाई माता - तालूफोड़-खिलात के खाँ-तुंबुरगंधर्व - और स्वयंप्रभा बैठी थी।

मेरी आँख झट इस मनोहर और विचित्र झाँकी की ओर फिर गई। मैं खड़ा हो गया। बड़ी देर तक विचारता रहा। मन में आया कि निकट बढ़ के देखै; आगे पाँव बढ़ाया, बस चल दिया। भगवान् रामचंद्र के सम्मुख हाथ जोड़ खड़ा हो गया और मन ही मन नमस्कार और दंडप्रणाम कर बंदना की। चाहा कि कुछ कहैं पर इस्से भी एक विचित्र दृश्य ने मेरा मन अपनी ओर आकर्षित कर लिया। क्षणभर में आँख उठाते ही इसी सभा को एक विस्तृत मंदिर में बैठे देखा। यह मंदिर माया के बल से विश्वकर्मा ने बात ही बात में बना दिया था। वही सभा बाहर लगी देखी - अर्थात् मंदिर के जगमोहन में। कान बंद करके सुना तो ढोल और सहनाई के शब्द सुने। आँख बंद करते ही यही विकराल वदना चंडी पूर्वोक्त साज से मंदिर के भीतर से निकल पड़ी। मैं एक बार चिहुंक पड़ा। पर इसे भली भाँति चीन्हता था। (इसका वर्णन प्रथम याम के स्वप्न में हो चुका है)। मैंने प्रणाम किया, चंडी हँसी। उसके दुर्दर्श उज्ज्वल दशनों से मंदिर का अंधकार फट गया। यह उसी रूप में निकली जिस रूप में मैंने इसे पहले देखा था - अर्थात् दो बालिकाओं को काँख में दबाए - इत्यादिक रूप में फिर भी दर्शन दिये। सिंह पर सवार हाथ में मद्य भाजन और नरकपाल लिए पहुँची। मैं इन्हें देख प्रार्थना करने लगा। मैं तो श्यामसुंदर की खोज में चला था और वह बिचारा श्यामा की। मैंने सोचा इसके कुछ अपना काम निकलैगा - क्यौंकि पहले इसी ने हमैं मंत्र बताया और झोली दी थी। मुझे गन अगन का कुछ ज्ञान न रहा। जी जलता था, मित्र का दुख असह्य था। चित्त की उमंग में कह डारा अब चाहै फलो वा मत फलो। मित्र

की सहायता क्यौं न करता ? जब जिसकी बाँह पकड़ी तब फिर उसके निमित्त क्या न करना -देखो रामचंद्र ने सुग्रीव के हेतु बाली को मार ही डाला।

दोहा

नासु देवि तिनको करो जे बैरीगन मोर ।
जे न देहि सुख देह कहँ जरैं जौन लखि जोर ।।१।।

छप्पै

नासु देवि लै कर कराल करवाल कराली
नासु देवि तिनबुद्धि रहै नहिं तन सुधि शाली ।
नासु देवि तू तुरत सकत को जुरत जु दीठी
नासु देवि काली कपाल गहि माल अनीठी ।
मम अरि जे जे दुष्ट खल मिलन हेतु बाधा करहिं
तिन कहं अबहीं चंडिके चाटु चाटु चट पट मरहिं।।२।।
नासु देवि तेहि तुरत सदा जो मम अरि साँचो
नासु देवि तेहि तुरत आजु याही वर जाचों ।
नासु देवि ह्वै चण्डि चंडिके चट पट वाही
चाटु चाटु जौं सांचु जगत परभाव तवाही ।
किलकि कलकि ता कंठ लगि पी सोनित सोनितवदनि
हरषि हरषि के पान करु पै रच्छहु जीवनसदनि।।३।।
नासु देवि वरदानि ! तुही मम दुःख घनेरे
नासु देवि तु आज अहैं बाधक सुख मेरे ।
नासु देवि हन हनहु हनहु आतुर तेहि आजू
नासु देवि तेहि तोहि साचु जग भगतन काजू ।
करि नासु तासु जेहि रहिन कछु खटका अटका संगमन
जननिरूप पै करु दया वापै जो मम प्रानधन।।४।।
टोरु तासु भुज प्रथम मथन करि हियरो आतुर
टोरु तासु दुअ जंध जानुनी करि विषमज्जुर ।
टोरु जीह गहि तालु दंत सब गिरवहु रानी

भंजि कमर करि अंध ताहि लै जाहु भवानी ।
किलकि कलकि न्यौतो करहु जोगिन अरु बेताल को
हिलकि हिलकि लोहू पियहु भरि खप्पर करि भाल को।।५।।
मुंड जासु तुअ माल कपालहिं को सुमेरु जनु
अंतराल लसि भाल सुरंग रँग सेल्ही है मनु ।
अस्थि जानु की करहु मनौ तुरही झुरही सी
सिंहनाद करि ह्वै सवार सिंहहि सुरही सी ।
जिय लै तासु नचावहू रुंड सुंड गज बांधिकै
वरदायिनि वर देहु यह देहुं कलेवा साधिकै।।६।।
नभ प्रचंड उद्दंड खंड कर फेकहु बलि दै
दिकपालन कहं मांस फाँस करि ताकह मलि दै ।
नासु देवि क्यौं करत बिलम अवलंब जु तेरो
जगत न मो कह और सहायक नायक मेरो ।
बिनवहु तुहिं कर जोर कै बैरी कहँ नासहु मलैं
पर कर किरपा रच्छिये नैनपूतरी कहँ भलैं।।७।।
यह अष्टक तुअ विरचि वंदना करि कर जोरी
बारंबार तिखार यहै वर माँगहुँ थोरी।
जासो वाको नास तुरत वरदायिनि चंडी
होवै बिना विलंब आजु सुइ कर परचंडी ।
धरहुँ ध्यान तुअ साँच जिय तू हियकी जानत भलै
पुरवहु मम मनकामना सफल आजु अरि कहं दलैं।।८।।
दीन जोर कर विनय करत काली कपालिनी
शूल फाँस गहि पान तासु लेवहु करालिनी ।
नरमाला द्विपचर्म भैरवी भैरवनादिनि
भीषन जिह्वा ललन दलन रिपु तु जू अनादिनि ।
मिटवहु जियकी कसकि तेहि मसकि मंठ लोहू पियत
निसि अँधियारी में हरहु तासु प्रान राखु न जियत।।९।।

सोरठा

ध्यान तोर निसि द्यौस चरन जलज सेवत सदा ।
जिमि वासो मिलि हौस बीतै रैन सुचैन सों।।१०।।
याहि बांचि रिपुनास होहु जाहि सुमिरौं जियहिं ।
पुरवहु सब मम आस दुर्गा दुर्गति नाशिनी।।११।।
द्वादश बंध सुछंद अधिक जेठ सुदि नैन तिथि ।
वासर रोहिनि मंद विरचि विनय बल बाँचिए।।१२।।

भगवती कपालिनी प्रसन्न हुई, बोली - " मैं तुम्हारी वंदना से प्रसन्न भई, वर माँग -"

मैंने कहा - " यदि तू सचमुच प्रसन्न है तो मेरी वंदना की विनय पूरी कर - श्यामसुंदर का पता बता दे और अंत में श्यामसुंदर को श्यामा से मिला दे बस यह माँगता हूँ । देख मैं भी उन्हीं को खोजता-खोजता इस विजन वन में आया हूँ"। इसको सुन चण्डी ने अपनी झोली से जादू की काली छड़ी निकाली । निकाल कर अपने सिर के चारों ओर घुमाया - फिर सामने लाकर फूँक दिया । फूँककर ज्यौंही उसने भगवान् चिंतामणि की ओर वह छड़ी दिखाई राम, लक्ष्मण और सीता सब शिलामयी मूर्ति मात्र हो गए - दूसरी बार जो उसने फूँक कर वही छड़ी दहिनी और बाँई ओर घुमाई तो सभा की सभा सब पाषाण की हो गई । जितने पशु पक्षी जीवधारी थे सबके सब केवल पाषाण के आकार मात्र रह गए । चंडिका कहने लगी - "तुमने अभी इसका सम्पूर्ण ब्यौरा नहीं सुना और न देखा - क्यों व्यर्थ भ्रम में पड़े हो -"

मैंने कहा - " देवि ! यदि कुछ न कहती तो अज्ञान ही रहना भला होता पर अब इतने प्रर अधिक शंका हो गई तो दया करके कही डारो और मेरे मनोरथ पूरे करो । "

चंडी बोली - " वत्स ! देखो मैं तुमको अपना प्रभाव दिखाती हूँ । देखो ।" इतना कह उस वृद्धा ने कुछ पढ़कर पूरब ओर उरदा फेके । फेकते ही मंदिर का द्वार बंद हो गया । सभा मात्र पाषाण की जगमोहन में बैठी रही, ठाकुर की झाँकी लोप हो गई - पर उसी द्वार के पास ही एक सुरूपवान पुरुष - गौरांग - लाल किनारे की धोती पहने - दुपालिया अद्धी की टोपी लगाए - सुकेशधारी - अलफी पहने लँगड़ाता हुआ चिल्लाने लगा मुझे आश्चर्य लगा कि यह क्या हुआ । सुषेण वैद्य जो जादू से प्रस्तर हो

गया था उसकी चिल्लाहट सुन उछल पड़ा, ऐसी फलाँग मारी जैसे ऊँट। कूद ही तो पड़ा हाथ में एक छुरा लिए - ''जाने न पावै - जाने न पावै'' यह कहता कहता उस उक्त पुरुष की जाँघ ही काटने को उद्यत हुआ। उधर से वज्रांग और चित्रगुप्त भी पहुँचे - उसी सुरूपवान को सबल जकड़ लिया और वैद्य जी ने छुरा जाँघ पर रेतना आरम्भ किया। वह कितना चिल्लाया तड़का और फड़फड़ाया पर सुषेणजी कब मानते हैं अब तो यह पुरुष खंज होकर निःसंज्ञ वहीं पड़ गया। चंडिका ने अपने हाथ बढ़ाए और वज्रांग, सुषेण, चित्रगुप्त और उस दुखी पुरुष को अपने पेट में धर लिया, मैं दाँत तरे उँगली दबा के रह गया - स्तब्ध हो गया - यह तो साक्षात् नरबलि था। मैंने पहले कभी नहीं देखा था। भोजनांतर ज्यौंही चंडी ने ऊपर दृष्टि की एक अंडा मंदिर के छत से गिरा, गिरते ही फूट गया। उस अंडे में से दो गौर वदन काले पुरुष जिनके नाम फणीश और लुप्तलोचन थे त्यूरी चढ़ाए पहुँच गए - इन दोनों का आकार बंदर सा था, पर पूँछहीन रहने के हेतु मनुष्य जान पड़े। वे दोनों अपना अपना नाम लेते आए। किस देश के थे कौन कह सक्ता था। पर इन दोनों ने श्यामसुंदर को जकड़ कर बाँधा था, बिचारा हिल चल नहीं सकता था। मैं सजीव हुआ, आसरा हुआ कि मित्र के दर्शन तो हुए अब न जाने दूँगा। पर मुझे क्या ज्ञान था कि वह बिचारा किस यमयातना में पड़ा है। तौ भी साहस कर - ''भाई - भाई'' - कर कर दौड़ा कि कंठ से तो एक बार मिल लो, पर ज्यौंही निकट गया उन दोनों विकट पुरुषों ने रुष्ट हो ऐसी हुँकारी मारी कि मैं रुक गया। ज्यौंही मेरे नेत्र मुँदे वे लोग लोप हो गए - श्यामसुंदर को एक बार और खो दिया - बस -कर्मगति बड़ी कुटिल होती है-और तिस पर मेरी, मेरी तो सदा की खोटी थी - मैं श्यामसुंदर की दुर्दशा सोचने लगा। चण्डी भवानी ने बड़ी दया करके कहा - '' इतने ही में तेरी मति चकरा गई - अभी तो और देख क्या देखता है - लै - आज तू दिन भरे का भूखा होगा - दूसरे विरहकातर, ले थोड़ी सी सुरा पीले - बल होगा, इंद्रियों को सहारा मिलेगा और मेरे कौतुक देखने में सामर्थ्य होगी। तू वैष्णव है तो मैं भी तो वैष्णवी हूँ - मेरा रूप देख।''

''तथैव वैष्णवी शक्तिर्गरुड़ोपरि संस्थिता।
शंङ्खचक्र गदाशार्ङ्गखड्गहस्ताभ्युपाययौ।।

मैंने कहा - ''देवि तेरी अनंत माया है-तेरा रूप कौन देख सकता है - मैं तेरा आज्ञाकारी हूँ - जो कृपा कर देगी अवश्य ग्रहण करूँगा।''

इतना सुन देवी ने अपना सोने का कंकन मेरे सामने फेंक दिया। ज्यौंही उस कंकन को उठाया वह सुंदर मनोहर चषक हो गया। इस माया को भी देख मैं चकित हुआ। देवी ने कहा - ''बाएँ हाथ में चषक को धर दक्षिण हाथ से उसे ढाको।'' मैंने वैसा ही किया और यह सुंदर सुगंधित चंपक पुष्प के रंग सी मद्य कल्पवृक्ष की निकली उस चषक में भर गई - ''मधुवाता ऋतायते'' - यही मंत्र देवी पढ़ती रही - मैं श्यामसुंदर और उसकी प्रानप्यारी श्यामा को अर्पण कर चढ़ा गया। पीते के साथ ही मुझै अपूर्व हर्ष हुआ। मन और बदन प्रफुल्लित हो गए। नेत्र चमकने लगे। स्वाद उसका खटमधुर था। हृदयाब्जकोष को आसव से स्नान कराया। शरीर कुछ और हो गया- गई बुद्धि फिर हाथ आ गई - वेद वेदांग सब आँखों के सामने नाचने लगे। श्यामापुर की शोभा दिखाने लगी - श्यामा की खोरों में अब केवल श्यामा के नाम की झाँईं सुनाने लगी। एक बेर दृष्टि उठाकर देखा तो श्यामापुर में आग लग गई - पहले तो काबुल में लगी। उसके अनंतर ब्राह्मणों के घर जले। मेरा घर तो पहले ही जल चुका था- अपने वंश में आँख उगरिया मैं ही बचा था। पुरुष लोग सब भस्मसात् हो गए थे। बंदर कूदने लगे-सब के सब मुछंदर लाल मुखी थे। बंदरियों को संग में लिए बगल में दबाए इस घर से उस घर कूदते फाँदते फिरते थे। एक तो लोगों के घर आप ही आग लगी थी, दूसरे ये सभों की चूल्हा चक्की ले चले। सब हाय हाय करते रह गए। कौन सुनता है - बंदर की जात कब मानती है। शाखामृग तो ठहरे - पेट भरने से काम -चाहै कोई बसै चाहै उजरै - ए बंदर सब कृष्णचंद्र के भक्त थे - इसी से तो मथुरा में अभी तक असंख्य बंदर घूमते रहते हैं - अपने ईश्वर की पुरी को नहीं छोड़ते- इन सभों में बड़ी चतुर सुग्रीव की स्त्री रुमा भी दिखानी-वह आग लगने पर प्रसन्न सी जान पड़ी क्यौंकि उसने अपनी सेना को इस दैवी उपद्रव के ऊपर उपद्रव करने से नहीं रोका। फणीस और लुप्तलोचन सेनापति थे - बालि के मरने पर सुग्रीव ने पुराने सेनापतियों को निकाल इन्हीं श्रेष्ठों को उस उच्च पद का अधिकारी किया था-सुग्रीव को कार्यभार से नेत्रों से कम सूझने लगा -विभीषण के पास जलवायु सेवन के लिए लंका चले गए थे-हाँ, आग लगी-तो लगने दो-बुझावो-लोग बुझाने लगे-आग न बुझी -नारदजी अपना बीना ही बजाते रहे-उधर मकरंद गोमती चक्र पूजते पूजते लील गया। वशिष्ठ शांतिकारक वैदिक मंत्र पढ़ते रहे - अग्निदेवता न प्रसन्न हुई-तो कोई क्या करै-पुरवासी विकल इधर उधर पानी पानी पुकारते दिखाई पड़ते हैं-भैरववाहन

पर कपटनाग के शिष्य बैठे और शीतलावाहन पर स्वयं शीतला जी सवार होकर ग्राम की रक्षा करने लगीं - नाकों नाकों पर पहरे बैठ गए - किसकी सामर्थ जो निकलै। मनुष्यों का ठठ्ठ इकट्ठा हो गया, अग्नि की ज्वाला प्रज्वलित हुई - बढ़ के आकाश की राह ली - लड़के वाले चिल्लाने लगे -

तात मात हा करिय पुकारा। एहि अवसर को हमहि उबारा ॥
खोजत पंथ मिलै नही धूरी। भए भस्म सब रहिन अधूरी ॥

वशिष्ठ के घर से वह देखो एक छछुँदर निकल पड़ी। पर बोध न हुआ कि किधर गई - सब पहरे चौकी लगे ही रहे-यह छछुँदर बड़ी पुंश्चली थी - चक्रधर का चक्र फिरा धर्म का पहरा आया। रमा ने जोबन दान किये - वज्रमणि का आत्मज सुरलोक को सिधारा। अब फाल्गुन ऋषि का बुलौवा हुआ है, वे भी परम धाम सिधारे, आज्ञा कैसे टारते। म्याद थोड़ी है। शाक्य मुनि को गद्दी होगी- बौधमत फैलेगा। पुरवाई चली - फणीस की बहिन लटोरे डोरिया ने ब्याही, लुप्तलोचन की स्त्री ने द्वितीय विवाह किया। पर देखते हैं तो आगी नहीं बुझी - मैंने सोचा कि अब बिना मेरी दया के कुछ शांति नहीं होगी - व्यर्थ लोग जले जाते हैं। उठ कर हाथ में नदी और समुद्र का जल ले मंत्र पढ़ने लगा।

''ऊं ठं ठं ठं बाराह के दाँत की तेलिन - वशिष्ठ की बेटी नारद की भतीजी - तीजी-भीजी-भाँजी-कड़ी-कठोर-बिनालोम-संकीर्ण-रोती धोती-कनफटा देव का प्रताप-भैरव का सराप-गंगा की लहर-लक्ष्मी का पहर-भागीरथी की नहर-बुझ-बुझ-सुझ-फुः फाः फीः बाबा की चेली-बाई की अधेली -फलाने की बहू आराम आराम-ऊँ फट् स्वाहा। फुरोमंत्र ईश्वरी वाचा-दुहाई देवी बड़े दाँत वाली की बुझजा-बुझजा-बुझजा नहीं, तो गाड़ देंगे।''

पानी फेक दिया - आग बुझ गई-कौव्वे उड़ने लगे - तुम्हारी भी पारी आती है - नशा खूब चढ़ा खूब जोर किया।

वह देखो अटारी पर मोर ने बाँग दी। मुरगा पी पी करने लगा- मैना काँव काँव करने लगी। विष्णु की स्त्री चमगिदड़ी हो गई - मालती चाँदनी सी छिटक गई। जो चाहै सो आवागमन करै। फीस-दो टके रात। कच्चे गऊका मांस लटकने लगा - इसी के बंदनवारे बँध गए - श्यामापुर यवनपुर हो गया-पर अंग्रेजी राज में यह अनर्थ

कैसा - ईशान कोन पर सूर्योदय हुआ। दक्षिण से चंद्रमा का रथ चला-लगे तारे टूटने - हाथी बोल उठे - कछुए की पीठ गरम हो गई - शुक्र और मंगल भी टूटे - गाज गिरी - अरराटा बीता - आकाश फट पड़ा - सब कलई खुल गई - बादल छा गए - ऐसे काले जैसे अफीम - बीच में चंद्रमा निकल आए - क्या विचित्र लीला थी। नदी में एक भारी मछली तैरती थी - तैरते तैरते तट पर आई। ज्यौंही बूँद लेने को मुँह खोला एक बाला जो घाट पर नहा रही थी फिसल पड़ी और उसका पाँव उसके मुख में समा गया। मछली उसे लील गई, मुँह बंद हो गया - फिर नदी में बुड़की लगा गई। संध्या हुई घर के लोग बाग टोला परोस में पूछ पाछ करने लगे। पता कहीं नहीं लगा, लगै कैसे उसे तो एक मच्छ महाराज भच्छ गए थे - कच्छ राज अपने पैरों की छाया करते थे - जिस्में कोई वंशी डाल के मच्छ समेत न बझा ले। मैंने देखा कि मच्छ बड़ी दहार में उसे ले गया। न जाने वहाँ क्या करेगा। मैंने जाना कि कहीं कालीदह में शेषनाग न कच्चा चबा जाए - फिर मच्छ कच्छ कुछ भी न कर सकैंगे - गरुड़ महाराज को हुक्म दिया कि तुम जाव उसका पता लगावो - देखना कालीनाग न खा जाए - वह तो केवल गरुड़ से डरते थे - गरुड़ उन्हें भी सर्व स्वाहा कर डालते- उनके सम्मुख वे भी चें पों नहीं कर सकते। पूँछ दबा के छू हो जाते हैं। गरुड़जी उड़े। मच्छ का पीछा किया पर मच्छ तो अब थल में रेंगता था - और बाला भी बिचारी अधमरी सी उसी के पीछे घिसलती जाती थी। दुष्ट ने तनिक भी दया न देखी। दइमारा पाव पियादे ले गया। इधर उधर सहाय के लिए देखती जाती थी - जैसे कसाई के हाथ की गिरवाँ से गसी गैय्या कातर नैनों से पीछे देखती जाती हो। बहुत दूर तक ऐसे ही ले गए किसी ने जाना भी नहीं - चूँ भी किसी ने न किया - चलते चलते आखैं मिल मिलाने लगीं- मच्छ तो अपने काम में तत्पर था। झट एक की डोली में घुस गया - नीलसागर के पार जाकर एक नवीन नगर देखा - वहाँ पहुँचकर तीर में टोली धरी गई। मच्छ कूद पड़ा और बाला को उगल दिया। फिर तो गुफा में सब लोग समा गए। मच्छ लोप हो गया - लीला समाप्त हो गई - दूर से गाना सुन पड़ा- कोई न कोई तो गा ही रहा होगा।

'' काले परे कोस चलि चलि थक गए पाँय
सुख के कसाले परे ताले परे नस के।
रोय रोय नैनन में हाले परे जाले परे
मदन के पाले परे प्रान परबस के।

हरीचंद अंगहु हवाले परे रोगन के
सोगन के भाले परे तन बल खसके।
पगन में छाले परे नांघिबे को नाले परे
तऊ लाल लाले परे राबरे दरस के।''

मेरा ध्यान उचट गया। मैंने आकाश की ओर देखा, चारों ओर देखा पर कोई भी न दिखा। सिर में पीड़ा हो आई, बदन सनसनाने लगा। आँखें सिकुड़ गईं। बुद्धि आनंदसागर में मग्न हो गई। जिस वस्तु का ध्यान करता अनंत कल्पना की तरंगें उठतीं। श्यामा की मूरति दीप की टेम गें दिखाने लगी। नसें सिकुड़ने लगीं। शरीर स्थिर और साहसी हो गया। देवी के दिए चषक ने क्या-क्या तमाशे दिखाए। श्यामा का नाम जपने लगा। मैंने उसे बैठे देखा - नहाते देखा- गृहकृत्य करते देखा - सोये देखा - पर श्यामसुंदर का दर्शन न हुआ। मन तो वहीं था - जहाँ जीव तहाँ तन; जहाँ तन तहाँ प्राण। दृष्टि विभ्रम होने लगा। लेवनी लहराती थी। स्थिर है तो स्थिर, चली तो चली फिर क्या पूछना है; घुड़दौड़ होने लगी। तीर्थ का ऐसा पुन्य प्रताप होता है। भृकुटी चढ़ी है। प्रेम के आसव में छके हैं। होश नहीं - जिधर पैर धरा उधर ही चल निकले। सुर्रक तो ठहरी इस्में कुछ पूछना तो नहीं है। आग में जलने लगा। आँखों ने पानी बरसाना आरंभ किया, पर यह आग न बुझी। यदि सहाय की तो केवल मकरंद और बज्रांग ने - देवी ने आसव दे अद्भुत रंङ्ग छा दिया। क्या जाने क्या बक चले क्या बक गए - वाक्यों का अभी तक अंत न हुआ। पर संत भी तो पूरे वसंत ही थे। डब्बे के आदमी[1]- की भाँति कुटी में रहा करते थे। जहाँ एक बंदर ने छेड़ा तो इनकी नानी ही मर जाती थी। यह देखो आकाश में पैर लगने लगे - एक नया ग्राम ही बस गया - भगवान् विराट ने समस्त पृथ्वी दिखाई - मैं तो अर्जुन था न। मुखारविंद - नहीं नहीं - मुख गह्वर खोलते ही विचित्र झाँकी रस में छाकी दिखाई देने लगी-गलियों में गैया चलती थीं।

मुझे भी नहीं मालूम कि मैं क्या क्या कह गया पर मेरे सब वाक्य चण्डी ने ध्यान धर के सुने और हँस के बोली - ''ठीक है बेटा - ठीक है तेरा कहा सब आगे आता है और धीरे धीरे आगे आवैगा। मैं तेरी भक्ति पर प्रसन्न हुई - वर माँग -''

1. यह एक खिलौना है। डिब्बे में एक सुपेत दाड़ीवाला बंद रहता है , ज्योंही ढकना खोलो कमानी की शक्ति से वह फक्क से निकल पड़ता है।

मैंने फिर वही कहा - "यदि तू प्रसन्न है तो मेरी वंदना की विनय पूरी कर - श्यामसुंदर का पता बता दे और श्यामसुंदर को श्यामा से मिला दे" चंडी हँसी और बोली "आँख बंद कर मैं तुझै क्षण भरे के लिए श्यामसुंदर को दिखा दूँगी, पर चिंता न कर श्यामसुंदर कुशलपूर्वक द्वीपांतर में है। श्यामा के पीछे उसने कोटि क्लेश सहे और आश्चर्य नहीं कि कुछ और सहै पर यह तू विश्वास कर कि - "

"सुख अंत दुख दुख अंत सुख दिन एक से कबहुँ न रहैं
गति जगत जनके भाग की रथचक्र सी एहि हित कहैं।"

एक दिन श्यामसुंदर के दिन फिरैंगे, वह श्यामा को अवश्य पावैगा। क्यौंकि तुलसीदास से सिद्ध पुरुषों के वाक्य क्या निष्फल हो जाएँगे ?

"जापर जाकर सत्य सनेहू।
सो तेहि मिलै न कछु संदेहू।"

मैंने कहा - "ठीक है पर

श्यामा के कपट छल छिद्रम छछंद मंद
निर्दय निरास कुल कानि की निदानिया।
सुंदर सनेह सब विधि सो सकोच भरो
साँची सी पिरीति श्यामसुंदर लुभानिया॥
एक की हँसी फाँसी मौत एक दूसरे ही की
कहत कहत जीभ थकित थकानिया।
अंत एक सबको बिचारि जगमोहन जू
श्यामा श्यामसुंदर की चलैगी कहानिया॥"

चंडी बोली -" देखो श्यामसुंदर के कष्ट दूर हुए। एक दिन न एक दिन श्यामा भी मिलेगी इसको गाँठ से बाँधे रहना। पर अब आँख बंद कर श्यामसुंदर को देखना चाहता है तो देख ले।"

मैंने अपने नैन ज्यौंही बंद किए वही शिखर वही सभा सब नृत्य हर्ष में लगी है। फिर भी एक बार भगवान् के दर्शन हुए। अहोभाग्य ! क्या अपूर्व झाँकी थी। रामचंद्र के सामने श्यामसुंदर दीन मलीन बना खाकी कुरती पहने सिर खोले बकुलमाला की

सेल्ही डाले बाघंबर ओढ़े हाथ जोड़े बिरही बना भगवान् की स्तुति जनमाष्टमी के उत्सव में कर रहा था। वह दीन की स्तुति यह थी -

छप्पै

तुम जनमे जौं आजु मोहि कह दिया गुसाईं ।
छिति छायौ आनंद जगत बजि रही बधाई ।।
जौन दुक्ख मम दर्‌यौ कौन पुरुषारथ तेरो ।
पुरुषोत्तम कहवाय और मम लख्यौ न हेरो ।।
दुखित धरनि लखि श्यामघन जड़ पावस बरसत अवहि।
पै न द्रवे तुम नाथ जौ दयानाथ सौ नाम लहि।।१।।
कौन सुजस तुअ नाथ गाइहौं सो किन भाखो ।
मेरी ओर न करी दया की कोर जु साखो ।।
तुमने अपुने नाँव सरिस गुन कौन दिखाए ।
कौन भरोसे आरत दुख दारत कहवाए ।।
सो न आजु कहि देहु घनश्याम दुख दूरी करन ।
करि करिपा अब हेरिए दीनभक्त जोरे करन।।२।।
तुम सर्वज्ञ कहाय जौ न मम पीरहिं जोई ।
तौ झूठे सब नाम तिहारे जगतल होई ।।
एक प्रेम अवलंब तुमहिं मूरति जु प्रेमकर ।
गावत श्रुति व्यासादि भक्त प्रन रोपि रोपि धर ।।
जौ ऐसे कहवाय कै प्रेम मोर चीन्ह्यौ नहीं ।
तो रावरि सब कपट की बात गईं खुलि तुरत ही।।३।।
मोर विरह बस देह गई पचि सो किन जानहुं ।
अंतरजामी होय गोय यह हू तुम मानहूँ ।।
एक बरस लौ ध्याय ध्यान कर श्यामा केरा ।
देव मनावत गए दिवस आसा बस फेरा ।।
ता कहँ अंतरध्यान कर कहँ सोए तुम चक्रधर ।
कै संगम भायौ नहीं तुमहि नाथ मम दीनकर।।४।।
तुम्हरे पग तो भई बिमाई सो भल जानहु ।

नाथ गोपिका विरह दवागिन जरि जरि मानहु ॥
मान समय वृषभानु सुता के चरन पलोटे[1] ।
बस वियोग सहि विरह आँच परि सीस खरोटे ॥
अगनित कियो उपाव तुम विरह ताप टारन पिये ।
सो सब जानि न आवई अहो दया क्यों नहिं हिये॥५॥
पचहुँ विरह की अगिन माझि संताप अपारू ।
असन न बसन सुहाय भाय नहिं मुहिं परिवारू॥
जहाँ लख्यौ तेहिं सुथल सोय सूने सब सारे ।
इक टक लखि सो तजैं ठाँव नहि दृग दइ मारे ॥
झूलति है वह आजहू जिय में हिय में दृगन में ।
अंबर में अवनी अबहिं तरु पातिन जल थलन में॥६॥
अब नहिं गाई जाए कहानी तेरे सम्मुख ।
करुनानिधि कर जोर कहों करिये टुक कछु रुख ॥
जौं तुम साँचे दुःखहरन प्रेमिन अवलंबन ।
वृंदा विपिन सुचंद चारु चरचित तन चंदन ॥
तौ न बेर लावहु अहो दीननाथ असरन सरन ।
करहु सुरत अब तुरत प्रभु जे जगमोहन दुखदरन॥७॥
जौ तुअ जन्म उछाह सकल जग भौनन भारी ।
मंगल गान प्रमान दान करते नरनारी ॥
जो आनंद घन तीन लोक आनंद भरपूरा ।
तो मैं दीन अकेल एक आनंद अधूरा ॥
यह है तुअ महिमा लखी - पै इनाम इक दीजिए ।
श्यामसुंदर श्यामा जुगल जोरी जुर जस लीजिए॥८॥

दोहा

कृष्ण जनम आठैं करी विनती सुंदर श्याम ।
हरहु पीर तन हीर की मन की जानत राम ॥

1. देहि पदपल्लवमुदारम् इति गीतगोविंदे ।

इसी स्तुति को सुन चाहा कि श्यामसुंदर को पकड़ लेय और दो बातैं तो कर लेंय पर ज्यौंही हाथ बढ़ाया आँख खुल गई, सब बिला गया सबेरा हो गया - देखता हूँ तो कोई कहीं नहीं- बस वही घर और वही खाट- वही दीवट।

'' वितान तने जहँ फूलन के द्युति चाँदनी शारद जोति अमंद।
मिली सपने में तिया कविदेव मिटे सबही जिय के दुख दंद॥
सुगंध सुमंजु सनेह सनी सुतौलौ कोई कूकि उठयौ मति मंद।
खुलैं अँखियाँ तो न चंदमुखी न चँदोवा न चाँदनी चंद न चंद॥''

चकित हो आँखैं भीजता ही रह गया। वाहरे विचित्र स्वप्न ! क्या क्या देखा क्या क्या तमाशे दिखे - बस देखते ही बन आता है। श्यामा और श्यामसुंदर की प्रीति कैसी विचित्र हुई। इसका अंत कैसा हुआ। कहाँ से स्वप्न में श्यामा अपना सब हाल कहती थी - अब वह कहाँ विलाय गई क्या क्या कहा- वाहरे समय ! वाहरे काल ! क्या क्या नहीं दिखाता ? कहाँ वह घोर यमपुर तुल्य भुईहरे का कारागार - कहाँ वह डाइन, राजदूत, जेलर ! कहाँ का बैर और कहाँ वह न्यायाधीश - सब के सब कहाँ लोप हो गए ? पर श्रोता सावधान हो इसे केवल स्वप्न ही मत समझो, इसको सुन इसके सार को ग्रहण करो। इस सागर को मंथन कर इसका सार अमृत ले लो। स्त्री-चरित्रों से बचो। बस इसी शंकराचार्य के कहे को स्मरण रखो - ''द्वारं किमेकं नरकस्य नारी''- और महाराज भर्तृहरि के कहे को -

आवर्त्तः संशयानामविनयभवनं पत्तनं साहसानां,
दोषाणां सन्निधानं कपटशतमयं क्षेत्रमप्रत्ययानाम्।
स्वर्गद्वारस्य विघ्नो नरकपुरमुखं सर्वमायाकरण्डं,
स्त्रीरत्नं केन सृष्टं विषममृतमयं प्राणिनां मोहपाशः॥

॥ इति चौथे प्रहर का स्वप्न ॥

कवि परिचय और ग्रन्थ परिचय

पूस बदी गुरुवार तीज दिन शिशिर रायपुर माहीं ।
नैन[1] वेद ग्रह चंद वर्ष यह संवत्सर हरषाहीं ॥
गद्यपद्यमय विरचि कथा शुभ श्यामापद परसादा ।
" श्यामा-स्वप्न " नाम की पोथी प्रकटाई बहु स्वादा ॥
पढ़ि यह सादर ओर छोर तै बुधजन कहहिं सराही ।
गुन अरु दोष बताइए छल तजि खल हू छमहु ढिठाही ॥
या जग नारि नैन के शर सों को बचि रह्यो बताओ ।
आँखिन देखि पियत घट विष यह सो मदिरा बौराओ ॥
जानि दोष सब संत असंतहुँ चूकत या मग आए ।
ऐसो और भरम नहिं लखियत पढ़े गुनेहू ध्याए ॥
जब लौ बालक पुंगीफल को कतरत अँगुरिन काटै ।
तब लौ चाहै कितिक सिखावो तज तन टेवँ न डाटै ॥
पै गिरि कूप वार इक सोई बारंबार गिराही ।
तासो बढ़िकै और न मूरख जगत माहि दिखराही ॥
पढ़ि यह स्वप्न पियारि लीजिए कितने दुख की खानी ।
नारी अहै जगत पुरुषन कों कहिये कथा बखानी ॥
शंभु स्वयंभू हरि हू जाके बल प्रभाव रुख हेरे ।
ते इन मृगनैनिन के घर के सदा दास अरु चेरे ॥
वचन अगोचर चरित विचित्रहु जाके नहिं कहि जाई ।
ऐसे सुमन शरासन वारे मदनहिं प्रनवौ भाई ॥

1. १९४२

जाको आदि अंत नहिं जानौं पामर थकि थकि हारो ।
शिव से जोगी भए जासु वश धन्य सुताहि विचारो ॥
प यामें कछु शक नहिं रंचुक नारि नरक सोपाना ।
जियत देय दुख दारुन देहिन मरे न कछू ठिकाना ॥
यासो बार-बार कर जोरे कहहुँ देखि सब रंगा ।
विषपूतिर सम वाहि तरकिए तजि वाको परसंगा ॥
एक मास के माहि जबहिं मुहि औसर मिल्यौ सुहातो ।
तबै विरचि रचि रचि लिख लीन्हो ''श्यामास्वप्न'' प्रभातो ॥
श्यामालता - स्वप्न श्यामा को तामधि ''विनय'' बटोरी ।
''देवयानि''-''सम्पत्तिलता'' अरु मेघदूत - रस बोरी ॥
रची और पोथी जिनको मैं नाम अनुक्रम गायो ।
देवयानि के अंतिम ठौरहिं कवितसुधा बरसायौ ॥
सोई विजयसुराघवगढ़ के राजपुत्र बनवासी ।
श्री जगमोहनसिंह चरित यह गूढ़ कवित परकासी ॥
गूढ़ मित्र हृदयंगम केवल गूढ़ अर्थ पहिचानै ।
बाँचि अनंत स्वादु लहि मेरो सफल परिश्रम जानै ॥
श्यामानंद ब्रह्मचारी जू आचारज अरु व्यासा ।
श्यामालता-सुमन के सुंदर प्रियमकरंद विलासा ॥
ऋषि वज्रांग बीज मधुकर सो छंद मंद नहिं सोहै ।
श्यामाशक्ति श्यामसुंदर जू कीलक सब थल मोहै ॥
बहुत ठौर उनमत्त काव्य रचि जाको अर्थ कठोरा ।
समुझि जात नहिं कैहूँ भातिन संज्ञा शब्द अथोरा ॥
सपनो याहि जानि मुहिं छमियो विनवत हौं करजोरी ।
पिंगल छंद अगाध कहाँ मम उथली सी मति मोरी ॥

इति श्यामा स्वप्न समाप्तः

काव्य

विनय

श्यामा सरोजनी

देवयानी

प्रलय

सज्जनाष्टक

ऊँकार चंद्रिका

प्रतिमाक्षर दीपिका

विनय

बंदौ श्याम चारहु फल को मूल जो
करहु मोर उर धाम हरहु पीर अनपाइनी ॥१॥
विनय करौं कर जोर सुनु जगमोहिनि लाड़िली।
करहु दया की कोर तुअ प्रभाव भव भय तरत ॥२॥

सवैया

हम नेह कियो तजि गेह सबै सुत, मातु पिता अरु भ्रात जहाँ
बिनु मोल के दास भए तबहीं जब कीन्हों कृतारथ मोहिं अहा।
अब तो उतनी नहिं चाह करो जगमोहन दुःख अनेक सहा
''सब छोड़ि तुम्हैं हम पायो अहो तुम छोड़ि हमैं कहो पायो कहा'' ॥३॥
इतनो न विचार कियो पहिले जब प्रीति लगाय लई तुम हा
बजिकै सब गाँव में डोड़ी फिरी भई हाय कनोड़ी कछू न रहा।
जगमोहन भूलि गई अब तो तजिकै सब भाँति न जीय दहा
''सब छोड़ि तुम्हैं हम पायो अहो तुम छोड़ि हमैं कहो पायो कहा'' ॥४॥

कुण्डलिया

श्यामा बिन इत बिरह की लागी अगिन अपार
पावस घन बरसैं तऊ बुझै न तन की झार।
बुझै न तन की झार मार निज बानन मारत
आँसू झरना डरन मरन को जो मुहिं जारत।
जारत अंत अनंग मीत बनि नीरद रामा
कैसे काटो रैन बिना जगमोहन श्यामा ॥५॥

सवैया

बसिकै इक गाँव में नाव चढ़े हम प्रेम पयोनिधि माहि महा
बहु भाँति निरास चटानन बीच तुफाननसो बचि कै न रहा।
जगमोहन बावरी कैहूँ सुनो विनती इतनी हठ मान गहा
''सब छोड़ि तुम्हैं हम पायो अहो तुम छोड़ि हमैं कहो पायो कहा''॥६॥
परि पैंया गुसैयाँ सरीस करी विनती बहु जोर कै हाथ गहा
तुमहू पहले बहु बात दई ''नहिं छोड़हिंगी हमें कैहू'' कहा।
जगमोहन हू तिमि ध्याय तुम्हैं परतीति करी पतिया विन हा
''सब छोड़ि तुम्हैं हम पायो अहो तुम छोड़ि हमैं कहो पाया कहा''॥७॥
कुलकानि तजी गुरु लोगन में बसिकै सब बैन कुबैन सहा
परलोक नसाय सबै विधि सों उनमत्त को मारग जान गहा।
जगमोहन धोय हया निज हाथन या तन पाल्यो है प्रेम महा
''सब छोड़ि तुम्हैं हम पायो अहो तुम छोड़ि हमैं कहो पायो कहा''॥८॥
लखि लीन्ही तिहारी पिरीति सुनो मन की मन में जु रहे धर कैं
छिनको न निर्वाह कर्‌यौ तनिको कुलवंश औ जात कहा कर कैं।
मिलि भेटिबे की कछू बात नहीं जगमोहन के मन को दर कैं
निशि वे बतियाँ जब याद परैं तन कूल करेजन में करकै॥९॥
श्यामल श्याम लखात चहू नभमंडल मं वग पाँति सुहाई
दूब हरी हरी गैलै गई मूदि हा हा हरी सुधि हू बिसराई।
त्यौं जगमोहन पीरी परी बिरहानल ने सब देह जराई
तेरे बिना घन घेरि घटा तरवार लै बिज्जु अटा चढ़ि धाई॥१०॥

मयूर को देख

दोहा

नीलकंठ कलरव करहु जाए पियारी गेह।
तनिक सँदेस सुनाइए होय लहलही देह॥११॥

सवैया

सुधि कीजिए श्यामा वही दिन की जब अंक में अंक लगाय रही
अति दूबरे गात मृणाली मनौ मथि डारे थके रतिरंग लही ।
अधरासव सों छकि तुच्छ गिन्यो जगके सिगरे सुख दुःख यही
जगमोहन पै नहिं जानो रह्यो विसवास को डाको परैगो सही।।१२।।

दोहा

बिसरैं पै तेरी अली बतियाँ अजौं न हाय ।
सुधि करियो उन दिनन की जब तुम रहीं सहाय ।।१३।।

सोरठा

सीखी तनिक दया न दीन दयाल कहाय कैं ।
श्यामा दर्शन दान निज जाचक कहँ दीजिए ।।१४।।

दोहा

करियो सुधि वा साँझ की मुहि वंशीवट धाम ।
तुहिं प्रतिदिन निरखत रहे शशि चकोर लौ श्याम ।।१५।।
कैसे सुधि करवाइए वा दिन की तुहिं हाय ।
जब न लख्यौ सरितापुलिन रहे रोय घर आय ।।१६।।

कुं०

तब दरसन ऐसे हते दिन में सौ सौ बार
अब दरसन ऐसे भए आड़ैं परत पहार ।
आड़ैं परत पहार हार जिय धरिकैं बैठे
कीन्हे पूरब पाप कौन जे मो मग पैठे ।
काको कीन्ह बिगार जौन दुख झेले बरसन
दुर्लभ हाय विचारि अहो श्यामा तव दरसन ।।१७।।

दोहा

कीजै कौन उपाय अब दई भयो मुहिं बाम ।
तनिक दया चीन्ही नहीं हाय बिसार्‌यो राम ।।१८।।
चलत न दीन्हौ दरस टुक रहे विसूरत प्रान ।
निकसे सठ निर्लज्ज नहिं हठ करि रहे निदान ।।१९।।
जरी धरी परबस परी परी कसाई हाथ ।
इची खिची गिरमा गसी गैया लौं तुअ साथ ।।२०।।
जेहि नित नैना निरखते रखते और न काम ।
रूप परखते और नहिं तिन कह भौ प्रभु बाम ।।२१।।
सोवत जागत उठत अरु बैठत बोलत बैन ।
जेहिं देखत वे दिन गए सो केहिं देखैं नैन ।।२२।।
कबहुँ अटारी देहरी कबहुँ कियारी बीच ।
कबहुँ निवारी बीनती ठठकि किवारी खींच ।।२३।।
कबहुँ नीर मज्जत कबहुँ नदी तीर की भीर ।
तौहू धीर सरीर नहिं चलत नैन जिमि तीर ।।२४।।
नदी तीर एड़ी घिसति झुकि झुकि झझकि हटै न ।
पियहिं हसति निरखति रहति चलत चपल चहुँ नैन ।।२५।।
कभू न्हात बतरात कहुँ कहुँ निरुवारत केश ।
कभू घिसत एड़ीन झुकि निरखत पियको वेश ।।२६।।
तजति न सो ठाँवहिं मुरकि निरखति पिय मुखचंद ।
वसन दाबि दंतन दुविच पैरत सलिल अमंद ।।२७।।
कै आगू पाछू कबहुँ आवत पियके संग ।
जौं अचांक मग भेटती विहसति करि बहु रंग ।।२८।।
मुख लिलार सेंदुर सहित माँग सवाँरी बाल ।
जलदपटल ते विलग मनु मंगल शशि इक काल ।।२९।।
गोरी तेरे मुख लसैं दाग सीतला केर ।
मनहुँ चंद्रमा ने रच्यौ चंदन बुँद की ढेर ।।३०।।

जो रस तुअ अधरान में सो रसना न बखान ।
रस ना रसना और में ताते रसना जान ॥३१॥
कहा कहौ गोरी सुनो नदिया नाव संयोग ।
विंध्यकीर सिंदूरगिरि तीर सारिका भोग ॥३२॥
हम पंछी अति दूरके दूर हमारो देश ।
तुम सिंदूर सी सारिका सुंदर सोभित वेश ॥३३॥
गयो कीर उड़ि आन नग गई सारिका अंत ।
रतन भूमि गिरि के निकट सह्यौ कलेस अनंत ॥३४॥
कीर धीर कैसे करै जाके पीर शरीर ।
पर उखारि पिंजरन जकरि लैगो व्याध सुवीर ॥३५॥
सावन के भावन जलद भूखो बाज झपेट ।
गहि चोंचन हिंसक अरी मैना लई लपेट ॥३६॥
इत बिछुरे कीरहु सुजन उत मैना बिछुरीह ।
मैना वस अपने रह्यौं नैना लख्यौ न जीह ॥३७॥

सवैया

यह तीर मनोहर नीर सुहावनो वीर बिना तुअ नीको नहै।
चहुँ धीर समीर जनावत पीर भुजंगम मैर सरीर दहै ॥
अब गुंजत नाहि मिलिंद के पुंज निकुंज में मंजुलता न रहै।
जगमोहन हाय परे तन पिंजर प्रान विहंग उड़ायो चहै ॥३८॥
करु याद अहो टुक वादिन की जब छैल उतै तुव बाँह गही।
भुज मेलि परस्पर कंठ कपोल कपोल अमोल लुभाय लही।
बिरलौ न कियो कछु हास विलास सुमंद हँसी बतराय रही।
जगमोहन हीय फटै दरकै सुधि आवै जबै सँग तेरे सही ॥३९॥

दोहा

बीती निशि इक छनिक मैं तनिक न जान्यौ कोय।
कैसे सुख सोवहु प्रिये गए दिवस दुख खोय ॥४०॥

डारि गरैं मृदुवल्लरी बाँहन किय रसबात ।
चूम्यौ अधर मिलाय कै अधर मंद मुसकात ॥४१॥
सो सुधि जब आवत अहो दरक जात मो हीय ।
जौं सुधि तुहिं आवै कहूँ बचै न तौ तुअ जीय ॥४२॥
जौं कविता सरिता सरिस शक्ति धरै तो मोहि ।
तो सों मिलन न कठिन कछु यही रह्यौ मग जोहि ॥४३॥
जौं ईसुर हो तो कहूँ सुनतो करुना बैन ।
विरह विलाप न सहज कछु तो मुहिं देतो चैन ॥४४॥
सुनिए विधिना विनय बहु विरह विलाप बहोर ।
प्यारे जो जगदीन संग श्यामा मिलवहु जोर ॥४५॥

सवैया

श्यामा बिनै सुनु नेह तुहीं मम जीवन दूसरी और न कोऊ ।
काहे तज्यौ मुहि का अपराधन दीन्हो विचार बिना दुख सोऊ ॥
सो जो कहो केहि नीत की रीति पिरीति की चाल विचारिए दोऊ ।
तेरे सुनाम की माला जपैं जगमोहन होनी भई सुतो होऊ॥४६॥
कौन कहैगो ''हमै पिय प्यारे सुनो मनमोहन ए बतियाँ ।
तुम आओ अचानक गेह तहाँ तुहि लाव हौं आनँद सों छतियाँ ॥
पल पावड़े डारि रहौंगी डटी डेवढ़ी डर छोड़ि अधीरतियाँ ।
पुनि मूदहुँगी निज अंक में बाहु पसारिके'' ऐसी लिखी पतियाँ ॥४७॥
अब कौन लिखेगो 'बिचारो तुम्हीं केहि भाँतिन चुंबन दीजिए हो ।
पतियाँ में लपेट कहौं किमि भेजिहौं सोचहु तो फिर खीझिए हो ॥
दृग सों दृग लोल लगाय हौ जो मनभावन तो मन लीजिए हो ।
जगमोहन कौन भरोसे रहे उलटो सब कीन्हों सुचीन्हिए हो ॥४८॥
नेह की डौड़ी फिरी जग में सु रही तिलसी न थली तिहुँलोकन ।
लोकन लोक बही जु बयार औ लोगहू लागे विचारन सोचन॥
गाँवते गाँव बढ़ी पुरते पुर लाँघि नदी नरवा घर को तन ।
फैली पहार पहार ते फेर नदी सहू पार गई दुखमोचन ॥४९॥

ऐसी कभू न भई नहिं होयगी कीन्हो कहू यह देस न ऐसो ।
जो परतीति के सिंधु में पैठि गयो बहु बूड़ निरासन कैसो ।।
जो जगमोहन कैसे कहै वह सुंदर श्याम सनेह को जैसो ।
जैसो धुजा फहरात चहूँ सुइ काढ़्यौ पताका पिरीत को तैसो ।।५०।।
कौन सी बातन याद करैं हम कौन कथा कहिए दिल खोली ।
कौन मिलै जगसाथी हमैं दिलदार बुझावनहार अमोली ।।
बोले सभी मधुरे सुथरे सुघरे बच आन अली दुख झोली ।
ऐसो मिलो जगमोहन कोउ न जो पै मिलावतो तोहि सों भोली ।।५१।।
तुअ गौन की याद जबै जिय आवत पावत प्रान कलेस अली ।
अँसुआ झर सावन भादौं मनौ हरिया वत नेह जवा की वली ।।
अँग सूखि जवास लौ पीरो पर्‌यौ सु हवास गयो तन त्यागि भली ।
जगमोहन जीवन केर अँदेस बिना तुअ प्रात की कुंदकली ।।५२।।
कितनो बरज्यौ यह जीवहि हाय गहै वह पंथ नसावहुगे ।
तिल लौं निज टेक तजी न कहू मरजी न भई पछतावहुगे ।।
उनको वह मारग सूधो लगै हठ नीर लौ जौं दुख पावहुगे ।
सहनोई परो सहते दुखवा जगमोहनें केंहूँ जिवावहुगे ।।५३।।
कितनी सहिए रहिए गहि मौन भयो तन पिंजर लो दुबरो ।
अँखियाँ अँसुआँ झर लाय रहीं कहुँ धार अपार रुकी न जरो ।।
तुअ प्रीति के फंदन पायो महादुख दारत सी हमरो हियरो ।
जगमोहन राम मिलाप के काज रहे भरतो सम धीर धरो ।।५४।।
विसवास को घात अघात कर्‌यौ कटु दीन्हो दिखाय हमैं मिसरी ।
हम रोए जबै अँचरा निज हाथन पोंछे बिलोचन कंठ भरी ।।
समुझाय रहो बहुभाँतिन तैं करके रसबातन सोच हरी ।
इकहू न रही जगमोहन हाय सो छीर के भोरे भख्यौ विष री ।।५५।।

दोहा

जौं गनेस निजकर जुगल लिखैं वियोग हमार ।
कै सरसुति भाँखैं करी श्यामा तौहु न पार ।।५६।।

सवैया

रोग सहे सब भोग तजे जिय सोग बिसाह्यौ महा तुम्हरे हित।
जोगदिये बिसराय सबै लखि लोग के ढोंग सुलोक इतै इत॥
तेरी दया इक आस रही चहुँ पास तिहारई सेई सबै जित।
पै जगमोहन धूर मिलायो कर्‌यौ भ्रम चूर न पूरो पर्‌यौ तित॥५७॥

आर्य्या

कहत बनत नहिं प्यारी कौ न तुम्हारी यारी बात।
मुख तुअ अमृत धारी विषम कटारी दिल दरसात॥५८॥

दोहा

जित देखो प्यारी दिखै दस दिसि अवनि अकास।
सो आसा सों भरि रह्यौ सुमिरन नाम उजास॥५९॥
श्यामा तेरे नेह की डोर जकरि जिय मोर।
मन मतंग अति प्रबल मम खिच्च्यौ जात बरजोर॥६०॥

सवैया

होते नहीं तुमसे करतार तो फेर तो कौन अबै हरतारहिं।
ऐसे मजीठ के आँक लिखे बल ताल के पत्र पै लोह की धारहि॥
जौं गजराज सरीखे महाबली खीचै सबै गहि डोर पहारहिं।
तौहू हटे न चलै कोऊ भाँतिन पौन को वेग कहा गिरि टारहिं॥६१॥
भ्रमरी दृग श्यामा सरोजमुखी बहियां गहती न अजो हमरी।
हमरी कहु कौन दशा सजनी जग होती त्रिशंकहु सो कमरी॥
कमरीसम झाँझर देह भई दुबरी सुवरी विरहातमरी।
तमरी अब कौन विलोचन चंद मिटे जगमोहन को भ्रमरी॥६२॥
श्रम री इतनो करि हाय थके इक साधन ना शिव सों कमरी।
कमरी भई प्रीत की रीत सबै मनसो न गयो अजहू भ्रम री॥

भ्रमरी सम भूलि भ्रमे नलनी चहुँ पायो पराग मधू सम री।
समरी दमरी लौ दियो बदलो जगमोहन व्यर्थ कियो श्रम री ॥६३॥

दोहा

दिपति दिवाली दीप दुख दारत दुःसह प्रान।
बिनु श्यामा इत द्यौस निशि लगि दमार तन जान ॥६४॥
राम मनावत दिन गए याही दिन की बात।
यही सोच मन रहि गयो हाथ मीजि पछितात ॥६४॥
पुनि न करी मेरी सुरति सुनि न खबर मम कान।
रह्यौ कराहि कराहि जिय विकल मीन लौ प्रान ॥६६॥

सवैया

आजलौ रोवत गावत सोवत जोहत बीते कहूँ दिन मेरे।
पै अब कैसी करों सुनियै जिय ढाढ़स ना अकुलात घनेरे ॥
पाती लिखी किहि कारन नाहिं सु छाती जरै विरहा तन घेरे।
हाय दई अनहोनी करी जगमोहन सों सब हाथ है तेरे ॥६७॥
आज प्रभात ही बात तिहारियै आय गई जिय सोचत तोही।
त्यौं जगमोहन ध्यानहिं धार रहें भरतौ समहू जड़ जोही ॥
मूँदत नैन गए तन चैन सो लाय रह्यौ मन मूरति ओही।
और कों का अखियाँ ए लखैं चखि अमृत छांछ पीं क्यौं इन्हैं सोही ॥६८॥
निशिचंद को देखि लखैं महाताव क्यौं तारन देखि लखैं जुगनू।
इन आँखिन रूप बस्यौ यह पानिप जानत एहैं बड़ी लगनू ॥
पुनि सूँधि गुलाब चमेली जुही हिय मेलि कनैरहिं सो ठगनू।
अब पूजिए रामहिं छाड़िकै आन कहा जगमोहन ह्वै मगनू ॥६९॥
बसि कै इन बैरिन बीच भयो विसवास को घात अघात बली।
हम भूलि कै भेष को पूज्यो महा दुख पायो मनो तन कूप थली ॥

जपमाला हलाहल से निकरे तिलको तिल लौ न प्रबोध छली।
पुनि नीच की कौन कथा कहिए पय जान पियो विष भाँति भली ।।७०।।
सुमायके में नवजोबनी बाला सनेह सकै किहि भाँति दुराय।
कहूँ बगरावति चीर अधीर समीर उड़्यौ गहि कै लपटाय ।।
कभू गृहकाज के व्याज चढ़ी उत ऊँचे अटा निरखै पिय आय।
विलास सहास प्रमोद भरी जगमोहन प्रीति छकी दरसाय ।।७१।।
प्यारे पुरान सुनो चित लायकै पाछे यहीं करियो सुखसैनहिं।
गाँव के सोय गए अधरात सुनात परोस - न बात कहूँ नहिं ।।
खोर को देखत ही डर लागत चोरहु आयो सुन्यौ हम रोरहिं।
माय को मेरो न चिंता कछू बसि रात इतै उठि जाईयो भोरहिं ।।७२।।
टुक मानो कही अबही सबही कबहीं के गए पुनि सोय तबै।
झिमकै जल रात अँध्यारी चलैं अति सीरी बयार कँपै तनबै ।।
जगमोहन स्यानी धरीसी रहै पुनि रोग ग्रसी मम मातु अबै।
घर सूनो अकेली नवेली डरौं बसिकै इत काटिए रैन सबै ।।७३।।
लखिकै जगमोहन डीठि बचाय सखी उर चंपक माल भई।
गर लाय रही टक लाय पियै निसि चंदचकोर लौ चाय नई।
गुरु लोगन सामुहे बोली भलें वह घाट अकेली न जैहौं दई।
तुअ पाछे चलौंगी भलैं सुई वाट में साँझ जहाँवट खोटो हई ।।७४।।
लखि पीय को जात अन्हात तहाँ गई तीय सुचाय भरी निज जीय।
उठाय लई कर कंचुकी भार दुकूल धर्‌यौ कलसा कमनीय ।।
कहूँ केहि ओट विलोल विलोचन कैसे रहै छनहू रमनीय।
बिना जगमोहन फीके भए घर बाहर और सहाय न हीय ।।७५।।
जा दिन ओट परै तनिको कनिको मन धीर धरै न धरैहूँ।
कै लिख चित्र वियोग के पत्र बिताय पवित्र सुद्यौसहु कैहूँ ।।
कै दृग लाय लखै सुई मारग प्रेम को पारग जाए जवैहूँ।
कै जगमोहन की बतियाँ छतियाँ भरि कै रतियाँ सुनि मैंहूँ ।।७६।।
अब कौन रह्यौ मुहि धीर धरावतो को लिखिहै रस की पतियाँ।
''सब कारज धीरज में निबहै निबहै नहिं धीर बिना छतियाँ ।।

फलि है कुसमै नहिं कोटि करो तरु केतिक नीर सिचौ रतियाँ।
जगमोहन वे सपने सी भई सु गई तुअ नेह भरीं बतियाँ ।।७७।।

दोहा

बार सबारन मिसि कियो कर पंकज सों सैन ।
नदी घाट की बाट को सुघर सहेट सचैन ।।७८।।
पिय भेजी बीरी बनी दाड़िम दसनि अनार ।
तिन सनमुख श्यामा लई को सुख बरनन हार ।।७९।।
हम तुम मेला के दिवस ठेला सों डरि एकु ।
चढ़े अटारी पै अहो प्यारी सुधि करु नेकु ।।८०।।
जदपि भीर इतनी तऊ नागर नेह छिपै न ।
तोही सों अरुझे खरे कंपस* से जुग नैन ।।८१।।
मुखमयंक पर नथ लसै मनहु इंदु परिवेष ।
जगत विजयको सगुन मनु मदन जोतिषी लेष ।।८२।।
मुखमयंक मधि अंक मनु माता अंक लखाय ।
कै छाया मृग नैन की उदर तासु बिलसाय ।।८३।।
लाल चूनरी पहिर कैं करत खूनरी काहि ।
इंद्रधनुष सी छबि मनौ नभ तन प्रकट दिखाहिं ।।८४।।
जौन दूर दस हाथ हू तउ न इन्है संतोष ।
दूरबीन दर दृग लखैं तुअ मुखचंद अदोष ।।८५।।
बरजी पै ए ना रहे करजी भए अकाज ।
रूप हेतु अरजी करी मरजी भई न आज ।।८६।।
हा कुरंगनैनी अनी क्यौं वेधी जिय मोर ।
मैं गरीब कैसी करौं कहा बिगार्‌यौ तोर ।।८७।।
बनी जहाँ लौ सुनि प्रिया सेवा करी तुम्हारी ।
'सेवा करि मेवा मिलै' झूठी कहनि बिचारि ।।८८।।

* 'कंपस' एक यंत्र होता है, जिसकी सूजी सदा उत्तर ही की ओर रहती है, कंपस अंगरेजी शब्द है।

भोरी भोरी भौंह की गोरी कियो विसास ।
सो बिच्छू के डंक लौ लागी बिना उसास ॥८९॥
प्रथम लगन की जो कथा सो किमि बरनी जाए ।
ना जानू कैसी भई अनहोनी जग आय ॥९०॥
मैं तुहि शुद्ध सुभाव सों रह्यौं निरखि दिन रैन ।
तू उलटो जादू कियो तकि मार्‌यौ शर नैन ॥९१॥
लखत लखत अभिलाष जिय बाढ़्यौ प्रतिदिन चाव ।
बिनु देखे मन ना रह्यौ कर अपने अपनाव ॥९२॥
तुहि बैठे इक दिन लख्यौ मुग्ध रूप अभिराम ।
करि परिहास सुमीत इक कह्यौ ''तिहारी वाम'' ॥९३॥
वा दिन ही मो मन मुह्यौ रह्यौ न तनिक विकार ।
सहज भाव लखि कै भलें जिय में लियो विचार ॥९४॥
पै तेरे जग को कहै कौन जगत परवीन ।
नारिचरित अवगाहिबे भए सकल इत दीन ॥९५॥
तू पुनि आय सँजोग किय सपने दिवस अकाज ।
कौन बैर बसते कियो भुज बंधन तजि लाज ॥९६॥
राई सो तिल तिलहिं सो जौ जौ सो गोधूम ।
कर पकरत हिय सों लगी लिय कपोल पुनि चूम ॥९७॥
इत हूँ अभिलाषा बढ़ी बोलन चाह्यौ बैन ।
कर सरीर परसन चह्यौ दरसन चाह्यौ नैन ॥९८॥
अधरासव अधरन चह्यौ उरहु चह्यौ उर लागि ।
चह्यौ श्रौन सुनिवे वचन मधुर मधुर रस पागि ॥९९॥
दिन में छिन दरसन भए तो मान्यौ जिय चाव ।
पुनि दिन दिन दो चारु अरु पाँच बेरहू भाव ॥१००॥
देखे बिन फिर ना रहे कलन पर्‌यौ पल नैन ।
रात द्यौस लेखो लग्यौ तलफत मिलो न चैन ॥१०१॥
जदपि मौन हमसे अधिक गह्यो गरूरि जरूरि ।
तौहू मेहदी रंग लौ अंत गयो मन रूरि ॥१०२॥

उठनि हँसनि वतरानि अरु निरखन चलन सुजान।
जौ न आगमन प्रति दिवस तऊ गए सब जान ॥१०३॥
चंद कहा हाथन दुरै चाँदनि कै पटमाहिं ।
सूरज किमि छत्रहिं छिपै ढोल छिपै घर नाहिं ॥१०४॥
जौं मयंक छिति सों कई कोस लाख लौ दूर ।
तौंहू अंक लखात इत तू किन जीवन मूर ॥१०५॥
जौ सूरज घन चंद्रमा बसहीं दूर अकास ।
कमल कलापि कुमोदिनी छिति रहि प्रीति प्रकास ॥१०६॥
तेल बूँद जल लौ कढ़ै एक दिवस यह प्रीति ।
मूल सुवट लौ भिदत छिति याकी अचरज रीति ॥१०७॥
हम दोउन को बोलिवो हँसिबो मज्जन नीर ।
सहि न सके इत के सुजन उठी जु तिन उर पीर ॥१०८॥

॥ समाप्त ॥

श्यामा सरोजनी

तन तरु चढ़ि रस चूसि सब फूली फली न रीति
पिय अकासवली भई तुअ निरमूलक प्रीति

(हरिश्चंद्र)

समर्पण

हृदयंगमे ! मनोर्थ मंदिर की मूर्ति ! लो यह श्यामासरोजिनी तुम्हें समर्पित है, श्यामालता से इसकी छटा कुछ और है, वह श्यामलता थी- यह उसी लता मंडप के मेरे मानसरोवर की श्यामासरोजिनी है, इसका पात्र और कोई नहीं जिसै दूँ। हाँ एक भूल हुई कि श्यामास्वप्न एक ''प्रेमपात्र'' को समर्पित किया गया, पर यदि तुम ध्यान देकर देखो तो वास्तव में भूल नहीं हुई, हम क्या करैं तुम आप चाहती हौ कि ढोल पिटैं, आदि ही से तुमसे गुप्तता की रीति एक भी नहीं निबाही हमारा दोष नहीं तुम्हीं विचारो मन चाहै तो अपनी 'तहरीर' और 'एक बाल' देख लो, दफ्तर के दफ्तर मिसलबंदी होकर धरे हैं, आप में कह कर बदल जाने की प्रकृति अधिक थी इसीलिए प्रेमपात्र को 'स्वप्न' समर्पित कर शाक्षी बनाया, अब कैसे बदलोगी ? जाने दो इस पवारे से क्या - ''नेकी बदी जो बदीहुती भाल में होनीहुती सु तो होय चुकी री'' पर यह तुम दृढ़ बाँध रखना कि मैं अद्यापि तेरा वही सेवक और वही दास हूँ जिसको तूने इस कलियुग में दर्शन देकर कृतार्थ किया था-अब आप अपनी दशा तो देखिये मैं तो अब यही कहकर मौन हो जाता हूँ।

जिनके हितु त्यागि कै लोक की लाज को संगही संग में फेरी कियो। हरिचंद जू त्यों मग आवत जात में साथ घरी-घरी घेरी कियो। जिनके हितु मैं बदनाम

भई तिन नेकु कह्यो नहि मेरी कियो। हमैं व्याकुल छाड़ि के हाय सखी कोउ और के जाए बसेरी कियो।

तुम्हारा

रायपुर जगमोहन,

सवैया

कटि पीतपटी सिर मोर छटी, छहरै दुपटी तन घेर घटी ।
भल रेख ललाट लसै लपटी नट नागर दामिनी सी उपटी ॥
मुरली अधरासव पीय सटी निपटी कुल कानि उजारि लटी ।
जगमोहन श्यामल जू नट साँवरी सुंदर मोहन नाम रटी ॥1॥

शिव शंकर चामर चंदन चंद शरीर मनो उपमा से करै ।
गिरिजा विजुरी विलसै लखि अंक निशाकर भाल तमासे करै ॥
बन गंग तरंग किलोल हिलोल विलोल जटा में छमासे करै ।
जगमोहन पाप हरै निडरै जेहि ध्यान सु पुन्य जमा से करै ॥2॥

पायो विराम न तेरे बिना जगमोहन ढूढ़ि फिरयो जग सारौ ।
हारो वृथा यह पातकी मान मिल्यो सुखहूँ कहूँ नाहिं बिचारौ ॥
आपुने हूँ भए और समान भयौ इकलौ तजि बंधुन डारौ ।
हाय तऊ सुधि तैं न लई बिनु पाप कहो केहि नातेहिं मारौ ॥3॥

बीतै सबै जगमोहन के सुख आयो समाज समेत कसाला ।
व्है गए नंदन चंद रागीर सपीर भुजंगम चंपक माला ॥
मोम की मूरति राखी हिये करि कोटि उपाय हुताशन ज्वाला ।
लोचन जौं बरसाते नहीं जल तो कबकी पिघलाती उताला ॥4॥

साँचे सनेह की प्रीति इतै उत जैसी रहे तुमहीं भरमावती ।
कौन सों का कहिए जगमोहन आपुने प्रान फंसे कलपावती ॥
ऐसी करैं नहिं पूरी परै जगमोहन बातन बात पचावती ।
चाँदनी कैसे छुपै पट माहिं सो क्यों निज हाथन जीय गमावती ॥5॥

सूनी भई अब खोरैं सबै तरु बैठि कै मोर न सोर मचावई ।
सूने अटा अब चूनरी की छटा छावै न छज्जन बैसी कहा भई ॥
सूने निकुंज भए सिगरे अब भृंग के पुंज न गूँजत आवई ।
सूनी रसाल की डारन जो जगमोहन कोकिल कंठन गावई ॥6॥

आज लौं जो न मिली तुमसों धरि धीर हिए दुख द्यौस बिताइगौ ।
ताइगो तेरो सरीर समीर वियोग लता तबहू मुरझाइगौ ॥
आस मिलाप धरे रहिए जगमोहन एक दिना मिल जाइगो ।
जाये तो जाये भलै तन जो पर कैहूँ नहीं हमरौ प्रन जाइगौ ॥7॥

होय न जैसी लिखी करतार लिलार हमारे डरौं न डराइगौ ।
बूड़ै चहै कुल कानि अली निज बातन हौं कबहूँ बिसराइगौ ॥
पै जो कही जगमोहन सो मिलिहैं मिलिहैं नहिं अंतर आइगौ ।
जाये तौ जाये भजैं तन जो पर कैहूँ नहीं हमरौ प्रन जाइगौ ॥8॥

काहे न धीरज धारें रहो इक द्यौस तो हौं मिलिवो हुलसाइगौ ।
आवै घरी घरी वाही घरी जब जीवन कौ सुखहूँ तुम पाइगौ ॥
सोइए खोइ संदेह सबै जगमोहन एक दिना बिलसाइगौ ।
जाये तौ जाये भलैं तन जो पर कैहूँ नहीं हमरौ प्रन जाइगौ ॥9॥

तेरो धरैं नहिं धीरज हीय तो हौंही सदा विरहागि जराइगौ ।
कैसी करौं धिक प्रान औ कानहिं जाके रहें सबही बिनसाइगौ ॥
एक रही मिलवेही की आस सो हा जगमोहन बाहि लगाइगौ ।
जाये तौ जाये भलै तन जो पर कैहूँ नहीं हमरौ प्रन जाइगौ ॥10॥

देखो अली वह जीवन मूरि सों कैसे हमें हँसि के तरसाइगौ ।
नैन सो नैन मिलाइ के भौंह कमान लौं तान कहूँ विरमाइगो ॥
हौं तो बिकी जगमोहन हाथ तो होय जो मेरे लिलार लिखाइगौ ॥
जाये तो जाये भलै तन जो पर कैहूँ नहीं हमरौ प्रन जाइगौ ॥11॥

जो जो कही तुम दीन्ही मिलिहैं तुम सो मुइ क्यों बिसराइगौ ।
जो पे कही समुझावन ही के लिए पुनि क्यों बिसवास जनाइगौ ॥

जो न पत्यावै कही अपनी जगमोहन पाती कहो तो दिखाइगौ ।
जाये तो जाये भलैं तन जो पर कैहूँ नहीं हमरौ प्रन जाइगौ ।।12।।

व्है कैअधीर लिखी पतियाँ कबकौ मिलिवौ तुमसो ठहराइगौ ।
बातैं बनावती रोज सुनी हंसि के सबही विधि जीव हराइगौ ।।
बीतै नितै जगमोहन द्यौत निशा विसवास है क्यों तरसाइगौ ।
जाये तो जाये भलैं तन जो पर कैहूँ नहीं हमरौ प्रन जाइगौ ।।13।।

कैयक बार लिखीं प्रनकै अबतौ भला पूरौ करो उर झाइगौ ।
हाय दई सहियै किमि पीर बिना तुम द्यौस सुनो नियराइगौ ।।
चाहत प्रान चलैं जगमोहन फंद फसे अब को सुरझाइगौ ।
जाये तो जाये भलैं तन जो पर कैहूँ नहीं हमरौ प्रन जाइगो ।।14।।

जो अब पूरी करै न अहो सजनी रजनी दिन दूनौ दिखाइगौ ।
औधि विसासन दीन्ही कहूँ जगमोहन जीव जरो अकुलाइगौ ।।
पावत कोटि कलेस तऊ बरु पिंजर प्रान शरीर उड़ाइगौ ।
जाये तो जाये भलैं तन जो पर कैहूँ नहीं हमरौ प्रन जाइगौ ।।15।।

जो मन तेरे दगाही रहै जगमोहन नेह तगा न लगाइगौ ।
पै लगि छूटै तो छूटै भलैं प्रान सरीरहिं संग छुटाइगौ ।।
काहे लिखी पतियाँ बदि कै करिकै गहिरौ प्रन धीर धराइगौ ।
जाये तो जाये भलैं तन जो पर कैहूँ नहीं हमरौ प्रन जाइगौ ।।16।।

चटक मुख माधुरी चंद मुसक्यान-प्यारी ओंठन के बाहर निकसि छिटकैं लगी ।
झटक झकोर दीठि दबकै पलक माहिं कारी कारी कोरैं करेजन अटकै लगी ।।
लटक उरोजन पै नागिन कुटिल कारी जुवन कराल काल डसि सटकै लगी ।
हटक जगमोहन जू प्रान परवस को शामरी की सूरति हिए में खटकै लगी ।17।।

चटकीली हँसी करै चंदहूँ मंद नहीं सर बिज्जु छटा छटकी ।
सटकीली लसै लट नागिन सी कुच अंकुर ऊपर जो लटकी ।।
लटकीली लखैं भजैं धीरज को कटकोन सुनै जिय हू हटकी ।
कटकीली गड़े जगमोहन दीठि गई चुभि प्रानन में अटकी ।।18।।

आवन बसंत को सतावन वियोगिन को जोगिन को जारन सुबागन बहार है।
कानन निकुंज कुंज गुंजरत भौंर मोर केकी कुल कोकिल कलित कलहार है।।
प्यारी बिन नीकी मोहि पुरकी न खोर लगै चौर लगै भारी वटबार को बजार है।
ऐसे नेह गाँव को निभाव जगमोहन जू उलटो दिखात लटौं देखैं पतझार है ।।19।।

श्यामा बिना ए बसंत के बासर अंतक से मुहि जान परैंगे ।
कैसे अली बचिहौं सुनि कोकिल बोल अमोलन धीर हरैंगे ।।
प्रान कसाले परैंगे सुनो जब काम कमान लौ बान अरैंगे ।
देखे बिना उन नैनन के जगमोहन जीव नहीं निकरैंगे ।।20।।

आवै बसंत समाज समेत लखो सखि आज लसंत पलासहिं ।
कोइलै बैठि रसाल की डारन बोलैं रसीली हियो मम फाँसहिं ।।
मौरन भौंरन झौंर लगे न लगे कहुं मौर मनोरथ रासहिं ।
आय के डोर गहौ जगमोहन नातर बूड़त नाव निरासहिं ।।21।।

बसंत समीर सरीर लगै सु डसै मनु अंग भुअंग कराल ।
उठै तन पीर कढ़ै अकुलाय विलोचन नीर वियोग विशाल ।।
कहो कोउ जाये संदेसो सखी सरसों समपीरी भयो तन जाल ।
अजो सुधि राखन हार जो लेय बचै जगमोहन जीवन हाल ।।22।।

बसंत कसाई करैगो उपाई हमैं सब भाँतिनि दाहन हेतु ।
पठाय बसीठहि कोइल पावक लाल प्रवाल रसालन देतु ।।
दिखावत दूर सों मौर उए विरही न नसावन अम्बर केतु ।
कहो जगमोहन जाये बुझाय करो किरपा तुम नेह की सेतु ।।23।।

औधि न कीन्ही कछु मिलिबे की कहो केहि ओंट सों प्रान रहैंगे ।
कौन मनोरथ साजैं अबौ जगमोहन कोटि कलेश सहैंगे ।।
सूझत ना जिमि काक जहाज निरास के सागर में उड़िहैंगे ।
आस पहार दिखाय न हाय अहो तन प्रान अबै कढ़िहैंगे ।।24।।

आवतहीं यह क्रूर बसंत के कैलिया प्यारी बिना बन कूकि हैं ।
फूलि हैं किंशुक और कचनार समीर अधीर चलैं तन झूँकि हैं ।।

कौन सम्हार करेगो जबै सुधि तेरी करेजन कोचत हूकि हैं ।
कूचि हैं अंकुर आम के आज लखैं जगमोहन प्रानन फूँकि हैं ॥25॥

केतकी कुंदन रूप सुगन्ध सी अन्धहु व्है जहँ प्यासो मधुकर ।
फूल के बीच गिरयौ सहसा तेहि जान सरोज सो सुंदर भूपर ॥
सो तहँ जाये फँस्यो मकरंद में पंख गए छिदि कंटक ऊपर ।
ना उड़िगौ नहि बैठि सक्यौ जगमोहन जू सुरझावे दुहूँ पर ॥26॥

नव मल्लिका छाड़ि सुगन्ध भरी बन जूथिका जाये विराम करयौ ।
तजि ताहि गयौ उड़ि चंपकली पुनि पंकज पै निज नेह धरयौ ॥
तहँ हाय निशाकर दैव दह्यौ सु गयो बंधि कोष विलोभ भरयौ ।
जगमोहन मूढ़ पराभव को पद पावै सुतोष बिना सो जरयौ ॥27॥

लखि तेरी कली को अली नित जे चित चाह औ आस लगाय रहे ।
चहुं चाकर से मड़रात फिरे फल बाहर तू नहिं बैन कहे ॥
अब कीट जे गोचर तेरे न हे जगमोहन ते फल भीतरहे ।
धिक तोहि रसाल कहाँ लौ कहौ तुहि शत्रु औ मित्र को ज्ञानन हे ॥28॥

निज जन्म नवीन जो नीरज कानन में मधुपीय बिताय नयो ।
कछु द्यौस कियो बहु हास बिलास न मालती सेय प्रमोद भयो ॥
अब सोमधुगन्ध को लोलुप भृंग लता घुंघुची पर चित्त दयो ।
धिक भाग अभाग मुई जगमोहन कौन सी हाय दसा न गयो ॥29॥

दोहा

किंशुक कुसुम नवीन के भरमि भ्रमर शुक चोंच ।
गिरत सोऊ चाहत डसन ताहि जंबु फल सोच ॥30॥

लख्यौ इक कंज चित्यौर लिख्यौ जगमोहन भूलि गिरयो तहँ जाये ।
पुकारि कह्यौ यह चित्र विचित्र पै मित्र सो ताहि न कोऊजनाय ॥
न है सुकुमार ना गन्ध मधू कनहू नहि एक गुनो दरसाय ।
गयो लखि आपनो खोटो लिलार धुनै परि लाज के बंधन हाय ॥31॥

अहै नलिनी बन पल्लव मीत कुमोदिनी केलि कला रस लीन।
बिदेश गयो परि पर्वश हाय भयो जगमोहन दीन को दीन ।।
मलीन रहै कहु कीजिये कौन उपायहि कर्म मिटै लवलीन।
अली अब भूलि कुरैयन बीच कली गिनतो सो अली हो अलीन ।।32।।

जायेगी रैन कुचैन सी नैनन लागै कहूँ अब होत प्रभातहिं।
सूरजहूँ उदयाचल को चलि पंकज जाल फुलावै हँसातहिं ।।
ऐसे विचार को अंकुर हाय जबै उर आवत आस समातहिं।
तौलो बँध्यो जगमोहन कोष ऊखारि लियो गजहं जल जातहिं ।।33।।

(26 से 33 तक भ्रमराष्टक का आशय है।)

देर न लागत लोचन के लगिवै में तजैं सब लाज के काजै।
हाय दिखाय दिवानिसि सामरी माधुरी मूरति झूलति साजै ।।
बाकी चित्यौन चुराय कै चित्त न हित्त करै पर दूर हू भाजै।
या सब सो भलो दूरहीं जो करतार रखै जगमोहन आजै ।।34।।

बसंत की पंचमी लौं जिय ना तो तुमसों मिलि हैं भरि चाव।
सुनो अब तो नहिं बीतत द्यौस बिना तुम दारुन मैन को दाव ।।
वियोग की आँच जरावै शरीर अधीर करै तन तोरत ताव।
मिटै छिन में सब ही जगमोहन जौ ना मिलै मुहि आश की नाव ।।35।।

जो लखि भौंह तनेनी करै मृग छोनी सलोनी सुधा रस प्यावती।
दामिनि से दमके द्विज जासु प्रबाल औ पल्लव ओंठ लजावती ।।
जीवन अंकुर मानो कली चिबली मन मोहिनी मान बढ़ावती।
चंदमुखी परछाहीं सरीस रहै जगमोहन ध्यान धरावती ।।36।।

एक हिमन्त को अंत सुनो पुनि आगम दूजो बसंत नवाला।
तीजे लगीं चहुं बोलन कैलिया चौथे रसाल को अंकुर भाला ।।
पाँचयें भौंर की भीर हूँ मौर छठे तन जार बयार कसाला।
सातयें कूर कलानिधि जो जगमोहन जीन्ह जरै जिमि ज्वाला ।।37।।

जिय कैसे बचैगो इती पर हाय जहाँ इतनी अरि सैन जुटी।
सुनु कोउ न पार लगावनहार मिलै जग मेरी पुंजीहू छुटी ।।
जगमोहन श्यामा बिना ब्रज खोर भई चुरनाहर सीहू खुटी[1]।
करबाल संयोग की लै निकरी मझधार में नैया गई हो लुटी ।।38।।

सपने सरिता तट कुंज सहेट मिली जगमोहन सामरिया।
गहि बाँहु लता लपटाय हिये बस कीन्हीं सबै विधि पामरिया ।।
झकझोर मरोर गही बहियाँ छलकै पकरी उन कामरिया।
जगमोहन जो झगरो बिच हाय गई खुलि नींद की भामरिया ।।39।।

निसि चंद बसंत बहार हूँ मंद मनोहरता कह सो धरती।
धरती जब नूतन साजती साज पपी पिक तान जबै भरती ।।
जगमोहन अमृत धाम कहास गलै विष पावक लौ जरती[2]।
नहि होती पतंग तो बापुरे इंदु की जोतहूँ जोर कहा करती ।।40।।

करि ले मन मानो कछू यह चंद्रिका रातन में जरती।
अपुनो जब दाँव मिलै जगमोहन कोउ न आड़े परै हरती ।।
तुव जोत कहा तन जारती हाय सो चाँदनी चावन क्यौं मरती।
नहिं होतो पतंग तो बापुरे इंदु की जोतहूँ जोर कहा करती ।।41।।

निसि द्योस दियो तुहि दुःखहि दुःख भ्रम्यो सब ठौर कलंक लगै।
पुनि कर्म के हाथन भाग ग्रसै तुहि राहु खबीस खराब खगै ।।
इतने पर दाहन छोड़ो नहीं बिरहीन को पाहनही हवै ठगै।
जगमोहन चेतो इती पर रंचक कंचुक ओढि दया सो रंगै ।।42।।

निसि नायक से बड़े नाम को पाय करो टुक जाये कै काज अहो।
पर कारज औ उपकार सो या जग में बढ़ि कै नहि काम कहो ।।
जगमोहन वा मृग नैनी के आँगन जोति निवारो सुनो न दहो।
करिये तुअ हाहा सुधा संग आपने आँसुन मेरे गिराय गहो ।।43।।

---

1. खोटी
2. ज्योतिष का मत है कि चंद्रमा का प्रकाश सूर्य के कारण होता है।

अरपा सलिल अति बिमल बिलोल तोर सरपा सी चाल बन जामुन व्है लहरै।
तरल तरंग उर बाढ़त उमंग भारी कारे से करारन करोर कोंटि कहरै ॥
तुम तो पियारी अंग परसि सुहागिन ह्वै हमसे अभागिन की दाहन को सहरै।
तुरतै बयार संग प्रान जगमोहन के सीतल कै हीतल कनूकै क्यौं न बिहरै ॥44॥

सरिता सुभग सुख दायक समीर नीर सीरी ह्वै सन सन सरीर सूखि झरिपा।
पुलिन पुनीत प्रात पावस परसि पीर प्रानन पियारी प्रकटाय पौन डरिपा ॥
विनती वियोगिन की बहति बयार बार वारिद के वृंद सुनो मैहूँ सुत नरपा।
अरपा बचाव जीव आजु जगमोहन को कहिकै संदेसो दीन श्यामा तन अरिपा ॥45॥

अरपा तुअ लोल तरंग लसै सरपा गति भाँति मनो हरपा।
हरपावक ज्वाल विलोचन भाल में चंद भुजंग जटा झरपा ॥
झरपावस सावस धन्य अहो तुअ वेग अनूपम सो वरपा।
वरपाय सरीरहिं सीचि सुधा जगमोहन जाहि तनौ अरपा ॥46॥

मैंहों सदा सुइ देवि को भक्त सिंदूर दुकूलिहि धारै सलोनी।
जाके लसै घनश्याम से कुंचित केश में रेख सिंदूर की नोनी ॥
साजि सजै शशि भाल सिंदूर की आड़ औ गाड़ कपोल लजोनी।
ऐसी सिंदूर पहार की वासिनी को जगमोहन सेवत मौनी ॥47॥

नेहनदीस तरंगन माँहि परयो जगमोहन पारन पावै।
सूझै नहीं मन काक जहाज समाजहू बूड़त देर न लावै ॥
आँधी उठी गयो टूटि कै पाल सो संगम डोर धौं कौन मंगावै।
खेवनहार भयो मतवार निरास जहाज को पार लगावै ॥48॥

सौदा कियो हम नेह बजार अजार लियौ सब भाँति ठगावै।
लाद कै पूँजी नफा न भई अब टोटी परी कछु हाथ न आवै ॥
प्यारी वियोग चटान सो आय भई टुक टूक सो कौन बचावै।
खेवनहार भयो मतवार निरास जहाज को पार लगावै ॥49॥

आगे लसै कानन पौन मलै चल दच्छिन भृंगहु बाँये।
पाछे विचारे वियोगी रसैं चकवा चकई भरि रैन बिताये ॥

ऊँचे सुधाकर सींतल धाम बरै चिनगी सम तापतपाये ।
अंग पचै जगमोहन बैठि के ध्यान धरै पँच धूनी रमाये ।।50।।

कुण्डलिया

दरसो जलदी जलद भरु पी प्यासे की चोंच
जगमोहन मुरझात है कंठ विगत करु सोच
कंठ विगत करु सोच कहौ कौलो अब सहिए
गई देहहू सूखि रुखि रुख अजहू रहिए
अजहू रहिए रुठि कौन अपराध न बरसौ
बीते बारह मास निठुर अबहूँ तो दरसौ ।।51।।

जोहति श्यामा आय तुअ डगर लेखिए श्याम
रटति अटा पै बैठि के दयानिधे तब नाम
दयानिधे तब नाम श्याम श्यामा रट लागी
विरह देखि थल श्याम सुंदर आगी हिय जागी
सुनी खोर सुवाट घाट सरिता नहिं मोहति
उठति सूल हिय हूलि सुरति जगमोहन जोहति ।।52।।

पापी जलद निहार किन जलद पपीहा ओर
चंद अमिय इक बुंद किन चवावै चौंच चकोर
चवावै चोंच चकोर कठिन पाहन क्यौं होवे
दइमारो रे प्रान क्यों न कढ़ि चिंता खोवे
हवै शुक विहंग कपोत क्यों न जगमोहन जापी
श्यामा पिंजरो हिये जाये बैठे किन पापी ।।53।।

सवैया

आज बसंत की पंचमी भोर चले चहुं पौन सुगंध झकोरै
कैलिया आम की डारन बैठि कुहू कुहू बोलि कै अंग मरोरै

भौंर की भीर झुकी नव मौर पै ऊपर तो झरना झरे जोरै
प्यारी बिना जगमोहन हाय बयार करेजन कोंचै करोरै ।।54।।

कैसे रहैंगे सुनो तन प्रान बसंत बयार बहै बन बागन
मंजुल वाल रसाल नई जिय भालसी वेधत काल करालन
कोकिल कुंज कुरैयन कंज करै कल केकी किलोल कगारन
आय कै नेह की डोर गहो जगमोहन प्यारी तिहारे हुहागन ।।55।।

औंधि ना कीन्ही कछू मिलबे की कहो अब प्रान रहै तब राखिए
ताइए अंगन कौन भरोसन आसहूँ कौन भरोसन भाखिए
आयौ बसंतहु अंतक सो जगमोहन जीव अंदेसन नाखिए
बीतै जथा उर मेरे बिना तुअ कौन बिना तुअ है मम साखिए ।।56।।

श्यामा बिना मुहि लागत फीको सबै धन धाम सुखै बिसरो हो
कैसे धरों जिय धीर समीर या सौरभ चालै सरीर जरो हो
वाके रहे न चले गो बसाव सो चंदन चंद जौं आग भरो हो
पै अब आयो बसंत सखी बन बागन हौं सब भाँति डरो हो ।।57।।

दोहा

बीती सकल हिमंत अब आयो सखी बसंत ।
कैसे राखें प्रान यह दूर हमारो कंत ।।58।।

कासो दसा सुनाइए कोउ न बूझनहार ।
श्यामा मन परख्यौ नहीं और कौन दिलदार ।।59।।

सवैया

ठाढ़ी परोसिन के गृह जोहत पंथ सुपीय को श्यामा सबेरे
त्योंहीं चढ़े गज छाबले पीतम आय कढ़े मग सोई अबेरे
लोचन सो जुरि लोचन चंचल अंचल माहि हँसी मुंह फेरे
खोर सो जात हन्यो उर पंकज छाती छुयो जगमोहन हेरे ।।60।।

देखि परोसिन गेह खरी जगमोहन जीवन मूरि प्रभातहिं
जो गिरधारी प्रसाद पयोज हन्यो हसि एक उरोज सुहातहि
सामरी लाय रही उर सो पुनि सीस धर्‌यौ मुसिक्याय डिरातहिं
सो छबि पैठि गई जिय में अब प्रान गए छिन माहि बिकातहिं ॥61॥

पहिले मुसिक्याय नचाय कै नैनन मैन के बान चलाय गई
करि कैं चतुराई सु चित्त चुराय कहौ अब क्यौं जु दराय गई
सब भूलिकै आदर जेत्यो रह्यौ अनजानत सी बिसराय गई
जगमोहन प्याय सुधा तन ताय कहौ विष अंग क्यौं लाय गई ॥62॥

तुम्हरे हित खोर से खोरन गाहिकै खंजन नैन सुधा की पियो
उनमत्त बने कुल कानि को धोय न लाज लगाम लगाय दियो
अपमान समान न और जहान सुऊ सहिकै तन लाद लियो
जगमोहन ख्याल कियो न कछू बिसवास को घात अघात कियो ॥63॥

बन बीथिन बागन और पहारन छानि कै धूरि तिहारे लिए
जगमोहन कोटिन दुख सहे तन लाल बियोग की ज्वाल जिए
निसि तारन की गिनती करिकै बिनती हूँ करी कर जोर हिए
न करी सपने सुधि हूँ अपराधन कौन के नाते कलेस दिए ॥64॥

अब आयो बसंत असंत सो हाय बिना तुअ जारत अंग अबौ
जिय अंकुर आम धसै किरचैं करि कोइल बोलि सुनावै जबौ
जगमोहन रैन न द्यौस रुकै इन नैन सो नीर बहात तबौ
मिलिबे की घरी जब आवै अहो यह आस तो प्यासिन दीजे कबौ ॥65॥

इन नैनन और न रूप जचै बिरहागि पचै बरु अंग सबौ
सजनी रजनी सुधि सूलि करेज करै जिमि हूलि कै भाल जबौ
कहु कैसे बिना तुअ द्यौस बितैं जगमोहन आस लगी है अबौ
अब नेह की नैया परी मंझधार सुखेय कै पारहु कीजे कबो ॥66॥

आज बसंत बयार झकोरन क्यों बचैं नेह के पाल पुराने
सागर प्रीति अथाह परी सु निबाह की नैया बही जल जाने

बूड़त बेर न लागे कहूँ किर बार धरो करि ह्याव जुराने
होय गो पुण्य तुम्है जगमोहन ढेर न लावो नहीं बहिजाने ।।67।।

प्यारी बिना ए बसंत के बासर बैरी बयार भुजंगम साँस ली
चंद मयूख पियूख को छोड़ि करै झरपावक लौ परकास सी
चंदनहूँ मंदन पीर सरीर लगै चिनगी सम फाँस सी
दक्षिण पौन सुगंध चलै जगमोहन जीव जनावत आस सी ।।68।।

बाला लगैं उर पाला कसाला मिटै छिन में तन को ततकाला
काल विहाल करै न अली बुझि जात वियोग के आग की ज्वाला
ज्वाला अनंग की जोर करै जगमोहन चूमत ओंठ रसाला
सालै नरी त्रयताप की ताप लागै हिय सों जब चम्पक माला ।।69।।

आई दिना इक भोली इकंत दिखाई पियारी पियो निज आरसी
ज्योंही लखी परछाहीं सुकंत की दीठि लजोहीं करी दृग सारसी
त्योंही लियो भरि अंकम अंक सो नाहीं कही जगमोहन प्यारसी
चंपक मालसी वेलि प्रवाल सी लागी गरै वह चंद दमारसी ।।70।।

सूधी चित्यौन चुराय कै हाय कहाय कै श्यामा दयानिधि प्यारी
चीन्ही कछू नहीं प्रीति की रीत प्रतीति कै भूलि गई तन हारी
कैसी करौ अब आयो बसंत अनंत कलेस के चौसहु भारी
आवो हरो जगमोहन पीर सरीर में ज्वाल लगी जिय जारी ।।71 ।

सोंहै पराग भरे सर पंकज मालती कुंज जुही कचनार है
आम के मौर पै भौंर के झौंर झुके झरना झरतीर अनार है
कोइल केकी परावत हँस और कीर की भीर लसंत अपार है
आज बसंत लखो जगमोहन बागन बोलिन बौर बहार है ।।72।।

तालन तीर रसाल लसै जेहि ऊपर कैलिया कूकति न्यारी
पी पपिहा कहुं दूर बिशालल से पादप भृंगहु गुंजत क्यारी
पीरी परी तन सूखि भई रगतार सी तेरे बिना पिय प्यारी
ताप हरो जगमोहन की दिखराय प्रिया मुख चंद उज्यारी ।।73।।

ज्यौं यह सूधो संदेशो कह्यौ जेहि उधौ हमैं सच जानति प्यारी
तो अब देर न कीजै अली लगि कंठ बचाय दै जान हमारी
तू तरसै तनिकौ किन देखि दसा इतनी मम प्रान दुलारी
जे दिन तेरे रहैं न सदा जगमोहनें क्यों दुख देत अपारी ॥74॥

दोहा

मोहि भयो निहचै सुनो तू पावै कल जोय ।
जरे जनन की आह कहिं दाह डाह नहिं होय ॥75॥

जौं तू इतने पर प्रिया मिलै न मो हिय आय ।
तौ तुहि हाथ पसारि कै आह दवागि जराय ॥76॥

आह-आह सब कोउ कहै चाहै सूधी नाय ।
जिय की आहि समाति नहिं भूमि फारि कढ़ि जाय ॥77॥

चेत-चेत चित चेत अब अबहु अचेतन जोय ।
इतनी अपजस सहिन क्यों मम शरणगत होय ॥78॥

काह कहों तेरी कथा जथा रही नहीं जासु ।
वृथा देत दुख आज लौं प्रथा बढ़ावन आसु ॥79॥

तेरे हितु जैसी सही दई मारी हम पीर ।
साखी सीताराम जिन विरच्यो अधम शरीर ॥80॥

ज्यों झूठो तुअ नेह यह अचरज यामैं काहि ।
झूठी देह विचारिए संसारहु छिन आहि ॥81॥

पै न कर्म झूठी कह्यौ जे जग बेद प्रवीन ।
नेह मानसी कर्म किमि झूठो होय नवीन ॥82॥

जियते हियते कायते जो तुहि भजौ सदैव ।
तौ तेरी ध्रुव मिलन मुहि जानो जात तदैव ॥83॥

बंशी बट सूनो भयो सूनी ब्रज की खोर ।
श्याम सुंदर बिनु सामरी कुहकत नहिं पुर मोर ।।84।।

ऊधो जाये सुनाइए हमरो दीन संदेस ।
कपट छाड़ि झटपट मिलहु नातरु प्रान अंदेस ।।85।।

आगे घन कानन लसै दक्षिण मलयज पौन ।
मधुप पुंज गुंजत दुखद बाम कुंज करि गौन ।।86।।

पाछे बिरही बिछूरि कै नीर तीर पछिताय ।
ए गरीब रजनी सकल मुरि-मुरि पछरा खाय ।।87।।

कौन सुनै इन की कथा इन मारयो करतार ।
चकवा चकई रैन भरि रटत मरत दइ मार ।।88।।

ऊपर बरसत सीत कर पावक अमृत धाम ।
चिनगी सम चहुं ओर मम हनत इती पर काम ।।89।।

पंच ताप सहि इमि भदू धूनी पंच रमाय ।
ध्यान धारि मधि दुसह दिन रैनन दुखत गमाय ।।90।।

छिन में जे बितई छपा छहरि छपा कर जोत ।
वेंई अब जुग सी भई छलक नीर दृग होत ।।91।।

सवैया

सारस जोड़ी न छोड़ो लखै सुनु सारस नैनी अहो कल बादिनी
देखि जुराफा जुरो पिय सो जड़ जंतुन सीख गहौ पिक नादिनी
कीर पठाय कै कीर दृगी जनि होहु मृगी दृग पीर प्रसादिनी
तूतो मराली मयंक मुखी गति कौन गहै जगमोहन मादिनी ।।92।।

सुनि प्यारी वियोग उसासन सों पिय अंग भयो पियारी सरसों
इतने पर तानत बान प्रसून कमान सपीर निशाकर सों

जगमोहन पाले परै मधु मैंन के प्रान कसाले परे तरसों
दुई नैन विहाले परे तन काले भए मुहि लाले गए बरसों ॥93॥

घन कानन देखि डरौं लखि तो मृग प्यारी विलोचन याद करौं
लखि श्रीफल श्रीफल की सुधि आवत चंद कपोल अमोल धरौं
सर बीच विलोलन बीची लखैं जगमोहन भौंहन सोच दरौं
कच नागिनि नाग बली तन हेरि भली विध भूलन मोह परौं ॥94॥

हे कचनार कइ कंच नागिनि कोकिल कोकिल बैनी लखी कहुं
दाड़िमी दाड़िम दंत दुखी मृगलोचनी हे मृग तोको दिखी कहुं
श्यामा सरोज मुखी तन सामरी श्यामालता सु भली बिलखी कहुं
दै जगमोहन दौरि बताय चित्यौरी चित्योर में ऐसी लिखी कहुं ॥95॥

जौ वह देस बसंत बहार निहार कै कोइल कूकि कहौ किन
फूले सरोज सरोवर ज्यौं मधुमाते मलिंद सु गूँज रहौ छिन
हे कचनार अनार अशोक विशोक करौ दुख देव दहौ जिन
सौरभ पौन करौं तहं गौन बितैं जगमोहन केन अहो दिन ॥96॥

सेवक तेरे बिना बितऊँ दिन जे दुख देखि सो कैसे रिताऊँ
आय कै आपुने नैन लखौ जगमोहन देह दशा दरसाऊँ
चंद चकौर लौं चाह रहै जिय आह समायन कैसे सुनाऊँ
फीकी बसंत बहार बनौ बन बानिक काहि बताऊँ ॥97॥

यह बालमदेई न देखन देय हमै मुख बालम के दई
पिय लालन लालसा लागी विलोचन सो किन आजु पुरावै नई
तरु तीर की भीरन राखी छिपाय सु आसहु पासन आवतई
जगमोहन क्रूरता छोड़ो सुनो अब सूरता याहि में तेरी भई ॥98॥

झरना झरना मरना ध्रुव मौर कै अंतकहूँ टरना जिय सों
हरना डरना मुहि देहु बताय तुम्हैं दुख मो हरना हिय सों
हरना सुनु हौं झख केतु अबौ दरना मन मों बिरहातिय सों
जगमोहन अंत अहै परना तन पाले वियोग बिथा पिय सों ॥99॥

दोहा

झरना रव भावै नही कोइल बोल न भाय।
भावै खान न पानहू जगत न मोहि सुहाय ।।100।।

बालम बिछरयौ है सखी बालम नदीन देय।
मुहि बताय पिय हियहिं सो हिलकि कंठ लगि सेय ।।101।।

कौन बिथा जानै अरी बिछुरन कैसो होय।
बिनु बीते अपने उपर दुख सुख जानै कोय ।।102।।

बीते पाँचक मास अब आयो सखी बसंत।
को बचिहै लखि मोर ए विष से तीर लसंत ।।103।।

सवैया

देखि तुम्हैं परभात अन्हान को जात सखी संग श्यामा पियारी
लाल दुकूल धरैं भुज मूल नदी बर कूल दिखाय अन्यारी
पै कछु बोली न खोलि हियो जिय मोलि लियो सुधि बुद्धि बिसारी
पीकहि पीक दियो पपिहा जगमोहन जू उहू पी पी पुकारी ।।104।।

पीकहि पीक दियो पपिहा निंदिया दई मारी हमारी गई री
कैसी करौं अब कैसे कटै सखि वामन की डग रात भई री
प्यारे पिया जगमोहन मोहिं पिछोरि वियोग बलाय दई री
अंतक सो नहिं क्रूर विधाता सहै जगमोहन संग नई री ।।105।।

दोहा

सपने लख्यौ सुवाल कहं लाल बसन धरि जात
नदी कूल बेहाल हवै कर गहिं मुरि मुसकात ।।106।।

सपने हनहिं दिपत मुहि संगम सुख बिधि बाम
हाय कूर कलं पाव तो अंतक सो दुख जाम।।107।।

गही बाँह गर लाय तुहिं चूम्यौ अधर कपोल
पापी पपिहा क्रूर यह पीक दियो दृग खोल ।।108।।

मधु माधव तेरे बिना भावै कहूँ न मोहि
चैत चाँदनी में लखौं काहि छोड़ि के तोहि ।।109।।

सवैया

बानिक या बन की दुख दायक दाहत प्यारी हमारे शरीरहि
कौन सी आपुनी हाय दसा कहिये सहिये गहि मौन अधीरहिं
जात सही अब ना हम सों तुमही सुनो श्यामा बुलाय के पीरहिं
आथन लागो दिवाकर औधि मरोरत मैन हरौ मिलि पीरहिं ।।110।।

जाने कहा धौं रहेरी सखी कहा जाने कछू मति और भईरी
बीर वृथा तिन आस दई मिलिवे की घरी कब की सुगईरी
मालती माल गई कुम्हिलाय भलैं-भरमाय दगा जु दईरी
मोहि अरी जगमोहन मोहि न आये अबौ निसि क्यों बितईरी ।।111।।

जिनको नित आस बिसास करयो तिनहूँ नहिं संग दियो अपनो
कब की टक लाय रही पिय जोहत जौ जिय नाम लगी जपनो
झर लोचन लागी बुझी बिरहागिन सूखि गयो तनहूँ तपनो
जगमोहन ओंठ परे बदरंग लगे हिय सों न कभूँ सपनो ।।112।।

आय कै दूती कह्यो चलिए वलि नीर के तीर जहाँ अलि भीर हैं
तोहि मिलाऊँ तिहारई सौं तुमैं सोच करो न धरो उर धीर हैं
प्यौ गयो प्यारी न आई तऊ उमडयो चलि कोइन लोइन नीर हैं
हाय दगा दई कैसी करों जगमोहन बाढ़े करेजन पीर हैं ।।113।।

चढ़ि चंद्रमा अंबर तान्यो बितान दिगन्त लो चाँदनी ओप चढ़ी
छिटके चहुतारन हारन से जिय जारन को मनु सैन चढ़ी
जगमोहन प्यारी न आई अबौ मिलिबे की हिये वह चोप चढ़ी
रजनी सजनी बिनु ज्यौं -ज्यौं चलै तन त्यौं -त्यौं दले मन मैन चढ़ी ।।114।।

दोहा

चंद चढ़यौ अंबर बिमल छिटके तारा हार ।
हिय अंबर छिटकै अरी मिलन मनोरथ भार ।।115।।

ज्यों ज्यों छिटकत चांदनी तारागन के गोत ।
त्यों बाला मुरझै मनो बिछुरी मृग को पोत ।।116।।

चंदमुखी ज्यौं-ज्यौं खिलै बिरह राहु हुलसात ।
परत जात पीरी तुरत त्यौं-त्यौं पछरा खात ।।117।।

सवैया

संगम तेरही भोग करे सुनु जोगनदीन हरै किमि सोगहिं
भूलि गई बतियाँ तुहि वे जब बालुका पौढ़ि हरै जिय रोगहिं
तोसी नहीं बिकरालन ओरसो तोरि औ फेरि पहार करोरहिं
क्यों अब दीन्हें बिसार अरी जगमोहन श्यामा मिलावै सुक्यों नहिं ।।118।।

जैसी मिली सु महानद में तुम आकुल लोल हिलोल तरंगन
तैसही तू समझै किन और की पीर शरीर वियोग भुजंगन
क्यों नहिं श्यामा मिलावै हमै जगमोहन सो न करावत संगन
खोजत झार पहारन बीच रंगे प्रिय तेरे संजोग के रंगन ।।119।।

जैसे भगीरथ और कलिंदिका संगम पुन्य अनुपम गायो
तैसेही तोर महानद को यह देश पवित्र वियोग हरखायो
मोसे अपावन जन्तु के कोटिन पाप सुधार में छार करायो
पै दुख दूरि करो जगमोहन को न श्यामा संजोग रचायो ।।120।।

कैसे कटैं जगमोहन के निसि बासर प्यारी बिना सुनु एरी
जाये महानदी सो कहियो बिनती करि हाहा करौं सुधि हेरी
सो अरपा सो कहैगी जरुर सुतीर बसै दृग पूतरी मेरी
दीन दसाहि सुनाय बिथा जगमोहन पैयाँ परों बहुतेरी ।।121।।

सुनु मेरी पियारी बसै तेहि ठांउ जहाँ मनि आकर राजै घनी
अति सुंदर विप्र उदार सदार रहैं नित ब्रह्म समाधि सनी
बहु सोहै उतै सित धाम अराम जरी देहरी जिन हीर कनी
तहँ देखियो बिज्जु छटा सी अटा बिलसैं द्दग कोर सुभाल अनी ।।122।।

खंजन के मद गंजन लोचन मैन मई जिय आन गही है
भंजन मान भुजंगन के घुघुरारी लटैं सटकारी सही है
त्यों जगमोहन जू कलधौत उरोजन पीन कलीन रही है
मानो प्रियंगु पियारी लता चहुं हेम मही अबही उलही है ।।123।।

दोहा

देखे बिकट पहार तुअ कारन तज्यो अहार ।
प्रकट औधि अजहूँ नहीं बीते मिलन करार ।।124।।

एक चंपक बदनि जौं देखी देहु बताय ।
कै पलास फूलन अगिन जरी बिरह बस आय ।।125।।

ये कपोत कल बादिनी कबहु मिली जो तोहि ।
लै पाती उड़ि जाहु ढिग तासु कहो पुनि मोहि ।।126।।

गज गामिनि कहँ जो मिलै गज गहवर मृगराज ।
तौ किन देहु जनाय मुहि करि उपकार समाज ।।127।।

सवैया

लाग्यो बसंत लिखी पतियाँ यह चंद रँगी रतियाँ न बितायगी
कोइल बोल अधी रतियाँ पपिहाँ जब पीक तनौ सब तायगी
प्यारो दया करि आवो न तौ विरहानल लूकि करेजे सतायगी
बैरी बयार चलै जगमोहन जानहूँ जान समै उकतायगी ।।128।।

मूरति तेरी रही गड़ि आंखिन भूलति ना जियते बिसराये
मानौ खुदे वज पै बल आखर को जो इन्है समरत्थ मिटाये
पौन को बेगहूँ हार गयो नल धार को जोर चल्यौ न चलाये
वज्र की पूतरी लौ जगमोहन आय रही मन मंदिर भाय ॥129॥

नवीन मनोरथ की नव मूरति नेह के मंदिर थापी जड़ाय
प्रसून हिये भरि अंजुली नैनन नीर सो सींचि दियो अन्हवाय
लगाय कै नासिका नोक में दीठि रहे जड़ लौ चित चेतन ध्याय
चकोर सुचातक मोरन लौ जगमोहन मूदि लिए पर लाय ॥130॥

लेय उसास कराहि सु आहि न प्यारी कढ़ै मुख बाहर
शरीर अधीर करै बिरहागि करोंरै करेजौ सुधा धर
कारे परे अधरौं जगमोहन जगमोहन नैनन नीर बहै झरना झर
ध्यान धरै झपकी तुहि देखि कढ़े इक नाम तिहारो उजागर ॥131॥

को गुन तेरे कहै सुनुहो जगमोहन जीवन भूरि पियारी
तू न करयो विपरीत कभू कहुं नाम धरयो न अजान सम्हारी
सुधी चित्यौन धरी सब भाँतिन पूरी करी मन काम हमारी
कोउ न ऐसी रह्यो अब मोहि धरावतो धीर वियोग में भारी ॥132॥

मम प्रान को दान दियो तुमहीं तुमहीं सब भाँतिन पीर हरी
जब गाढ़ै वियोग कसाले परे तब आय सहाय करी सिगरी
दृग पावस हवै बरसे जब मो तुम अंचल सो निज पोंछ परी
जगमोहन हाय गए दिन वे जब प्रेम सो चुंबन आय करी ॥133॥

अब तो न सुहात प्रभात न भात है रात और द्योस न साँझ सबै
बिसरे सुख खान औ पान सखी सुधि आवतही दरकै हियबै
जगमोहन ज्यौं जल हीन बिहीन मलीन सु मीन लौं त्रास रहै
मझधार पर्‌यो मुहि हेरि प्रिया टुक बाँह सहारोई दीजै अबै ॥134॥

यौं उर आवत है जगमोहन धाम हु छोड़ि के धूनी रमाइए
डारि कै सेलही गरैं असुंआन की आसन हारे तिहारे जमाइए

तापि वियोग हुतासन श्यामा बघंबर गूदरी नेह बिछाइए
चाह निबाह के कंदरा पैठिसुतार मिलाप को बैठि मिलाइए ।।135।।

प्रेम को गेरु सनेह सो घोरि सरीर जामा अबै रंगवाइए
बाँधि निवाह जटा जुट मौलि तिहारेई पाँव की राख चढ़ाइए
लोहा चमीटा मनोरथ बैठि हियो तुअ चुम्बक में मिलिवाइए
जोग बड़ौ करिये जगमोहन तो कुच तुंग पहारन जाइए ।।136।।

धीर समीर सरीर छुवै परभात खिलैबन पंकज के दल
सीतल मंद सुगंध चलै मनु तेरे ही देस सों आवै उताहल
तेरई पाती मनोकर लावती मोहि सजीव करावती निर्मल
तेरही अंग पवित्रहिं छवै जगमोहन प्रान सम्हारती ह्वै बल ।।137।।

एरे कलाधर तेरी कला धर भाल विशाल पुरारि विराजै
तेरही लेख विहार जटा के पहार विलोल तरंगन छाजै
ऐसी पवित्र सुदेवन वापिका तो तुअ संग कलोलन साजै
तू तो बसे जग ऊ पर सो जगमोहन देवन दुंदुभी बाजै ।।138।।

तेरो प्रभाव प्रताप सबै तिंहु लोक उजागर जाहिर होत है
तूही संजोगी वियोगिन हूँ कहं रैन में चैन औ दुख को श्रोत है
लोक में कोक को शोक करै पै चकोर औ कैरब बंधुन कोत है
दुख दरौ जगमोहन को किन तू जलनाय को उज्जल गोत है ।।139।।

ज्यौं तु अनंद करै तिंहु लोक कौ तौ किन पीर हरै जु हमारी
मेरे दरै दुख दैहिक भौतिक ताग औ पाप समुद्र पछारी
चंदमुखी जहं सोवै दुखी तेहिं आँगन आनन ऊ पर भारी
जा बरसौ कर सीच सुधा संग लै जगमोहन आँसुन भारी ।।140।।

जो वह श्यामालता धन जीवन वाको पता तो जरा सुनि लीजिए
चंद तिहारो सरीर मनो सुकलंक से केश मनो गुनि लीजिए
दोज कलासीं लखै जुग भौंह मनोज कमान मनो पुनि लीजिए
ऐसी मनोहर पूतरी नूतरी कोकिल कंठ लौ सो धुनि लीजिए ।।141।।

दोहा

तू सकलंक कलंक विनु सो मयंक तहं आय ।
सींचि सुधारस सो करहुं सीतल हीतल जाय ।।142।।

घरी घरी जुग सम बितै परी परी पछितात ।
हरी हरी मुख सों कहति बकति विकल विललात ।।143।।

कुंभ काल काला सुनो बाला कहन दुराव ।
जंगल जँगला कंदरा अब वोही न छिपाव ।।144।।

यामें कह हाथन लगै क्यों मुहिं दुखद जनाव ।
दै बताय दृग पूतरी मिलि भेटों भरि चाव ।।145।।

विकट विकट जंगल अजल कंदर सजल सु एक ।
निकटि अवसि प्यारी अहै दै बताइ तेहि नेक ।।146।।

लागै दिन दीरघ तपन आयो सखी बसंत ।
पै न करी सुधि अजहु तुम अजब भाव के अंत ।।147।।

श्याम विहंग सेमर सुमन लसै पथिक मन मोह ।
लाल मनिन गुच्छे मनौ श्याम रतन जुत सोह ।।148।।

(जंगल में दावाग्नि लगी देखि यह इकबारगी मुख से निकल पड़ा)

उत पहार दावा लगी मनो दिवाली जोत ।
इत तन बिरह पहार के दूनी अगिनहुं होत ।।149।।

सवैया

श्रीपुर जो श्रीपुर सो लसै जहं शंकर आपु स्वयं परवासी
तीर महानदी वीर अनंग के बैरी तरंग बिलोल बिलासी
गौरी बिराजे लगी अरधंगिनी संगीनी नाचैं जहाँ जमरासी
दोऊहरौ जगमोहन संकट बंकट प्रेतमसान निवासी ।।150।।

पहार अपार कैलास से कोटिन ऊँची शिखा लगि अंबर चूम
निहारत दीठि भ्रमै पगिया गिरिजात उतुंगता ऊपर झूम
प्रकास पतंग सीं चोटिन के विकसै अरबिंद मलिंद सुझूम
लसै कटि मेखला के जगमोहन कारी घटा घन घोरत धूम ।।151।।

धुआँ भुव फारि कै कैधों बमाय उसास भुजंगम रत्न सजोत
किधौं धरनी परलै जरि धूम गयो चहुं छाय धुधारन होत
किधौं वह कुम्भज आयसु लांधि उठयो जगमोहन इंद्र के कोत
मनौं यह पच्छन छेदन बैर को लेन उडयो नभ कज्जल पोत ।।152।।

कैंधों यह सूर ससि रोकन पयान कर्‌यो कैधों तिन पावन पगन सिर छिबे को
कैधों तिन लांघि यह जात अररात बेगि पच्छन समेत अमरावती के लीबे को
सोचि कै पुरंदर को पुरानो बैर आजु वही जात है अकाश उड्यो के पीबे को
कैधों यह तन्मय सुयोग नभ नीलम में जात जगमोहन सुब्रह्म लीन हीबे को ।।153।।

दोऊ ओर पर्वत गयंदन से राजै घने मत्त मद दान लौ कपोलन की धार है
तैसई महानदी पावन बिचित्र बड़े निर्मल अमंद सलिल फोरत पहार है
कैधों नग नीलम के कण्ठ अति कुण्ठन की सोभि गजमोतिन को विमल सुहार है
कैधों मुक्त चूर भरपूर बालुका के बीच हीरन की माल जगमोहन कतार है ।।154।।

चकई को रैन भर बिछोहा सुनोरी आली काली यह सांपिनि सी रात मोहि काटे खात ।
कैसे कै बिचारे ये पखेरु अति कामी लोल प्रानन की प्यारी के बियोग में न मुरझात
आधी रात टेर-टेर पापी जो पपीहा हाय पीक पीक पीपी करि सुरत सुखाए गात
कौन से भौतिक में भरम ये बिसासी प्रान हाय जगमोहन इतै पै क्यौं न कढ़ि जात ।।155।।

प्रफुलित कंजन औ कोक नद गंजन कै कारे दृग खंजन निरंजन लुभाए लेत
देखत ही प्यारी अनियारी छवि तारन की फूलन के हारन जुत बारन भुलाए लेत
देखु जगमोहन जो चंद अति मंद लगै प्यारी सुख कंद हमैं दूनी दुति पाएँ लेत
पाय लेत भृकुटी तरंग रंग भौरी यह नाभि सर वाकै सब बदन बनाए लेत ।।156।।

फागुन फाग धमार की मार मुरार की मार हियो भक झोंरै
प्यारी बिना यह केसर रंग न बोरे दुकूल शरीरहु टोंरै
नैन भये पिचकारी अबीर समीर अधीर करै मन मोरै
प्रान अंदेसो रहै जगमोहन हाय बियोग संयोग बहोरै ॥157॥

बोरौं सबै रंग केसर कीच करौं मन भाई डरौं न कहूँ री
लै पिचकी कर कंचन मार धमार औ मार की मार सहूँ री
झोरी गुलाल भरौं गहि मूठन वा के कपोल कुचौ मलिहूँरी
आज कछू न गिनो जगमोहन आवत खेलन फाग महूरी ॥158॥

दोहा

कासो खेलौं फागुरी लगी आगुरी जीय ।
छियों आँगुरी मो न कछु नहि सुहाय बिनु पीय ॥159॥

किंशुक फूले बन लसै मनौ धूम बिनु आग ।
देखत बनत न आजु री यह दइ मारी फाग ॥160॥

हौंतो होरी जरि गई अबै जरावैं काहि ।
कहि होरी होरी सखी बरजोरी करु नाहि ॥161॥

ये कचनार अनार के सुमन सु सेमर फूलि ।
दहकावत हैं बिरह की ज्वाल भाल हिय हूलि ॥162॥

बरवै

कहँ गो पियरवा नैनन तार ।
क्यौं नहि लगै हियरवा मिटै दमार ॥163॥

बन बन फूले बिरवा कैसे प्रान ।
रहैं औधि बिनु प्यारी लिखौं प्रमान ॥164॥

गिरधारी गिरि धार्यो अँगुली एक ।
क्यौं नहि दुख मों टारो कैसी टेक ॥165॥

बीती वयस सखी री कौन उपाय ।
जावन वाहि लियावो बूड़त नाव ॥166॥

सवैया

अनंग धरौ न रसाल को सायक चाप तजो कर जोरत आय
सुनो बिनती तुअ पौरुष कौन मरे कह मारिबे में दिखराय
अहै मृगलोचनी बान को लच्छ भयो छतना मन मेरो लखाय
परो मुरझाय हियो जगमोहन औषद कौन करों सखि हाय ॥167॥

कमान सु भौंह के पल्लव लाय कटाक्षहू बानन लौ दरसात
धरै गुन श्रौन पै खींचत जोर सु आर के पारहि लौं कढ़ि जात
भये जग जीति कै आप बली सु भली विधि पौरुष आपु जनात
तनेनी करो धनुही बिरथा जगमोहन के जानि बेधहु गात ॥168॥

भौंह को चाप चढ़ाय कटाक्ष के बानन हाहा हमैं जनि मारिये
श्याम सरूप के सार सेवार से तारहू खीचि न टेढ़े निसारिए
जौलौं ललाई सु ओंठन की जगमोहन मोह दसा दरसाईए
तौलों खरादे उरोजन मंडल प्रान हमारे गड़े कढ़िवाइए ॥169॥

जौ सुख अंग छुवै अंग मेरे सु देखें विलोचन विभ्रम तेरी
जौ तुअ आनन अंबुज सौरभ बैन सुधा टपकैं श्रुति केरी
जौ कुंदरु अनुराग भरे अधरी मधुरौ लगे ओंठन हैरी
तौ जगमोहन प्रेम समाधि रहै बिरहा की विथा नहिं तेरी ॥170॥

तेरे बिना घर कानन सौं अरु मालहू जाल लौ बागर लावैं
तापसी साँस उसास सखी दव ज्वाला कलाप सरीर भुंजावै
सो जगमोहन तेरे वियोग में हारि मनो हारिनी तन तावै
वाहि पछार मनौ जसु सिंह लै विक्रम बैर भंजावै ॥171॥

वाके उठे पुलकावली कै वह सी करै लाप विलाप कंपावैं
ध्यावैं भ्रमै दृग मूदि चहूँ पछरा वह खाय के घूमि गिरावें
बैठे उठैं चितवै चित चेत कहूँ मुरछा तन तोरत तावैं
ऐसी कुरोगिनी को जगमोहन वैद गहो कर दै रस ज्यावैं ॥172॥

दोहा

वैद गहो वाको सुकर तुअ अंग अमृत जीय ।
हरौ विथा वाधा सकल सुरस दरस दै पीय ॥173॥

मदन जोर जुर तन चढ़यौ नलिनी चंदन चंद ।
चिंता और बढ़ावही करु शीतल ही कंद ॥174॥

सो न और सोचै सखी रात द्यौस तुअ ध्यान ।
छिन-छिन छीन मलीनहू परी भौर कुल कान ॥175॥

प्यारी सुनै किमु पीय दशा बहु साँस उसासन पूरी दिशा दश ।
बारहि बार विलोकै चहूँ कहु कुंज में पैठत गुंजत है जस ॥
कै कबहूँ वह आकुल हवै जगमोहन सेज सजै तजि सर्वस ।
ताहि मिलौं चल आतुर सों नहिं मैन करै निज घात महावस ॥176॥

आली तिहारई बैन के संग लखौं अब रैन अंध्यारी झुकीरी ।
वाके मनोरथ पूरबे को मनु कज्जल सों तम दीठि रुकीरी ।
कोकलौ मेरी बड़ी विनती सुनियै चित दै जगमोहन कीरी ।
हाय करौं करुना करुना जु विलंब औलंब हौ जीव की धीरी ॥177॥

दोहा

भयौ अस्त रवि रैन हू आई तो कहं चैन ।
झुपी अध्यारी नैनहूँ सूझत नहिं कर नैन ॥178॥

ऐसो अवसर और नहिं मिलै मानिनी हाय ।
प्यारी कारी पहिर कै सारी श्याम मिलाय ।।179।।

दिसि दिसि देखे सोर हसि तु मूरति धरि ध्यान ।
अधर मधुर मधु पीवही ध्याय सुरस करि पान ।।180।।

पसरचो शशिधर बिंब अब लेख्यो पियहि विलंब ।
बितस्यो बिविध विलाप अलि छुटचो जीव अवलंब ।।181।।

कहे वदे ठौरहिं नगौ प्यौ समयो तजि दीन्ह ।
बिफल रूप जोवन सखी विथा जन्म यह लीन्ह ।।182।।

जौ निसि कानन गहन बन अधिक अँधेरी गैल ।
जात बनै कैसे अरी प्रीति रीति अति मैल ।।183।।

हिये छेद मनसिज कियो कीलि दियो जिय मोर ।
वाके झूठे बैन सो वंचित कहुँ नहिं ठौर ।।184।।

यासों मेरो मरन बर कौन जरै बिरहागि ।
सहत-सहत तन जरि गयो प्रान कंठ अब लागि ।।185।।

बिधुर भई यह मधु मधुर जामिनि जो विष कंद ।
पिय बिनु अब भावै नहीं चंदन कंजन चंद ।।186।।

बिनु प्यारे भूषन भये अँग दूखन के भार ।
सखी आय फेकहु इन्है देहु अनत कहु डार ।।187।।

जौं सुकुमार अतीव ए कुसुम काम के बान ।
मारत मुहि पारत बिपद जारत दारत प्रान ।।188।।

आयो दूती जौन यह निर्दय कपट अगार ।
शठ झठ पट सो निपट है निरस अवश्य गवार ।।189।।

निरस अवश्य गँवार अरी तैं काहे काँपत ।
सो बहु बल्लभ कौन दोष तुअ तूँ क्यों हाँपत ॥190॥

देख आजु पिय संग रंग गुन जीय खिचायो ।
जगमोहन कढ़ि जात जौन मों प्यारो आयो ॥191॥

सवैया

चंदन पौन मनोभव नंदन दच्छिन क्यों जगबंदन बाम है
लोक के प्रान करौ केहि कारन प्रान बियोगिन को कतलाम है
आवन दै मन भावन को जगमोहन नेकु तो कीजै बिराम है
देखन दै भरि आंखिन वाहि तबै जिय काढ़ि कै कीजिये नाम है ॥192॥

उत श्यामा लता रचिकै उलही तन पादप में जोरही
सिगरो जेहि भाव समर्पन में करि तर्पन इन्द्रिन केर सही
तब फूली फली नव मल्लिका सी जगमोहन के उर माल सही
मुरझी उरझी जुरही सुरझी अजहूँ नहिं हाय सो कंठ गही ॥193॥

सहि कै सब देश के हाय कलेशहू जौ तन रोग के पाले परे
दुखदायक पीर शरीर रह्यो बन देखे बिदेस बिहाले परे
जगमोहन मो सब तुच्छ सो जानि गिन्यो नहिं रंचुक साले परे
जिय ठानि बड़ी प्रन रीपि रच्चो तब श्यामा सुस्वप्न के जाले परे ॥194॥

यह चैत अचेत करै हमसे दुखियान को चांदनी छार करै
पर ध्यान धरो निसि बासर सो जेहि को मुहि नाम सुपार करै
यह श्यामा सरोजिनी सीस लसै मन मानस हंसिनी हार करै
जगमोहन लोचन पूतरी लौं पल भीतर बैठि बिहार करै ॥195॥

बस्यो मधि देश अराम सकाम बिजै पुनि राघव दुर्ग नरेश
अहौ तिन आत्मज दीन सुनो रहि काशी पढ़ी तहँ बानी सुरेश
लही तहँ अंगल और सुफारसी बंगल मंगल दीन्हों महेश
जुवान तौ कैयक कै सत संग चुनी जगमोहन सो लव लेश ॥196॥

बिताय सुवारा बरीस बरानसि कीन्हों परिश्रम भूरि विशेख
सुरेश गिरा अरू अंगल मुख्य लही परसाद तो वाकै अलेख
छुटी धरनी घन घाम बिराम कछु यह पूरव जन्म की रेख
सुशासक जो अब शासित है जगमोहन के यह कर्म को देख ॥197॥

पै दृढ़ आस बिसास रहै जिय में वह जौन रच्यौ संसार है
का करिये लहि बाजि गयन्द औ मोतिन ही लिख्यौ करतार है
सो नहिं टारै जगमोहन दिन की यह चित्त विकार है
अन्त तो एक सभी समान सुजात सबै इक मारग धार है ॥198॥

चैत बदी तिथि नैन सुचैन सो श्यामा सरोजनी श्री माही
संवत लोचन शंकर वेद सु अंक निशाकर सो रखाही
वार निशाकर सो है घनौ जगमोहन मोहन काव्य रचाहीं
श्यामा सरोजनी पत्रन के निज छत्रन की सीस पै छाहीं ॥199॥

जामिनी जोत निशाकर भोर के जाम लखी सपने वह सूरति
न्हाय कै बाग में ठाढ़ी हुती अंग सेत धरैं मन झूरति
धाय के हाथ गह्यौ जगमोहन ओंठ दियो रस पूरति
श्यामा कहाँ कह्यौ नैन खुली अब ज्याइ दिखाय के माधुरी–मूरति ॥200॥

सोई हुति नवला परजंक पै शंक बिना सब रैन ही जागी
वाके छुटे कुच पै कच श्यामल बेदा सरोरू आनन रागी
तौलों परी पग आहट कान सनेह भरी रस जो पीय के पागी
चौंक उठी जगमोहन केश औ हार हिये को सम्हारन लागी ॥201॥

सोई निशंक जहाँ परजंक बितान कलिन्दि का पी अनुरागी
फूली निवारी जुही जल कूल लख्यौ जगमोहन स्वप्न में पागी
प्यारौ गह्यौ कर चुंबन ले पपिहा सुनि कूक सु चौंकि के जागी
नींद की डारे रह्या मन अंत सुहार हिये कौ सम्हारन लागी ॥202॥

पी परदेश मंरू करि द्यौस कटे गृह काज भयो दुख भागी
ज्यों त्यों भई रजनी अवनी सजनी सम साजि सेज के जागी

ध्यान धरै टुक नींद लगी मुरलीधर हाय कह्यौ बिरहागी
जानि उरोज खुले खुले जगमोहन हार हिये को सम्हारन लागी ॥203 ॥

बैठि वधू जागे के उठी सोवत मीजत हाथन नैनन रागी
भूली शरीर दशा सजनी संग प्रेम अलाप विलाप में पागी
चेत रह्यौ न कहाँ अचरा जगमोहन आयो तहाँ अनुरागी
चौंकी चितै झट घूंघट लाय सुहार हिये कौ सम्हारन लागी ॥204 ॥

॥ इतिश्री श्यामार्पणमस्तु ॥

।। देवयानी ।।

अर्थात्

देवयानी और ययात्युपाख्यान

जिसे

विजयराघवगढ़ाधीशात्मज श्री ठाकुर

जगन्मोहन सिंह ने बनाया।

DEVAYANI

STORY OF DEVAYANI AND YAYATI.

TRANSLATED FROM THE ORIGINAL SANSKRIT
OF THE MAHABHARATA INTO HINDI VERSE

BY

THAKUR JAGMOHAN SINHA.

Member of the Royal Asiatic Society of Great
Britain and Ireland-

Son of the late chief of Bijnyraghogarh C.P.

Author of the Hindi Version of the Meghdut, Ritnsanhar,
Kumarsambhava, Life of Ramlochan Prasad, Pramitakshar
Dilika, Premaratnakar, Premsampatti Lata, Syamalata,
Syamavinaya, Sajjanashtak & many
other Miscellaneous works.

BHARAT-JIVAN PRESS BENARES.

1886.

॥ समर्पण ॥

श्यामा

यह देवायानी और ययात्युपाख्यान भी बड़ा बिचित्र है इसमें भी तुम्हारी प्रीति और स्नेह का वर्णन है- हाँ तुम्हारा नाम भर नहीं प्रकट किया क्योंकि लोग देखे कल नहीं पाते, किटकिरी के समान उन के नैनों में गड़ रहे हैं, पर श्यामा! एक तेरी दया की कोर चाहिए- फिर मैं इंद्र को भी नहीं डरता। इस देवयानी और ययाति के सरल प्रीति के विवरन की सार तुम्ही हौ-किसी न किसी मिस के तुम्हारा जप तप, और ध्यान करी लेता हूँ इस में भी हमारा तुम्हारा प्रेम गाया गया है- पर प्रकट रूप में नहीं क्योंकि इस के सुनने के पात्र तो कोई भी नहीं हैं मै तो तेरा हो चुका - उसी दिन-जिस दिन तुमने मुझे कृतार्थ किया था- भला भूलना मत- मैं तेरे दास का दास हूँ- श्यामालता में तेरा रूप अभी गाया गया था और अब भी दूसरा बना कर खड़ा कर दिया- तो इसे अंगीकार करो- क्योंकि सिवाय तेरे और कोई संसार में नहीं है कि जिस को समर्पण करूँ। और तुम्हारी कथा तुम्ही को सुनानी भी ठीक है तुम्हारी माया तुम्ही जानो-बस मैं तो बालक हूँ-मेरे सब अपराधों की क्षमा करो और इस मेरी प्रेमपुष्पान्जली को ग्रहण कर कृतार्थ करो।

दोहा।

श्यामा श्यामा नाम को जीह रटत दिन रैन।
श्यामा की मूरति अजौं टरै न पलभर नैन॥

केवल तुम्हारा
जगमोहन सिंह

॥ प्रस्तावना ॥

यह उपाख्यान बड़ा मनोहर है। यह महाभारत के आदि पर्व के 73-85 सर्गों का उल्था है। मैंने यह मित्र गणों के आनंद और बिनोद के लिए रचा है। इस की कथा अति सरल और कोमल है और भगवान् व्यासनारायण जिन्होंने महाभारत सा पंचम वेद इस संसार में रच कर प्रकट किया उन की सरस्वती की धारा प्रवाह कविता की छाया है। राजा ययाति जो पुरूरवा के वंश मे थे नहुष के बेटे हैं। बड़े प्रतापी और धर्म मूर्ति थे पुराने समय में असुर गण इतने प्रबल प्रतापी थे कि जब-जब देवों से संग्राम हुआ सदैव बिजयी रहे। भगवान शुक्र के प्रभाव से संजीविनी विद्या के द्वारा सब के सब जी उठते थे परंतु देव गण तब तक अमर नहीं थे। वे मर के फिर नहीं जीते थे। यह अपूर्व संजीविनी बिद्या अर्थात् औषधि जो इस भारत वर्ष में चिरकाल से पुराने लोग जानते थे और जिस का वर्णन वेद और भगवान आदि कवि वाल्मीकि कृत रामायण* में हे देवगुरु बृहस्पति को भी नहीं ज्ञात थी-इसी से देवता लोग हारते थे-जहाँ तक बाहुबल और पौरूष रहा लड़े, फिर हार मान घर बैठ रहते-निदान जब उन के सब उपाय बिफल हुए तो सभी ने मिल यह उपाय सोचा कि किसी न किसी प्रकार से यह बिद्या शुक्र से लेनी चाहिए। ऐसा मन में ठान देवताओं ने बृहस्पति के सुज्ञ पुत्र कच को शुक्र के पास यह संजीविनी विद्या सीखने के हेतु भेजा। कच शुक्र के पास जा हाथ जोड़ कर

* समीपस्थमुवाचेदं हनुमंत महाकपिम्-सौम्य शीघ्रमितोगत्वा पर्वतं हि महोदयं॥ 29॥
पूर्वं तु कथितो यो ऽ सौ बीर जाम्बवता तब-दक्षिणेशिखरेजातां महौषधिमिहानय॥ 30॥
विशल्यकरिणीं नाम्ना सावर्ण्यकरणीं तथा-संजीवकरणीं बीर संधानीच्च महौषधीम्॥ 31॥
संजीवनार्थबीरस्य लक्ष्मणस्यत्वमानय-इत्यादि 32
ततः संक्षोदयित्वातामौषधीं वानरोत्तमः। लक्ष्मणस्य ददो नस्तः सुषेणः सुमहाद्युतिः।42। स शल्यः संसमाघ्राय लक्ष्मण परबीरहा विशल्यो विरुजःशीघ्रमुदतिष्ठन्महीतलात्।44। लंका. 102 सर्गः।

बोला ''महाराज मुझे शिष्य कर मानिए और विद्यादान देने के लिए अंगीकार कीजिए। मैं ब्रत और नियम कर के और ब्रह्मचारी बन आप की सेवा एक सहस्त्र बरस लौ करूँगा यह सुन शुक्र ने प्रसन्न हो कच को शिष्य बनाया और कच भी अनेक भाँति शुक्र तथा उन की त्रैलोक्यमोहिनी कन्या देवयानी की सेवा में तत्पर हुआ। देवायानी को तन मन से सेया और प्रसन्न किया। उस के निमित्त नाना भाँति के फल फूल लाता कभी माला गूँध कर पिन्हाता। कभी कोई ललित तान सुनाता। कभी बीना बजा कर प्रसन्न करता–निदान सब भाँति उस की आराधना करता रहा। एक दिन जब कच अपने गुरू की गैया चराने बन को गया दानवों ने यह बिचारा कि यदि कच संजीविनी विद्या शुक्र से सीख लेगा तो फिर हम लोगों का कुछ भी बश देवताओं के जीतने में न चलैगा। इस से इसे मार डारना ही भला है। यह सोच जब कच एक विशाल विटप के तले विश्राम करता था दानव लोग गए और पूछा ''तुम कौन हौ'' इस ने कहा ''मैं कच हूँ'' इतने पर सब दानवों ने इसे मार डाला और जम्बुकं और बिघनों को इस का मांस बाँट कर खिला दिया। सांझ होने पर सब गैया बिना कच के घर लौटीं देवयानी जो कच को मन से चाहती थी देखा कि बिना गोप के गैया आज कैसे फिरीं। इस में अवश्य कुछ भेद होगा। ऐसा बिचार अपने पिता से बोली कि यदि कच न आवैगा तो मैं अन्नपान सब तज दूँगी–नहीं तो तात ! उसे बुला दे–शुक्र ने तपोबल द्वारा जान लिया कि कच मारा गया, शुक्र ने अपनी कन्या देवयानी को सब भेद कह सुनाया, देवयानी बोली हे तात ! यदि मेरा प्रानप्यारा कच न आवैगा तो मेरा जीवन दुर्लभ जान, स्त्रियों की तो कठिन हठ होती है–यह सुन शुक्र ने संजीवनी विद्या के बल से कच को जिला दिया, इसी भाँति दानवों ने उसे कई बार मारा और शुक्र ने भी कई बार जिला दिया। एक दिन दानवों ने कच को मार उस का मास मद्य के साथ मिला कर स्वयं शुक्र ही को खिला दिया। देवयानी फिर शोकातुर और व्याकुल हुई–अपने पिता से फिर भी उस के उद्धार करने की प्रार्थना की शुक्र ने जान कर कहा मैं उसे जिलाए देता हूँ और कच को फिर भी जिला दिया, दानवों पर क्रोध कर कहा ए बड़े दुष्ट हैं मेरा शिष्य जो विचारा ब्रह्मचारी और धर्मात्मा है उसे मार डालते हैं और मुझे भी मद्य के साथ उसे पिलाकर धोखा देते हैं–इस लिये आज से जो ब्राह्मण मद्य पिएगा वह सर्वथा नाश होगा।

यो ब्राह्मणो ऽ द्यप्रभृतीह कश्चित्
मोहात् सुरां पास्यति मंदबुद्धिः।
अपेतधर्मो ब्रह्महाचैव स्या-
दझिँल्लोंके गर्हित:स्यात् परेच।

(66। आ. । 63 अ.)

ऐसा कह कच को शुक्र ने प्रसन्न हो संजीविनी विद्या दे दी-कच ने भी धन्यवाद पूर्वक विद्या ग्रहण कर सुरपुर जाने के लिये प्रस्तुत हो गुरू से आयसु माँगी, देवयानी जो इसे बहुत प्यार और मोह करती थी इस को रो कर बोल उठी-हे प्रानप्रिय मुझे छोड़ कहाँ चले जाते हो मेरा धर्म से पाणिग्रहण करो-मैने तुम्हें इतनी बार प्रान दान दिया और तुम अब मेरी इतने दिनों की प्रीति धूर में मिलाते हो, क्या तुम्हे मेरी कुछ भी दया नहीं आती ? क्या मेरा इतने दिनों का श्रम सब नष्ट करोगे? -नहीं नहीं प्रान प्यारे-नैनों के तारे मैं तुम्हें छोड़ने की नहीं -यह सुन कच ने कहा तू मेरी गुरुसुता है और मैं तुझे अपनी बहिन समझता हूँ इस में अधर्म होगा तू मुझे जाने दे, अपने पिता की सेवा कर, ऐसे राह में पैर मत धर इस में कुछ लाभ नहीं, मैं जाता हूँ मुझे मत भूलियो तेरा मैं सेवक हूँ।

देवयानी यह सुन निराश हुई और अनेक भाँति प्रीति की रीति कच से कह सुनाई-पर ऐसा दृढ़-व्रत था कि देवयानी की एक भी न सुनी और जाने पर फिर भी उद्यत हुआ, देवयानी तो मदन के ताप से जली जाती थी, धीरज छोड़ कर रोष मन में लाई। क्रोध ह्वै यह शाप दिया-हे कच जो तूने मेरी प्रीति न जानी और मेरा एक हजार वर्ष का श्रम खो दिया तो तेरी भी विद्या विफल होगी-"कच शोकसागर में डूब गया और कहा कि हे देवयानी यह तेरा शाप केवल काममूल है-कुछ धर्ममूल नहीं-जो हो सत्य होगी पर मैं यह विद्या जब दूसरे को पढ़ाऊँगा तब उसे यह कदापि निष्फल नहीं होगी, पर मैं भी तुझे यह शाप देता हूँ कि कोई भी ऋषि का पुत्र तेरा पाणिग्रहण न करैगा" -यह कह कच विदा हो इंद्रलोक को गया, वहाँ पर देवताओं को यह विद्या सिखाई और सब देवता मिल कर इंद्र से बोले "अब युद्ध का समय आन पहुँचा-चलिये दानवों से युद्ध करैं" -यह सुन इंद्र ने अपना दल बल सजा और संग्राम के हेतु प्रस्तुत हुए, मार्ग में बन मिला वहाँ एक सरोवर देखा उस्में अनेक स्त्रियाँ नग्न स्नान करती थीं- सब के चीर किनारे

पर उतारे धरे थे, इंद्र को देख सब लज्जा वश अपने-अपने चीर पहिनने को नीर के तीर गईं, शर्मिष्ठा ने जो असुरराज वृषपर्वा की कन्या थी धोखे से देवयानी का चीर पहिर लिया, देवयानी लाल हो गई अनेक दुर्वाक्य कहे, शर्मिष्ठा भी धृष्टा हो कर देवयानी से बोली-"दुखहाई ! दइमारी ! तैं एक भिखारी की लड़की हो कर इतना गर्व करती है, तेरा पिता मेरे पिता के सन्मुख बन्दी की भाँति निरंतर हाथ जोड़े खड़ा रहता है, जन्म भर मेरे पिता ने तुझे पाला अब आज आँखैं दिखाती है"-इतना कह देवयानी को कुएँ में गिरा और उसे मरी जान घर को चली गई। इतने में राजा ययाति अहेर खेलते-खेलते उसी बन में आ निकले, मृग के पीछे घोड़ा छोड़ा, थक गये-मारे प्यास के पानी पीने के लिये दैवात् उसी कूऐं पर आ पहुँचे। देखते क्या हैं कि उस में अग्नि के शिखा की भाँति त्रिभुवनमोहिनी एक कन्या गिरी पड़ी है, उस ने अपना सब हाल कहा सुनाया। राजा को दया आई उसे ब्राह्मणी जान अपने दहिने हाथ से उस का दहिना हाथ पकड़ कर कुएँ से निकाला और घर ले गए, देवयानी ने रोती-रोती पिता के पास आ कर शर्मिष्ठा का वृत्तान्त कह सुनाया, पिता ने अनेक भाँति प्रबोध कर क्रोध के दोष कह गिनाये, पर देवयानी ने एक भी न माना; मानै कहाँ से-क्रोध भुजंग किस के रोके मानता है-बोली "हे तात इस अधर्मी राजा के नगर से निकल चलो"-शुक्र ने वृषपर्वा के पास जा बीच सभा में अनेक तरह की बातैं कुछ प्रीति कुछ भय की सुनाईं। वृषपर्वा हाथ जोड़ कर शुक्र को मनाने लगे। शुक्र ने कहा मेरे मनाने से क्या देवयानी को मनावो, उसे संतुष्ट करो-"तब राजा देवयानी को मनाने लगे, देवयानी ने कहा मैं कब मानने की हूँ -चाहै जो हो" -राजा ने फिर भी प्रार्थता की तब देवयानी ने कहा "यदि तू अपनी लड़की शर्मिष्ठा को मेरी आमरणांत दासी बनावै तो मैं शान्त होऊँ" -राजा ने कहा "एवमस्तु"-और शर्मिष्ठा को पास बुला उसे समझा के देवयानी के साथ भेज दिया, एक सहस्त्र और भी कन्याओं को उस्के साथ उस की दासी कर के भेज दिया, तब तो देवयानी सुख से रहने लगी। एक दिन बसंत में अपनी सखियों के साथ बन बिहार को गई, दैवात् राजा ययाति भी मृगया वश उसी बन में जा निकले-उस सहस्त्र कन्या समूह में देवयानी और शर्मिष्ठा को सब में उत्कृष्ट और रूपपवती देख बोले तुम दोनों कौन हो एक वय रूप की सब भाँति मनोहारिणी दिखाती हो-तब तो देवयानी ने

बताया और राजा पर मोहित हो गई, बोली तुम वही न हो जिस ने मेरे प्रान बचाए थे–अब दया कर हाथ पकड़ो–मैं यही चाहती हूँ–राजा ने कहा "तू ब्राह्मणी है–मुझे पाप होगा" देवयानी ने कहा "ब्राह्मण क्षत्रिय में क्या भेद है" –सभी तो ब्रह्मा के उपजाए हैं –'सर्वं जगहै बह्मां' –संसृष्टं ब्रह्मणाक्षत्रं क्षत्रेण ब्रह्म संस्थितम् –इत्यादि वाक्य कहे–राजा ने कहा मैं बिना तुम्हारे पिता के अनुमति के विवाह न करूँगा –देवयानी ने पिता की अनुमति माँगी–राजा से विवाह किया –और वे सब राजा के नगर को गए, देवयानी को अशोक बनिका में एक महल बना कर रक्खा–कुछ काल पीछे देवयानी को एक मार के सदृश सुकुमार कुमार उत्पन्न हुआ–शर्मिष्ठा भी अब नवयौवना हो चली थी–बड़ी सुन्दर और जगन्मोहिनी थी, उस को जब ऋतु प्राप्त हुई उस ने जी में बिचारा कि किसी भाँति मुझे भी ईश्वर एक पुत्र देता तो जीवन सफल हो जाता, मेरी सखी देवयानी ने अपने रूप और यौबन का फल पाया मैं बड़ी अभागिनी हूँ–अब तो मुझ से नहीं रहा जाता, मैं कौन उपाय करूँ, राजा के सिवाय और कौन धर्मज्ञ और प्राण बचाने वाला है–यदि वह मिलै तो पीर हरै–ऐसा बिचार अशोक बनिका में घूमने लगी, संयोग वश राजा भी पहुँचे और शर्मिष्ठा ने राजा से अपने मनोरथ कह सुनाए। राजा तो धर्मज्ञ थे, पाप से डरते थे–पर ऋतुदान में दोष न समझा–'न काचन परिहरेत'–इस श्रुति को बिचार शर्मिष्ठा से समागम किया उसे गर्भ रह गया और उसके तीन पुत्र अर्थात् द्रुह्यु, अनु, और पुरु अनेक काल में हुए, देवयानी को यह नहीं ज्ञात था, एक दिन पूछ उठी तो शर्मिष्ठा ने बहका दिया, बोली ये एक ऋषि के कुमार हैं वह मुझे बरदान दे गया है, उस का प्रताप सूर्य सा था, मैं इसी से उस का नाम तक न पूछ सकी, पर एक दिन जब राजा और देवयानी उसी अशोक बनिका में बिहार करते थे शर्मिष्ठा के तीनों बालक भी खेलते–खेलते राजा के गले से लिपट गये, राजा ने देवयानी के कारण उन का कुछ मान न किया। तब वे रोते–रोते अपनी माता के पास गए, देवयानी ने उन्हीं बालकों से पूछा 'तुम किस के पुत्र हौ' ? पिता तुम्हारा कौन है ? बालकों ने राजा की ओर उंगली दिखा कर फिर माता की ओर इशारा किया देवयानी तुरत ताड़ गई–शर्मिष्ठा और राजा पर बहुत कोप किया, अपने पिता के घर रिसा गई, पिता ने सुन राजा को शाप दिया–तुम एक हजार वर्ष तक बूढ़े हो जावो–फिर प्रसन्न हुए तब कहा कि यदि तुम्हारा बुढ़ापा कोई तुम्हारा पुत्र

ले ले तो दे देना–राजा ने कहा मेरी उपभोग की इच्छा अभी नहीं पूरी हुई। शुक्र ने कहा मेरी बात झूठ न होगी तब राजा ने अपने सब पुत्रों से बुढ़ाई लेने को कहा पर किसी ने जरा लेना अंगीकार न किया। निदान पुरु ने एक हजार वर्ष तक बुढ़ापा ले कर अपनी जवानी राजा को दे दी, एक हजार वर्ष के अनन्तर राजा ने फिर बुढ़ापा ले लिया और पुरु को राजतिलक कर आप बनवासी और तपस्वी हो स्वर्ग को चला गया, यही संक्षेप कथा है, सविस्तार वर्णन काव्य में देखो–

–जगमोहन सिंह

देवयानी

सोरठा

सीताराम मनाय, नाय माँथ बिनवौं बहुरि।
कीजे कवित सहाय, तारहु मुहि निजदास गुनि ॥ 1 ॥

कविता देवी चारू, देवि! भारती भवहरनि।
जननी तनिक निहारु, विश्वविमोहिनि बिधु बदनि ॥ 2 ॥

बन्दौं गिरा भवानि, जो चारिहु फल दायिनी।
तारिनि तरुनि निदानि, आदि शक्ति अनपायिनी ॥ 3 ॥

जाकी शक्ति अपार, ब्रह्मादिक हरि कहत।
वेद न पायो पार, यह जड़ जन कैसे कहै ॥ 4 ॥
दीजिय शक्ति अनंत, जिमि न लेखिनी मम रूकै।
आखर ललित लसंत, लिखत-लिखत लेश न थकै ॥ 5 ॥

कविता सरित अथाह, धारा सूइ कबहूँ न मानौ।
माँगौं याही लाहु, जननि दीजिए बर सौ ॥ 6 ॥

बरु सुमेरु रज होय, शीतल अनलहु जियावैं।
पै तुअ धार न जोय, रुकै न कबहुँ रुकावै ॥ 7 ॥

यह न अहै कछु दूरि, तुअ प्रताप सेवा सकल।
जौ तुअ किरपा भूरि, तौन कठिन कछु तोर बल ॥ 8 ॥

यह बिनवौं कर जोर, असरन सरनि निकेत सुख।
है प्रसन्न करि कोर, दया शील रावरि सुरुख॥ 9॥

हरहु अविद्या आशु, दै विद्या विबुधान की।
नासहु तिमिर जुतासु, ज्ञानदीप जिय राखि मम॥ 10॥

जेठ श्याम तिथि चारू, तेरस मंगल बार शुभ।
करहुँ कथा निरधारु, नैन बेद ग्रह इंदु बल॥ 11॥

संबत विक्रम मान, ग्राम शवरिनारायणनहिं।
आरम्भों मन ठान, चरित ययाति सुराज कर॥ 12॥

आदि पर्व सों लीन्ह, भारत पच्चम वेद यह।
गया भाषा कीन्ह, सुरस छन्द अनुबाद सुइ॥ 13॥

जनमेजय सुनि बात, वैशम्पायन सों कह्यौ।
दशमप्रजापति तात, सो ययाति कैसे लही॥ 14॥

शुक्रसुरता अनुरूप, द्विजबर कन्या सो कहाँ।
कहँ जजाति नर भूप, जो क्षत्री जग विदित जस॥ 15॥

यह मुहिं सुनबे बाढ़ि, अभिलाषा जिय बार बहु।
जौनकछुकतु हिंगाढ़ि, तौ सादर सुनिबर कहहु॥ 16॥

वैशम्पायन उवाच

छन्द

देवराज सम अमित सुजस बल राज जजाती।
रह्यौ बिमल तिहुँ लोक चंद सम रवि परतापी॥

जाके निर्मल बंश हंस को धुज फहरावै।
जाको तेज प्रताप अमोघहु ह्वै नभ छावै॥

सुनु ताके सुभ बंश को बरनन अति बिस्तर कहौं।
जगमोहन कवि* अरुवृषभ पर्ब मनोहर सुख लहौं॥॥17॥

तुम पूछहु सुनि कहत चरित नाहुष जनमेजै।
देवयानी संजोग जजातिहिं सो न गोप है॥

सुर अरु अमुरन बीच भयौ संगर सचराचर।
तीन लोक महँ प्रभुता हितु अति कठिन धराधर॥

जय पावन हितु देवगन मुनि अंगिर सों कहत में।
काव्य पुराहित सों परे मख आयसु ते लहतभे॥18॥

ते दोउ द्विज नित करहिं झगर आपुस महँ मानौ।
दानव गनन गिराय देव संग्रामहिं जानौ॥

शुक्र आपुनी बल विद्या सों तुरत जियावैं।
तै पुनि उठित दिवि देव संग संगर तर ठावैं॥

* कवि = शुक्र।

गुरू पै देवन नहिं सकै जीवन देन अनंद सो।
तिमि तेऊ मर के नहीं जियत बिचारे फंद सो ॥19॥

जो विद्या कवि पढ़े सुई श्री गुरु नहिं जानत।
अतुल प्रभाव सुभाव शुक्र को और न पावत॥

जीवन कहँ जो देत सँजीविनि विद्या भारौ।
अति विषा कहँ पाय देव भयभीत अपारी॥

भयकरत असरकवि सों भलैं जिन अगाध विद्या पढ़ी।
इमि बिचार करि तुरत ते कच समीप पहुँचे बढ़ी ॥20॥

कच जेठो सुत देवगुरू को ताहि मनायौ।
हम सेवत कर जोर तुमहिं यह बचन सुनायौ॥

शुक्र पास जो अतुल सुविद्या निवसत ता कहँ।
हरहु तुरत कच जाय सेय कवि बिबिध भाव महँ॥

वृषपरब समीपहिं जाय तुम लहहु दरस कवि को सही।
करि सहाय हमरी भलैं नासहु जिय को दुख यही ॥21॥

सो तहँ दानव गनन करत रच्छा मनमानै।
औरन की कहुँ ओर लखत नहिं सो पहिचानै॥

देवयानी ता सुता ताहि तुम जिय धरि सेवौ।
तुम समान नहिं और मीत हमरो जस लेवौ॥

निजशील दाहिनी मधुरतादम आचार बिचारसों।
देवयानी संतोषिये लहिए विद्या भार सों ॥22॥

इमि सब देवन मान पाय कच चल्यौ तुरंता।
वृषपर्वण के पास आस लहित लाभ अनंता॥

असुर इंद्रपुर पहुँचि शुक्र लखि बैन उचारे।
नामी अंगिर मैं मुनीस को गुरु सुत हारे॥

तुअ आयौं महराज मैं आजु मोहि अपनाइये।
कच कहँ चेला करि सही निज सुत सम मोहिं जानिये ॥23॥

सोरठा

तुम मम परम प्रभाव, गुरू देहु बरदान यह।
सहस बरस अनुभाव, ब्रह्मचरज ब्रत करि रहौं ॥ 24 ॥

दोहा

कच स्वागत! आयो भलैं टारौं नहिं तुअ बैन।
मान करै तुअ सकल विधि भौ आदर गुरुदैन ॥ 25 ॥

वैशम्पायन उवाच। चौपाई।
तथा बोलि कच ब्रत कहँ लीन्हौ।
जो कबि सुत शुक्रहुँ मुह दीन्हौ ॥
समय-समय पर सो ब्रत धारी।
लागे करन तपस्या भारी ॥26॥

आराधन कर गुरू की सेवा।
तोष्यौ देवयानी कहँ देवा॥
प्रति दिन गावत नाचत आगे।
देवयानी के नव रस पागे ॥27॥

कबहुँ सुरस नव तान सुनावै।
ऊँचे पंचम रागहिं गावै।
कबहुँ बीन रसलीन बजावै।
तबल ताल नवला ढिंगा जावै ॥28॥

कबहुँ सांच करि नाच रिझावै।
देवयानी मन तोष करावै॥
कबहुँ मालती माधवि फूला।
आगे धरै बाल सुखमूला ॥29॥

कबहुँ केतकी अरू कचनारू।
कैरव कमल कुमुद के भारू॥
कबहुँ कोकनद केवर श्यामा।
पाटल पटल ललित अभिरामा॥30॥

कबहुँ चारू चम्पक चयबेली।
गुल गुलाब माला हिय मेली॥
कबहुँ बेल बेलौ अपबेली।
चम्पकबदनी चारु चमेली॥31॥

दोहा

बहु प्रकार के सुमन शुभ ताकहँ दिन-दिन देय।
देवयानी कहँ तोषि इमि जुवति हियो हरिलेय॥32॥

चौपाई

भरि-भरि पत्र विचित्र सँवारे।
नाना फल दल भरि पनवारे॥
सरस रसाल बाल हितु भेजे।
जामुन जगत और फल जेजे॥33॥

ताल बिशाल मधुर मधु न्यारे।
कनक कदलि रम्भाफल प्यारे॥
सरस पनस बहु बिही बटोरी।
दाख अँगूरन भरी कटोरी॥34॥

दाड़िम अमलक बदर बहोरी।
नारिकेलि श्रीफल रस बोरी॥
सौबीरक करमर्द पियाला।
तिंदुक जम्बु जन्तु फल माला॥35॥

लकुच सकुच कच देयन काहीं।
देवयानी बिधु बदनहिं पाहीं॥
सब बिधि ताकर कर सेवकाई।
जेहिं विधि ह्वै प्रसन्न सो भाई॥ 36॥

शुक्र सुता नवजोबन अंगा।
अनुपम बिकसत प्रभा अनंगा॥
काम बान भौंहैं रतनारे।
नैन मैन सर ढर कजरारे॥ 37॥

मीन कंज खंजन मद गंजन ।
कारी रेख भृंग जनु अंजन॥
कनक कलस कुच अबिरल भ्राजै।
जिन मधि कमल तन्तु नहिं राजै॥ 38॥

दोहा

नबजोबन धोवन लगी बाल बालपन हाल।
सब विधि तेहि संतोषि यो कच गुरुसुत सब काल॥ 39॥
तिमि सो बालाहू करै कच सेवा मन ध्याय।
नारि नैन के बान केहि लागे नहि हियजाय॥ 40॥

चौपाई

देवयानी ब्रिप्रहि लखि इकलौ।
बिनु पितु नियम करै सुइ जबलौ॥
इक टक निरखत रहै निरंतर।
ता बिनु तेहि कल परै न अंतर॥ 41॥

कबहुँ मदन बस गौतहिं गावै।
कबहुँ ललित पद बचन सुनावै॥

कबहुँक लाय रहै मन मूरति।
पलक कपाट मूँदि सुई सूरति ॥ 42 ॥

कबहुँ चंदमुख निरखि बहोरी।
जुगल नैन जिमि चितव चकोरी ॥
अनिमिख चितै सु बटु की ओरा।
लेय तुरत ता मन कहँ चोरा ॥ 43 ॥

जौ कहुँ औट होत छिन माहीं।
तौ जुग सरिस सिराति बिताहीं ॥
जिमि अलि अवसि रसालन झौरे।
तिमि बरसत दृग श्रेनि अभोरे ॥ 44 ॥

पाँच सहस संबत्सर बीते।
याही बिधि ब्रत करत अरीते ॥
तब दानव गन कच कहँ जानी।
गाय चरावत बन मन ठानी ॥ 45 ॥

कच कहँ जाय इकंतहिं मारिय।
जामे सो बिद्या नहि धारिय ॥
है निशंक ते गए सुतहवाँ।
बनहिं चरावत गैयन जहवाँ ॥ 46 ॥

दोहा

देखि ताहि दानव सकल हन्यौ आय कच विप्र।
टूक-टूक करि मांस दिय जम्बुक वृक कहँ छिप्र ॥ 47 ॥

सोरठा

लखि गैयन बिनु गोप, फिरौ गेह निज कच बिना।
देवयानी बिनु कोप, रोप प्रेमपथ इमि कह्यौ ॥ 48 ॥

देवायान्युवाच
सोरठा

अग्निहोत्र को होम, तात भयौ अवसान सुइ।
उदय होत कछु सोम, दिनकर अस्ताचल चले ॥ 49 ॥

बिना गोप के गाय, आईं बनते तात इमि।
पै कच कहुँ न लखाय, मरयौ जरयौ मारयौ गयो ॥ 50 ॥

तात न तेहि बिन प्रान, सो अधारमम जीव को।
राखौ हिय अनुमान, करिय तात कच जेहि मिलै ॥ 51 ॥

छन्द

सुमिरि ताहि तुरंत आवहु तात इमि शक्रहु कह्यौ।
संजीविनी बल जीव तेरो जीय करि जीवन लह्यौ ॥

सो निकसि वृकन सरीर आया उदर तिन को फारिकै।
कर अंजली कवि सामुहैं नायौ सु माथ सम्हारि कै ॥52 ॥

सोरठा

तुरत बुलावत आय, प्रकट्यौ कच गुरु सामुहें।
ह्वैं प्रसन्न सबभाय, कच पूछत इमि कहत भे ॥ 53 ॥

सुंदरि मारयो मोहि, कूर दनुज गन आय बन।
सगिध कुशादिक जोहि, काठ भार भाचिनि जबै ॥ 54 ॥

लै समीप बट पासु, छाया तर विश्राम कर।
गैयनहूँ लै जासु, पादप निकटहिं जाय मैं ॥ 55 ॥

चौपाई

असुर आय तेहि ठाव तुरंता।
पूछन लगे कौन तुम संता ॥

तब बोल्यौं कच नाम हमारो।
पुत्र बृहस्पति केर बिचारो॥56॥

कहत इती तिन मारयौ आई।
पीस मांस सब वृकन खवाई॥
पुनि सुख सों ते गए निज धामा।
करत मनोरथ मन अभिरामा॥57॥

सुन्दरि सदय तात बुलवायो।
मैं पुनि जीय तोर ढिग आयो॥
अहो भाग मम सुनु पिकबैनी।
जाते दरस लह्यौ मृगनैनी॥58॥

अहो भाग मम पुनि तुअ आनन।
देख्यौं बिमल कंज छबि पावन॥
धन्य-धन्य मम जीवन प्यारी।
धन्य नैन जिन तुमहिं निहारी॥59॥

मुएहु जियत जन सुने न काही।
पै मम धन्य धरी जेहि पाही॥
यह सब भृगु गुरु केर प्रतापू।
जो विद्याबल मुहि पुनि आपू॥60॥

तुरत जिवाय दीन्ह हितु लागी।
तुअ दरसन लहि मैं बड़ भागी॥
अहह पुन्य मम आजु बहूता।
देख्यौं नीके दृग रस पूता॥61॥

कुण्डलिया

पुनि इक दिन कच बन गयौ पठयौ प्यारी ताहि।
देवयानी हित सुमन सुभ लावन ललित लुभाहि॥62॥

लावन ललित लुभाहि तुरत कच बनमहँ जाई।
दानव गनन बहोरि लख्यौ सो तहँ बिरमाई॥ 63॥

तहँ बिरमाई तेऽपिताहि पुनि मीसि मिलाइन।
उदधि उदक महं मेलि मांसहिं पुनि इक दिन॥ 64॥

दोहा

जनम बहुत बीते जबै देवयानी पुनि बोलि।
तात जिया वहु कचहि फिर मैं भाषों जिय खोलि॥

चौपाई

विप्र फेरि तेहिं बोलि जिवायो।
निज विद्या बल तुरत बुलायो॥
सो कर जोरि शुक्र पहँ जाई।
कहत पूर्व सम सब कुछ आई॥ 65॥

इमि तिन तोसर बेरहु मारयौ।
चूरन करि बलि देन बिचारयौ॥
जारि ताहि शुक्रहि तब दीन्हो।
सुरा सहित पकवानहि कीन्हो॥ 66॥

देवयानी पुनि पितु सन बोली।
सुमन फिर न आयो भरि झोली॥
तात जरूर जरयौ सुइ तहवाँ।
मारयौ फिरि बन दानव जहवाँ॥ 67॥

बिनु कच जीवन केर अँदेसा।
सत्य कहौं पितु हरहु कलेसा॥
प्रान पियरि फेरि जियावहु।
जेहि लखि नैनन निजहिं जुड़ावहुँ॥68॥

शुक्र

गुरु सुत कच अब कीन्हौ काला।
प्रेत कुगति सो गयो विहाला॥
बार बार विद्या बल ताहीं।
सुनु पुत्री जिवाय मैं वाहीं॥ 69॥

करुन विषाद न रोवहु प्यारी ।
तोसी करै कौन दुख भारी।
मुएहु कौन पुनि जीवन पावै।
यह जिय सोचि न सोचहु आवै॥ 70॥

जाके ब्रह्म इंद्र अरु देवा।
बसु ब्राह्मण अश्विनि करि सेवा॥
सुर रिपु जगत चराचर जेते।
नावैं माथ मोहि सुर तेते॥ 71॥

बार बार किमु जीवै सोई।
जियैं फेरि निधनहु तेंहि होई॥
कैसी करों पुत्रि सुनि ओरी।
अब नहिं कच तुहिं मिलै बहोरी॥ 72॥

देवयानी
दोहा

देवयानी सुनि पितु गिरा बोली बैन बहोर।
कैसे सोचिय कच नहीं जीवितेश सो मोर॥ 73॥

जीवितेश सो मोर पितामह अंगिर जाके।
पिता तपोनिधि देव गुरू से अहैं जु ताके॥

सोऋषि कुलको विमल वंश अरु सुतहै मुनि।
ऐसे सुन्दर सुजन सगुन कह देवयानी सुनि॥ 74॥

छन्द

कैसे न सोचिय तात तक हँतपत तपजप जोसही।
निज धर्मकर्म विचार पूजा नेमव्रत रत सों लही॥
प्यारो हमारो नाथ जेहिलगि रुदन करि जिय जारिये।
सोताहि विनु किमुजीव राखिय खानपान विसारिये॥ 75॥

वैशम्पायन

सुइ देवयानी सुवैन सुनि कविदया करि ताछनकह्यौ।
ये साचहू मुहिं देत दुख वहु दनुज मारत सुखलहयौ॥
जे शिष्य कहँ मम नित्त आवत देखि पापी नहिंडरै।
निजनाश तनिक विचार बिनु जे ब्रह्म हत्या को करैं॥ 76॥

दोहा

द्विज बिनु ते चाहत सही करन मही विनुशंक।
इमि कहि शुक्र जिवाइयो कच कहँ लावत अंक॥ 77॥

कच (नग स्वरूपिनी)

प्रसीद तात आतुरों जु मोंहि वाल जानिके।
प्रनाम मोर लीजिए सु तुच्छ मोहि मानिकै॥ 78॥

वैशम्पायन

कहो जु कौन राह सों गए अहो प्रभावसों।
उदार वच्छ पेटसो चले यहाँ कुदावसों॥ 79॥

कच (शशिबंदना)

तुअ किरपा सो गुरु मुहि जासौ।
अजहुन छाड़ै सुमिरति* भा सौ॥ 80॥

---

* स्मृति

सब कछु मोसी सुनिहहु साईं।
तप बल मोही दुख न जनाई॥ 81॥

असुरन मारयो करिं करि चूरो।
अगिन जरायो करि करि भूरो॥ 82॥

तबहु न मोको सकि तिन मारी।
तुअ बल माया गुरु अति भारी॥ 83॥

शुक्र

तुअ लगि कीजे कह सुनु प्यारी।
कच बध सों है मम बध भारी॥ 84॥

मम मन वारो कच सुरयानी*
मम गत सोहै शशि वपु जानी॥ 85॥

देवयानी

दुओं जु मोंहि सांलहीं, अथोर जीय दाहहीं।
विनाश तात तोर औ, जु तासु नास हू लहीं॥ 86॥

बिनाश पीय ह्वै सहीं, न लाहु मैंहु चाखिहौं।
न तोर घात तात हू, कहूँ शरीर राखि हौं॥ 87॥

शुक्र
दोहा

सिद्ध रूप सुत तू अहै भक्त सुता कर मोर।
देवयानी ताते भजै करि सनेह की कोर॥ 88॥

तू विद्या संजीवनी ता करन लहु बीर।
इंद्र सरिस जौ होय कहुँ तऊ न बचै अधीर॥ 89॥

---

* देवयानी।

उदर जठर आगी पच्यौ को बड़भागी आहि।
निकसन हितु समरथ सही बिनु द्विज वरसत भाहि ॥ 90 ॥

होय पुत्र अब भावहु भुलहु न होहु कृतघ्न।
जिमि मै तुहि भावौ भले होत कृतघ्न शतघ्न ॥ 91 ॥

लहि बिद्या मोसन तुरत धर्मवती सीआसु।
है पूरन सब बिधिहिं सो फैलावहु चहुँपासु ॥ 92 ॥

वैशम्पायन उवाच

लहि विद्या गुरू सों तबै कुच्छि फारि निज हाथ
कच निकस्यौ तेहि ठौर ज्यौ दिवस अंत निशि नाथ ॥ 93 ॥
कच बोल्यौ जिन दीन्ह मम जीवन दान विचित्र
मातु पिता दूजे तेऊ दाता अमृत* पवित्र ॥ 94 ॥

तिन सो द्रोहन कबहुँ मैं करिहौं जानत नाथ।
निधिन केर निधि वेद की विद्या जीवन साथ ॥ 95 ॥
सो विद्या लहि नाथ मैं मनसा बाचा कर्म।
अनादरिय जौ सुपन में होय लोप सब धर्म ॥ 96 ॥

वैशम्पायनउबाच।

बोलि लिए दानव गन जहवाँ।
बोले शुक्र वचनहित तहवाँ॥
सुरा पान सो बंचित होई।
ज्ञानी ज्ञान पाय इमि जोई ॥ 97 ॥

सुरा पीय कच मोहित देख्यौ।
धिक कहि निजहिं दुखित जिय पेख्यौ ॥
होय क्रोध तब बचन उचारे।
बिप्र हेतु हित सुनहु हमारे ॥ 98 ॥

---

* मोक्ष।

अजु लगि बिप्र जौन मद छाकै।
मंदबुद्धि मोहित ह्वै थाकै॥
तजि निज धरम ब्रह्महा होई।
इह परलोक गँवावे सोई॥ 99॥

यह मरजाद न कोऊ टारै।
जो मैं थापित करी बिचारै॥
संत बिप्र गुरु जन सुनि लेहू।
देव लोक मरजाद जु एहू॥100॥

सुनु दानव गन तुम बस बालिस*
जो कच पर कीन्ही अतिही रिस
सो समीप मम बसत सदाहीं।
पाय सँजीवनि वह मो पाहीं॥101॥

ब्रह्मभूत ब्राह्मण तेहि बंदौ।
अज प्रभाव तासु गुनि नंदौ॥
कर न रिस ता पर तुम सर्वा।
कब न टेढ़ होहु अरू खर्वा॥102॥

छंद

इमि केहि कवि तिनहीं बोध्यौ छिनहीं दानव गन जे भारी।
ते भए सुखारी तन मन धारी बचन तासु बुधि सारी॥

तिमि सुनत तुरंता सब बुधिवंता गए आपुने धामा।
दस बरस सताई कचहु बिताई माँगी विदा निकामा॥103॥

इति, संभव पर्व, आदिपर्ब, 73 अध्याय:-

श्री-74 अ.

---

* बालक।

दोहा

करि समाप्त व्रत नेम सब बिदा लेय गुरू पाहिं।
चलत देवयानी कह्यौ कच स्त्रो बचन सुनाहि॥

छंद

तुम रिषि अँगिर के सपूत करि दम तपसंज नाना।
अधिक मनोहर लागत मो कहँ धीर ध्यान विज्ञाना॥ 1॥

बिद्या लहि तुम पीय सराहित पूरन सब बिधि पाई।
जिमि मम पिता मान्य अति मो कहँ तिमि अंगिरहू भाई॥ 2॥

सुनहु तपोधन बिनय हमारी मैंहों पतित अपावन।
जामै बिलग होंवँ नहिं तोसों सो करिए मन भावन॥ 3॥

देखि समुझि अरू जाचिकै भक्ति मम दीजे यह बर कामा।
जासौं रहौं संग तेरे लगि जिमि चपला घनश्यामा॥ 4॥

करहुँ बहोरि बिनय करजोरी सुनहु दयाकर मेरी।
भाव भगति तन मन सब तेरी अपनावो टुक हेरी॥ 5॥

एक हजार बरस मुहि बीते सरस करत तुअ ध्याना।
परस पावड़ी नितप्रति जोही दरस हेतु लगि प्राना॥ 6॥

तन मन सौंपि दियो, लेहू पहिले अब शरीर एक बाच्यों।
सोऊ परसता रिए मो कहँ तुमसम और न जाच्यों॥ 7॥

कैयक बार बार जिवाय तोहि मैं लाय रही मग जोही।
पलक मूँदि तुअ ध्यान धारि मन मूरति नहि विसरोही॥ 8॥

सुनहु तपोधन करहु दया टुक निरखहु तनिक बिहाई।
कटु कठोरता जिय तजि देखहु लेहु नाथ अपनाई॥ 10॥

तुमहूँ ब्रत सों अब सचेत भए पाए सकल मनोरथ।
विधि सों मंत्र बाँचि अब पकरहु हाथ करहु तनस्वारथ॥ 11॥

कच

कच तब कह्यौ धरम मनथापो देवयानी सुनि लेहू।
कैसे होत समागम तेरो यह तन दोष न देहू॥ 12॥

जैसे पूजनीय पितु तेरे तैसइ मेरे जोई।
हे शशि वदन सुन्दरी तू तिमि तिनसो बढ़िकै होई॥ 13॥

प्राननहू ते प्यारी पितु की तू गुरूसुता समाना।
भागिनी मोर धरम की सुंदरि यामे कछु न बहाना॥ 14॥

देवयानी क्यों कहति समुझि बिनु काम विवश तुहि जानौ।
तनि कुछनिकु करि ध्यान धर्म को तुहि भगिनी कर मानौ॥ 15॥

देवयानी

देवयानी इमिकहत अहै तू सुर गुरु को सुचिपूता।
ताते पूजनीय मोहू कहँ हे द्धिजबर अबधूता॥ 16॥

असुर न मारयो बन महँ जारयो डारयो तुहिं करि चूरौ।
सलिलनाथ के साथ पीसकर मैं पुनि कीन्हौं पूरौ॥ 17॥

बार-बार तुहि मार हारकर दानव दलन सँहारे।
तोकहँ पुनि पुनि महीं जिवायौ ध्यायौं तनमन हारे॥ 18॥

सो मैं कौन लागि यह कीन्हीं तनिक न जीय बिचारो।
प्रीति रीति अतिकठिन बावरे मीत मोहि जिन जारो॥ 19॥

मै तुअ लगि प्राणेश प्रानपिय जान खोय अब बैठी।
मोसी प्रेमिनकहाँ मिलैगी नेमिन कर तप पैठी॥ 20॥

चाहै दया कोरि करि प्यारे मया लाय मन राखौ।
चाहै शुद्धभाव से मेरो कर गहि चाय सु चाखौ॥ 21॥

चाहै तुम अनुराग आन सो प्रेम पाग पिय प्यारे।
प्रानन राखहु मोर दुलारे तोपै तन मन वारे॥ 21॥

जौतुम तजौ इतीपर साजन धर्म ध्यान जपजोगा।
तुरत नाश होंवहिगे तेरे तजहु न मुहिं करि सोगा॥ 23॥

कच

करि किरपा बचाव तैं मेरो धर्म सकल तू जानै।
अनहोनी क्यों करत बावरी होनी हो जो मानै॥ 24॥

सुभ्रचंदमुखि सुमुखि होत किन शुभब्रत कहैं क्यों नासौ।
यामें होत न कछुक रावरी फलसुभ धरम प्रकासौ॥ 25॥

भाविनि जहँते रही सुन्दरी दरी सोय हम आए।
भागिनी धरम केरि तू मेरी संगिनि जौंइक जाए॥ 26॥

हे विशालनैनी पिकबैनी सुखदेनी दुखलैनी।
राखु सयान मोर अब काहे तोरत धरम नसेनी॥ 27॥

सुख सो बितै रितै दिन इतने तुअ सँगअरू गुरु पाहीं।
देहु बिदा अब जाहुँ घरै निज शिव सुमिरत मग माहीं॥ 28॥

राखु दयामुहिजान 'लाड़ली' दै अबकरो न देरी।
तूरहि पितसंग तेहि सेइयमों लखि करहु नबेरी॥ 29॥

देवयानी

हौं अनाथ अबला सबला नहिं कैहू भाँति कहाऊँ।
ताहू पै जिय दयान आवै अति कठोर व्है भाऊ॥ 30॥

मन कठोर तुअ पै मम मन अति नवनीत हिं सो कोमल।
पीर पराई तुहि न दिखाई प्रेमपंथ नहिं जो हल॥ 31॥

जाके पाँव न भई बिमाई किमि जानै पर पीरा।
एक सहस बरसहु को भारी श्रम खोयौ धरि धीरा॥ 32॥

देह पचाय लाय मन तुम में ध्याय देवकी नाई।
प्रीति लगाय निपट पछितानी जानी कछु न सुनाई॥ 33॥

जौ तू करत जांचना मेरी बिफल कहौ सत भाऊ।
जौ तू लखत आंचनामन सिज की पुनि कहिस समझाऊ॥ 34॥

कैसी करौं हाय विधिना हू भए आजु मुहि वामा।
चीन्ही प्रीति रीति नहिं तूने हा दइजरो निकामा॥ 35॥

जौ तू करत बिफल अब मेरी प्रीति जाचना भारी।
तौ तेरी हू सफल न विद्या होय शाप बस सारी॥ 36॥

जैसे सहस बरस को श्रमहू गिन्यो न तू तपधारी।
तैसे हू तेरी श्रम सरबस मिलै मही मैं जारी॥ 37॥

कच

गुरु पुत्री सुनि तोहि सामरी दोष न कछुहै यामै।
बिनु पूछे शुक्रहुँ से प्यारी करहु जोय मन भामै॥ 38॥

रिषि को धरम कहत तुम मो कहं देवयानी करि रोषू।
दियो शाप बिनु धरम विचारेकाम बिबस परि तोषू॥ 39॥

ता तै महूँ शपथ करि तो कहं शपत आजु सुरयानी।
रिषि को पुत्र कदाचित तेरो गहिहै नहिं सुभपानी॥ 40॥

जो मम विद्या फलै न गोरी तुम्हरी सापहुँ साची।
तौमैं जाहि पढ़ाऊँ ताकहँ निहचै फलहि अजाची॥ 41॥

वैशम्पायन॥

इमि कहि देवयानी कहं कचहू गयौ तुरत निज धामा।
सुरपुर सुखद सरस सुंदर शुभ लसतो ललित ललामा॥ 42॥

ता कहँ आवत देवगनन लखि इंद्रहिं आगे राखी।
सहित वृहस्पति बोले कच सो अमल गिरा लहि चाखी॥ 43॥

देवाः दोहा

जो तुम हमरे हित कियो अदभुत करम कठोर।
ताते जस नस नहि सकै सो भागी है तोर॥ 44॥

इति–74 अः ॥

श्रीः।

वैशम्पायन

कच विद्या पढ़ि गयौ आपुने मन पुलकाव लिबाढ़ी।
देवगनन उपदेश्यौ ताछन भय कृतारथ ठाढ़ी॥ 1॥

मकलत बैश तमख के निकट हि जाय तुरत इमि बोले।
बैरिन दलहु मलहु तुम आतुर आयौ समय अडोले॥ 2॥

एवम तु कहि मघवा देवन सँग सेवन चलि जाई।
चली उदछि सी भली सुसेना असुरन करन लराई॥ 3॥

चमचमात चहुँओर चंद्रिका चंद्रहास चय चारी।
बैरिन बादर हिरद बीच बनि बिजुरी बिमल बिहारी॥ 4॥

सेना लसत सेत सरसिज सी सलिल फेन मनुराजै।
तापै फहरत चहूँ फरहरा इंद्र सुजस दिविसाजै॥ 5॥

मदमाते गज सज मतवारे मदजल बहत कपोला।
महीं धूलि मिलि पंक बिराजै चलत सेन अनडोला॥ 6॥

पुनि तुरंग असवार बारबहु चलत चपल जिन टापैं।
सुई पंक फिरि धूलि भयौ तहँ रजमिसि सूरज ढापैं॥ 7॥

चलत पुरंदर सेना सुँदर कुँजर चढ़ि बन माहीं।
देखी अगनित बारबधू बरवेष जुवति जलन्हाहीं॥ 8॥

सलिल सरोवर सरस सुहावन सखि न संग अलबेली।
लीला करत पुरंदर देखी बन बिच बहुत नवेली॥ 9॥

कोऊ कर पिचकारी भारी बसन उतारि वधूटी।
एक एक पर डारि प्रेम बस मनु मनोज सुख लूटी॥ 10॥

कोउके कठिन कुचन ते माला मोती गिरि सुइ काला।
काहू के अति कलित कपोलन कंज लिपट छबि जाला॥ 11॥

चीर सकल धरि तीर बीर सब खेलत रहीं तहाँई।
पीन गीन करि सवके बसन सिमिट लपेट मिलाई॥ 12॥

लाज बिबस बाला सब आईं तीर नीर ततकाला।
एक दूसरे को दुकूल धरि पहिरन लगी रसाला॥ 13॥

सो धोखे मैं देवायानि को बसन गह्यौ शरमिष्ठा।
जो वृष पर बसुता राजा की बिनु बूझे निज इष्टा॥ 14॥

ते दोउन महँ बसन काज भौ अति विरोध मन माहीं।
रार ठानि नहिं हार मानकै देवयानी कहि बाही॥ 15॥

देवयानी

मम चेरी तू सदा अहैरी सो दुकूल किम हेरी।
सदाचार सो हीन आसुरी बार-बार जिय जेरी॥16॥

शर्मिष्ठा

तब शर्मिष्ठा कह्यौ भिखारिन देवयानी सुनितेरी।
बैठत उठत पिता मम जनकहिं वंदन करत धनेरी॥ 17॥

वंदी समआनंदी करती सदा जनक मो साम्हू।
नीच रीति गहि सुइ विनीति व्है भीत करत तेहि पाहू॥ 18॥

हाथ ओड़ माँगत कर जुग लहुजोंड़ तोड़ निज अंगा।
हाँ हाँ करत सुखातता सुमुखरूख निरखत नित रंगा॥ 19॥

पलत सदा सो पिता तिहारी हलतनमो पितु गेहा।
टलत नकई कोटि विधिही सो डेवढ़ी तजि मम एहा॥ 20॥

जरै बरै तू सदा दिवानी होय नीच सुरयानी।
दइमारिनि दारिद्रिनि दारी दुरै दरी दरपानी॥ 21॥

मोकहँ जानि आपुनी बैरिनि नसै तुरंत भिखारिनि।
करी न मैं परवाह तिहारी वाह वाह जियजारिनि॥ 22॥

वैशम्पायन

इमि कहि देवयानी जनमेजय वैशम्पायन बोले।
ओदे बसन समेत ताहि तहँ कूप गिरायो डोले॥ 23॥

जानि ताहि मरगई वाहि छिन शरमिष्ठा निजगेहा।
बिनु देखे पापिन करि क्रोधहिं सुधि बिसारि निज देहा॥ 24॥

बिधि बस तबै विवश मृगया को गयौ नहुष सुत बनहीं।
थकी देह अरुजकी बुद्धि जेहि व्है प्यासो नृपतन हीं॥ 25॥

कोसन चलि रथ रोसन कीन्हौ मृग पाछेहय डास्यौ।
पानी पियन देवयानी कहँ लख्यो कूप मधि पास्यौ॥ 26॥

देवयानी मन अगिन सिखा सी सुंदरि लसत ललामा।
मनु रति की मूरत मृगनैनी कोटि काम छबिधामा॥ 27॥

मधुर मधुर तेहिं बहु बुझायकै नृपति कह्यौ मधुबैना।
को तू रौइत कहा करत है मृगशावक सी नैना॥ 28॥

श्यामा सुभग सुंदरी भामा मुनि मनहर अभिरामा।
सकल शरीर तामरस मानौ हाटक मनिमय धामा॥ 29॥

श्रुति बिशाल कुंडल छवि झलकैं चिलकै ललित कपोला।
चम्पक बदन चारु चुनरी चुनि चुरिया करन अमोला॥ 30॥

कौन अहैरी भामिनि तेरे हाटक पैरी सोहै।
काहै मौन गहै तजि भौनहि कालगि कूपहि जोहै॥ 31॥

काकी सुता आहि लखि जाकी मति मेरी गति भूली।
तू है काहि गिरी कूपमें भूप महूँ अनुकूली॥ 32॥

देवयानी

देवायानि तब उत्तरु दीन्हौ चीन्हौ मुहि महिपाला।
सुता जासु बस दानव जाके बल जीयत सुख शाला॥ 33॥

जाकी बिद्या के प्रभाव सौं मरे जियत दनुजेशू।
ऐसे शुक्रहि केर दुलारी सुता न जेहि दुख लेशू॥ 34॥

हौ कुलीन तुम भूप लीन निज धरम करम हो जानौ।
बीर धीर अरु शान्त दान्त तुहि लखिकै गिरा प्रमानौ॥ 35॥

ताते मैं पसारि दहिनी निज हाथ ता मनख दीन्हौ।
हारि न मान नरेश मोहिं अब पकरि निकासहु चीन्हौ॥ 36॥

तू सुरूप अनुरूप हमारे भूप कूप सों तारो।
यामें कुशल तोर लखि लेहू जासी धरम तिहारो॥ 37॥

वैशम्पायन

जानि ताहि ब्राह्मण की कन्या धन्या नृपति निहारी।
करि उद्धार तासु तेही छन कूपहिं दियो निकारी॥ 38॥

ताहिनिसारि अवट* सोझट पट निज पुर गयो नरेसू।
बिदा होय न बला अबलासन नाहुष निरखि कलेसू॥ 39॥

देवयानी हू गई आपुने पुर झुरसी दुख देहा।
जुर सी मानी तपित दूबरी क्रोध कह्यौ बचएहा॥ 40॥

देवयानी

दासी जाय तुरत तू कहियो पितु सन सरबसनासीरु।
देवयानी वृषपरब नगर नहिं पैठहिं कहू निरासी॥ 41॥

वैशम्पायन

दासी जाय असुरके मंदिर लाय पानि दुख कंदर।
बोली अति घबराय ताहि छन कविसों जथा पुरंदर॥ 42॥

बन महँ देवयानी कहँ मारौ डारयौ कूपहि जाई।
शरमिष्ठा वृषपरब सुता करि कलह न सुलह लखाई॥ 43॥

सुनि इमि शुक्र चल्यौ तुरतहिं सो खोजत बन निज कन्या।
पायौ देवयानी तेहि लायौ भुज भरि अंक म धन्या॥ 44॥

सब जन आपु दोष सों पावै सुख दुख जगत अनंता।
मोरे जानपुरान रह्यौ कछु पाप तुम्हार असंता॥ 45॥

ताहिको यह भवौ मनौ अब प्रायश्चित अपारी।
ताते दुःख न करौ लाड़ली गिनहु न बोत्यौ भारी॥ 46॥

देवयानी

देवयानी बोली पितु सन यौं चाहै होवन होऊ।
प्राचश्चित पाप अपुने को पै सुनिए बचसोऊ॥ 47॥

---

* कूप # यह देवयानी का विशेषण है।

शर्मिष्ठा के बचन तात सब कुलिश हुलिस जिय जारैं।
तीखे परुष कहे जो वाने ते अबहूँ हिय हारैं॥ 48॥

करि करि लाल नैन सुई बोली मरम घालि इमि बैना।
तू दानव की अहै सदासों गायन जोरुन नैना॥ 49॥

बंदिन केर सुता जग बंदन राज जनक है मेरो।
देत दानअरु मान तोहि नित लेत तात सुइ सेरो॥ 50॥

कहत इती कर क्रोध सोंध सब गयो सूखि तन मेरो।
सों जो कहौ मनाऊ ताकहं सखी भाव करि हेरौं॥ 51॥

शुक्र

नहै बंदि की सुता दुलारी पै बंदत जग मोंही।
ताकी देवयानी तू कन्या धन्या तुअ सम कोंही॥ 52॥

नाहुष अरु वृषपर्व पुरंदर राजा जानत आही।
ब्रह्म अचिंत्य जुबल है मेरो ईश्वर सम प्रकटाहीं॥ 53॥

हौं निरदंद और अछु जगती अगती न हित हंमेरी।
दसों दिसा में गौन हमारों भौन सरिस मम हैरी॥ 54॥

ह्वै संतोष कोश सब मेरो जगती तल में जेतो।
कह्यो स्वयंभू तू ही मालिक खालिक में जो तेतो॥ 55॥

मैं परजा हितु जल बरसाऊँ और करूँ सब काजा।
ओषघ पोष तोष सब जग कहं मैं सचराचर राजा॥ 56॥

वैशम्पायन
दोहा

इमि विषाद लहि कोप सोपीड़ित सुतहिं बुझाय।
मधुर बचन चिकने कह्यौ शुक्र ताहि हियलाय॥ 57॥

75 अ-इति

श्री।

श्री-शुक्र

सदा जौन निंदित बचन देवयानी तजि देय।
सुइ पंडित सुइ विज्ञवर जगत जीत सो लेय॥ 1॥

जो मुखजोर तुरंग सम उदित कोप गहि लेय।
सुइ सवार साचो अहै देवयानी जग सेय॥ 2॥

उदित क्रोध कहं जो सुजन मिटवै ह्वै बिनु क्रोध।
देवयानी जग बिजय सो करत सकल सब सोध॥ 3॥

उदित क्रोध कहं जो तजै छमा लाय मनमाहिं।
जीरन किंचुरी उरग जिमि जग पुरुष कहरहि॥ 4॥

जो तजि देय तुरंतही निंदित बैन कुबान।
क्रोधहु सो जो तजन करि ताहू सों बढ़ि जान॥ 5॥

माँस-माँस जो सौ बरस करै तपस्या भूरि।
अरु जो क्रोधहिं को तजै सो तासो भरपूरि॥ 6॥

पुनि कुमार करहीं बहुत संग कुमारिन रार।
बिनु जाने बल अबल कहँ तिन्ह गिनै पितु सार॥ 7॥

देवयानी

देवयानी बोली बहुरि सुनहु तात मम बात।
जौ बाला तौहू सकल जानत हौं सब पात॥ 8॥

निंदा अरु अक्रोधहू बल अरु अबल जनाय।
पै न छमहुँ चेरी बचन कुलिस समान लखाय॥ 9॥

नाँव धरत जा कहँ सुजन ता बिच कहूँ रहौ न।
जौ चाहो कल्यान निज तो कहँ सो बिसरौ न॥10॥

जो जानै सब जनन की वृत्ति रीति व्यौहार।
तहाँ रहे ध्रुव होत है निज कल्यान बिचार॥ 11॥

कह्यौ जान वृषपर्व की बेटी अनहित बैन।
सो चेटी कैसे कहै कुलिसोपम दुख हैन॥12॥

सो मो मन मथि मथि मनौ जीय जराए देत।
अगिन काम अरनी जथा हिय को सुख हर लेत॥13॥

याते बुरो न है कछू तीन लोक मे तात।
लछमी हीन जु डाटहीं लछमीवंतहि बात॥14॥

याते मरबोई भलो बिदुजन कहत पुकार।
सुन हु तात जो कहत हौं कीजे मोहि निहार॥15॥

इति -- 76 -- अ--

श्री. वैशं.

फेर शुक्र पहुँचो जहाँ वृष परबहिं दरबार।
बिनु बिचार करि क्रोध तब बोल्यौ नृपहि निहार॥ 1॥

हे नृप! अधरम फलत है तुरतौ गऊ समान।
पुनि धीरे बढ़तोइ रहै करतहिं नासत आन॥ 2॥

कै पावै फल पुत्र तेहि कै नाती ध्रुव जानि।
बिनु फल पाए नहिं रहै अति भोजन उदरानि॥ 3॥

दनुज गनन नास्यो पहिल कच अंगिर को पूत।
सदाचार रत जो रह्यौ मूरति धरम सपूत॥ 4॥

जो सेयो मन लाय कै बसि बरसन मो गेह।
ताकहँ अरु मो सुता कहँ मारयौ दनुजन तेह॥ 5॥

ताते राजन! मैं तजो तुहि सब बंधुन संग।
देस तजौ याही छिना होय सकल रस भंग॥ 6॥

हौं झूठो इमि जानि मुहिं ताते बात न मान।
दोष न कछु अपुनो लखहु हारयौ अब तुहि जान॥ 7॥

बृषपर्व

बौल्यौ नृप महाराज मैं द्विजबर होहु दयाल।
धर्म सत्य के रूप तुम मृषा कहहु किमि हाल॥ 8॥

जौ तुम तजि हम कहँ कहूँ अंत जाव तो आज।
बूड़ि समुद्र तुरंत सब देय प्रान तुअ काज॥ 9॥

नाहि न असरन को सरन औरहु जगत लखाय।
तुम बिन को समरथ अहै दानवकुल हितु भाय॥10॥

शुक्र

बरौ जरौ कै सलिल निधि मरौ बूड़ि सब कोय।
मैं कन्या को दुःख किमु सहौं नृपति जिय गोय॥11॥

जौ चाहौ कल्यान निज देवयानी ढिग जाय।
ताहि करहु राजी सकल जिमि बाजी न नसाय॥12॥

करत तोर कल्यान मैं इंद्र केर गुरुराज।
तौहू तुम उपकार मम धरहु न जिय सिरताज॥13॥

बृष

नृप बौल्यौ तेहि ठौर असुरन केर समस्त धन।
गज बाजी रन मौर तै मालिक सम सबन कर॥14॥

शुक्र

अहै साँच तुव बात मैं मालिक सब जगत कर।
देवयानी जौ जात ह्वै प्रसन्न आतुंर तुमहि॥15॥

वैशं

एवमस्तु महि राज देवयानी ढिंग जाय कै।
कह्यौ सकल हित काज हाथ जोर पायन परत॥16॥

देवयानी जो माँगु हम सब दैवे जोग हैं।
है तुअ हिय अनुराग बोलु बैन अब माधुरे ॥17॥

देवयानी

देवयानी तब बोलि सर्मिष्ठहिं सौंपौ हमै।
सो दासी सम डोलि जाय जहाँ मुहि देय पितु ॥18॥

और दीजिए फेरि कन्या सहस जु मोर सँग।
कहौं सुनो तुम हेरि बिन यह किए न मानहूँ ॥19॥

बृष

सुनि नृप कह्यौ बहोरि शरमिष्ठा लावो तुरत।
देवयानी कर जोरि जो तुम चाहौ सो करौं ॥20॥

वैशं

धाय तुरत तहँ जाय बोली शरमिष्ठाहि सों।
चलु मो सँग पितु पाय जाति न को सुख वह करिय ॥21॥

शुक्र तजत ततकाल देवयानी के कारनहिं।
निज चेलन की माल चलु न आपुनो जनम हितु ॥22॥

शर्मिष्ठा

शरमिष्ठा तब बोलि मैं हाजिर सब भाँति सों।
करिहौं सब दिल खोलि जामें काहु न होय दुख ॥23॥

वैशं

सहस बालिका संग तुरत पालकी बैठि सुइ।
पहुँची जहँ पितु रंग कह्यौ तात आयसु करिय ॥24॥

देवयानी मैं तोर दासी बाला सहस सँग।
तुअ अधीन है मोर जीवन जहं आयसु रहीं॥25॥

देवयानी

तू नृपसुता भिखारि मैं बन्दी कन्या अहौं।
देखु न मनहिं बिचारि दासी तै कैसे भई॥26॥

जौन कौन परकार पितु आज्ञा नहिं टारिए।
लिखौ जौन करतार तहाँ जायबो ध्रुव अहै॥27॥

वैशं

सुनि बोली सुरयानि चलहु तात निज नगर महँ।
अब न कछू मो हानि सत्य ज्ञान विद्या जु तुअ॥28॥

इति--77-- अ.

वैश

बहुत समय जब बीति सिराने।
बन बिहार लगि गइ जिय जाने॥
सहस संग दासी लै ठानी।
लीला अद्‌भुत बन सुरयानी॥1॥

गइ सुइ देश मनोहर जो है।
बिबिध रूप मधु माधव मोहै॥
जहँ बहु पुँज कुँज भौंरन के।
सुमन सुमन पर झौंरत बन के॥2॥

एला लपटि सु चंदन चारू।
बेला बेल रसाल बिचारू॥
चंपक जुही लौंग लपिटानी।
माल मालती कोसल जानी॥3॥

जाति चमेली पाटल गन्धा।
मधु कर गुँजत जहँ मधुअन्धा॥
कोइल बैठि रसालन बोलै।
पथिक न बिरहिन को बधि झोले॥ 4॥

बन बागन जिन बट पर राजै।
करि करि राते नैनन छाजै।
तकि बिरहिन मन मैन मरोरै।
कुहू कुहू करि जिय दुख बोरै॥ 5॥

जहँ देखो बसंत बन छाई।
बिरही बध दल फौज चढ़ाई॥
कोकिल कुहुक कपोत हुँकारै।
पपिहा पीक प्रान लै डारै॥ 6॥

नव पलास के किशलय बन बन टेसू सुमन बिराजै।
फूले चहुँ पराग मय पंकज पत्र मनोहर साजै॥ 7॥

मृदुल मलिन आतप बस बेलिन पता अन्त सुकुमारी।
सुमन सुमन पै भीर भौंर की सोभा अमित निहारी॥ 8॥

मृगनैनिन की बिलुलित अलकन चालत धीर समीरा।
श्रमजल बिन्दु, ललाट पोंछि सुख परसत सकल शरीरा॥ 9॥

सरस सरोवर तनु तरंग लहि तरलित कुबलय पाँती।
डुलवत सीतल मंद सुगंधित बृहत मरूत मधुमाती॥10॥

माधव मास मनोहर मानिन लोचन तारक ऐसे।
कुरुबक गुच्छ मुच्छ मधि अलिनी बिधु बदनी दृग जैसे॥11॥

उज्जल कंचन कांति मनोहर चम्पक बीच अशोका।
मदन अनल सो बिरहिन के मनु ज़रे हृदय के थोका॥12॥

नवल बधुन लखि मधुपावलियौं बकुल रसासव माती।
तजि निज द्रुम मानिन ढिंग मानौ रतिपति आयसु जाती॥13॥

पथिक मधुप धुनि सुनि बीना सुर जित मन मन्मथ कीन्हौ।
निज बस जनु सारँग व्याधन की सुनि बंशी जिय दीन्हौ ॥14॥

पीय माधवी मधु मधु मासहिं मधुर मनोहर माला।
मधुकर कामिनि मदन मत्त ह्वै गावन लगी रसाला ॥15॥

जहँ बहु पुँज मधुप के गुँजत कुँज सुमन रस लोभे।
कलरव कोकिल केलि कला सँग कुँज कुटीरन शोभे ॥16॥

देवयानी लीला बिस्तारी सारी करत बिहारी।
मधु माधवी पीय फल बहुबिधि खाय मदन बश नारी ॥17॥

मदिरा

माधव माँस मनोहर सुन्दर श्यामल सुभाल लसै।
मानहु बारिद बीच बनी शशिरेख सु भेख घनी दरसै॥
राजहु सो मृगया बस जाय लखी नव जोबन मोहिनिया।
तान सुनाय फसावत प्रानन बानन सो मनु बेधनिया ॥18॥

मानहु चंद मही महि मंदन बन्दन लोकहिं आन लसै।
सो सरमिष्ठ सरोरुह नैननि पैननि देव सु यानि बसै॥
मानहु तारन बीच अनूपम सूरज चंद गिरयौ धरनी।
सो नवला अवला सत संगम खेलत खेल मनोहरनी ॥19॥

हरिगीतिका

जेहि देखि रतिहू लाज करि सब काज तजि भौनहिं गई।
सर बीच सरसिज नीर कीचहिं मूदि दृग हाँसन ठई॥
मृगनैन देखि सु मैन बांके जाय बन महँ छिपि गए।
मुखचंदहू लखि मंद भायौ उदधि फंदन फसि गए ॥20॥

लखि देवयानीहि सखिन सहसहु रूप अनुपम सों भली।
नृप कीन्हु मन तेहि पूछिबे कहँ बैठि जेहि सेवत अली॥

कोउ पैर मींजत चौंर ढुरवत पान कोउ सनमुख लए।
कोउ आरसी मुख ओर लीन्हे सेय सब बिधि सों नए॥21॥

ययाति

तुम कौन सहसहु मांहि सुंदरि जौन रति तन राजहू।
निज नाम गोतहु बोलु आतुर जुगल मूरति छाजहू॥

देवयानी

मैं शुक्र की जो अतुलबल जग सुता सुरयानी अहौं।
सखि दनुज राजहु की सुता वृषपर्व शरमिष्ठा कहौं॥22॥

त्रिभंगी ययाति

सुनि नृपति पुकारयौ कहहुँ उतालौ कैसे दासी तोर भई।
जो असुर बंदिनी राजनंदिनी सोभासीवँ अथोर दई॥

देवयानी

यह अचरज नाहीं कछु न बसाहीं बिधि की याही गैल अहै।
है कथा बिचित्रा होत पबित्रा सुनि जेहि कानहु मान गहै॥23॥

पै सुनिबे बाढ़ी हिय में ठाढ़ी भूप आपुनी कथा कहो।
का नाम तिहारो कहा निहारो इत आए क्यौं दुःख सहो॥

ययाति

मैं ब्रह्म अचारी बेद बिचारी सुनि सब राजा मोहि कहै।
मैं अहौं कुमारा भूप सवारा मो ययाति सो नाम अहै॥24॥

देवयानी

सुन सुन नरराजा तैं केहि काजा तुरग बिराजा आय गयौ।
केहि कारन आयो राह भुलायो बनहिं समायौ रोष भयो॥
कै बारिज लीबेवा जल पीबे कौ दुख दीबे जंतुन को।
सब कहौ तुरंता छितिपति कंता मुहि सुखवंता जो मन को॥25॥

ययाति

मैं आयो हेरी करन अहेरी बन बिच मेरी बुद्धि गई।
सो थकि श्रम पायो दूर चलायो मग बिसरायो पीर भई॥
सुनु अहौं पियासो निर्मल खासो जासों तिरषा जाय सही।
मुहिं दै सुरयानी निज कर पानी मन बिच आनी मोह लही॥26॥

देवयानी

तब कहि सुरयानी मन महँ ठानी प्रीति रीति परतीति करी।
पी नृप अब पानी पै जिय जानी प्यास बुझानी पीर हरी॥
हम दोउन बाला संग उताला लै निज पुर मम ब्याह करो।
ए सहस नवेली जे अलबेली दासी तेरी हाथ धरो॥27॥

राजा

तब राजा बोले सब जिय खोले जो ले तो कहँ सो न रहै।
मैं भूप बिचारो तनिक बिचारो सब विधिहारो विप्रन है॥
तै द्विजबर कन्या सब विधि धन्या मैं छत्री किमि बाँह गहौं।
सो उन बाला कभूँ बिहाला धरम बिशाला जानि रहौ॥28॥

देवयानी

सुनु नृपति प्रबीना अब मो जीना तोर अधीना दैव रच्यो।
मैं अब कित जाऊँ काहि मनाऊँ कथा सुनाऊँ प्रेम पच्यौ॥

सब जग जन आए बिधिना जाए ब्रह्म बनाए निज कर सो।
इमि छत्री सिगरे कैहुँन बिगरे द्विज सम बीच न तिल भर सो ॥29॥

सब जगतहिं लेखौं इक रस देखौं ब्रह्म सरेखौं सृष्टि रची।
नहिं जाति बिबेका सब भव एका देह अनेका भरम पची॥
सो बिप्रन आना छत्र समाना एक निदाना बेद कहै।
तिन रच्यौ बिधाता सब जग त्राता धर्म बताता भेद नहै ॥30॥

यह धरम पुरानो जो जग जानो ता कहँ मनौ हाथ गहौ।
बुध ईला बातैं सो न छिपातैं लोपा मुद्रा संग कहौ॥
यह धरमहु मूलौ तू कित भूलौ केहि रस फूलौ क्यौं न कहै।
है पाप न यामैं दियो बता मैं क्यौं अब मेरी जीय दहै ॥31॥

ययाति

सुनु सुन्दरि प्यारी अँग सुकुमारी एक देह सी बरन लहे।
पै बस बिलगाने चार बराने आने आने धर्म गहे॥
सो बरन बिबेका क्यों सब एका शौच अनेका तोहि कहौं।
तिन सब के माहीं द्विज वर आहीं जगत सदाहीं आदि अहौं ॥32॥

देवयानी

सुनु नृपति पियारो बचन हमारो समै निहारो पीय सबै।
हौं अबला दीना, नेह नवीना पीर बलीना, होत अबै॥
गहि पहिले मेरी हाथ तमेरो (क) नेह निबेरो क्यौं न तबै।
तुम निज जिय आन्यो कहा समान्यौ क्यौ नहिं ठान्यौ हीय तबै ॥33॥

गहि पहिले राख्यौ मो कर भाख्यौ साच बिजन बन सो जिय में।
अब क्यौं तुम हटते जानत नटते मोहन कटते सो हिय मे॥
कहु कौन अहै जू समरथ कै जू जो मम मानिनि केर गहै।
कर सरबस मेरे सिवा न तेरे सो समुझत मन दुःख दहै ॥34॥

(क) ताम्रवर्ण।

सोरठा राजा

राजा कह्यौ बुझाय सुनु सुन्दरि बिप्रहिं डरौं।
जो भुजंग सम आय आगिहुते ज्वाला अधिक ॥35 ॥

देवयानी

देवयानी कहि हाय विप्र कहौ कैसे अहैं।
"विष भुजंग सम आय आगिहु ते ज्वाला अधिक" ॥36 ॥

राजा

राजा बोले बैन भुजग एक कहँ काटही।
मारत ताकह ऐन मीच लेय एकहिं अहो ॥37 ॥

पै द्विज वर करि कोप जारै जग पुर नगर सब।
परिवारहु को लोप करै तोष मन धारि छिन ॥38 ॥

ताते नहिं तुहि लेव विनु माँगे तब जनक सों।
जानत धर्मन देंव समुझ जीय सुरयानि निज ॥39 ॥

देवयानी
(भुजंगप्रयात)

कह्यो देवयानी-कहौं जोरि पानी।
नहै तोहि कैहूँ डरौ जीय आनी॥
पिता जो हमारो हमै तोहि दैहै।
कहौ तो कहा हानि जो मोहि लैहै॥40 ॥

वैशम्पायन

गई देवयानी पिता पास बोलौ।
सुनो हे पिता मोहि दे जीय खोली ॥41 ॥

यहै राजराजा प्रतापी बिराजा।
गहै हाथ मेरो सवै भाँति साजा॥
जवै भूप देख्यो उठ्यो जोर पानी।
करी वंदना शुक्र की प्रेमबानी॥ 42 ॥

देवयानी

कही फेर राजा अहै जो जजाती।
गही बाँह मेरौ दया मोहिं आती॥
वरौं याहि ताता सुनो मेरि बाता।
नहै और मेरी पियारो न त्राता॥
उबार्यौ हमे प्रान राखे निहारौ।
परी में हती संकटै कूप डारी॥ 43 ॥

शुक्र

कह्यो शुक्र राजा करो ब्याह काजा।
न रोकों कहू मैं तुझे जोग छाजा॥
हमारी मती सर्वथा जानि लेहू।
सु मैं देवयानी हि को तोहि देहू॥44 ॥

राजा

जजाती कह्यौ शुक्र कीजे कृपाहीं।
परै ना हमैं पाप जामै सदाहीं॥
न होवै कहू संतती वर्न मेली।
सुनो हो गुरु या विनै मो अकेली॥45 ॥

शुक्र

कह्यौ शुक्र भूपा नहै पाप जासौं।
छुड़ायौ तुम्है मै सवै भाँति वासों॥

विवाहौ करौ शंक काहूँ न कीजे।
न चिंता धरो चित्त में शोक लीजे ॥46 ॥

गहौ हाथ याको करो प्रीति रीति।
यहै सुंदरी नेह बाँधो प्रतीती ॥
कुमारी अहै टूज शर्मिष्ठ नामा।
वहै राज कन्या रती रूप धामा ॥47 ॥

यहूँ संग तेरे रहैगी सदाहीं-
मनो देवयानीहि दासी मुदाही।
नतू पै कभू संग भूलैं हु कीजौ।
न तो ताहि परजंक को लाहु दीजो ॥48 ॥

न देखो कभू पाप की दीठि डारी।
लगावो न ताको कभू अंक प्यारी।
न कीजो कभू काम की केलि वासों ॥
न लीजो कभू अंक में अंक जासों ॥49 ॥

वैशम्पायन

ऐसे वैन विचार राज तुरतैं ब्याही सुता सुंदरी।
जैसी गैल लिखो सुवेद वर मैं लीन्हो गली नागरी ॥
जो लक्ष्मी अतुला मुनीस कवि ने दीन्ही नृपै प्रीतिसों।
ताको लै संग में प्रनाम करिकै माँगी विदा रीतिसों ॥ 50 ॥

सोरठा

देवयानी लै संग शरमिष्ठा बाला सहस।
गयौ नगर रसरंग पूजी सब मन कामना ॥51 ॥

78 अ. इति
श्री. अथ 79 अ.

वैशम्पायन

गयौ ययाती गेह निज जो अमरावति तुल्य।
देवयानी रानी करयो जुवती रतन अमुल्य॥
जुबती रतन अमुल्य ताहि प्रानन सम राखी।
जो अशोक वनिका!हि माहि महलन अभिलाखी॥
मन माने बहु सजत बसन भूषन मद माती।
शर्मिष्ठा संग सहस दासि लै गयौ ययाती॥1॥

सवैया

नृप कीन्हो बिहार बिलास सवै बहु वर्षलौ काम कलारस मै।
सुइदेव सरीस अनेक वरीस विताय रह्यो सुख सों बसमै॥
जब आई घरी सुघरी जग मोहन गर्भ रह्यो पहिलेहि समै।
उपज्यौ इक मार समान कुमार उछाह भयो दसहू दिसमें॥ 2॥

इमि बीते बरीस हजार जबै शरमिष्ठ भई ऋतु पाय अली।
नव जोबन अंग अनंग निवास भए कुच अंकुर कंजकली॥
छटि के जु छला सी भई कटिहू दृग भौहें मनोज कमान भली।
जुग खंजन गंजन नैन लसै वरुनीन की पांति भली सु अली॥ 3॥

अबला प्रबला नव जोबन मोतन काम हू कोपि कमान धरै।
केहि भाँति सो लाज जहाज रहै कोउ केवट मीत जु पार करै॥
मम आली लह्यो फल रूप को सो दुखसाली बिहाली कभू न परै।
धिक देह औ गेह सबै सजनी कहु कौंन उपाय करै बिसरै॥ 4॥

सुन कौन उपाव करौं मै कहा केहि भाँति सों द्यौंस बिताइएरी।
कहिए जु कहा रहिए गहि मौन मु भौन मै। तारे गिनाइ एरी॥
अँग अंग तपै सुलगै बिरहागिन औटि शरीर पचाइ एरी।
अब काके भरोसिन प्रानहु राखि कपैं तन कोमल ताइ एरी॥ 5॥

जैसे बनायो सखी निज साजन मैं हूँ, करूँ पति आपने जीको।
नातरु जीवन केर संदेह बिना पिय मोहि जहान हु फीको।
यौं मन ठान्यो मिलै नृपराज सुदेय इहै सुत सोफल नी को।
कैसे संजोग सनेह करौं पुनि कंत इंकत मे भावतो जीको॥ 6॥

वैशम्पायन

सु द्यौस समै इकसो मनमानि गयौ नृप बाग बिहार के काज।
अशोक की वाटिका पेषि मनोहर लाय रह्यो जिय मैन के साज॥
इकंत बसंत हियो हरि लेत जहाँ नव पल्लव मोहन छाज।
करै कल कोकिल कुँज कुटीर कहूँ पपिहा रटि बोले दराज॥ 7॥

लखि राज इंकत सुबाटिका माहिं गई सुभ हासिन मोद भरी।
तेहि जोरि कै हाथ करी बिनती नवनेह पगी तनिको न डरी॥
सुनिए नर राज अहो अबला नवला केहि भाँति मनोज जरी।
तुम धर्म के हेतु गह्यौ अवतार सु तारहु मोहि दया को करी॥ 8॥

कहु कौन अहै समरथ्थ भुआल बिशाल भुजा जेहि की गति है।
इत आवन हे मन भावन भौन तिहारे कहौ केहि कीरति हे॥
विधु इंद्र औ विष्णु, सबै जमराज थके इनकी नहिं सूरति है।
जेहि भाँति प्रवेश करैं इतहे जलराज हू की नर ही मति है॥9॥

इनकी हू गई गति मारी अहो तुअ कामिनि जे महलों में रहैं।
तिन को नहि देखि सकैं सिगरे यदि कोटि कलेस सहै तो सहैं॥
किमि पूरन कीजिए आपु मनोरथ सूर जहाँ नहिं पैठत हैं।
मुहि जानि अनाथ सनाथ करो लखि शील औ रूप जु आरत हैं॥10॥

ययाति

सुनिए आरत वैन मैन युत चैन रहित नर पाला।
बोल्यो तुरत दिखाय प्रीति की रीति सकल तेहि काला॥11॥

जानौं तुह्मै सुनो हो सुंदरि असुर राज की कन्या।
सूजी नोक समान न तेरी रूप कुरूप अधन्या ॥12॥

हैरीतू मृग शावक नैनी कोकिल बैनी बालाा।
कुँदकली फीकी नीकी नहिं चम्पलता की माला॥
सुनु तेरी बेनी मैं बँधिगौ मन मेरो सुख देनी।
जो अपवर्ग खर्ग को दाता मानहु मोहि त्रिवेणी ॥14॥

प्यारी तुअ भौंहै अनियारी मदन धनुष जिन जीतीं।
वरूनी वान सान नैनन पर चढ़ि बेधति हिय तीती ॥15॥

मनो बिछू के डंक अनूपम मंत्र जंत्र नहिं लागै।
ये काटै बिनु शंक बंक है सोन मोह मद जागै ॥16॥

लोचन बंक तिरीछे तेरे अति पैने रतनारे।
आगम जोबन के कहिबै को गए कान लगि प्यारे ॥17॥

खंजन मीन कमल दल, गंजन मोमन रंजन भाए।
भंजन मदन ताप दुख मेरे अंजन बिनहु लुभाए ॥18॥

जो लखात तिल जुगल कपोलन बोलन परती गाड़ै।
बापै वारों सातदीप अमरावति अलका ठांडै ॥19॥

मुहिं दिखात बिम्बासे दोऊ अधर मूँजु मधु खासे।
बिद्रुम जपा गुलाब बंधू को पल्लव तुलना नासे ॥20॥

इन सबते मुसक्यान माधुरी अधर वीच तमटारै।
चारु चांदनी मोती चंचल चपला लखि जेहि हरि ॥21॥

जौ प्रबाल बिच सेत सुमन कै ओस कनूका राजै।
कै विद्रुममधि मोती झलकैं तौ तुलना कहँ भाजै ॥22॥

श्री फल बिफल भयो लखि तेरे जुग कुच अविरल ऐसे।
मदन खराद चढ़ायो निजकर हेम कलस से तैसे ॥23॥

त्रिबली उदर गभीर नाभि इद जहँ अमृत रस जाना।
नव जोबन मनु रच्यौ मदन के चढ़न हेतु सोपाना ॥24॥

हेम कदलि सो जांच नवीनी करि कर सम के सोहै।
कंज मंजु सुभ चरन सनूपुर मन जेहि परिकर मोहै ॥25॥

ऐसा रूप अनूप देखि तुअ पै परबस मन मेरो।
कह्यौ शुक्र सुहिं ब्याही जब मैं देवयानी टुक हेरो ॥26॥

धरियो हिये बचन यह राजा जामे सुख बहु साजा।
शरमिष्ठा सों कबहुँ न कीजो सुरति रंग सिरताजा ॥27॥

सो मैं हारि दीन्ह तेहिं बैना काह कहौ सुनु एरी।
मै निज बचन एक नहिं टारौं जगत बिगारौं जेरी ॥28॥

शर्मिष्ठा

बोली तबै मधुर गदगद सुर बैन पानि जुग जोरी।
शर्मिष्ठा सुनिए पिय मेरी बिनै लाय चित थोरी ॥29॥

श्रुति सुमिरति पुरान बच ऐसो सुनो पीय करि नेहा।
पांच समै पर पै न कहाहीं पातक मिथ्या एहा ॥30॥

नर्म वचन, परिहास नवेलिन, संग रंग जब खोलै।
ब्याह समै सब धन नसि जावै प्रान गौन में बोलै ॥31॥

और सभा विच साखि झूठ नहिं जो गो द्विज हित माखै।
अबलन हेतु अपातक ऐ सब तुहिं को पातक राखै ॥32॥

ययाति

राजा कह्यौ सुनो हो सुंदरि हम सब जगत प्रमाना।
जौ कदापि तजि देहि धरम तौ झूठ न कहूँ ठिकाना ॥33॥

शर्मिष्ठा

सुनो एक अरु बिनै बहोरी कहौ फेरि कर जोरी।
थोरी सी जो तुअ मन आवै करौं न मैं बरजोरी ॥34 ॥

लोक प्रसिद्ध कहावत है जो सो न टरै तुअ टारै।
अपुने सखि को पति निज पति है यह सब कहतु पुकारै ॥35 ॥

तो तुम देवयानी पति जो मम सखी अहै सुनु सांची।
ताते मेरो हू तू पति है कहौं बात नहिं कांची ॥36 ॥

ययाति

राजा हारि न्याय सों बोले खोले निज मन मानैं।
सकल मनोरथ ता छन अपुने जिय के सब प्रकटानै ॥37 ॥

मेरी अहै जनम को सांची जो प्रन सो सुन लेहू।
माँगत मोसो जो जिय जानी तोको सो सब देहू ॥38 ॥

तू रितु काल बाल मदानानल सूखी देह सुहाई।
मो जिय कसक उठै सुनि कामिनि बिरह दहै सुलगाई ॥39 ॥

सो जो कहै करों मैं कारी जामै तुअ मन आवै।
मैहूँ सकल भाव सो ऐसे विवस चाव जिय भावै ॥40 ॥

शर्मिष्ठा

बोली सो सुनु भूप पियारो तोपै तन मन वारो।
मोहि बचाव पाप सों आतुर धर्म करावहु तारो ॥41 ॥

जामे तेरो अंश प्रतापी हंस वंश सुत पाऊँ।
धरम करों तुअ संग लाहु लहि यह बर माँगे पाऊँ ॥42 ॥

तीन अहै इह लोक अनाथा नाथ धनी इन केरा।
जो आधीन करै इन दीनन सोई धनी घनेरा ॥43॥

जुवती दास, पुत्र, ए तीनो पीनोदीनों भाई।
इन कर धनी, जनी नहि कोऊ भौनहिं मुहि न लखाई ॥44॥

देवयानी की दासी खासी पै जिय तुम में फासी।
गांसी सबै भाँति अविनासी हौं अबला तुअ दासी ॥45॥

मोंसो निधुबन रंग संग करि मिटवहु जिय की पीरा।
यह रितु दान धरम आरत को त्रान प्रान नहिं धीरा ॥46॥

मै सब भाँति अपावन तू तो मनभावन सुख लावन।
साजन मानु बिनै यह मेरी करो मोहि अब पावन ॥47॥

हौं अनाथ अबला पुनि नवला प्रबला मदन मरोरै।
कंत बसंत इकंत बाटिका लखि ललचै मन मोरै ॥48॥

पैयाँ परौं करौं पिय बिनती तारहु मुहि जिन मारहु।
राखहु लाज काज सब करि के जो अकाज सब टारहु ॥49॥

सही न जात पीर बिरहा की कामबान तन झोरै।
चंद चादनी चंदन कोकिल पपिहा प्रानन बोरै ॥50॥

हे अशोक तुम शोक हरत नहि रोक क्यों जियों जारी।
क्यौं न देति अंगार चिता के सिंगारन ए भारी ॥51॥

वैशं.

इमि सुनि 'एवमस्तु' नृप बोल्यो जानि सांच जिय केरी।
बहु बिधि नेह देह बरसायो शरमिष्ठा तन हेरी ॥52॥

कीन्हो धरम अथोर मरम को जानै मारग प्रीती।
करम अछरजे नरम लिखे तिन भरम करै अनरीती ॥53॥

करि अभिलाष लाख नव संगम मेटी तन की पीरा।
कामानल आहुति दै दोऊ गए गेह निज धीरा॥54॥

तुरत तबै शर्मिष्ठा पायो गर्भ प्रथम नृप पाहीं।
प्रथम समागम हू मे दोउन भयो अनंद उछाही॥55॥

सो राजीव लोचनी पायो इक कुमार दुख मोचन।
देव गर्भ के तुल्य मनोहर जो राजीव विलोचन॥56॥

इति श्री - 80 अं.

वैशम्पायन

सुनि शरमिष्ठा ने जब जायो इक कुमार मन मोहन।
देवयानी मन चिंता बाढ़ी सोचतिं ठाढ़ी गोहन॥ 1॥

जाय तबै बोली दिल खोली भोली तू कित डोली।
कहा कह्यौं तैं काम लुभानी मनमानी जिय लोली॥ 2॥

कौन पाप तैं करयो अली अब भली भाँति पछितावै।
चली चली कहुँ चैन न पावै सो तू कहा छिपावै॥ 3॥

शर्मिष्ठा।

शरमिष्ठा बोली सुनु आली रोष देहु तजि नीके।
जानों नहीं कहा भौ मोही तोहि सुनाऊँ जीके॥ 4॥

कोऊ धरम मूरति रिषि आयो श्रुति सूरति गुनवंता।
अखिल वेद पारग जिन मारग देख्यौ भव भगवंता॥ 5॥

माँगे दियो मोहि बरदाना मनमाना सनमाना।
कियो न मैं अन्याय काम बस यह रिषि सुत तू जाना॥ 6॥

देवयानी

यह शोभन पै करौ न गोपन लोभ न की जो आली।
सो द्विज का तो नाम गोत सब कहियो छाड़ि कुचाली ॥ 7 ॥

शर्मिष्ठा

इमि सुनि देवयानी के बैना शरमिष्ठा तजि चैना।
बोलिए अलि तेज तापसों दिपत रह्यो द्विजऐना ॥ 8 ॥

ताहि देखि सुधि बुधि, सब तन की भूली सांच कहौं री!
गोत नाम पूछन की ताकत रही शरीर न ओरी ॥ 9 ॥

देवयानी

देवयानी तजि रोष तुरत हीं करयौ तोष जिय माही।
जो साची यह कथा तिहारी भला कीन्ह तिन पाही ॥10 ॥

वैशं

इमि मुसुकाय दोऊ, निज भौनहिं कियौ गौन ततकाला।
देवयानी सब जानि सांच तब गई सूत गृह हाला ॥11 ॥

सो ययाति सों गाये है तहँ मार रूप सुकुमारा।
यहू एक दूजो तुरवसुहू मघवा विष्णु कुमारा ॥12 ॥

वृषपर्वा की सुता सुहागिन तीन कुमारहिं जाए।
द्रह्यु, अनू, पूरू से सुंदर मनु विधि आपु बनाए ॥13 ॥

बीते बहुत काल जब राजा संग रंग सुरयानी।
गई विहार बाग उपबन सुइ पानि, गहे दुअ पानी ॥14 ॥

लखे तहाँ तीनों के ढोठा शर्मिष्ठा के जाए।
खेलत सुख सों हते पियारे सब बिधि सों सत भाए ॥15 ॥

देवयानी

देवयानी नरपति सों पूछ्यौ काके हैं ये बालक।
रूपराशि सुर सुत सम सुन्दर तुअ रूपहिं सम पालक ॥16 ॥

बैशं

पूछि इती पुनि कह्यौ कुमारन काके तुम हौ जाए।
नाम कौन तुम वंश हंस से बिमल जनक के भाए ॥17 ॥

सांची कह्यौ न राखहु कांची मनमहँ तनिकहु बेटा।
कहौ कन्हैया लेंव बलैया तीनहु केर समेटा ॥18 ॥

छिंगुरी ते उठाय तीनो तब उंगरी दियो दिखाई।
यह मैया भैया सब केरी वहै पिता परखाई ॥19 ॥

इमि शरमिष्ठहिं और नरेशहिं दिय दिखाय निज बाँही।
जाय गरे लपिटे राजा के सो न मान तिन काही ॥20 ॥

देवयानी के साम्हू राजा दरसाई नहिं प्रीती।
तब वे दौरि जाय माता के हौरि हौरि कह बीती ॥21 ॥

राज लाज बस नीचो मुख करि कह्यौ न कछु सुरयानी।
सहि न सकी तब सखी संग सो बोली दुख जिय आनी ॥22 ॥

देवयानी

आली कौन कुचाली कीन्ही मो अधीन जिय पाली।
आखिर तूतो असुरनंदिनी करी बिसासहिं घाली ॥23 ॥

शर्मिष्ठा

कह्यौ जौन रिषि तौन सत्य मैं कह्यौ तोहि जिय खोली।
न्याय धर्म तें बस्यौ महूँ सुनि डरिहौ अब न अडोली ॥24॥

जब तू बस्यौ महीपहिं तैसहिं तब मैहूँबर लीन्हौ।
सखी तोर सो पति तो मेरो धर्महुँ को तो चीन्हौ ॥25॥

तू जेठी मम सौत बाम्हनी मैं तुहिं सब बिधि पूजौं।
समुझि रहै अपने मन माही राजा पति नहि दूजौ ॥26॥

तोसे हू वह अधिक हमारो पूजनीय सुरयानी।
है सो प्यारो प्रानदुलारो वारों तन मन लानी ॥27॥

बैशं

सुनि निज सखी बैन सुरयानी बोली सुनु पिय प्यारे।
अब न बसौं तुअ गेह देह बरु तजौ पिता के द्वारे ॥28॥

मोर लाड़ नहिं राख्यौ तुम तो प्रेम उजाड़ नसावो।
लेव सकल घर हार आपुनो सरमिष्ठहि हिय लावो ॥29॥

इमि कहि तुरत नैन भरि श्यामा चली शुक्र के धामा।
उनई पीर अधीर भई सुइ सौत दाह पचि बामा ॥30॥

पाछे लगि बहुतेक दूर लौं गयौ बिसूरत राजा।
पै न फिरी सो क्रोध कीन्ह अति लाल विलोचन साजा ॥31॥

रोवत चली जात पितु पुर कहं नृपहिं न निरखत प्यारी।
पहुँची जाय काव्य ढिंग आतुर बन्धौ बैन उचारी ॥32॥

नृप हू कीन्ह प्रनाम जोरि कर नाम कह्यौ निज जाई।
बोली देवयानी ता सनमुख ह्वै ठाढ़ी बिलखाई ॥33॥

अधरम सों सब धरम बिलान्यो करम न रह्यो तनीका।
शर्मिष्ठा दीन्हो दुख भारी लीन्हो सब सुख जी का ॥34॥

तीन पुत्र पाए सो प्यारे राजा सों करि नेहा।
पै मम अहैं अभागिन केरै दोई सुत जरि देहा ॥35 ॥

जौ नृप अहै धर्म को जाननहार जगत इमि कहही।
सो तजि दियो लोक मर्य्यादा जो गुनि जिय मो दहही ॥36॥

शुक्र

कोप शुक्र करि शाप दीन्ह तब आप जरा बस होहू।
जाते किय मम सुता अनादर दुखी भई तिमि ओहू ॥37॥

ययाति

इमि सुनि कठिन शाप सुनि केरी नृप काँपि उठ्यौ तुरंता।
जिमि प्रबात कदली नव पल्लव नहिं तेहिं दुख को अंता ॥38॥

सुनु मुनीस तुम ईश जगत के अतुल प्रभाव विराजै।
राका सो चहुँ सुजस मुनिर्मल तीन लोक में भाजै ॥39॥

दानवेन्द्र की सुता पाय रितु माँग्यौ निधु बन संगा।
कहौ कौन अपराध कीन्ह मै जानहु वेद प्रसंगा ॥40॥

रितु के समै जौन रति संगम चाहै अवसिहु कोई।
जौ न करै तो होय ताहि सुनु हत्या भ्रूणहु सोई* ॥41॥

काम विवस कामिनि रितु कालहिं माँगै जोन इकंता।
रति संगम जो गमन जोग तेहि दीजो अवसि अनंता ॥42॥

---

* न काचन परिहरेत् इति श्रुतिः।

सो न धर्म सों रहित न पापी वेद कर्म यह सांचो।
जो न करै तेहिं भ्रूण नाम की हत्या होय सु बांचो ॥43॥

तुम तो पंडित राज राज सब जाननहार मुनीसा।
वेद गैल नहि छिपी तोहि सों तूतो है जगदीसा ॥44॥

यह विचार मन हार कियौ मैं ता सँग बाग विहारा।
अधरम सों डरि करि यह लीन्हो जानि वेद को सारा ॥45॥

शुक्र

कह्यौ शुक्र तैं रह्यौ मोर बस धरम चोर ते आही।
कौन बचन मम पाल्यौ राजा मिथ्याचार बसाही ॥46॥

वैशं

क्रोध कीन्ह यह शाप घोर तेहि दीन्ह मुनीस निहारी।
छाड़ि तुरत सो जोबन अपुनो जरा लीन्ह मन मारी ॥47॥

ययाति

पुनि ययाति कर जोर कह्यो मो अजहु न प्यास बुझानी।
देवयानी संगम सुख आसा कर निरास नहिं ज्ञानी ॥48॥

ह्वै प्रसन्न मो पर यह देहू जामे जरा न आवे।
जरा समान आन दुख नाहीं जो सुख सबहि नसावै ॥49॥

शुक्र

शुक्र कह्यौ मम बचन अलीका होय न कभू महीपा।
पै चाहो तो देवआन कहँ जरा सुनो अवनीपा ॥50॥

राजा

राजा कहै सुनो हो भार्गव जो मुहि देय जवानी।
सो सुत राज करै पावै अरु कीरति जग जसखानी ॥51 ॥

शुक्र। शिखरिणी

न पावैगी कैहूँ कबहुँ दुख मैं हूँ कहि परा।
सुनो राजा जो तू लहहिं सुत तेरी यह जरा॥
वहीं साँचों तेरो करन हितु आज्ञा सुख मई।
वही होवै राजा नरन सुख साजा जस लई ॥52 ॥

इति। 81

श्री अथ - 82

वैशम्पायन
इंद्रवज्रा

पाई जरा हाय गयौ महीपा।
स्वदेश को जाय कह्यौ प्रदीपा॥
जेठे सुतै जो यह सों कहावै।
नरेश ताको कहियै बुझावै ॥1 ॥

ययाति

जरा बली सो पचि गो शरीरा।
न पै हमै तात अहै सु धीरा॥
कैसो करौ जोबन आस लूटी।
न हों अघान्यौ नहिं प्यास छूटी ॥2 ॥

दीजै हमै जोबन तात मानौ।
जामैं करों भोग बिलास जानौ॥
बीतें जबै वर्ष हजार भाई।
देहौं तबै मैं निज जोबनाई॥3॥

यहू कह्यौ दोष अनेक आवै।
कहूँ जरा में नहिं भोग भावै॥
होवै वदा केश सुपेत भारी।
पावै न आराम शरीरधारी॥4॥

ढोलौ तनौ दुर्बल दीन होई।
कैसे सुर तात सु लेहुँ सोई॥5॥

तेरे पियारे बहु पुत्र सारे।
दीजे तिन्है दुःख सँगी तिहारे॥
कीन्हौ तबै कोप दई सरापू।
पावै न तू राज बिराज तापू॥6॥

सोरठा

कहि महीप ए बैन, तुरत तुर्बसू सों कह्यौ लेहु जरा दुखदैन,
तू प्यारो मम प्रानप्रिय॥7॥

तुअ जोबन सों तात, करिहौं बिबिध बिलास रस।
बरस सहस के जात, पुनि तुहि दैहौं सुनु भलैं॥8॥

तुर्बसु

तुर्बसु बौल्यौ तात, काम भोग की नासिनी॥
जरा न लैहौं जात, यामैं बल बुधि रूप सब॥9॥

ययाति
चौपाई

बोल्यौ कुपित होय नरपाला।
तू मम हृदय जात प्रिय बाला॥
बिनु संतति तुअ नाश बखानौ।
कीन्हौ अधरम तैं मन मानौ॥10॥

आयसु भंग मोर तैं कीन्ही।
सुत ह्वै तनिक जरा नहिं लीन्ही॥
तातैं जन्तु होब बन केरे।
जे भच्छे नित माँस घनेरे॥11॥

गुरु दारा गामी तैं होई।
मूढ़ मलेछ धर्म पशु लोई॥
इमि कहि राज द्रुह्य सों बोले।
जो शर्मिष्ठा सुत अनमोले॥12॥

लेहु जरा मम सबस बरीसा।
जोबन देहु आपुने ईसा।
फेर सहस बरसहु के अंता॥
दैहों जोबन तोर तुरंता॥13॥

द्रुह्यु

जीरन मनुष काम का करहीं।
गज रथ बनिता बाजि बिफरहीं।
थर थर होत गात नहिं भावै।
कफ बस तात बात नहिं आवै॥14॥

यह सुनि दीन्हो शाप कठोरा।
तू दुख भागी सदा अथोरा॥

गज रथ बाजि काज नहिं आवै।
तहँ तू जाय जनम निज पावै ॥15 ॥

ययाति

कहि जजाति अनु सों कह्यौ सहस बरस के काज ॥
लेहु बुढ़ापा मोर तुम जोबन देहूँ दराज ॥16 ॥

अनु बोल्यौ बूढ़ौ सब भाती।
शिशु सम अशुचि खाय रसजाती ॥
समय समय नहिं होम करावै।
ऐसी जरा लेय किहिं भावै ॥17 ॥

यताति

सुनि राजा दीन्हो तेहि सापू।
निंदा कीन्ह जरा जो आपू॥
जरा दोष ताते तुहि आवै।
सुत तब जोबन समैं नसावै॥
तैं सब भाँति मान तजि बैठे।
वेद करम सब छाड़त पैठै॥18 ॥

राजा

पुनि राजा पुरु सों इमि बोले।
तात जरा मुहि जास्यौ झोले॥19 ॥

सिकुरी खाल गलित नख दंता।
उशना शाप कठोर दुरंता॥

पै जोबन प्यासो न बुझानी।
ताते पुरु निज देहु जवानी ॥20॥

बैस पाय तब करि रस भोगू।
दैहों फेर तोहि तजि सोगू॥
सहस बरस बीते पर दैहौं।
जोबन तोहि जरा मैं लैहौं ॥21॥

वैशम्पायन

यह सुनि पुरु पितर सनमाने।
बोले जोर प्रेमरस साने॥
महाराज तुअ बचनहिं मानौ।
जो सब कह्यौ माथ धरि जानौ ॥22॥

लै मम सुख सो जोबन दानी।
करिहौ कामकेलि मनमानी।
जरा तोर मैं लहि नृप एही।
करिहौं आयसु तुरत सनेही ॥23॥

ययाति

सुनि गिरा जजाती रस सरसाती जीय जुड़ाती बोलि लियो॥
प्रिय तात हमारी आस तिहारी जोबन धारी जरा दियो॥
तुअ प्रजा सुखारी सब बिधि भारी राज सम्हारी मोद लहै।
तुम जावो राजा पुर बहु काजा सब बिधि साजा राज रहै ॥24॥

भूप पाय नवजोबन आनँद भयौ बहुत मन माहीं।
धर्म कर्म करि प्रजा पाल तिमि बीतत सुख दिन जाहीं ॥25॥

बीते सहस बरस पै लीन्ही जरा पुरू सों भाई।
दीन्हो तही जोबन पुनि ताको बचन राखि मन लाई ॥26॥

द्विजन बटोरि शुक्र सम्मत सों दियो पुरू कहँ राजू।
जो पितु आयसु कीन्ह लाय मन तन नसाय बहु साजू ॥27॥

दै पुरू कहँ निज राज साज सब भयौ आपु बनबासी।
फल मूल खाय तपस्या करी बहुत सुखरासी ॥28॥

जीति सकल इंद्रिन ब्रत कीन्हो दान्त शान्त करि पूजा।
अतिथि धर्म बहु भाँतिन करि कै ब्रह्मलीन नहिं दूजा ॥29॥

त्यागि अन्न भोजन जल पीवै केतिक दिन इमि बीते।
पुनि संवत्सर लौ तिन खायो पवन हवन करि रीते ॥30॥

पंच अगिन मधि बैठि तापतो धूनी पैठि अदीनो।
एक चरन बल पुनि तन ठाढ़ो बाढ़ो तप जप कीन्हो ॥31॥

अगनित शरद बिताय त्यागि तन गयौ देवपुर संता।
देव रूप ह्वै चढ़ि विमान मधि मान पायच छितिकंता ॥32॥

यह बिचित्र सरिता कविता की सरस सु मज्जन जोगू।
कवि जन बुध जेहि पानि जीय कै सादन होंहि असोगू ॥33॥

कहँ भगवान व्यास की बानी गुनखानी रससानी।
कहँ अनुबाद बालकृत जाकी मंद बुद्धि बिरसानी ॥34॥

कहँ यह अतुल पात नासन कहँ कथा ययाति बिचित्रा।
जेहि पढ़ि सादर सुजन बुधन के जुग श्रुति होत पबित्रा ॥35॥

कहँ भाषा यह मंद बुद्धि की पामर जन का जाने।
दीन मलीन भाँति बहु रचना कवित अगाध रसाने ॥36॥

पै बैठे ठाढ़े सों नीको कहिबो कछु रस सारा।
जाके पढ़ैं सुनै कलिमल सब होत धारमें छारा ॥37 ॥

बालमीकि कवि कालिदास कहँ करौ जोर कर ध्याना।
जिन के अमित प्रभाव पाय बुधि रची कथा मन माना ॥38 ॥

तुलसी सूरदास अरु केशव देव कवीन्द्र बिहारी।
कलियुग के कविराज राजि के मुकुट हीर मनि भारी ॥39 ॥

मीत स्वर्गबासो अविनासी जीव जामु सुरदेसा।
भारतचंद कंद आनंद के हरीचंद कवितेसा ॥40 ॥

बार बार सुमिरहु तेहि सादर जो सब गुन के आगर।
भाषा, धर्म, देस हितकारी जे कविता के सागर ॥41 ॥

जिनके गुन सूरति तन मनसे मेरे टरैं न टारै।
परम रसिकबर प्रेम शब्द जिन सारथ कियौं निहारै ॥42 ॥

बिसरेहू विसरै न चंद जो मन मेरे को भाई।
बार बार सुमिरहुँ तेहि सादर पुनि सुमिरहु मन लाई ॥43 ॥

यह असाढ़ के मास परीवा रवि बासर सुभ बारा।
नैन बेद ग्रह चंद सुदल जो विक्रम नृप परचारा ॥44 ॥

पुरी शवरिनारायण सुंदर पावन भावन नीकी।
महानदी जो तीर मनोहर पीर हरै सब ही की ॥45 ॥

मध्यदेश पुर बिलासपुर के अंतरगत यह सो है।
बन उपबन पर्बत अनूप सो देश सबन मन मोहै ॥46 ॥

गढ़ छत्तीस मनाय ईस मन कथा यहै हम गाई।
भूल चूक बकसो सब मेरी पढ़ि सुन पंडित राई ॥47 ॥

हौं नरेस सुत देस जबलपुर रेवा तट जो राजै।
विजै सुराघवगढ़ सो सुँदर धन जन सों बहु छाजै ॥48 ॥

धन बल पौरुष हीन दीन सब बिधि सों अब मुहिं जोई।
सरनागत इक ईश प्रकृति की मूरति जेहि मन होई ॥49॥

श्री जगमोहन सिंह रचित यह कथा अमित रसखानी।
देवयानी अरू नृप जजाति की सुरस छंद कल बानी ॥50॥

रचे अनेक ग्रंथ जिन बालापन में काशी बासी।
द्वादस बरस बिताय चैन सों विद्यारस गुनराशी ॥51॥

प्रथम पंजिका अंगरेजी में पुनि पिंगल ग्रंथ बिचारा।
करै भंजिका मान बिमानन प्रमिताक्षर कवि सारा ॥52॥

बाल प्रमाद रची जुग पोथी खची प्रेम रस खासी।
दोहा जाल प्रेमरतनाकर सो न जोग परकासी ॥53॥

कालिदास के काव्य मनोहर उल्था किये विचारा।
रितु संहारहिं मेघदूत पुनि, संभव ईश कुमारा ॥54॥

अंत बीसईं बरस रच्यो पुनि प्रेमहजारा खासो।
जीवनचरित रामलोचन को जो मम प्रान सखा सो ॥55॥

सज्जन अष्टक (क) कष्ट माहि मैं विरच्यौ मति अनुसारी।
प्रेमलतासंपत्ति बनाई भाई नव रस भारी ॥56॥

एक नाटिका सुई नाम की रची बहुत दिन बीते।
अब अठ्ठाइस बरस बीच यह श्यामालता पिरीते ॥57॥

श्यामा सुमिरि जगत श्यामा मय श्यामा बिनय बहोरी।
जल थल नभ तरू पावन श्यामा श्यामा रूप भरोरी ॥58॥

देवयानी की कथा नेह मय रची बहुत चित लाई।
श्रमण बिलाप साप लौ कीन्हौ तन की ताप मिटाई ॥59॥

(क) क्योंकि उन दिनों बीमार था।

यह चौपत्ती लती नेह की नेह धारि मन कीन्ही।
यह सब श्रम करि रची फेरि मैं श्यामा ही कहँ दीन्ही॥60॥

सोरठा

श्यामा अरू घनश्याम, छमहू चूक बालक अहौं।
छाड़ि निठुरता बाम, कर गहि मुहि अपनाइए॥61॥

इति 82 अ.।

।इतिश्री।

श्री

प्रलय

अर्थात्

महानदी के उस बूड़े का वर्णन जिसमें बिलासपुर मण्डलगत
शवरीनारायण नाम का ग्रामतीर्थ एकार्णव हो गया था।

....

"धाराभिर्हस्ति हस्ताभिर्लीपते सलिले विराट्"

......

तत्कालीन शवरीनारायण के तहसीलदार और अब श्री ५ मन्महाराजाधिराज
महाराज कूचबिहार भूप बहादुर के महामान राजसभा (कौउन्सिल) के

- सेक्रेटरी -
विजयराघवगढ़ाधिपात्मज
श्री ठाकुर जगमोहन सिंह कृत

1889

The Pralaya

OR

The abnormal flood of the Mahanadi which inundated Seorinarayan, the Head quarters of the Tahsil of the same name, in the Bilaspur District of the Chhattisgarh Division, Central Provinces, on the 21st, 22nd and 23rd of June 1885

BY

The then Tahsildar of Seorinarayan
THAKUR JAGA MOHAN SINHA M.R.A.S
Secretary to the State Council of His Highness
the Maharaja Bhup Bahadur of Kuch Bihar.

1889

समर्पण

श्री शवरीनारायण निवासी महाशय, पुरजन !
''खेलबो बोलबो सङ्ग सखान को, भावते वे दिन
फेर फिरे ना'' - बोधा।।

आप लोगों को स्मरण होगा कि मैं आप लोगों के भाँति कुछ काल तक आप ही लोगों में रहा - आप लोगों से जो मेरा संबंध था वह भी आप लोगों को ज्ञात होगा और जिस भाँति और जिस रीति पर मैंने आप लोगों पर शासना की वह भी कदाचित् स्मरण होगी - मेरा जैसा स्नेह वहाँ के वृक्ष बल्ली और आप लोगों से था वह भी आप पर विदित है - कुछ अधिक कहने का प्रयोजन नहीं। सन् 1885 ई. के 21 से 23 जून तक जो महानदी का बूड़ा आया था उसका वर्णन तथा उस हेतु जो जो बिचारी प्रजा पर विपत्ति आई - मैंने कुछ छंदों में कहा है और आप ही लोगों को समर्पण भी करता हूँ - आशा है कि आप इस 'प्रलय वर्णन' की कविता को ग्रहण कर मेरे पर पूर्ण रीति से दया रखेंगे। भोगहाजी [(क)]- आप वहाँ के प्रधान पुरुष हो आप की सहायता और प्रजा पर स्नेह, जिसके वश आपने टिकरी पारा की प्रजा का प्राणोद्धार ऐसे समय में जब त्राहि त्राहि मची थी किया था - इस में सविस्तार वर्णित है यह कुछ केपल कविता ही नहीं बरन सब ठीक ठीक लिखा गया है। आपका इस समय हमारी सरकार ने कुछ भी सत्कार न किया - यद्यपि मैंने यथावत् आपकी प्रशंसा अपने अधिकार के संबंध में (Officially) श्रीयुत डिपटी कमिश्नर बिलासपुर को लिखी थी तथापि शोच का स्थान है कि उस पर कुछ भी अद्यापि ध्यान न हुआ - ''नगार खाने में तूती की

(क) श्री यदुनाथ तिवारी भोगहा - मालगुजार, माफीदार और पुजारी - शवरीनारायण तथा अन्य अन्य ग्रामों के - शिवरीनारायण ही में बास करते हैं। टिकरी पारा भी इन्हीं का नाम है।

आवाज कौन सुनता है''- यदि आपकी सहायता प्रजागण पर स्नेह और उनका उपकार जगत ने स्वीकार किया और उनको भी प्रीति आप पर निष्कपटता के साथ है तो इससे बढ़ के और पारितोषिक नहीं - क्योंकि ''धनांनि जीवितञ्जैव परार्थे प्राज्ञ उत्सृजेत तन्निमित्ते वरं त्यागेविनाशे नियते सति'' और भी ''विभाति कायः करुणा पराणाम्परोपकारैर्नतु चंदनेन'' (भर्तृहरि) ऐसा प्राचीन लोग कह आए हैं - ऐसे जल के समय में जब पृथ्वी एकार्णव हो रही थी सिवाय वृक्षों की फुनगियों के और कुछ नहीं दिखाई देता था और जिस समय सब मल्लाहों का टिकरी पारा तक नौका ले जाने में साहस टूट गया आपका वहाँ स्वयं इन लोगों को उत्साह देकर लिवा जाना कुछ सहज काम न था। यों तो चाहे तर्क वितर्क करै पर जिसने उस काल के हाल को देखा था वही जान सकता है।

महानदी जिस के तीर पर आप लोग बसते हो और जिसके कोपानल में कभी कभी आपत्तियां झेलते हो एक ऐसी विचित्र नदी है कि उसका संक्षेप से वर्णन करना इस स्थल पर कुछ अनुचित न होगा।

कदाचित् उसके विषय में आप लोग केवल मोटी-मोटी बातैं जानते हो - जैसे कि - महानदी सिहावा से निकल राजिम, शिवरीनारायण, सम्बलपुर और कटक होते समुद्र में जा गिरती है - इसमें छोटी बड़ी अनेक नदियाँ पैरी-शिवनाथ जोंगी इत्यादि भिन्न-भिन्न स्थानों में मिली हैं - बस इसके अतिरिक्त और कुछ नहीं जानते - कोई-कोई तो इतना भी केवल पाठशालाओं में भूगोल पढ़ने से जानते हैं - इसलिए मैं इस नदी का वृत्तांत ओर से छोर तक जैसा कि विद्वानों ने स्वयं प्रत्यक्ष कर लिखा है कहता हूँ - सुनकर परिश्रम सफल कीजिये और जो इसमें कष्ट हो क्षमा कीजिये -

महानदी, जिस का श्रोत 20 अंश - 10 कला उत्तर अक्षांश और 82 अंश पूर्व रेखांश पर है, रायपुर के जिले से निकलकर मध्यदेश और उड़ीसा (उत्कल) की राजधानियों में होती 520 मील (गोंड़ी 173 कोस) तक बहकर बंगाल (शुद्ध बंग) के कोल (खाड़ी) में जा गिरती है।

महानदी के परिगणित खाल की भूमि जिसमें पानी रोककर एकत्र कर सकते हैं 43,800 मील मुरब्वा है - और पूर के समय इस के बहाव का वेग इतना अधिक होता है कि भारतवर्ष में यह किसी से दूसरी नदी नहीं कही जा सकती - जैसे कि गंगा का बहाव - जिसके खाल की भूमि 3,91,100 मील मुरब्वा है, एक पल में परम

परिमान की अवधि 18,00,000 घन फीट Cubic feet [क] (क्यूबिक फीट) ही है तथा मिसीसिपी नाम की नदी जो उत्तर अमेरिका के देशों में है उस को केवल 1500,000 है। किन्तु महानदी का जिस के खाल भूमि का क्षेत्रफल इनसे कहीं थोड़ा है एक पल में 18,00,000 क्यूबिक फीट बहाव होता है, वर्षा में पूरे के समय इसकी गम्भीरता 32 फीट के हिसाब से बढ़ती है सूखी ऋतु में इसका निकास (discharge) एक पल (सेकण्ड) में 1125 क्यूबिक फीट घटता है। गंगा का न्यून निकास केवल 45,000 फीट गिना गया है।

महानदी, रायपुर से 25 मील दक्षिण उन भयानक पार्वतीय प्रदेशों की सीमा से जो छत्तीसगढ़ के दक्खिनी सम भूमि तक फैले हैं और जो बस्तर के प्रदेश का विभाग करते हैं, निकली है, इसका श्रोत सिहावा नाम ग्रामक के एक जलाशय से है जो कणेश्वर[ख] के निकट रायपुर मण्डल के दक्षिण है। शवरीनारायन तक पहुँचते यह ऐसी नदी नहीं कि जिसके उतरने के लिए नौका की अपेक्षा हो परंतु इस स्थल पर

(क) क्यूब 3 ऐसे घन (ठोस) आकार की संज्ञा है जिसके 26 तुल्य चतुष्कोण होते हैं और यह सब प्रकार के ठोस पदार्थों के नापने में काम आता है जिसके तीन विस्तार अर्थात् लंबाई, चौड़ाई और गहिराई वा मुटाई होती है।
एक क्यूब-इंच (एक इंच तीन जव की होती है) ऐसा घन है जिसका भुज चतुष्क इंच हो।
क्यूब गज ... चतुष्क गज है।
$12 \times 12 \times 12$ या 1728 क्यूबिक इंच = 1 क्यूबिक फुट।
$3 \times 3 \times 3$ या 27 क्यूबिक फीट = 1 क्यूबिक गज।
इसको संस्कृत में घन कहते हैं।

(ख) कणेश्वर जिसको वहाँ कनेसर कहते हैं एक छोटा सा जंगली ग्राम सिहावा से 1 मील पर है। यह अब उजाड़ है परंतु अभी तक एक प्राचीन पन्चदेवों का मंदिर टूटा-फूटा जिसके सम्मुख एक पुराना भठा सरोवर है इस देश की किसी समय की उत्तमदशा का साक्षी है। जब मैं धमतरी (जिले रायपुर) का तहसीलदार था सन् 1881 में दौरा करते करते वहाँ गया और इस मंदिर को देखा इस घोर बन में शिव का मंदिर है 'झाड़खंड बनवासी' शिव तथा पाँचों देवों की भग्न नहीं पर भग्न प्राय मूर्तियाँ अद्यापि बैठी हैं - इसका द्वार पूर्व की ओर है। मंदिर बहुत ऊँचा नहीं पर ऐसे दृढ़ मसालों से पत्थर की जुराई हुई है कि 700 वर्ष होने पर भी बहुत कम टसका है। इसकी रचना एक भिन्न प्रकार की है और पश्चिमोत्तर देश के प्राचीन टूटे देवालयों से नहीं मिलती। छत्तीसगढ़ के प्राचीन मंदिर प्रायः एक ही डौल और चाल के हैं। राजिम में राम का मंदिर इनसे भिन्न पर अधिक नहीं है, इसकी आयु कुछ ऐसी नहीं पर भद्दा असभ्य और कुडौल होने से उनके तुल्य है। पर हाँ - पुष्टता में एक ही है। निस्संदेह प्राचीन लोग सुंदरता पर कुछ ऐसा ध्यान नहीं करते थे पर पुष्ट ऐसा बनाते कि कदाचित् चिरस्थायी कर देते। तौ भी समकालीन मंदिर...और भवन जो पश्चिमोत्तर देश में या अन्यत्र है छत्तीसगढ़ के सीधे सीधे और अनगढ़ मंदिरों से कहीं बढ़के हैं। उत्कल देश से कदाचित् मिलते हों पर मैं इसके विषय में संदेह ही करूँगा, क्योंकि डॉक्टर

महानदी में तीन और नदियां मिली हैं अर्थात् शिव या शिवनाथ, जोंक [ग] जिसे जौंगी भी कहते हैं और हसदो[घ] मलहार ग्राम को चलकर महानदी चार मास को छोड़ उतराऊ भी है पर यहाँ पर उत्तर से दो नदियां मांद और केलू भी आकर मिली हैं - राजिम के (जिसका शुद्ध नाम राजीवलोचन है क्योंकि यहाँ रामचंद्र का एक सुंदर

राजेन्द्र लाल मित्र कलकत्ता निवासी के अनुपम उड़ीसा रिसर्चेज (Orrisa Researches) में इनकी बड़ी प्रशंसा की है - कुछ आश्चर्य नहीं - क्योंकि जब छत्तीसगढ़ी अद्यापि ऐसे असभ्य और वन्य है - कि लखपति भी प्रायः अर्धनग्न और लंगोटी लगाए रहते हैं - बासी पखाल पेजया (अर्थात् संध्या का राँधा भात शीतल पानी में डुबोकर रात भर हंडिया में रख छोड़ते हैं और प्रातःकाल कुछ नोन साग, और केवल लाल मिरची या इमली की चटनी के साथ पी जाते हैं - जिसे प्रायः बासी कहते और छोटे बड़े सभी इस पर जीते खाते हैं) - तो उस समय न जाने क्या दशा रही होगी।

सिहावा जहाँ महानदी का स्त्रोत है एक छोटा सा ग्राम, पर्वत के मूल में जिसे लोग ऋष्यश्रृंग का आश्रम कहते हैं, बसा है। यहाँ ऐसा घोर वन है कि सूर्यास्त के पश्चात् व्याघ्र और अनेक वन्य पशु ग्राम के भीतर स्वच्छंद विचरते हैं ग्रामवासी इनके भय से साँझ ही टट्टी लगाकर घर से बाहर नहीं निकलते - इस पर्वत के ऊपर चढ़ मैंने एक गुफा देखी जिसे लोगों ने उक्तऋषि का आश्रम बताया। कणेश्वर जिसका कुछ वर्णन कर आए हैं इसी के निकट है उसके मंदिर के भीतरी हार की एक चट्टान पर एक बीजक खुदा है जिसे पंडित अलवत्ता (शुद्ध गंगा प्रसाद माथुर) और मैंने जहाँ तक पढ़ा गया बड़े श्रम से निकाल निकाल लिख लिया, इसकी लिपि प्राचीन है और कई अक्षर बंगाली से मिलते हैं। मात्रा तो प्रायः वही हैं जैसे को को ढयगे के को ठयग इत्यादि लिखा है - उस बीजक को मैं यहाँ प्रकाश करता हूँ।

ऊँ नमः शिवाय। तत्पातुवस्त्रितयमीस्वर लोचनानाम ग्ना र्क्क सोममय मूर्तिवरं समन्तात्। यल्लोक दुःख दहन प्रविलासनादि कृपयानुदिनें करोति ॥ ॥

कंदपर्वाणगणशाणशिलामनीज्ञदिक्कामिनी मुकुरदर्पण मण्डल स्त्री (श्रीः)।

देव विजयते त्रितयः पयाधिमुक्तफलं हरसिरो (शिरो) मुकुटे करत्नं ॥२॥ पुरुखः प्रभृतिभिः () नृपैर्यो ववृ (धे) न्वयः तस्मात्तस्मिन्नमूद् भूपः सिंहोराजो नृपाग्रणीः ॥३॥

तस्माद जायत महीपति मौलिसिंह रर्ष घृष्ठ चरणः किल बाघराजः। राजन्य (न्व) तीसम भवज्ज गती समन्ताद येन प्रजा सपितृतातजनानृ पेण ॥ ॥

बोप देवो भवत्तस्मात् सिंहःसिहादिवापरः। येन वित्रासिता जगमुर्दिशः सत्रु (श) नृपाद्विपाः ॥ ॥

तस्माद भून्नृपति मण्डल स्त्री (श्री) कल्ल राजनृपति विदित प्रतापः। यन्नतायवर्त्त काकेर देशममलं मकलिः (हकलिः) समधः ॥६॥ तस्पभ पल्लदेवी महिषी वरवर्न्नि (र्णि) नी यदद्रपं मेने या लोको लक्ष्मीं क्षितिगता मिव ॥७॥ स्व वाहुवीर्य्यण विजित्य सर्व्वानुपात्त देशवनृपतीन् समन्तात्। सेवा करो पायन दान सीलाः (शीलाः) स्वकार साम्राज्य पदं दधानः ॥ ॥ तीर्थे देवहृदेतेन कृतं प्रसाद पूर्वकं - तत्रद्वयं यत्र जातं सं (शं) कर केशवौ ॥ ॥

पितृभ्याँ प्रददौ चान्यत् क्षालयित्वाद्वयं (पः) सदनं देव देवस्य मनोहारि त्रिसू (शूलिनः नेः) ॥10॥ रणकेस (श) रिणेप्रादोन्नृपा यैक सुरालयं। तद्वं-शाक्षीणलंज्ञात्वा भ्रातृस्नेह कल्लगदं ॥11॥ भौपल्लदेव्यातत्रैव्य प्रासादः कारितः सुभः (श) तरुः सं स्त्रेव सिकन्वा देहतः पुत्रान् सप्तच ॥12॥ चतुर्दशोत्तरे सेयमेका दश शके वर्द्धतां सर्वतो नृपं नृशिंह क्वतिनाकृता ॥13॥ शुभमस्तु ॥

मंदिर है) निकट पैरी भी विंदरा नवागढ़ से आकर मिली है। पद्मपुर के निकट का जल - डमरुमध्य बड़ीं बड़ीं चट्टानों से विभक्त हैं जिसके हेतु नदी उतराऊ नहीं है, इब नदी से मिलकर यह चट्टानों से विभक्त हैं जिसके हेतु नदी उतराऊ नहीं है, इब नदी से मिलकर यह चट्टानों के समूह में छटपटाती सम्बलपुर पहुँचती है और कुछ आगे अर्थात् नीचे चलकर सोनपुर के निकट तेलनदी से समागम करती है। सोनपुर के नीचे महानदी - शैलों की ऐसी पृष्ट ओर श्रेणी में मरुरती जो चट्टानों की भाँति टूटी - फूटी दिखाई देती है, बल पूर्वक राह बनाती उड़ीसा के आधीन राज्यों के ओर धोलपुर पहुँचती है, जाते समय नौका तीर के सदृश इन वेग प्रवाहों पर निकल जाती है परंतु लौटती बेर किनारों से लोग इसे बड़े श्रम से ऊपर चढ़ा ले जाते हैं। वर्षा में पानी इन विषमों को आच्छादन कर लेता है इसी से इस समय बड़े बड़े काष्टों के बेड़े सुगमता से चले जाते हैं।

धोलपुर से महानदी के दुःख अंत होते हैं - और लोग बेड़ा पार होते हैं - यह बे रोक टोक अपना सरल जल घाटों के बाहरी श्रेणी तक पहुँचा देती है। इस पर्वत की पंक्ति के अतीव संकीर्ण मार्ग को जो 40 मील लंबी है जिसके ऊपर से शैलाबली देखती, और जिस पर तीर के वन और उपवन के वृक्ष छाया करते हैं, छेदती निकल जाती है। इसकी धारा यहाँ गंभीर और शांत होने से सब ऋतुओं में उतराऊ रहती है।

इसमें कई अक्षर बहुत काल के व्यतीत होने से उखड़ गए हैं इसी से जहाँ ऐसा हुआ है और आधे धोवे रह गए हैं उनके नीचे एक डड़ीच कर दी है, कोष्टक के भीतर वह अक्षर हैं जो मैंने शुद्ध किये हैं - क्योंकि इसके रचने वाले पंडित जी ने श और स का भेद कम रखा है। यह 1114 शाके में बना था अब इसको 695 वर्ष हुए। कांकेर की महारानी का बनवाया है यहाँ से कांकेर का राज्य केवल 12 कोस है और यह पहिले कांकेर के राज्य ही में था, सुनते हैं कि महाराजा नागपुर ने इसे ले लिया था।।

(ग) जोग या जौगी दोनों नाम हैं . । कदाचित् महानदी से जो उसका शवरीनारायण में जोग (योग) हुआ है इसी से न जोगी या योगनी कहते रहे हों - अब अपभ्रंस हो कर जोगी या जौगी हो गया, यह नदी रायपुर जिले के खरियार से निकली है।

(घ) हसदो जो बिलासपुर जिले में मातिन के पर्वत से निकली है बड़े वेग से शवरीनारायण से 8 मील पर वेलमुड़ी के नीचे महानदी में मिलती है। इसका पानी बड़ा स्वच्छ है। कदाचित् 'हँसीद' न नाम रहा हो क्योंकि हँसीद जल की प्रशंसा आयुर्वेद में यों लिखा है - हँसीद बड़ा गुणकारी जल होता है पर इस नदी का नाम इसी से लाक्षणिक है। नादेयंनवभृ दृघटेषु निहितं संतप्तमर्काशुभर्वामिन्यांच निविष्ट मिंदु किरणैर्मदांदोंलितम्। एलाद्यै ! परिबासितम् श्रमहरं पित्तोत्थदाहेविषे मूर्च्छां रक्त मदात्येषु चा हतम शंसन्ति हँसीदकम् (राजनिधराटः)

इस प्रकार प्रायः पूर्व की ओर मध्यदेश और उड़ीसा के पराधीन राज्यों से बहकर कटक से सात मील पश्चिम नराज के संकीर्ण मार्ग में घुस उड़ीसा के मुहाने में त्रिभुजाकार हो गिरती है, कटक के जिले को पूर्व से पश्चिम परिभ्रमण करती और इतस्ततः अनेक शाखा फेकती फाल्स पाइण्ट (False point) के निकट समुद्र में बंगाल की खाड़ी में जा गिरती है।

महानदी की मुख्य मुख्य शाखा और उनकी भी छोटी-छोटी डारै ए (धाराएं) हैं - कटक में घुसते ही किनारे पर महानदी एक बड़ी भारी धारा फेकती है

(1) कटजुरी, जो तत्क्षण दो हो जाती हैं जिसकी दाहिनी शाखा कीया खाई के नाम से प्रसिद्ध है पुरी के जिले में घुस जाती है, कुछ नीचे चलकर कटजुरी इससे भी छोटी छोटी धारा अपने दक्षिण किनारे से फेकती है, बड़ी और छोटी देवी। ए दोनों दक्षिण की ओर 20 मील पर चलकर मिल जाती हैं। यहाँ दोनों देवी मिलकर पुरी के जिले में चल कटक के दक्षिण सीमा से कई मील दूर नीचे बंगाल की खाड़ी में गिरती है। एक और पार करने वाली धारा महानदी की काठजुरी के बाएं किनारे से योग करा के अंत में जीतदार का नाम ग्रहण कर बंगाल की खाड़ी में गिरती है।

(2) दूसरी दक्षिणी शाखा पैका है, वह अपनी पितृ धारा से कटक के नीचे 10 मील पर अलग ही बहती है फिर 2 मील तक चल कर दक्षिण के प्रदेशों में उसी से मिलती है, यह उत्तर किनारे से फूट कर गोलाकार बहती अंत में तालडंडा के सम्मुख टिकरी में महानदी से समागम करती है।

(3) दूसरी ओर चलकर महानदी के बाएं अर्थात् उत्तर किनारे से इतनी शाखा निकलती है।

बिरूपा कटक नगर के सम्मुख होकर 15 मील तक ईशान कोन की ओर कलकत्ते की सड़कें के बराबर बहती गंगुती नाम की शाखा दाहिने किनारे से निकलती है, और यह शाखा केलों के जल को ले फिर बिरूपा में जा गिरती है, बिरूपा फिर ब्राह्मणीं से मिल धामरा नाम के मुहाने से बंगाल की खाड़ी में गिरती है।

(4) चौथी चित्रतला नाम की शाखा बिरूपा के मुहाने से 10 मील पर अपनी जनक धारा को छोड़ती है कई मील बहकर चित्रतला के दो अग्र भाग होते

हैं, एक तो स्वयं त्रितला चित्रतला दूसरा नून, इन दोनों शाखों का जल एकत्र होकर महानदी के मुख में गिर, समुद्र वेला से बहुत दूर नहीं, बंगाल की खाड़ी में गिरता है[क] नाना प्रकार के पेंच पाँच से निकलकर महानदी के समुद्र के निकट दो बड़े मुख हैं, एक का नाम देवी जी अपनी प्रणाली जीतदार से मिलती है उस जिले के अग्नि कोण पर है, दूसरा स्वयं महानदी का, समुद्र की वेला से आधी दूर पर फाल्स पाइंट (False point) के पास है।

बूढ़ा या बड़ा पूरा

सन् 1858 ई . में कप्तान हैरिस साहब ने बड़े विचार से महानदी के विषय में यह लिखा है।

बड़े पूरा के समय कटक नगर से सात मील पर जोनराज का संकीर्ण शैल मार्ग है उसमें से 18,00,000 क्यूबिक फीट जल एक पल में निकला, परंतु शाखाओं का सम्पूर्ण जल जो बिंदु और बंगाल की खाड़ी के बीचों-बीच है 25,000 क्यूबिक फीट फी पल में निकला अर्थात् कोया खाईके द्वारा 1/7 या 1/8 का सम्पूर्ण जल पूरी जिले में गया, शेष 6/7 या एक पल में साढ़े दशलाख घन फीट जल के लगभग काटजुरी, विरूपा और मुख्य महानदी की धारा से बहकर कटक के जिले में जाता है।

इस जल समूह के निकालने के लिए पूरी की नदियाँ केवल 111755 घन फीट प्रतिपल में और कटक की सम्पूर्ण शाखा केवल 788694 घन फीट प्रति पल में शक्ति रखती है, और उस पर माअवधि जल प्रवाह का अधिक उत्तगांश का मोचन जो शेष 9,00,000 घन है अर्थात् 1/2 नदी के त्रिभुजाकार मुखपर दलदलों में समाते, धान के खेतों को एकार्णव करते, और समान बंटा धार भूमि को एक असीम समुद्र बनाती, गिराता है, ऐसी दशा केवल विशेष जलाप्लावन (पूरे) के समय जब बड़े परिश्रम से

(क) चित्रतला - राजीवलोचन माहातमृय में महानदी का चित्रोत्पला भी नाम है और चित्रत्तला, चित्रोत्पला सब उसी के नाम है निस्संदेह इन नामों से बड़े भारी अर्थ निकलते हैं। और Geology भूगर्भ विद्याके जानने वालों का बड़ा उपकार है उपल (तल) जिस में उसका नाम चित्रोपला-चित्रतला से भी वही बात निकलती है।

सिद्धकरारे जो महानदी और उसकी शाखाओं के तीरोंतीर की परम्परा में बने हैं, इस प्रलय को अपने वश करने में असमर्थ होते हैं, दिखाई देती है।

महानदी का स्वाभाविक कार्य

उड़ीसा में नदी के मुहाने पर त्रिभुजाकार बनाने के हेतु महानदी मुख्य प्रतिनिध है। महानदी आधी मृत्तिका आधे जल और पूरे जंगलों के बीच से होती बंगाल की खाड़ी में गिरती है। इसके सब से उथले स्थल दलदल और गंभीरतम भाग खारे सरोवर हैं। समय-समय पर यह नदी अपने पूर्व पर्य्यङ्क से ऐंठ उमेठ कर नूतन प्रणाली में जाती है। कभी तो पीछे ऐंठी और कभी सर्प के भाँति त्रिभुजाकार मुख पर आगे आई। कभी बड़े-बड़े झीलों को गंभीर दलदल बनाया और कभी मध्यम दूरवर्ती समुद्र का पंक निकाल उथले दलदल किये इसी भाँति मंद और संतति गति से परिश्रम करते जल के बाहर पृथ्वी को मनुष्य के लिए प्रस्तुत करती रही। ऐसी विचित्र गति वाली नदी भारतवर्ष में और कोई नहीं, एक साहब कहते हैं कि इसी महानदी की शाखा छोटी महानदी जो जबलपुर मंडल में विजयराघवगढ़ के नीचे बहकर सोन में मिली है। यद्यपि इसके बड़े प्रमाण दिए हैं पर संदेह का स्थान है।

मैंने इसका पूरा वर्णन आप लोगों को सुना दिया और मैं उन श्रोताओं से जिन्हें इस के सुनने में श्रम हुआ हो, उस के विस्तार होने के हेतु क्षमा माँगता हूँ। अब बहुत हुआ इसे कृपा पूर्वक अंगीकार कीजिए और जहाँ न बना हो सुधार दीजिए।

बेतूल
जुलाई, 1887 ई.

आप लोगों का वही
एक समय का कृपा पात्र
जगमोहन सिंह

प्रलय[1]

''प्रलय पयोधिजले धृतवान सिवेद
म्बिहित (?) बहित्र चरित्रम् खेदम्
केशव धृत मीन शरीर जय जगदीश हरे''

\- जयदेव

1. ए सब ग्राम महानदी के तट पर बसे हैं

दोहा

शवरीनारायण सुमरि भाखौं चरित रसाल ।
महानदी बूड़ो बड़ो जेठ भयौ विकराल ।।1।।
अस न भयो आगे कबहुं भाखैं बूढ़े लोग ।
जैसो वारिद वारि भरि ग्राम दियो करि सोग ।।2।।
शिव के जटा विहारिनी बही सिहावा आय ।
गिरि कंदर मंदर सवै टोरि फोरि जल जाय ।।3।।
राजिम (1) श्रीपुर (1) से सुभग चम्पक (1) उद्यान।
तीरथ शबरी विष्णु[1] (2) को तारत वही सुजान ।।4।।
संबलपुर चलि कटक लौ अटकी सरिता नाहि ।
सरित अनेकन लै कटकपुरी पहुँच जल जाहि ।।5।।
तहं वारीश मिलाप करि निज वल्लभ ढिग जाए ।
ता तरङ्ग कर गहन करि बैठि अंकम लाय ।।6।।
वारिद केश महेश जनु फेन हास सित जोत ।
कुंद इंदु जल की छटा अट्टहास छबि होत ।।7।।
ग्रीष्म श्यामा लौ नदी बेनीधार विचार ।
चकवा चकई बाल कुच भृकुटि लहर जलहार ।।8।।
भौरि नाभि उथले सलिल वार सिवार संवार ।
खंजन लोचन लोल लौ जलज नीर मुखसार ।।9।।

सोरठा

रविवासर उजियार जेठ मास दूजो सुभग ।
ईकइस जून विचार सनृपच्चासी - आठ दस ।।10।।

सार छंद

प्रबल प्रलय के मेघ तीन दिन बरसे बूँद अटूटै
छहर मुशल सी धार वारि की जलद न ततिकौ फूटै ।।11।।

1. शवरी नारायण

गरज गरज वारिद् नभ छाए छुए लेत छिति मानौ ।
चपला चमकि कृपान चारु लै लपक डरावति जानौ ।।12।।
मेक भयानक दव सब बोलैं झिल्लौं झन झन कारै ।
मोर पपीहा पी पी रटि कै विरहि प्रान लै डारै ।।13।।
को जाने जग अंत आजुही होत प्रलय इत आजै ।
को जानै व्रज भोर पुरंदर बोरत यह पुर साजै ।।14।।
को जाने सिंदूर निकट लखि (1) दूर जानि कैलाशा ।
भूरि पूर सरिता शिवचरनन छुअन धरी मन आसा ।।15।।
कौजानै जमुना लौ बाकी सखी जान उभड़ाई ।
नद नंदन जगबंदन चरनन छुवन सुमंदिर धाई ।।17।।
कौ जाने कलिमल मलिवे हितु दरस राम जिय आन्यौ ।
कौ जाने संतन पग धोवन जतन अंत मन ठानौ ।
कौ जाने पापिन कहं नासन करन धार में छारा ।
जे कपटी जप माल तिलक धर छलैं प्रकट संसारा ।।18।।
कै इत श्यामा श्याम सुंदर के चरित देखिवे आई ।
लै कोरति तिन सलिल सेतसी सलिल नाथ पहं धाई ।।19।।
कै श्यामा अरु श्याम सुंदर के विरह नैन को नीरा ।
उमड़यो जगत छाय भुव प्रकटयो मिसि पूरा के तीरा ।।20।।
कै श्यामा अरु श्याम सुंदर की हाय निकसी तन फोरी ।
न भ में छाय जलद मिसि जलदी पुनि वरसी भुव कोरी ।।21।।
कै अंसुआ वियोग के उमड़े श्यामा नैन पनारे ।
बरसैं तरसैं झर लौ लाई झर वारिद् मिस प्यारे ।।22।।
बरसत सरसत चहुंदिसि वादर कादर होत वियोगी ।
बचै आजु किमि लाज सुचादर सादर हरष संजोगी ।।
रंचु रंचु बढ़ि सरिता पानी दिन द्वै खेल जनायो ।
पुनि तीजे दिन प्रात जोर निज तुरतै सवन दिखायो ।।24।।
फूटि कनासो जब धारा चलि पंथ सलिल मय कीन्हों ।
सम्बलपुर मग रोकि तुरत निज जोर सबल करि चीन्हों ।।25।।

तबलौ रहे निडर पुरवासी पूरब गति गुनि जीमें ।
कियो न कछु उद्योग वचन को पै जल विस्मय हीमें ।।26।।
टारन लगे कछुक इत उततैं चीज बरत धरकेरी ।
बांधन लगे तार सहतीरहिं और सकल तहं हेरी ।।27।।
तीन मुहूरत में चलि पानी पुनि पुनि जोर जनायो ।
असपताल के द्वार हिलोरत पीपर मूल छिपायो ।।28।।
बहत पूरवी जोर झकोरन नभ मंडल में वाता ।
जलद जलद करि धोर रोर इत उततैं चलत सुहाता ।।29।।
बक पंगति उड़ि संगति पिय लहि रंगति व्योम दिखानीं।
काली कंठ पीय मधु हाला मुण्ड सुमाला जानी ।।30।।
मेघ अवलि मनु नवलि कलिका धवलि भाल बक पाती ।
लैकर बिज्जुलता करवालहिं चढ़ि संग्रामहिं जाती ।।31।।
उड़न लगे चहुं काक विहंगम व्याकुल व्यौमहिं डोलै ।
बिसरी खान पान सुधि कातर रोवत आरत बोलैं ।।32।।
विसरयो कल कलापि कुल केका कँह कदम्ब कहं अम्बा।
विसरयो भेक एक रट रट हूँ बिसरयो तिन अवलंबा ।।3।।
विनु घर द्वार हार सब फिरहीं गौ वृष कीट पतंगा ।
आरत बैन पुकारत, कातर नैन निरखि परसंगा ।।34।।
जौलौं धाय लोग पुरवासी ठौर ढूढ़िवे लागे
तौलो थाना बीच अमाना जल जल जल अनुरागे ।।35।।
भूपर कूप जगत के ऊपर हाथक है जल आयो ।
टोरि फोर दीवार मध्य गृह फाटक को खटकाओ ।।36।।
पुनि तहसील बीच जहं बैठत न्यायाधीश अधीशा ।
कोष कूप (क) पर भूप रूप लो तहं पैठ्योजल धीशा ।।37।।
कोने कोने प्रविस प्रविस जल मनु ढूँढ़ें अपराधी ।
जार उजारि फारि घर बाहर मन मानी सब साधी ।।38।।
ए आगार पार ऊँचे अति बने सोधि सरिताके ।
ताहू पै कुरसो इक करलो बनी उचाई ताके ।।39।।

मारत पलक हिलक जल आयो धारा वांधि अपारा
विज्जु झलक लौ बेगि वेग जेहिं नहिं काहू निरधारा ।।40।।
तीनक हाथ ऊंच जल फैरल्यो ऊपर फरस फबीली
मध्य खंभ पै बेग भार लगि सों बैठ्यो गरबीली ।।41।।
मनु कोउ जरसों रुख काटि कै हहरि कहरि भुव डारै
कै उखार जरसों अति भारी ज्यों कगार गिरि पारै ।।42।।
जब यह दशा पुष्ट घर केरी बरनी निज दृग देखे
कुटी उटज पुनि पर्णसुशाला रहीं कौन अब रेखे ।।43।।
दुपहर लौ सब पुर महं भारी वरुण राज आदेशा
जो बिन करुण काल सम कीन्हौं राज आज यह देशा ।।44।।
कहाँ अरुण सूरज कहं चंदा कंह तारागन भागे
कहाँ तरुण संध्या कामिनि रंग रंजित अधर विरागे ।।45।।
ए सब सभय प्राण तजि भाजे नभ में जाए बिलाने
रात द्योस इक सम चकई कहं तिन वियोग बिसराने ।।46।।

कुंडलिया

इत थाना तहसील के मध्य धार इक फूटि
उत बजार सों प्रबल जल निकस्यो अट्टा टूटि
निकस्यो अट्टा टूटि फूटि गिरि परीं अटारी
गिरे गेह तजि देह देहरी और दिवारी ।।47।।
(क) जोगी डिफा सुद्वीप मनौ तंह लै जल जाना
उत पूरब सब पंथ रोकि घेरयौ त थाना ।।48।।
पूरब केरा के निकट पच्छिम निकट खरोद
लगभग फेर लुहारसी उत्तर ग्रामहिं कोद
उत्तर ग्रामहिं कोद् जहाँ टिकरी पारा है
दच्छिन हसुआ खार पार लौ जल धारा है

(क) जोगी डिफा श्रीमान बाबा गौतमदास जी का सुंदर बगीचा एक ऊँची भूमि पर जो किसी समय में एक पहाड़ी थी, है, बाबाजी यहाँ के महंत और प्रतिष्ठित हैं।

जहं लौ देखौ नजर पसारत जल जल घेरा
कैय्यक कोसन फैलि घेरि फिरि पूरब केरा (ख) ॥49॥
बह्यो माड़वारीन को व्योपारी सो आज
नोन हजारन को सही चिनी असीम अनाज
चिनी असीम अनाज बसन अरु असन मिठाई
चढ़ि छप्पर जिहि छैल सुघर लूटत बहुखाई
बची कमाई माल पसीनागारो जुरह्यो
बइमानी को पोत आजु मनु सोतहिं सुबह्यौ ॥50॥
धाई चलत बाजार में नाव पोत (ग) जल सोत
तनक छिनक को ह्वै रह्यो काशमीर (घ) छवि होत
काशमीर छवि होत द्वार द्वारन पै डोंगा
आरत करत पुकार कंपत तन धन गत सोगा
मठ दरवाजे पैठ लहर मंदिर बिच आई
जहं छाती लौ नीर धार सुई तीरहिं धाई ॥51॥
पुरवासी व्याकुल भए तजी प्राण की आस
त्राहि-त्राहि चहुँ मचि रह्यौ छिन छिन जल की त्रास
छिन-छिन जल की त्रास आस नहिं प्रानन केरी
काल कवल जल हाल देखि बिसरी सुधि हेरी
तजि तजि निज निज गेह देहलै मठहिं निरासी
धाए भोगहा ओर कोऊ आरत पुरवासी ॥52॥
कोऊ मंदिर तकि रहे कोऊ मेरे गेह
कोऊ भोगहा यदुनाथ के शरन गए लै देह
शरन गए लै देह मरन तिन छिन में टारयौ
भंडारो सो खोलि अन्न दैदीन उबारयौ

(ख) केरा शवरी नारायण के पूर्व चार कोस पर एक गाँव है - खरोद, एक कोस पर, लुहरसी दो कोस, टिकरीपारा एक मील, हँसुआ दो कोस पर है

(ग) पोत छोटी नाव को कहते हैं।

(घ) काशमीर में एक दूसरे के घर जाते भी लोग नाव पर बैठकर जाते हैं, राजा शिव प्रसाद सितारे हिंद कृत भूगोल देखो।

रोवत कोउ चिल्लात आह हनि छाती सोऊ।
कोउ निज धन घर वार नास लखि बिलपति कोऊ ॥53॥

सोरठा

कियो जौन जल हाल दिन द्वै में को लेखई।
मानहु प्रलय सुकाल आयो निज मरजाद तजि ॥54॥

भुजंग प्रयात

मटा कोट कोटी कढ़े धाम छोड़ी,
चढ़े डार डारै मढ़े नोक दौड़ी।
कहूँ बच्छ के हीन गैयां डकारैं,
कहूँ बच्छ हूँ मातु माता पुकारैं ॥55॥
पड़ाहू पड़े भूमि काँपैं दुखारी,
संसैं बच्छ धेनू मरै सीत भारी।
कहूँ पंख ओदे गिरै भूमि पंखी,
गुहेरे न हेरैं तिन्हैं जो असंखी ॥56॥
कहूँ साँप मंडूक एकत्र राजै,
चढ़ै डार एकै मनौ मीत साजै।
तज्यौ द्वंद भावै बड़े हैं दुखारी,
मनौ शासना नीति कोऊ प्रचारी ॥57॥
पियें सिंघ धेनू इकै घाट पानी,
नसी दुष्टता पाय भूपाल ज्ञानी।
कि कीन्हीं यहै देश कोऊ सुराजा,
सदा ज्ञान विज्ञान दाता विराजा ॥58॥
मनौ ए भए जोग भारी विरागी,
लख्यौ तुच्छ संसार विद्या सुजागी।
तजौ दंभ पाखंड हिंसा कराला,
तज्यो मत्सरौ अंधकारौ विशाला ॥59॥

कहूँ बाल बाला लगे अंक माता,
कहाँ धौ करै आज कूरौ विधाता।
सुने कौन प्रानी सजीवी विलापा,
फटै क्यों न छाती लखैं तीन तापा ।।60।।
बहे जात कोऊ नदी धार पानी,
बढ़यो गेह बूढ़यो बही जात छानी ।
बहे जात कोऊ पुकारैं विचारे,
तजि प्रान आशा गए अंग हारे ।।61।।

दोहा

केवट को समरथ भयौ लखि तरंग को रंग।
ह्वै निरास लै नाव नहिं गए न नौ दससंग ।।62।।
पै भुगहा हिय प्रजा दुख खटक्यौं ताछिन आय।
अटक्यों सो नहिं रंचहू टिकरी पारा जाय ।।63।।
बूड़त सो बिन आस गुनि लै केवट दस बीस।
गयो पार भुज बल प्रबल प्रजन उवारयौ ईश ।।64।।

भुजंग प्रयात

तहाँ जे रहे हाय रोवैं बिचारे,
प्रजा दुःख भारी गयो सो निहारे।
कोऊ बालिका बाल आगे सुराखी,
रहें बैठि छानी मनो होय साखी ।।65।।
कोऊ प्रान को हार कै डार थामें,
धरै टोकरा वस्त्रवासी सुजा में।
सदा के अहै दीन कंगाल भारी,
परै जो कसालो सु औरो दुखारी ।।66।।
चलै पौन ठंडी कंपै अंग सारे,
भए दीन भारी सहै दुःख भारे।

चलै नैन सो नीर मानौ पनारे,
लगी होड़ जीमूत सो हाथ मारे ।।67।।
लखी नाव दूरै गए प्रान आए,
कह्यो त्राहि त्राहीति जीवेश धाए।
प्रलै वारि वारीश में नूह नैया,
परो है मनौ भोगहा सो बचैया ।।68।।
लसै ग्राम सो द्वीपलौ आज पारा,
भलौ भोगहा प्रान राखै उबारा।
मनौं बूड़ते ग्वाल बाले बचायो,
यदूनाथ सौ जो यदूनाथ भायो ।।69।।

दोहा

संकट बिकट उबरि कै प्राण दान तिन दीन्ह
अतुल अलौकिक अमित सो उपकारहु जग कीन्ह ।।70।।

चौपाई

प्रजा पास तव नाव चलाई। यदूनाथ पहुँचो तहं जाई।
त्राहि त्राहि सब कह्यो बनाई। भल अवसर तुम आयो भाई ।।71।।
दुःख भंजन उपकार घनेरे। करे कौन जग तुअ सम मेरे।
कौन दरद दुख दारुन दारै। कौन कलेस करोर पछारै ।।72।।
इमि कहि परे चरन अकुलाई। तब भोगहा तिन बौध्यौ आई।
करहु नतुरा धरहु मन धीरा। रमानाथ सुमिरहु बलबीरा ।।73।।
सो समरथ सब लायक ईशा। जाके चार हाथ अवनीशा।
मनुज हाथ है कह जग करई। शाक पात जल उदर जु भरई ।।74।।
धन्य धन्य महिमा असुरारी। धन्य धन्य भुजबल जग भारी।
सो समरथ सब हरत कलेशा। भजत रहत नहिं पुनि दुख लेशा ।।75।।
जय जय रमानाथ जग पावन। जय दुख हरन करन सुख भावन।
जय शवरीनारायण जय जय। जय कमलामन त्रिभुवनपति जय ।।76।।

तोटक

कहु कौन हरै दुख भार महा,
जग हेतु अनेक कलेश सहा।
जल भीतर ग्राह गयंद लरे,
तिन काटि विपत्ति कलेस हरे ॥77॥
भरुहो नव अंड बचे जबसों,
तुव कीरति फैल रही तबसों।
मुरली धर चोर सुचोर अहो,
ब्रज मंडल मंडन दुःख दहो ॥78॥
रमनी जन मानस हँस प्रभो,
जगदीश सुरेश रमेश विभो।
शरनागत पालक दुष्ट अरी
दुख भंजन कंजन नैन धरी ॥79॥

सोरठा

इमि करि विनय अनेक, लैतिन पोत सजीव करि।
खेय मुहूरत एक, सोत पार घर कोत चलि ॥80॥
यह विधि करि, संतोष, प्रजा राखि निज भौन सब।
असन वसन दै पोष, भूख प्यास ताछन हरी ॥81॥
लियो जगत जस आय, भुगहा श्री यदुनाथ जू।
कीन्हीं प्रजा सहाय, व्योम गंग कीरति पसरि ॥82॥

चौपाई

द्वै दिन रात बूँद नहिं टूटे। जलद पटल नभते नहिं फूटे।
वारिद वार वार धरषावैं। वारि बीजुरी मोर नचावैं ॥83॥
वाढ़त सरित बारि छिन छिन में। चढ़ि सोपान घाट वट दिन में।
शिव मंदिर जो घाटहिं सोहै। माखन साहु रचित मन मोहै ॥84॥

सोजल मगन भयो छिन माँही। पुनि पीपर पल्लव छै जाहीं।
इंद्र दमन लाग्यौ मनु भारी। लोल तरंग हिलोलत बारी ।।85।।
जहं देखो जल नजर पसारा। सिमिट सिमिट शैलन वह धारा।
घाट बाट कहुं नाहिं दिखाई। जल मय भूमि खेत छबि छाई ।।86।।
चटशाला जल भीतर आयो। गैल चक्रधर गेह बहायो।
पुनि सो माखन साहु निकेता। पावन करि सो पान समेता ।।87।।

दोहा

क्रम-क्रम से आयो बहुरि मेरे द्वार मझारि।
भयो घाट मनुसो तहाँ मज्जत जहं नर नारि ।।88।।

छप्पय

मज्जत तहं नर नारि जहाँ पुर बाट विराजै।
पुरवासी जहं बैठि चौंतरे नव रंग साजै ।।
कामिनी कलसन पूर धारि कटि बाला खेलै।
भामिन निज पिय मिलन सुअवसर लखि जिय हेलै ।।
विलस विलासी समय गुनि पुनि अभिसर नारि नवल।
निज-निज प्यारे संग सो लीला करै अनंत छल ।।89।।

सारछंद

नवल नारि नवरूप धारि पिय वदन कमल पै लोभी।
ललित ललाम पहिरि वर चूनर इंद्र बधूसी सोभी ।।90।।
जदपि विपत्ति दारुन जग आई संकट प्रान संजोये।
तदपि विचित्र चरित्र देखिये शासन मदन सुभोये ।।91।।
उतती पुरजन परिजन लागे गेह काज निज सारे।
आरत कोउ कोउ दीन विपति परि व्याकुल विलपि विचारे ।।92।।

इत अवसर नोको लखि जी को मदन शरासन तान्यौ ।
भौंह कमान वान धरि वरुनी तरुनी कामिन सान्यौ ॥93॥
तकि सहेट फूटे देवालय कै आलय कोउ सूने ।
सुरति रंग नव संगम सुखते लूटे चैनहु दूने ॥94॥
कोउ पाती लिखि श्यामा निज पिय छाती आन लगाती ।
आलिंगन चुंबन सुख लूट्यो सरसाती दृग लाती ॥95॥
प्रेम पंथ यह अतिहिं अनूठो मारग परम पवित्रा ।
प्रेमी जान सार इक याको याकी कथा विचित्रा ॥96॥
अनिल अनल अरु सलिल सूर शशि रोकत रुकै विचारे ।
पै यह उद्धि धार कामहि को रुकत न इत सब हारे ॥97॥
ऐसी दशा विचित्र हाय हम आखिन देखी पूरी ।
महानदी निज नाम प्रेम यह दिखरायो न अधूरी ॥98॥
इक धारा बजार में आई दक्खिन सौं अति भारी ।
दूजी पश्चिम सो बहि मिल कै वेग जासु अविचारी ॥99॥
तीजी धार उतरतै चलिकै संगम इनसो भायों।
मनहु त्रिवेनी तीरथ पावन बिनु प्रयाग इत आयो ॥100॥
कैयक सहस हानि मुद्रा की पुरजन औ व्यौपारी ।
सह्यौ कलेस द्वार घर नसकै रोवत फिरैं दुखारी ॥101॥
दिन तीजे दस बजे रात सौं घटयो सलिल क्रम क्रम सौं ।
भयो प्रात लो थिर संसारा छूटे सब जिय भ्रम सों ॥102॥
लगे बटोरन निज सामग्री टूटी फूटी हिरानी ।
मनहु उतरि मद गयौ छिनक में प्रकृति पाय सुख सानी ॥103॥
वह्यो गल्यौ मिटि गयो नीर बिच सोन मिलै अब हेरे ।
भयौ काल कवलित सब भाई अजब करम गति पेरे ॥104॥
कहं लौ कहौ हानि दुख जो कुछ प्रजा सुगन जिय झेले ।
कहंलौं कहौं विलाप ताप तिन विपति भई वग मेले ॥105॥
रहो आस मन गावन सारी दशा जोन मैं देखी ।
जब शवरी नारायण वासी पुरवासिन की पेखी ॥106॥

पै न मिल्यौ अवकाश दुष्टजन विघन विकासन वारे ।
खल अघखानि दुःख मुहिभारी दीन्हों तिन मुहि सारे ।।107।।
रहो न थिर मति कछुक वाबरी रह्यौ ना थिर सो मैं हूँ ।
जिय अनेक तपि आधि व्याधि सों लहि विश्राम न कै हूँ ।।108।।
सुखी रहैं ये सब पुरवासी खलगन सुजन सुभाए ।
श्री यदुनाथ जियै दिन कोटिन यह मन सदा कहाए ।।109।।
प्रलय कथा शबरी नारायण की विस्तार सुनायो ।
जेा प्रतच्क्ष मन सुच्छ देखि निज नैनन सो प्रकटायो ।।110।।
जेठ शुक्ल शिव वासर गनपति तिथि पुनि अहि सेनानी ।
क्रमसो अम्ब सुमार वार गुनि सम्बत दल पहिचानी ।।111।।
पक्ष वेद ग्रह इंदु प्रलय दिन जो वा पुर में होई ।
इकइस बाइस तेइस जूनहिं अंगरेजी तिथि सोई ।।112।।
एक सहस वसुशत पच्चासी सन ईसा को जानो ।
द्यौस तीन विकराल विपति गुनि संकट विकट बखानो ।।113।
यह अतूल बैतूल आय हम पूरी कथा सुगाई ।
पूनो तिथि आषाढ़ मास के मंगल मंगल दाई ।।114।।
सम्बत वेद वेद ग्रह सूरज विरचि कथा सुख खानी ।
श्री जगमोहन सिंह मित्र गन हेतु प्रकट कल बानी ।।115।।
भूल चूक जो होय कछुक इति लीजो सुजन बनाई ।
बाल रचित गुनि प्रलय सुवरन्न पढ़ियो तो मन लाई ।।116।।

।। इति ।।

सज्जनाष्टक

अर्थात्

शवरीनारायण निवासी आठ सज्जनों का वर्णन

श्रीमद्विजयराघवगढ़ाधिपात्मज तथा जिला बिलासपुर
में तहसील शवरीनारायण के तहसीलदार और
मजिस्ट्रेट श्री ठाकुर जगमोहन सिंह कृत।

सत संगत मुद मुंगल मूला।
सुइ फल सिधि सब साधन फूला।

Sajjanastak

Or

EIGHT GENTLEMEN OF SEORI NARAYAN

By

Thakur Jagmohan Singh

Son of the Late Chief of Bijaya Raghogarh
Jabalpur District, Tahsildar and Magistrate
of Seorinarayan Bilaspur District

Benaras
Bharat Jiwan Press
1884

भूमिका

इस पुस्तक में आठ सज्जनों का वर्णन है जो शबरीनारायण को पवित्र करते हैं। आशा है कि इन लोगों में परस्पर प्रीति की रीति प्रति दिन बढ़ेगी और ये लोग ''सज्जन'' शब्द को सार्थक करेंगे। इसको मैंने सबके विनोदार्थ रचा है।

श्रावण सुदी 8 संवत् 1941 ठाकुर जगमोहन सिंह

श्री गणेश नारायण शिव कह अज श्रीरामहिं ध्याऊं।
नवो निद्धि अरु सिद्धि बुद्धि सब जिन प्रसाद बर पाऊं ॥1॥

बंदों आदि अनंत शयन करि शबर नारायण रामा।
बैठे अधिक मनोहर मंदिर कोटि काम छवि धामा ॥2॥

जिनको राग भोग करि निभु दिन सुख पावत दिन रैनू।
भोगहा श्री यदुनाथ जू सेवक राम राम रत चैनू ॥3॥

है यदुनाथ नाथ यह साँचो यदुपति कला पसारी।
चतुर सुजन सज्जन सत संगत सेवत जनक दुलारी ॥4॥

दिन-दिन दीन लीन मुइ रहतो कृषी कर्म परवीना।
रहत परोस जोस तजि मेरे है द्विज निपट कुलीना ॥5॥

पै इक संत महन्त संत जेहि जगत प्रभाव बिराजै।
राका सो चहुं सुजस सुनिर्मल छुसरत देसन साजै ॥6॥

शांत रूप बपु मनौ सुइ आजु सजीव लखाई।
गल तुलसी सोहत सुंदर वर दरस पुनीत पन्हाई ॥7॥

करहिं कमंडलु लटकत जाके दिए एक को पीना।
मनु इन्द्रिन्ह कहं जीत ज्ञान को गठरी लटका लीना ॥8॥

रूपे केश भेस अति सुंदर गुन मंदिर अभिरामा।
जटा पुंज सीसहिं के मनु सोभित छवि धामा ॥9॥

बाबा जिन तीरथ के कावा कर अनेकन बारी।
अर्जुन दास दास हनुमत के तन चरनन ब्रत धारी ॥10॥

बितवत दिवस रैन भजनन में चैन न अंतहि पावै।
हरि को ध्यान किए बिनु ताकहं खान पान नहिं भावै ॥11॥

प्रतिदिन भोर नहात शीत नहिं गिनत करत तप भारी ।
सग शरीर सुख छाड़ि प्रान कहं देत कलेशहिं भारी ।।12।।

जाके दरस पुनीत किए सब कटत पाप के पुंजा ।
गंगा अरु काशी प्रयाग बट गिने जात जिमि गुंजा ।।13।।

तीरथ बरथ व्यर्थ सब करहीं कठिन मुक्ति के काजा ।
क्यौं न जाए छिन दरस करत इन विपुल पुन्य सिर ताजा ।।14।।

संगम संत समाज सुभग सब हरतु पाप की राशी ।
नहिंन होत बिनु ज्ञान मुक्ति कोउ करै कोटि दिन काशी ।।15।।

वेद पुरान न्याय सब कहहीं ज्ञान बिना नहीं होई ।
मुक्ति जदपि कोटिन तीरथ करि रहे भरम सब खोई ।।16।।

तीरथ ध्यान जोग जप तपहू इक तुलना करि राखै ।
पै बिनु ज्ञान मिलत नहिं कबहूँ सुख अनंत श्रुति भाखै ।।17।।

सो न होत बिनु संत संग के सत संगत फल भारी ।
वाल्मीकि नारद मुनीशहू भे मुनीश व्रत धारी ।।18।।

तेहू रहे नीच जन्महिं के पै सत संग अनूपा ।
पाय भए मुनि ब्रह्म तेज मय लखहु प्रभाव सरूपा ।।19।।

सत सहस्र साधू समाज नित रहत आय मदमाहीं ।
तिन कहं नित्त दिवस षट्रस के भोजन स्वादु सराहीं ।।20।।

सदाबर्त जहं बटत नेम सों कटत चैन दिनराती ।
घटत न कहूँ भंडार राम को बस्तु न कछू सिराती ।।21।।

चेला भए तासु गुन मेला रहत सुमठ सिर ताजा ।
गौतम मनु दूजो यह सोहत गौतमदास बिराजा ।।22।।

ताको सकल कर्म कर निसि दिन ऋषिराम अनुगामी ।
मानौ स्वामि धर्म को अंकुर ता मन आयौ जामी ।।23।।

माखन साहु राहु दारिद कहं अहै महाजन भारी ।
दीन्हो धर माखन अरु रोटी बहुबिधि तिनहिं मुरारी ।।24।।

लच्छ पती सुद शरन जनन को टारत सकल कलेशा ।
द्रव्य हीन कहं है कुबेर सम रहत न दुख को लेशा ।।25।।

दुओ धाम प्रथमहिं करि निज पग काँवर आप चढ़ाई ।
सेतुबन्ध रामेसुर को लहि गंगा जल अन्हवाई ।।26।।

चार बीस शरदहुं के बीते रीते गोलक नैना ।
लखि असार संसार पार कहं मूँदे दृग तजि चैना ।।27।।

अपर एक पंडित गुन खानी मानी हीरारामा ।
हीरा सो अति बिमल जासु जस छहरत चहुं छवि धामा ।।28।।

यह पुरान मनु भयो वाचि के दस अरु आठ पुराना ।
जीति सकल इंद्रिन अग बैठयौ शिव सरूप अभिरामा ।।29।।

तिमि जग मोहन के परोस में मोहन रहत पुजारी ।
राग भोग पुजारु पाठ करि प्रभु चरनन मन धारी ।।30।।

रमानाथ लक्ष्मी नारायण के भरोस सुख सोवै ।
देत जीविका जो निसि बासर सुई ताकौ दुख खोवै ।।31।।

दोहा

रहत ग्राम एहि बिधि सबै सज्जन सब गुन खान ।
महानदी सेवहिं सकल जननी सब पय पान ।।32।।

श्री जगमोहन सिंह रचि तीरथ चरित पवित्र ।
सावन सुदि आठैं बहुरि मंगलवार बिचित्र ।।33।।

संबत् बिक्रम जानिए इंदु बेद ग्रह एक ।
शबरीनारायण सुभग जहं जन बहुत बिवेक ।।34।।

।।समाप्त।।

ॐकार चंद्रिका

अर्थात्

नीमार (जिला खंडवा) मण्डलान्तर्गत
ऊँकार मान्धाता प्राचीनविख्यात
तीर्थ का
श्रीमद्विजयराघवगढ़ाधीशात्मज

श्री ठाकुर जगमोहन सिंह
कृत छंदोब्द्ध वर्णन।
1894

॥श्री॥

ऊँकार मान्धाता।

बंदौं श्री ऊँकार प्रणव शुचि प्रथमहिं गाऊं ।
श्री श्री शंकर ध्याय भवानी मंगल पाऊँ ॥1॥
यह तीरथ अति रुचिर सुभग रेवा तहँ सोहै ।
प्रकटायो प्राचीन रमापति कुल नृप जोहै ॥2॥
मान्धाता सो नाम पुरानन प्रकटहि गायो ।
जेहि श्री रघुकुल तिलक मनोहर सुभग बसायो ॥3॥
यह मालव के देश मध्य जो लिखित बिराजै ।
जेहिं लखिबे कहँ भक्त सुजन इत अगनित साजै ॥4॥
मंदिर अति प्राचीन देव कर शैलन सुंदर ।
मेकल कन्या विमल नीर पावन बिच कंदर ॥5॥
यह खंडवा के खंड बीच नीमार कहावै ।
राजपुताना रेल शाख ह्वै सब कोउ जावै ॥6॥
अहै न यह अति दूर मोरटक्का सो भाई ।
केवल तीनहिं कोस शकट मारग बनि आई ॥7॥
इन विचित्र पुल रेल अनूपम सुंदर भारी ।
कारीगर सो धन्य जियत जस चंद उज्यारी ॥8॥
इतहूँ रेवाधार विमल जस सोहत नीकी ।
उपलन घर्घर घोष रोष मनु करि जल लीकी ॥9॥
याके निकटहिं कूल अहै सरकारी थाना ।
पुलके पूरब ओर मनोहर रम्य सुहाना ॥10॥

जाके नीच बहत पूत जल रेवा राजै ।
सकल तृषित जन तृषा हरत आनंदहिं छाजै ॥11॥
ह्याँ सों केवल तीन कोस पै पूरब तीरथ ।
रेवा तट बिलसाय नून कैहूँ न भगीरथ ॥12॥
बिंध्या अटवी फारि मनौं रेवा झनकारै ।
जुगल पहारन मध्य बहत अति ही छवि धारै ॥13॥
जाके उत्तर शैल शिखर पादप बहु सोहे ।
ताके नीचे विमल महल सुंदर मन मोहे ॥14॥
नगरहुँ तहंई सगर नृपति कुल नृप बनवायो ।
सुंदर बीथीं बगर हाट चहुँ कगर सुहायो ॥15॥
तोरन धुजा पताक जहाँ तहँ रंग रंगीले ।
नील पीत सित श्याम धाम फहरैं गरबीले ॥16॥
सुंदर विपणि बजार सुलभ जहँ षटरस भोजन ।
नित नये मिलहिं हजार भाँति नहिं जाने को जन ॥17॥
जहँ जात्रिन की भीर तीर रेवा नित न्हावै ।
करि विचित्र उपहार दरस देवन हितु आवै ॥18॥
कहुँ चंदन आमोद अगर जगबंदन देखो ।
कहूँ तगर मृग नाभि केसरी विपणित पेखो ॥19॥
कहूँ मालीगण लए सुमन अपनी तट शाला ।
रेबा अर्पन हेतु मालती चम्पक माला ॥20॥
कहूँ कमल कलहार सुकैख कुमुद सजाहीं ।
कहूँ चमेली नई मल्लिका माल दिखाहीं ॥21॥
कहूँ श्रृंगारन हेतु लये आभूषण बाला ।
भोरी भौंह विकार रहित मनु प्रेम सुजाला ॥22॥
इत कलिमल कहँ धार पछारन रेवा मज्जै ।
उत भृकुटी करि कुटिल मदन शासन शर सज्जै ॥23॥
बिसरै जप तप छाप तिलक मुद्रा विज्ञाना ।
राजनीति परतीति होय विपरीत निशाना ॥24॥

चह कैलासहिं जाए ध्याय शिव जोगी नामा ।
चलै न और उपाय कान फूकैं गुरु कामा ।।25।।
रेवा पुलिन सुहाय बंधे श्यामल सोपाना ।
श्याम नीलमणि जटित मनहुं आरोह सुखाना ।।26।।
गिरि श्रेणी कटि बीच देव मंदिर अति सुंदर ।
अति प्राचीन जनाय धवल कैलासहि कंदर ।।27।।
द्वारे छतुरी एक, तहाँ छोटी सी राजै ।
सेत उपल अति विमल सुभग नंदी छबि छाजै ।।28।।
जिहि पधरायो भक्ति पूर चित चतुर उदारा ।
सती अहल्या रानि सुनिय वाई नृप दारा ।।29।।
ताके नीचे अहै वृद्ध नंदी जु पुराना ।
पर यह खंडित काल विवश वश आपत जाना ।।30।।
जाके आगे महादेव ओंकार विराजें ।
गौरीपति कैलाश ईश दच्छिन दिशि साजें ।।31।।
सुभग जलहरी रहत सदा जलपूरित सोही ।
शिव को लिङ्ग विराजमान ता मध्यहि मोही ।।32।।
सम्मुख छोटी मूर्ति एक ठाढ़ी तहँ देखो ।
मान्धाता नृप कहत सबै नूतन अबरेखो ।।33।।
उत्तर मंदिर खोह एक प्राचीनहुँ भेवा ।
अति विशाल पाषाण मूर्ति ठाढ़े शुकदेवा ।।34।।
घण्टा घहरै मनहुँ व्योम घन गर्जन होई ।
नित्य पखावज बीन तान रसलीनहुँ जोई ।।35।।
रोशन चौकी मधुर मधुर बाजै नित मंदिर ।
जेहिं सुनि छूटै ध्यान मुनिन आतुर तहँ सुंदर ।।36।।
जहँ अनंत द्विज वेद मंत्र को पाठ सुनावै ।
महारुद्र अभिषेक महीपन गाय रिझावैं ।।37।।
राजाहू के विमल महल सोहत गिरिनी के ।
मानो हुलकर महल नकल कछु मेरे जी के ।।38।।

अति दृढ़ जें पाषान प्रौढ़ निर्मित सब सुष्ठा ।
जहँ हाथी चिक्कार लगे द्वारहिं चहुँ पुष्ठा ॥39॥
लै पाँचौ हथियार हाथ गहि शुचि बंदुकैं ।
रक्षक रक्षा करहिं सुभग रन गाढ़े हूकैं ॥40॥
भीतर सुंदर चौक महल दरबार सुशाला ।
नाना चित्र विचित्र देखिए पुष्पक माला ॥41॥
झिझरी जहं रनवास सुभग छज्जन तर छाजै ।
रङ्ग गेह बहु रङ्ग मोह मन सुभग बिराजै ॥42॥
फहरै भुजा अनेक द्वार नौबतहू बाजै ।
पन्ना शैलहिं जटित बज्र लौ पदक विराजै ॥43॥
यह नगरी इमि लसत मनौ गिरि अंकम मेली ।
रेवा मोती माल कण्ठ विच सोहत सेली ॥44॥
दच्छिन तट के निपट निकट सोहत गिरि दूजो ।
नाना धाम विचित्र सुमठ मण्डित जल छूजौ ॥45॥
दुर्गम दौऊ सैल मनहुँ कुच मोती माला ।
रेवा सुंदर बही मध्य तिन नग छविजाला ॥46॥
अति गंभीर इत नीर तीर बहु मीनहु खेलैं ।
नक्र मकर नहिं भयद धार आनंदित हे लैं ॥47॥
यह शोभा नहिं जाए कबहुँ को कवि सों बरनी ।
अनुपम तीरथ राज विदित फल जग तल धरनी ॥48॥
विषम उपल चट्टान बीच ऐंठत जल गाजैं ।
घोर घोष झंकार निरन्तर झनझन बाजै ॥49॥
अवाबील चट्टान खोह अगनित जल तीरा ।
मोर सोर कलहँस करत कल्लोल सुनीरा ॥50॥
पारावत कहुं लेत पियारी संग बसेरो ।
काहू छज्जन बीच रैन काटत सुख हेरो ॥51॥
राकाशशि प्रतिबिम्ब परस तारागन गोती ।
मानहुं रेवा अंक सु अंकित मालामोती ॥52॥

कै सहस्र दृग खोलि मगन निरखत जल शोभा ।
बैकुण्ठहि बसि मनौ अमरगन मन इत लोभा ॥53॥
पावन त्रिनिध बयार टारि श्रम सकल सुभाये ।
बहत जनन मन कमल प्रफुल्लित करत लुभाये ।54॥
कोउ रमनी बलि दीप देत ज्यों बढ़ै सुहागा ।
कोउ फल फूलन भोग देत करि-करि अनुरागा ॥55॥
मङ्गल गीतहिं गाय विविध पूजा विस्तारी ।
पति पुत्रन के हेतु भक्ति करहीं नित नारी ॥56॥
कोउ निज मीतन मिलन हेतुरजनी मुख आवै ।
बदि सहेट इत सरित तीर मन मदन जगावैं ॥57॥
कोउ देवालय दरस हेतु निज वल्लभ जाहीं ।
तनमन बच निज बसत प्रानप्रिय निसदिन जाहीं ॥58॥
कावेरी लहि सरस समागम प्यारो संगम ।
तीनहुँ ताप नसायँ सकल फल लहैं उमंगम ॥59॥
मज्जत इत नरनारि सकल कलिमल कहँ धोई ।
त्रिविध दुःख कहँ टारि ज्ञान बिनु मुक्ति संजोई ॥60॥
जटाजूट जिहि गंग तरङ्गन चंदहु भाला ।
जोगी प्रभु जोगीस उमापति करै निहाला ॥61॥
करै सकल कल्यान त्रिविध संताप मिटावै ।
जगमोहन के तुरत फुरत गिरजापति ध्यावै ।62॥
नगर रम्य चहूँ सुभग मनोहरता दरसाई ।
कीन्हौ वरणन नभसि मास परिबा बदि भाई ॥63॥
योगन बिहारी बान पंच कर मदन जरायो ।
गौरी अंकहि रोपि भाल शशि विक्रम भायो ॥64॥
सावन कारी रैन कंठ नीलम छबि छाजै ।
कुंद इंदु लौं बदन चंद को तिलक बिराजै ॥65॥
काटहु मेरे फंद द्वंद दुख दीन दयाला ।
आशुतोष सुखकंद जोर कर बिनवौं हाला ॥66॥

जो तारो निज भक्त कहा अचरज हम मानैं ।
नास्तिक मूड़ कृतघ्न पाप तारो तब जानैं ।।67।।
निंदक वेद पुरान अज्ञ अभिमानी भारी ।
परनारी रत चोर सदा लम्पट सविकारी ।।68।।
सपनेहू नहिं नाम तिहारो रसना लेई ।
जौ आनहुँ कहुँ लेय ताहि निंदौं चित सेई ।।69।।
बहु छल बल करि सदा स्वार्थ साधन में तत्पर ।
साधू सज्जन देव सेव नहिं कीन्हों सत्कर ।।70।।
जब सौ जान्यों सदा विषय कीन्हौ अनुरागा ।
पर दारा अपहरन चाटु पटु यह रस पागा ।।71।।
तुम्हरे सम्मुख किये सकल अपराध कबूला ।
जो चाहो सो करो परों तुअ चरनन भूला ।।72।।
छमिहो जो तुम आशुतोष कर गहि अपनाई ।
तौ निहचै जग होय उमापति आपु बड़ाई ।।73।।
दीनानाथ दयालु चरण सरनागत तेरो ।
जगमोहन अति दीन हीन सब विधि दुख जेरो ।।74।।
बिनती सुनिये कान खोलि जिय मान हमारी ।
बिपति टारिये तुरत मदन रिपु मम अविकारी ।।75।।

इति

प्रतिमाक्षर दीपिका

श्रीमद्विजयराघवगढ़ाधिपतेः सूनु -
श्रीमज्जगन्मोहनसिंहेन निर्मिता

काश्यां
मेडिकल हाल नामक यंत्रालये मुद्रिता
सन् 1874 ई.

To

RALPH T.H. GRIFFITH, M.A.

Principal of the Benares College

and

Visitor of the Wards' Institution
Benares

This

Little Book entitled
PRAMITAKSHARADIPIKA

Is

respectfully dedicated

By

His most obedient and humble Pupil
Jagamohan Sinha
Son of the late chief of Bijayaraghogarh,
Jabalpur.

Introduction

This book entitled 'Pramitaksharadipika' which is now offered to the public does now appear in a new dress, but it will form a good and suitable course of study for the young and mere beginners to find a way through the labyrinth of Sanskrit Prosody. This is prepared in a very concise form and every Chhanda with its metre is clearly explained. I have followed Kalidasa's Srutabodha in several places and most of the examples are extracted from Gangadasa's Chhandomanjari, Kesavadasa's Rama Chandrika, Guman's Krishna Chandrika, and the Rev. W. Etherington's Hindi Grammar. I am highly indebted to the Rev. Gentleman for his allowing me to make extracts from his book or to speak in his own words: "If you require the extracts to illustrate your rules, you are at liberty to take them from my book." The English Prosody is a little different from that of Sanskrit, although the Gana is English are quite the same. They are as follows:

Sanskrit	**English**			
1. Magana	1. Molossus	–	–	–
2. Nagana	2. Tribrach	⏑	⏑	⏑
3. Bhagana	3. Dactyl	–	⏑	⏑
4. Yagana	4. Bacchic	⏑	–	–
5. Jagana	5. Scolius or Amphibrach	⏑	–	⏑
6. Ragana	6. Cretic	–	⏑	–
7. Sagana	7. Anapoest	⏑	⏑	–
8. Tagana	8. Hypo or Antilbacchic	–	–	⏑

The most lively and charming verses are the Indravajra, the Upendravajra, the Totaka, the Bhujangaprayat, the Malini, the Vasantatilaka, the Drutavilambita, the Sardulvikridita and the Sragdhara, the prevailing metre of the 1st, 3rd and 7th Cantos in the Kumarsambhava of Kalidas, an ancient poem of India, whose author shone at the Court of Maharajah Vikramaditya, as one of the nine precious gems of Ujjayani in B.C. 57 and whose name has "floated down the stream of time and acted upon the minds of generation after generation." This period in which Kalidasa lived was very enlightened as the expanded firmament studded with illuminating and twinkling luminaries and may, without any enquiry into the matter, be styled the "Golden-Age of Sanskrit literature" and its "Munificent Augustus" Maharajah Vikramaditya, was the boast and ornament. The explained verses being very lovely and charming examples of them have been given below to illustrate the incomparable beauty of Sanskrit poetry-the alliteration in it-the metaphor and simile.

''अशोक निर्भर्त्सितपद्मराग -
माकृष्टहेमद्युतिकर्णिकारम् ।
मुक्ताकलापीकृतसिन्धुवारं
वसंतपुष्पाभरणम्वहन्ती।।''

53-III Canto. Kumara

Here in the last line the alliteration should be observed.

''विश्वावसुप्राग्रहरैः प्रवीणैः
सङ्गीयमानात्रिपुरावदानः ।
अध्वानमध्वान्तविकारलंघ्य -
स्ततार तराधिपखंडधारी ।।''

48-VII Canto. Kumara

I should like to say something regarding the Sanskrit alliteration which is called "Vrittyanuprasa of Harmonious alliteration." With regard to the alliteration the poems of Jayadeva are far superior to any existing up to this time, and to prove my own words I take the liberty of borrowing the pen of Mr. Griffith. He says something of the 'dramatic writings of the Hindus', and in the subsequent lines he goes on to say : of their lyrical poetry we have but one example, a little pastoral romance in a dramatic form composed by jayadeva and called the "Gita-Govinda." There is much uncertainty with respect to the date of this work, but it is probably to be fixed at least as late as the twelfth century of the Christian Era, it consists almost entirely of Songs, which are connected by short strophes of recitative. Many of these lyrical effusions are too warmly coloured to suit our severer taste, but they are all remarkable, as every ear must confess, for their surpassing melody of flow, uniting the voluptuousness of the "Song of Songs" with all the languishing sweetness of the "Pastor Fido." This work also is capable of a mystic interpretation and is said by the Commentators to figure the attachment of the Soul to Divine knowledge, its trial fall and restoration; in the love the quarrel and the perfect reconciliation of Krishna, the darling God of the Indian women – and the beautiful Shepherdess Radha."

This poem is of exquisite beauty and the alliteration or Yamaka in Sanskrit is seen in every line as –

"ललित लवङ्ग लता परिशीलन कोमल मलय समीरे
मधुकर निकर करम्बित कोकिल कूजित कुञ्ज कुटीरे।
विहर तिहरि रिहस रसवसंते नृत्यति युवति जनेन
समं सखि विरहि जनस्यदुरन्ते" ॥ध्रुवम्॥

---

* These lines have been translated into English verse by Ralph T.H. Griffith M.A. Boden Sanskrit Scholar, the principal of the Benares College, and the Visitor of the ward's Institution at Benares. He is the author of the well known "Birth of the War God", "Idylls from the Sanskrit", "Specimens of Old Indian Poetry" "Scenes from the Ramayana & Co." and of the famous Valmiki Ramayans.

The Drutavilambita metre is very beautiful and charming. Kalidasa, the ancient Sanskrit poet, has composed the 9th Canto of Raghuvansa in this metre. It has Alliteration in the last line of each sloka

"क्रतुषु तेन विसर्जितमौलिना
भुजसमाहृतदिग्वसुना कृताः ।
कनकयूपसमुच्छयशोभिनो
वितमसातमसासरयूतटाः ॥"

201-IX Canto. Raghuvansa

The lines run thus :

"In this love tide of spring when the amorous breeze
Has kiss'd it self sweet on the beautiful trees.
And the humming of numberless bees as they throng
To the blossoming shrubs, swells the Kokila's Song-
In this love-tide of spring when the spirit is glad,
And the parted-Yes, only the parted-are sad,
Thy lover, thy Krishna is dancing in glee
With troops of young maidens forgetful of thee."

(a) "Some weary days, intolerably slow,
The listless exile all alone had past:
The bracelet clung not to the arm that woe
Had withered, and the weeping and the fast;
When on a day of june he upward cast
His aching eyes, lo ! on the mountain lay
A glorious cloud embracing it, as vast
As some huge elephant that stoops in play
To trample down the bank that bars his onward way
Griffith's "Scenes from the Ramayana.

(b) "Maddend by fright and by thirst and by heat,
As friends forgetting their enmity meet,
United by woes, the wild wood foes,
Elephants, Lions and Buffaloes,
And away to the river-away they fly,
Where sheltering islands, for refuge, lie."
Griffith's Specimens of Old Indian Poetry.

(c) नूतनकदम्ब अरु केशर केतकी
मालाविलासिनी सुधारहि स्वेतकी
ककुभमंजरि कर्णनधारहीं
यह प्रकारहिं साधहिं साधही

J.M.Sinha

''शुशुभिरेस्मितचारुतराननाः
स्त्रियइव श्लथशिंजितमेखलाः ।
विकचतामरसागृहदीर्घिकाः
मदकलोदकलोलविहङ्गमाः ॥''

371-IX Canto. Raghuvansa

''अनुभवन्नवदोलभृतूत्सवं
पटुरपि प्रियकण्ठजिघृक्षया ।
अनयदासनरज्जुपरिग्रहे
भुजलतां जडतामबलाजनः ॥''

47-IX Canto Raghuvansa

This metre is as well treated in the 6th Canto of Sisupalabadha or Megha.

As:-

''तुलयितिस्म विलौचनतारकाः
कुरबकस्तवकव्यतिषङ्गिणि ।
गुणवदाश्रय लब्धगुणोदये
मलिनि मालिनि माधवयोषिताम ॥''

5 -VI Meghaduta

The prevailing metre in the whole of the Meghaduta is Sardulavikridita,

As:-

''तस्मिन्नद्रौ कतिचिदबलाविप्रयुक्तःसकामी
नीत्वा मासान्कनकवलयभ्रंशरिक्तप्रकोष्ठः ।
आषाढ़स्य प्रथम दिवसे मेघमाश्लिष्टसानुं
वप्रक्रीडापरिणतगजप्रेक्षणीयंददश ॥''

(a) 2 Meghaduta

To illustrate an example of the Malini I take the liberty of quoting a sloka from Kalidasa's Ritusanhara or Seasons.

''गज वय समृगेन्द्रा वह्निसंतप्त देहा :
सुहृत इव समन्ताद् द्वंदभाव विहाय ।
हुत वह परिखेदा दाशु निर्गत्य कक्षा
द्वि पुल पुलिन देशान्निम्नागां संविशन्ति''॥

(b) 27. 1. Ritusanhara

I again quote one sloka from the same "Seasons" – to illustrate the example of the Vasantatilaka.

''मालाःकदम्ब नव केशर केतकीभि
रापोजिताः शिरसिविभ्रति योषितोऽद्य ।
कर्णान्तरेषुक कुभद्रुम मञ्जरीभि
रिच्छानुकूलरचितानवतंसकांश्च''॥

(c) 20. II Ritusanhara

My knowledge being very limited I do not venture to publish this book entirely, but still I strongly hope that it

Will meet with success. In conclusion I most respectfully and humbly beg the favour of those who may happen to meet with errors, to kindly take the trouble of correcting them as I am a boy and illiterate. My warmest thanks are due to

Dr. E.J. Lazarus for his undertaking the labour of publishing this book.

WARD'S INSTITUTION

Benares JAGMOHAN SINHA

March, 1874 :

श्री ईश्वराय नमः

प्रतिमाक्षर दीपिका
(प्रस्तावना)

प्रथम तो श्री ईश्वर के चरणारविंद मलिंद मकरंदों की, पुनरपि श्री गुरु के पदों की वंदना करके सब सुजन बुध लोगों से निवेदन करता हूँ कि यदि और सब पुरुषों की बनाई हुई पुस्तकें सफल हैं तो इस छोटी सी पुस्तक के कर्ता का भी श्रम सफल होय। यह तो ईश्वर से प्रार्थना है पुनरपि यह बालक है तथापि जो थोड़ी सी बुद्धि में आया और हृदय में समाया उसको प्रकाश करता है। पहिले तो यह है कि यदि संसार में बहुत से छंदों के ग्रन्थ बने हैं तो क्या; पर बालबोध के निमित्त मेरे समझ में यह क्षुद्र पुस्तक अच्छी होगी, और भी जिन बालकों का और पुरुषों का छंद में मन लगता है उनके निमित्त तो अवश्य ही हितकारी होगी। पहिले तो यह जानना चाहिए कि छंद क्या है और उत्पत्ति कैसे हुई। छंद तो प्रथम शेषजी के कहे हुए हैं परंतु पिंगल मुनि ने उनको सूत्र करके रचा है। पिंगलजी के सूत्रों में से एक तो यह है धीश्रीस्त्रीम् इससे मगन गन का बोध हुआ। इसी तरह पर अनेक छंद हैं। अब यह जानना चाहिये कि गण आठ हैं जिनके नाम और लक्षण नीचे लिखे हैं।

1. मगण ऽऽऽ
2. नगण ।।।
3. भगण ऽ।।
4. यगण ।ऽऽ
5. जगण ।ऽ।
6. रगण ऽ।ऽ
7. सगण ।।ऽ
8. तगण ऽऽ।

लघु का तो यह । चिह्न है और गुरु का ऽ यह है॥अब इनका शुभाशुभ और इनके देवता और उनका फल जानना आवश्यक है। इस कारण उनको भी प्रकाश करते हैं।

	गण	देवता	फल
1.	मगण	भूमि	लक्ष्मी
2.	नगण	स्वर्ग	चिरायु
3.	भगण	चंद्र	कीर्ति
4.	यगण	जल	उदय
5.	जगण	सूर्य्य	रोग
6.	रगण	अग्नि	मृत्यु
7.	सगण	वायु	विदेश
8.	तगण	व्यौम	राज्य

इससे यह जाना गया कि 1, 2, 3, 4 और 8 उत्तम हैं और शेष 3 अच्छे नहीं है।

इसी कारण शुभ गणों को छंद के आदि मध्य और अंत में रखना आवश्यक है।

छंद के आदि में श्री रखना उचित है। क्योंकि यह मङ्गल का चिह्न है। और कविता तो अनेक प्रकार की हैं परंतु यथाशक्ति जितनी बन पड़ती है लिखता हूँ। अब यह जानना चाहिए कि कुछ छंदों के गण और दृष्टांत सहित जनाते हैं।

1. अक्षर पंक्तिः ऽ।।, ऽ , भगण और गुरु।

   यथा - कृष्ण सनाथा तर्णकपंक्तिः यामुन कच्छे चारु चचार॥1॥

2. शशिवंदना = ।।। , ।ऽऽ नगण और यगण।

   यथा - सुनि मुनि राय, जगसुखदाय, कह अब सोय जग जस होय

3. मदलेखा = ऽऽऽ,।।ऽ, ऽ मगण सगण और गुरु

   यथा- गोविंद कहि माधौ, केशोजी हरि साधौ।

4. दोहा के पहिले चरण में त्रयोदश मात्रा दूजे में एकादश और फिर तीजे और चौथे में 13 और 11 मात्रा क्रम से जानना। दोहा का उलटा सोरठा होता है।

   यथा - द्रुग अरुझत टूटत कुटुम जुरत चतुर चित प्रीति।
   परत गांठ दुरजन हिए दई नई यह रीति॥1॥
   छिप्यौ छपाकर छिति छयौ शसि अरि नहीं सम्हार।
   हसत-हसत चल शसि मुखी मुखते अंचल टार॥2॥

5. विद्युन्माला = ऽऽऽ, ऽऽऽ, ऽ, ऽ मगण 2 और गुरु 2

   यथा - जै जै जै श्री राधाकृष्णा, केशोकंसाराति विष्णा।

6. चम्पकमाला = ऽ।।, ऽऽऽ,।।ऽ, ऽ, भगण, मगण, सगण और गुरु।
यथा - कंस निकंदा केशव कृष्णा बावन माधौ मोहन विष्णा।

7. दोधक = ऽ।।3, ऽ2 भगण 3 गुरु 2
यथा - गोविन गोकुल गोपसहाई, माधव मोहन श्री यदुराई।

8. इंद्रवज्रा = ऽऽ, ऽऽ, ।ऽ।, ऽ, ऽ तगण, जगण, 2 गुरु।
यथा -भागीरथी रूप अनूपकारी, चंद्राननी लोचन कंजधारी।
बानी बखानी मुखतत्वसोध्यौ रामानुजै आनि प्रबोधबोध्यौ।

9. उपेन्द्रवज्रा = ।ऽऽ, ऽऽ।, ।ऽ।, ऽ, ऽ, जगण, तगण, जगण, गुरु 2
यथा - गुपाल गोविंद मुरारि माधौ रमेश नारायण साध साधौ

10. तोटक =।।ऽ सगण
यथा - शिवशंकर शम्भु त्रिशूलधरं शितिकंठ गिरीशफणीन्द्रकरं।

11. वैश्वदेवी = ऽऽऽ, ऽऽऽ, ।ऽऽ, ।ऽऽ, दो मगण और दो यगण।
यथा -आर्च्चामनयेशां त्वं विहायामराणामद्वैतनैकं विष्णुमभ्यर्च्यभक्तया।
तत्राशेषात्मन्यर्चिते भाविनीते।
भ्रातःसम्पन्नाराधना वैश्वदेवी।

12. भुजङ्गप्रयात = ।ऽऽ, ।ऽऽ, ।ऽऽ, यगण 3
यथा - कहूँ सोभना दुंदभी दीह बाजैं।
कहूँ भीम भंकार करनाल साजैं।
कहूँ सुंदरी बेनु बीना बजावै।
कहूँ किन्नरी किन्नरी लैसु गावैं।
कहूँ नृत्यकारी नचै सोभ साजै।
कहूँ भाड़ बोलैं कहूँ मल्ल गाजैं।।
कहूँ भाट भाटयो करै मान पावैं।
कहूँ बेलनी बेड़नी गीत गावैं।
कहूँ भीम भैसा भिरै भीम भारे।
कहूँ औन औनीनि के हेतु कारे।।
कहूँ वोक वाके कहूँ मेष सूरे।
कहूँ मत्त दंती लरै लोह पूरे।

13. मालिनी =।।।,।।।, ऽऽऽ, ।ऽऽ, ।ऽऽ, नगण, 2 मगण, यगण2

यथा - गुन गन मनिमाला, चित्त चातुर्य साला।

14. वसंत तिलका = ऽऽ ।, ऽ।।, ।ऽ ।, ।ऽ ।, ऽ, ऽ, तगण, भगण, जगण 2 गुरु 2

यथा - राजीवलोचनरमापतिराम भद्रा।

देवाधिदेव विजयी जितशत्रु भद्रा।।

15. प्रमिताक्षरा = ।।ऽ, ।ऽ।, ।।ऽ, सगण, जगण, सगण 2

यथा -हरवाय जाए पग सीय परी।

रिषि नारि सूधि सिर अंक धरी।

बहु अंग राग अंग अंग रये।

सब भाँतिन के उपदेस दये।।

16. द्रुतविलम्बित =।।।, ऽ।।,।।ऽ, ऽ ।ऽ, नगण,भगण 2 रगण।

यथा - मदन मोहन माधव कृष्णजू गरुडवाहन वामन विष्णुज्।।

17. शार्दूल विक्रीडिता = ऽऽऽ,।।ऽ, ।ऽ ।,।।ऽ, ऽऽ ।, ऽऽ ।,ऽ, मगण, सगण, जगण, सगण, तगण 2, गुरु।

यथा - केशो कृष्ण कृपाल सिंधुशयने कंशारि माधो हरी।

दीने नाथ दयाल वेदन सबै तै दीन की है हरी।

18. स्त्रग्धरा = ऽऽऽ, ऽ ।ऽ, ऽऽऽ,।।।, ।ऽऽ,3 मगण, रगण, मगण, नगण, यगण3

यथा - जै केशीकंसहारी मधुमथनहरे राधिकानाथ माधो।

गोविंदे श्री मुकुंदे सुररिपु अघहा सिंधु कृष्णा सुसाधो ।।

दोहा

प्रथम सुमिर गणनायकहिं पुनि बंदो गुरु पाद।
छंद भेद कछु भनत हौं लहि देवी परसाद ।।1।।
अनुस्वार के पूर्व हीं अरु संयोगहि जान।
दीर्घ वर्ण पुनिरपि रहैं गुरु अक्षर तेहि मान ।।2।।

अंत पदहिं के पूर्वहीं और विसर्गहिं जान ।
पद के अंतहिं जो रहै सोऊ गुरु पहिचान ॥3॥
द्वादश पद के आदि में तीजे में सोइ होय ।
दूजे अष्टादश कहे चौथे पन्द्रह जोय ॥4॥
ऐसे छंदहि को कहत सुजन चतुर सब लोग ।
छंद आर्य्या विदित जग रसिक चतुर जन जोग ॥5॥
सुनहुं सुजन सब वैन मम गीति नाम एक छंद ।
ताको लक्षण कहत हों वंदि चरण नंदनंद ॥6॥
दूजे पद के चरण में द्वादश मात्रा जान ।
ताको कवि जन कहतु है गीति नाम सुज्ञान ॥7॥
चंद्र वेद अरु तत्व हे ! गुरु प्रयुक्त जो होय ।
अक्षर पंक्ति जानिए ऐसो यह को जोय ॥8॥
पुनि शशि बदना छंद के लक्षण कहों बखान ।
चौथो जो फिर होय लघु आगे दो गुरु जान ॥9॥
सुखद सुजन हे सुनहु अब मद लेखा एक छंद ।
ताके चौथे पांचवे अगुरु होय होय आनंद[1] ॥10॥
तत्व अश्व अरु वेद पुनि दूजो जो लघु होय ।
षष्टम को गुरु जानिए पद[2] अवश्य तेहिं जोय ॥11॥
षष्टम मात्रा गुरु रहैं लघु पंचम को जान ।
नेत्र वेद ह्रस्वहिं कहे सप्तम दीर्घहि मान ॥12॥

सोरठा

सुजन चतुर सब सूरि ! छंद श्लोक प्रमाण यह ।
कृपा होय तब भूरि, भूरि परिश्रम होय जब ॥13॥

1. यहाँ आनंद शब्द संबोधन है। अर्थात् है आनंद पुरुषो ।
2. अर्थात् पद नामक छंद

छंद

द्विवेद षष्ट अष्टमो गुरु जो होय आनके ।
नग स्वरुपिणी कहै सुबुद्धि लोग जान के ॥14॥

सोरठा

दीर्घ होय सब वर्ण पर विराम हो चार पै ।
विद्धन्माला सुवर्ण विद्धिन्माल कहत है ॥15॥
बाण इंद्र अरु वेद षष्टम अंत उपान्त पुनि ।
जो गुरु होय अखेद[1] चम्पक माला सो विदित ॥16॥
ह्रस्व वर्ण कर भोरु ! षट अष्टम पुनि होय जो ।
पुनि विराम रम्भोक ! वेद तुरग पर होत है ॥17॥
ऐसो सुंदर छंद ताको, शालिनि कहतु है ।
जगमोहन सुख कंद, स्थित विद्या भुवन में ॥18॥
अति सुंदर एक अंग, दोधक ताको नाम है ।
आदि चतुर्थ तुरंग , दशमेकादश गुरु रहै ॥19॥

दोहा

होय तीन छठ सातवै ह्रस्व अक्षरहिं जान ।
इंद्रवज्र ताको कहै सुकवि सुजन असमान ॥20॥
पूर्व चर्ण में होय जो इंद्रवज्र को छंद ।
वर्ण होय पुनि सकल लघु जगमोहन सुख कंद ॥21॥
पहिलो तीजो सातवों नवम अंत को जान ।
ये सब गुरु यदि होय तो रथ उद्धत ही मान ॥22॥
हे बुध लोग चतुर चातुर सब जिनके वचन सुधा से ।
तोटक के लक्षण को सुनिए जो कवि जन उर भासे ॥23॥

---

1. अर्थात् हे अखेद, हे मोदक पुरुषों

तीजे छठवें नवमें पर जो गुरु विदित पुनि होवे ।
सुन सब मेरे मित्र आदि वर सब जन तोटक जोवे ।।24।।
पुनि दशमो अरु सातवों ह्रस्व वर्ण जो होय ।
वैस्वदेवि को जानिये बाण अस्व यति जोय ।।25।।
प्रथम चतुर्थ तुरङ्ग पुनि इन्द्रिय अक्षर जान ।
जगमोहन सिंह कहत हैं भुजंगप्रयातहि मान ।।26।।
प्रमिता अक्षर नाम है यह छंदहिं को जोय ।
पंचम गुरु छठवो लघु ऐसो यह में होय ।।27।।

सोरठा

इंदु नेत्र अरु वेद गिरि पुनि एकादश रहै ।
एक उपान्त अखेद !तिलक बसंतहि भनत है ।।28।।

कुण्डलिया

जाके षष्टक प्रथम में पुनि दश में अरु अंत ।
द्वादश फिर जो लघु रहैं भनत बुद्धिजन संत ।।29।।
भनत बुद्धि जन संत मालिनी छंदहिं गावै ।
पुनि बासी बैकुंठ विष्णु को जसहि उचारै ।
भन जगमोहन सिंह विजय राघवगढ़ वासी ।
जिला जबलपुर देश अबै हम बासी काशी ।।30।।

। समाप्ता ।

काव्यानुवाद

ऋतु संहार

प्रेम रत्नाकर

श्री सच्चिदानंदमूर्तये नमः ।

ऋतु संहार

श्री महाकवि कालिदास कृत

जिसका अनुवाद

श्री मद्विजयराघव गढ़ाधिपात्मज
तथा काशीस्थराजकीय कालिज के तत्कालीन
विद्यार्थी और वार्ड्स इन्स्टिट्यूशन
(राजकुमार पाठशाला) के निवासी ।

श्री ठाकुर जगमोहन सिंह ने

भाषा छंदों में किया

॥ श्री ॥

श्री श्री श्री पण्डित मंगलप्रसादमणि त्रिपाठी

प्यारे !

देखो यह बसंत ऋतु ऋतुराज है न -

बहुत लोग आम के मौर और वसंती फूले हुए फूलों के गुच्छों को लेकर तुमको मिलने आवैंगे तो मैं भी यह ''ऋतुसंहार'' रूपी ऋतुमाला बनाकर लाया हूँ। अंगीकार करो।

''पर प्यारे ! बहुत सम्भाल के यह माला पहनना - टूट न जाय, क्यौंकि सूत कच्चा है और कलियाँ ताजी और कोमल हैं, इस्से कुम्हलाने का भी भय है।''

जो हो इसका पारितोषिक यही दो कि इसको अंगीकार कर अपने नेही को मत भूलो।

फाल्गुन 1932
काशी

जो केवल तुम्हारे
जगमोहन सिंह हैं।

दूसरी आवृत्ति की भूमिका

जिस समय यह ''ऋतुसंहार'' प्रकाश किया गया था उस समय मैं काशीस्थ राजकीय पाठशाला का एक 15 वर्ष का विद्यार्थी मात्र था। बाल्यावस्था की उमंग तथा हठ ने बिना समय की प्रतीक्षा किए इस मंद अनुवाद को संसार के नेपथ्य में एक स्वांग सा बनकर प्रकट होने से नहीं रोका। कुवेश-कुस्वांग-कुढंग और जो कुछ कहा जाए इसके पूर्व अनुवाद के लिए थोड़ा ही है। रंगभूमि में पहुँचते ही इस नाटक को सभी सभ्यों ने मुझे बालक जान क्षमा करके देखा। दस वर्ष पीछे मुझी को यह ऐसा बेसुरा लगने लगा कि जब कभी कोई मुझसे माँग भेजता तो देने में लज्जा आती और यदि संकोचवश दे भी देता तो अनेक भाँति क्षमा माँगनी पड़ती - जैसे मेरे एक समकालीन कविवर दाऊ - दनगर निवासी (जिला गया) श्रीयुत बाबू जवाहिरमल्ल के भतीजे मित्र कामता प्रसाद अपने 6 जनवरी सन् 1885 ई. के पत्र में लिखते हैं -

''जिहि शुचि 'ऋतुसंहार' कहँ भेजेहु नाथ लजाइ
प्रथमहि सादर ताहि लै वांच्यौं चित्त लगाइ ॥7॥
तासु सुघर रचना निरखि आयो हिए हठात
होनहार बिरवान के होत चीकने पात'' ॥8॥

इसलिए इस अनुवाद को ओर से छोर तक फिर देख भाल कर रचना कर दी। कवित्त, सवैये, मालिनी, बसंततिलक, दोय और दोहा छंद इस द्वितीय अनुवाद में धरे गए हैं।

हाँ-प्रिय हरिश्चंद्र (हाय रे हरिश्चंद्र !) से कवियों के हाथ तो नहीं लगे - नहीं तो कुछ और ही ओप झलक पड़ती तो भी बिबुध कवि और सज्जन इसे सादर पढ़कर शोध देंगे तो बड़ी ही कृपा होगी।

-श्री जगमोहन सिंह

आषाढ़ बदी 12, संवत 1943
रायपुर, छत्तीसगढ़

सूचना

प्रथम आवृत्ति में जो अंगरेजी भूमिका थी इस बार व्यर्थ जान सब निकाल दी गई। उससे न तो यूरोपियन या केवल अँगरेजी विज्ञों को लाभ था और न केवल भाषा जानने वालों को।

भाषा वालों को इतने पत्र व्यर्थ आँख मूँद कर उलट देने पड़ते तथा अंगरेज भी केवल अंगरेजी भूमिका से कुछ रस न पाते और दो चार बार पत्रों को उलट पलट मेज पर धर देते।

दोनों भाषाओं के पण्डित यद्यपि इस समय अनेक हैं, तथापि इस ऋतुवाटिका के लगाने में मेरा प्रयत्न विशेषतः एतद्‌देशियों ही के लिए है-इसी प्रकार के अनेक कारणों से मैंने अंगरेजी भूमिका इस बार निकाल दी। उसका सारांश केवल इतना ही था जो नीचे लिखता हूँ।

अनेक प्रिय मित्रों के आज्ञानुसार ''ऋतुसंहार'' का भाषा-छंदों में अनुवाद किया गया। ''ऋतुसंहार'' को सभी लोग श्री महाकवि कालिदास कृत मानते हैं। यह षट्ऋतुओं का वर्णन कालिदास ने संस्कृत के वंशस्थ,इंद्रवंशा (?) बसंततिलका, उपजाति और उपेन्द्रवज्रा से मनोहर छंदों में किया है।

मैं इस अनुवाद को कभी पूराकर देता परंतु विद्यार्थी होने के हेतु कुछ भी न कर सका। पर जब काशीस्थ राजकीय पाठशाला का शिशिर का अनध्याय 7 दिसम्बर, 1874 में प्रारम्भ हुआ मैंने इस काम के पूरा करने में तन मन लगाकर - ईश्वर सहाय ! सब पूरा कर दिया। इसमें दोहे, कुण्डलिया इत्यादि अनेक छंद हैं।

दोहा का लक्षण -

2 1 1 1 1 1 1 1 2 1 2
सीस मुकुट कटि काछिनी = 13 मात्रा

1 1 1 1 2 1 1 2 1
कर मुरली उर माल = 11 मात्रा

1 1 2 1 1 2 1 1 1 2
यह बानिक मो मन बसो = 13 मात्रा
1 2 1 2 2 2 1
सदा बिहारी लाल = 11मात्रा

बिहारीकृत सतसई सब इसी छंदों में है और संस्कृत दोहों में इसका अनुवाद महाराज अजयगढ़ (श्रीमान् रंजोर सिंह महाराज) के दरबार के प्रशंसनीय विज्ञवर पण्डित परमानंद भट्ट जी ने किया है। हमारे परम प्रिय काशी के विख्यात श्री बाबू हरिश्चंद्र जी ने इन्हीं पण्डित जी को इस अनुपम अनुवाद के लिए 500 रूपये पारितोषिक पण्डितों की सभा में दिये थे।

उदाहरण देखिये -

कृत्वामज्जनमंगना कुन्तल विवृतमिषेण
पश्यति हरि मंगुलिविवर गत चंचलनयनेन

इसी प्रकार की बातें लिख ग्रन्थकार की विनयान्त वह भूमिका थी।

मेरे मान्यवर गुरु सकल विद्या सम्पन्न श्रीमान् ए.ई। गाफ साहब काशीस्थ राजकीय पाठशाला के तत्कालीन प्रथमाध्यक्ष ने जो इस अनुवाद तथा अंगरेजी भूमिका की समालोचना लिखी थी उसे नीचे प्रकाश करता हूँ -

Opinion of Mr. A.E. Gough. the then Offg. Principal of the Benares Queen's College and Visitor, Ward's Institution-on the merits of the Hindi metrical translation of Kalidas's Ritu Samhara.

My dear Thakur Jaganmohan Singh.

I return your translation of the Ritu Samhara. I think it interesting and rhythmical, and trust you will find its publication, if you decide on printing it, a success.

The introduction which I have retouched, is a very creditable piece of English Composition.

Allahabad
November 4, 1875

Yours very truly,
Sd. ARCHIBALD. E. GOUGH

प्रिय ठाकुर जगन्मोहन सिंह,

मैं आपको ऋतु संहार का अनुवाद भेजता हूँ। मेरी समझ में यह लाभदायक तथा ललित है और विश्वास है कि यदि आप इसे छपवाने का निश्चय रक्खैं तो अवश्य सफलता होगी।

उसकी भूमिका जिसे मैंने फिर से देखभालकर शोधा है, बड़ी प्रशंसनीय अंग्रेजी रचना का खंड है।

इलाहाबाद, आपका बड़ा सच्चा

नवम्बर 4, 1875 आकिवाल्ड ई.गाफ

आषाढ़ बदि 12 संवत् 1943 सन् 1886 जगमोहन सिंह

ऋतु संहार

वंदना छंद

जय जय जगदाधार जगतगुरु जय ब्रजमंडन ।
जय जय त्रिभुवननाथ जयति जय खल बल खंडन ।
जय दानवकुल गंजन जय जन मन रंजन ।
जय जय खंजन नयन जयति जय भव भय भंजन ।
जय गावति श्रुति गुन गाय जय रमानाथ असरन सरन ।
जय जय अनादि कारन करन जय जगमोहन दुख दरन ।।1।।

जम्बूद्वीप प्रशंसा

भुव मधि जम्बूद्वीप दीप सम अति छबि छायो ।
तामे भारत खण्ड मनहु विधि आपु बनायो ।
ताहूमे अतिरम्य आरजावर्त्त मनोहर ।
सकल कर्म की भूमि धर्मरत जहँ के नरवर ।
मनु बालमीक ब्यासादि से पूजनीय जहँ के अमित ।
भे मनुज अवों जगके सबै मानत जिनकी आन नित ।।2।।

जहँ हरि लिय अवतार राम कृष्णादि रूप धरि ।
जहँ विक्रम बलि भोज नृप ने कीरति करि ।
जहं की विद्या पाय भये जग के नर सिच्छित ।
जहँ के दाता सदा करत पूरन मन इच्छित ।
जहँ गंगा सी पावन नदी हिम सो ऊँचो शैलवर ।
जहँ रत्नखानि अगनित लसत मानहु मनिमय सकल धर ।।3।।

दोहा

तामे खण्डबुंदेल को सोहत सब मन हारि।
जहँ के छत्रिन की विदित सब जग में तरवारि ॥4॥
तामे नगर नवल विजय राघव गढ़ विख्यात।
महा नदी के तट बसत धन जन सो अवदात ॥5॥

कुण्डलिया

बहत छपावन संगमिलि कठने तरल तरंग।
केहंजुआ कैमोर से जहँ गिरि अतिहिं उतंग।
जहँ गिरि अतिहिं उतंग लसत श्रृंगन मन भाये।
जिनपै बहु मृग चरहिं मिष्ट तृन नीर लुभाये।
सघन वृक्ष तरुलता मिले गहवर धर उलहत
जिनमें सूरज किरन पत्र रंध्रन नहिं निवहत ॥6॥

डोलत जहँ इत उत बहुत सारस हँस चकोर।
कूजत कोकिल तरु तरुन नाचत जहँ तहँ मोर।
नाचत जहँ तहँ मोर रोर तमचोर मचावत।
गावत जित तित चक्रवाक विहरत पारावत।
भन जगमोहन सिंह सारिका सुक बहु बोलत।
बक जलकुक्कट कारंडव जहँ प्रमुदित डोलत ॥7॥

याही मग व्हैके गए दण्डक बन श्री राम।
तासों पावन देस विन्ध्याटवी ललाम।
विन्ध्याटवी ललाम फूल फलसों अति छाई।
कुरबक केतकि कुमुद कमल के वरन् सुहाई।
भन जगमोहन सिंह न सोभा जात सराही।
अतिहीं बन रमनीय गए रघुवर मग याही ॥8॥

साल तालहिं तालवर सोभित तरुन तमाल।
नव कदम्ब पुनि निम्ब बहु विलसत अम्ब विसाल।
विलसत अम्ब विसाल इंगुदी अरु आमलकी।

सरों सिंसिपा सीसम की सोभा सुभ झलकी ।
भन जगमोहन सिंह दृगन प्रिय लगत प्रियाला ।
वर जामुन कचनार सुपीपर परम विसाला ॥9॥

राजत आपु जहाँ विजयराघवजू महराज ।
वाम भाग श्री जानकी साजे सोलह साज ।
साजे सोलह साज लसति सुंदरि वैदेही ।
दच्छिन लछिमन भ्रात राम के परम सनेही ।
भन जगमोहन सिंह मदन सोभा लखि लाजत ।
ऐसे मम कुल इष्टदेव जहँ सदा विराजत ॥10॥

जयति सच्चिदानंद घन सब सुख सोभा धाम ।
परंब्रह्म पावन विजय राघव जय श्री राम ।
राघव जय श्री राम जयति दिन मनि कुल भूषन ।
जय जित समर विराध स्वर्न मृग खल खरदूषन ।
जय रावन तम चंद्र अयोध्या जन कृत निरभय ।
सुग्रीवादिक सेव्य जानकी श्री राघव जय ॥11॥

तिन श्री राघव बाहुबल निरभय सब नर लोग ।
बसत विजयराघव गढ़हिं सदा सुखी गत सोग ।
सदा सुखी गत सोग रोग बिनु भोग विभूषित ।
बर्नाश्रम में निष्ठ इष्ट रत सिष्ट अदूषित ।
जगमोहन सब भौन भरे हीरा मनि मोतिन ।
लखियत सब पुर सुखी जगत जग मग जन जोतिन ॥12॥

रेवा जा दच्छिन बहत विमल नीर शिवरूप ।
देस गोडपानो लसत सुंदर परम अनूप ।
सुंदर परम अनूप जबलपुर जाकी रजधानी ।
तीरथ गौरीकुण्ड पास अति निर्मल पानी ।
जहँ प्रगटत बहु बानलिंग व्हैकैं शिव देवा ।
तट पै कीर चकोर मोर कलहँस परेवा ॥13॥

जाके दच्छिन जबलपुर रेवा जहँ विख्यात।
विमल सलिल तहँ बहत है फटिक शिला सम भात।
फटिक शिला सम भात विमल जल सोहत धारा।
कैरव चंदन चंद कमलसित संख मुरारा।
कूजत कोकिल आदि विहंगम सारस ताके।
चक्रवाक जहँ लसैं कूलके विटपन जाके ।।14।।

पूरब सों पच्छिम बहति अति अपूर्व गति धार।
विन्ध्याचल पग धोवति कुंजर अंग सित धार।
कुंजर अंग सित धार ''धुआँ धारहिं'' सो झरना।
अति उतंग सों गिरै नीर जिमी सेत उपरना।
'बंदरकूद' जहँ नाव सकत नहिं जा तहंऊं रव।
कल विहंग को उपल उपल मिली जाके पूरव ।।15।।

ऐसो देश न और कहुँ जहँ रम्भासी नारि।
चकित मृगी सम नैन जिन्ह कटि केहरि सुकुमारि।
कटि केहरि सुकुमारि पकी बिम्बा से अधरन।
बीच बीजुरी चमकि दसन पुरुषन मन सिहरन।
भन जगमोहन सिंह अवलि अलि कुन्तल तैसी।
पीन पयोधर कनक कलस गति अलस जु ऐसी ।।16।।

मैहर उत्तर दिशि लसै जाके देस सुदेस।
सैलन मधि घन सघन बिच मानहुँ सोह निशेस।
मानहुँ सोह निशेस तुंग श्री देवी मंदर।
कुंजर उपरि सुहात आपुसित छत्र जु सुंदर।
जगमोहन अवलंब एक जग नरपति केहर।
अग्रज श्री रघुबीर सिंह अबतंशसु मैहर ।।17।।

दानी रीवा राज जँह जाके चहूँ दिस शैल।
पूर्व विजयराघव गढ़हिं सरिता सलिल अमैल।
सरिता सलिल अमैल शैल सत नदियाँ बहतीं।

कृष्णचंद्र को धाम बाम छबि कोटिन कहतीं।
जगत विदित है खण्ड बघेलहिं की रजधानी।
रवि सम अतुल प्रताप रहैं बलि सम जहँ दानी ॥18॥

बलि सम जहँ दानी रहैं भूपति श्री रघुराज।
दुखी दरिद्री कोउ नहिं कीरति विपुल विराज।
कीरति विपुल विराज वृंद बटुके जहँ सोहत।
बेदबैन अरु यज्ञमंत्र सों मुनि मन मोहत।
भन जगमोहन सिंह कुरहै जदपि दुखद कलि।
ताहू पै महराज करत हैं दान यथा बलि ॥19॥

सोहत पन्ना पच्छिमहिं हीरन की जहँ खान।
पग पग पै मानिक मिलहिं अलका पुरी समान।
अलका पुरी समान शैल चहुँ दिस वे छाजैं।
नीर भरे जगतीर विहँग जहँ अगनित राजै।
स्वच्छ मच्छ जुत ताल माल उपवन मन मोहत।
सुमन सुमन पै भृंग कीर कोकिल जहँ सोहत ॥20॥

'बेनीसागर' जल कमल विमल तड़ाग सुओर
संस सारिका मधुर सुर मोर रोर जहँ घोर।
मोर रोर जहँ घोर हँस सारस बन राजैं।
बाल बिटप मंदार उदार लसत फूलहु बहु साजै।
वापिन मरकत शिला बद्ध सोपान न श्रेनी।
हेम कमल के मुकुल नाल वेदूरन बेनी ॥21॥

ऐसी सुंदर पुरी में राजै युगल किशोर।
झाँकी झाँकी और नहि छज्जन नाचै मोर।
छज्जन नाचै मोर भौंर कल कीर सुहाए।
अति विचित्र छवि होत विहंगम बैठि लुभाए।
भन जगमोहन सिंह सरद चंदा छबि जैसी।
छता अटारी छुवै छपा छबि छिनमहिं ऐसी ॥22॥

जहाँ विजय राघव पुरी रही फूलसी फूल ।
चहूँ दिसि खंडहर लखत अब लखत होत हिय सूल।
लखत होत हिय सूल भूमि मिलि गई अटारी ।
बिनु महीप सब गिरी परी हैं शाला भारी ।
अस्त अद्रिपय अर्क यया हो गए मगन तहँ ।
उग्र अनिल सों भिन्न मेघ रवि विचरहिं थह्नि जहँ ॥23॥

बारीं नूपुर कल करैं घोर निशा के काल ।
प्रीतम हित इत उतरहीं संकेतहिं में बाल ।
संकेतहिं में बाल गए वे दिनअब भारी ।
मुख में उलका लिए फिरति हैं कुशिवा कारी ।
इत उत आमिश हेतु राज पथ उजर निहारी ।
सूल हूल सम होय हिये में बहु बहु वारी ॥24॥

कानन वापिन को सलिल ललना संग हरपात ।
रह्यो धीर ध्वनि सो सरस करत रह्यो जब वात ।
करत रह्यो जब वात मनौं मिरदंग रसीलो ।
विलपत है अब वन्य महिष ताडित गरबीलो ।
तुंग श्रृंगसो नीर विदारत फार सुआनन ।
काल आय यह हाल दिखावत पुरज्यौं कानन ॥25॥

सोरठा

लीला के सब मोर दावानल महि जरि गए ।
नृत्य करै नहिं सोर गत मृदंग को रोर है ॥26॥
बन मयूर सो नाम भयो कलापिन को अवै ।
नचैं न छज्जन धाम वास निवासहिं को नस्यौ ॥27॥

कुण्डलिया

जहँ रामा सोपान पै ललित चरन रंग राग ।
तँह पंचानन नख रुधिर पंजन छाप सुदाग ।
पंजन छाप सुदाग सिंह पग सोनित छापा ।

लिपटे श्याम भुजंग थंभ के चहुँ दिसी धापा ।
जिन छबि जुवती जनन लखिय सोभा सो जँह तँह ।
कंचुकि केचुर लपटि सुपटसी चित्रन की जँह।।28।।

कुंजर सुंदर कंजवन चित्रित लीला साज ।
दीन्हें जँह करिनी करिन कमल मृणाल सलाज ।
कमल मृणाल सलाज भई सुई कथा अधूरी ।
हरि नख अंकुश घात फटे कुम्भस्थल रुरी ।
भन जगमोहन सिंह गए ते सर्वस्व जर वर ।
रुधिर सलिल सम बहै माथ ऐसी गति कुंजर ।।29।।

कालविवस चहूँ ओर जहँ जमे गेह थै आज ।
इतै उतै बन सूखि के यही काल की साज ।
यही काल की साज जाल कृमितन्तु झरोखे ।
धूमपन्थ रुकि सकैं मयंकहु पसरत धोखे ।
भन जगमोहन सिंह यही अब सो पुर हाला ।
शाला आलय मिले भूमि सों आवो काला ।।30।।

।।श्री।।
ऋतुसंहार

सूरज प्रचण्ड चंद सुखद निदाघ काल,
संचय सुनीर सींच समय बिताइये ।
शमित मनोज ताप द्यौस अवसान प्यारी,
रैन चंदजोत ओत तन को दिवाइये ।
पौढ़ि जल यंत्र जुत मंदिर विचित्र हाल,
मनि के प्रकार हार विशद पिन्हाइए ।
चंदन सरस लेप छिरको गुलाब आब
एहि विधि ग्रीषम की ऊषम नसाइए ।।1।।

सुवासित अटारीनल गंध गजरन की,
प्यारी मुख साँस मनौ वारुनि छकाइए ।

सुनिकै सुतंत्र गीत मदन प्रदीप जहाँ
आधी रैन चैन संग प्यारे के बिताइए।
कामिनी की केलि मेलि गजक अगूरन को,
मालती चमेली कुंद सेजन बिछाइए।
तान पट चंदचारु चाँदनी चमकदार,
चम्पाहार चंदन लौ चौर दुखाइए ।।2।।

धारिकै नितम्बबिम्ब चीर कटि किंकिन हूँ
चंदन विलेप कुचकलस सजाइए।
मोतिन को हार-कच-मज्जन कषायवास,
नूपुर ललित पैर राग रंगवाइए।
हँसगति हँसरुत सीखत सुभाव साज,
जागत मनोज मन मुदित भुलाइए।
कामिनि किलोल रैन सीतल सुमध्य द्यौस
हौसन सों माधव के दिन विसराइए ।।3।।

पयोधर चंदन शीतल पंक तुषारलौ,
हार सुगौर लसाय।
नितम्बहिं हेमकी मेखला बांधि,
करै मन उत्सुक काको न आय।
भयौ तन संधिन स्वेदघनो तजि भारी
दुकूल दियो विरसाय।
कियो कुच पीन पै अंशुक छीन सुजोवन को
मद प्यारी दिखाय ।।4।।

सोयो मनोज जगावत आवती
चंदन नीर की सीरी बयारी।
हार सरीर छरी कुचमण्डल
वल्लकी काकली गीति उचारी।
रैन निशाकर जोत लखै मुख कामिनी,
चंदकी दूनी उज्यारी।

प्रात विलोकत पीरो परै वसलाज।
लौ भामिनी सोई अटारी ॥5॥

चंड प्रवातसों रेणुके मण्डल भूमिबवंडर है दुख भारी ।
सूरज आतप हू तपि तापत आगि झरै झरना चहुघारी ।
प्यारी वियोग हुताशन ज्वाल विदेसी जरै विरहा तनवारी ।
नैना थके सब चैन विहाय मही लखिजातन ऐसी दुप्हारी ॥6॥

इत ऊपर अंजन व्यौम की श्यामता शैल वनान्तर रुखे चहूँ।
उत प्यासे फिरैं मृग घामके मारे मरैं मृगतृष्ण से भूखे चहूँ।
जिन तापसें तापित घूमत व्याकुल तलु गए अति सूखे चहूँ।
वन जंतु कोलाहल त्यागि तकै तन ताय कै तोय सो दूखे चहूँ॥7॥

विलासिनी अंग अनंग करै परदेसिन के मान को हरषाय।
विलोक विलोचन वंक सविभ्रम चंद प्रदोष मनो विलसाय।
दिनेश मयूषसो तापित व्है पथ ताती लगै जिय जंतु कपाय।
भुजंग मयूरतले जौ रहैं अति ग्रीषम में तिनको नहि खाय॥8॥

प्याससों विक्रम उद्यमहू हत वारहिं,
वार जो सांस समात हैं ।
आनन फारि फिरैं मृग राज,
निकासि विलोलित जीभ दिखात हैं।
केसर आगे हलै तन कम्प,
मतंगन हूँ कँह देखि लुकात हैं।
नीरे परे नद ताल गयंदन,
ते तिन कैंहू न दाव बुझात है॥9॥

सूखे तलावन कें जल तैसई,
कण्ठ हूँ सूखे विहाल लखाही।
सूरज की किरनै तपि आगिलौ,
प्रानन संकट आय जनाहीं ।
मारे पियास के आकुल व्है
गज घूमै डरै नहिं सिंहन पाहीं।

ऐसे निदाघ के तापप्रताप,
तपोवन लौ जगहू दरसाहीं ।।10।।

हुताशन लौ तपि भानु मरीच,
कलेस कलापिन कोमल अंग।
सरीर सचेत भयो अति व्याकुल
भूली दसा दहि देह कुढंग।
डसैं नहिं भोगिन जौ नियरे
गिरि चोंच के पास रहे करि संग।
कलापके चक्र में आनन घेरि,
परे बिनु शंक निदाघ के रंग ।।11।।

वराह को जूथ वरुथ समेत फिरै रवि तापित भूतल आज।
कहूँ सर कर्दम नागरमोथ खनै मुख आयत सों तहँ भाज।
कहूँ जल कादे परे अति प्यासे भुजंगम के फन छत्रन साज।
कहूँ उछलैं तेहि ऊपर बैठत भेक तजै भय भीत दराज ।।12।।

कहूँ गजजूथ तलावन बीच परे मधि कीच उखारि मृनाल।
कहूँ भय भीत गए उड़ि सारस मीन हू दीन विपत्ति कराल।
कहूँ पवनाशन सूरज ताप मनी फन मंद प्रभा बिरसाल।
कहूँ विषलौ विषधारी तपे नहिं मारै सुभेक के आकुल जाल ।।13।।

कहूँ महिषीकुल फेन भरे मुख सम्पुट लोल दिखात विहाल।
उठाय के थूथर लोहितजीह निकासि फिरै वन कंदर माल।
निदाघ को काल महा दुखदानि लखाय मनौ यह जंतुन काल।
नहीं बिनु प्यारी कहूँ सरनौ बन पर्वत शैल नदी विकराल ।।14।।

विलखि विलखि भारी भीम ऊचीं पहारी ।
जरत वन विकारी घास आगी निहारी ।
पवनहु सहकारी वेगि पत्ता प्रजारी ।
दिनकर चहूँ तापै छीन नीरो दुखारी ।।15।।

संसंत विहगसेना डार वेपात रुखी ।
कपिकुल थकि जाही शैलझाड़ी जु सूखी ।

गवय डकरि घूमै प्यास प्यासो पुकारै ।
शरभकुल विचारो हारमारो निहारै ॥16॥

विकसि वनकुसुंभी स्वच्छ सिंदूर जैसे ।
अनल दिपत ज्वाला दाह माला सुतैसे ।
पवन परुष वेगा झार झोका दिखावै ।
तरु विटप लता को जा लपेटैं हिलावै ॥17॥

दिसि दिसि जहँ देखो भूमि आगी जराई ।
धुनति पवन खोहे बाँस भीरे भिराई ।
चट चट पटबोले दाह दाबा लगाई ।
छिन छिन तिन फैलै जन्तु सेना भगाई ॥18॥

पहिल ठहरि फैली शाल्मली शैल जागी ।
ललित कनक जैसे कोहरे डूड लागी ।
झुकि झुकि दल साखा जाए चोटी उड़ानी ।
लपट लपटि देखो पौन साथी कहानी ॥19॥

गज गवय मृगेन्द्रौ अंग आगी तपाने ।
सुहृद सम इकट्ठे द्वेष छोड़े सुखाने ।
निकसि निकसिकच्छा शैलसों संग माहीं ।
विपुल पुलिन बारी निम्नगा तीर जाही ॥20॥

कमलवन लगावो नीर सींचो सिचावो ।
पटल पटल प्यारे गंध आमोद लावो ।
कुरंग नयनि श्यामा चंदहारै सजावो ।
निशि सुललित गीतैं गाय दाहौ मिटावो ॥21॥

दोहा

बिनु श्यामा कैसे कटै ग्रीषम द्यौस अनंत ।
दै जियाय तन-ताप हरु इत वियोग बलवंत ॥22॥

। इति ग्रीष्मः ।

अथ वर्षा:

आगम पावस प्यारी कियो धुरवा मनु कुंजर माते लखाहीं ।
विज्जुलता को पताका लसै नभ गाजत वज्ज नगारे सुनाहीं ।
भूपति सेन लौ आयो मही परभाव चहूँ हरियारी सजाहीं ।
कामिन को प्रिय उन्नत रोर करैं मुरवावन सोर नचाहीं ॥1॥

चारहुं ओर लसैं घन व्यौम सुअंजन राशि लौ कारे दिखाहीं ।
कै प्रमदा कुच गर्भ से श्याम प्रभा अभिराम मनोहर आहीं ।
कै नलिनीदल नील लौं कै वनकुंजर माते फिरै नभ माहीं ।
प्यारी वियोग हुताशन धूमकै छायौ चहूँ महि की परछाहीं ॥2॥

बलाहक प्रानके गाहक ये मुहिं नाहक दाहत झूरि सरीर ।
सहायक प्यारी विनानहि कोय वहै जब शीतल धीर समीर ।
तृषाकुल चातक पीपी रटैं जल जाचत मेघ सौं ह्वैकैं अधीर ।
नवीन सुनीर भरे गरजैं श्रुति सुंदर रोर करै जिय पीर ॥3॥

बलाहक वज्र को भूषन धारि सुरेश शरासन चंचला रोद ।
सुतीखन धार लौ सायक मारि वटोहिनको हरिलेत हैं मोद ।
विदूर के रत्न लौ छाई चहूँ तृनअंकुर भूमि भरी जेहि गोद ।
वरांगनासों विसलै पटजासु सुबीर बहूटी मनौ चहुं कोद ॥4॥

कंदली के दल ओ मही घन रोर इतै मन मोर जगाहीं ।
सोभित आज कलाप कलापित अंकम चूमि सदा हरषाहीं ।
नाचैं प्रमोद भरै वन माहिं अलिंगित पंखन को थहराहीं ।
शैल के कंदर मंदर मंदिर वीथी जवै जल को वरषाहीं ॥5॥

विटप विपाट पाट पाटनदी नीरनसों
सलिल सुघाट वाट निर्मल वहै नहीं ।
वेगहू अलच्छ लच्छ पादप उपाट डारे ।
कामिनि सुतंत्र लौसुपंथन रुकै कहीं ।
उमड़ि अथाह नीर धीरन बहैवीर ।

देखो जहँ नीर नीर तीरन दिखै मही ।
कैसे आज लाज की सुचादर बचैगी प्यारी ।
असुँआ अपार आय आँखिन रितैसही ।।6।।

दोहा

तुअ वियोग सरिता उमड़ि आंखिन नीर समेत ।
जात जलधि मिलवे मनौ माती नारि अचेत ।।7।।

कोमल अंकुर तृन उरु रहे रम्य बन फूलि ।
कोमल पल्लव लहेलहे परदेसिन मन हूलि ।।8।।

लोचन नलिनीलोल से मृग डरि मुखछत देख ।
सिकता बनकी भूमि बिच चरैं वनान्त विशेख ।।9।।

रैन में तोयद घोर करै जब शोर अँध्यारी झुकी अति चैन में ।
चैन में प्यारीं चलैं मिलवे निज भावते भौंन सहायक मैंन में ।।10।।

मैंन में भीतकी रीति तजै मग बिज्जुछटा दिखरात है नैन में ।
नैन में सैन में भावै वही अटको जिहिसो मन पावस रैन में ।।11।।

भीर है भीमगभीर पयोधर गर्जन श्रौन जबै सुख धीर है ।
धीर है कैसे तबै जिय हाय न हाय रहै मन मेरो न वीर है ।
वीर है मैन मरु करि रैन कटै नहिं चैन सों नैनन नीर है ।
नीर है तीरन पीर है पीर है प्यारी वियोग गभीर की भीर है ।।12।।

कीन्हो पराध अनेक है जद्दपि सोंई पिया संग प्यारिन चीन्हो ।
चीन्हो नहीं तनिको न दया सुमया न तजिवे न करौंटहिं दीन्हो ।
दीन्हों नहीं टुक चुंबनहू नहिं अंकम अंकसौ लायन लीन्हो ।
लीन्हौ करौंट कियो भुज कण्ठ लपेटि जबै घन रोरहि कीन्हौ ।।13।।

लोचन श्यामलकंज भरे वर नीरके बुंद लगे जिय कोंचन ।
कोंचन लागी हियो सुधि श्यामकी वामकी बुद्धि गई उनसोचन ।

सोचन ठाढ़ी रहे दिन रैन निरास सुध्याय वही दुखमोचन।
मोचन मालविभूषन फेकि झरैं झरना असु आंतिय लोचन ।।14।।

मैलो वहै जल कीट और धूर समेत भुंजगम सी गति लाई।
भेक के वृंद लखैं भयभीत नवोदक नीचो चलै हरषाई।
फूले सरोजन त्यागिकै मूढ़ गिरै श्रुति लोभित तान मचाई।
भोरां कलाप के चक्रको जाननये दलकंजके लोभ फसाई ।।15।।

नव तोयद की घन गर्जन को सुनिकै हियं धीर धिराती नहीं।
वन मत्तगयंद हू गाजै इतै मदवारि कपोल सिराती नहीं।
विमलौ सरसीरुह लौ जहँ भृंग को जूथ कपोल हिटाती नहीं।
जहँ देखो बहार लसै तह शैलन पावस प्यारो मिलाती नहीं ।।16।।

उत भूधर जापै विलंविरहे घन मत्त गयंद से चूमैं अली।
झरना झरतीर चहूँ झरते जहँ नाचैं प्रमोदन मोर वली।
इत केतकी नीप कदम्बे सजै मिलि अर्जुन साजा लतानवली।
जहँ शीतल गंध वयार झकोर करै मन उत्सुक जातिकली ।।17।।

लखि नागिन सी लटकी कटिलौ लट पद्मिनी वेनी सुहाय घनी।
बिचबीच सुगंधित फूल चुने, कुच पीन मुखासव सोभा सनी।
नभ विज्जुलता हरि चाप पयोधर तोय भरे विचरै अवनी।
कटि किंकिनी उज्जल लेत चुरायकै चित्त बटोहिन माल मनी ।।18।।

माला कदम्ब सुकेसर केतकी धारैं अजौ सिर भार सजाहीं।
श्रौनन मंजरी को अवतंश सुचंदन चर्चित अंग लखाहीं।
फूलन वासित केशके पास सिंगार सजाए हिये हरषाहीं।
मेघको रोर सुनै मृगनैनि सो पीय के अंकम में लपिटाही ।।19।।

मालिनी

कुवलयदलनीले मेघमातंग डोलैं।
जलद जल भरे एपौन धीरे किलोलैं।

पथिक जन वधूको चित्त एतो विदारै ।
विरह वधिक पापी इंद्रचापौ विकारै ॥20॥

प्रफुलित सुकदंवा शैलपै मोरनाचैं ।
पवन बहत सीरी गंध आनंदमाचैं ।
वन वन मनुसूजी केतकी नोक राजै ।
हसत सुमन मानौ तोय सीचैसु छाजै ॥21॥

वकुलमुकुलमाला, मालती पुष्पशाला ।
चतुर चतुर श्यामा सोहहीं जूथ भामा ।
कलित अति रसाला धारहीं सीस बाला ।
नव बदम ललामा साजहीं कर्न बामा ॥22॥

पहिर कुचन सोहे हार मोहे विराजैं ।
अतिहिं सित दुकूलौ छीन अंगौ सुसाजै ।
नवजल कन छीटे अंगरोमांच राजी ।
त्रिवलि वलि विभागी नारि नैनासु छाजी ॥23॥

नवजल कन सींचैं सीत सौ नेन मीचै ।
कुसुम द्रुमन नीचे नीर भीरी उलीचैं ।
पवन सुगन्ध मेली केतकी राशिवेली ।
विरहजन अकेली जीय दाहै नवेली ॥24॥

जल भरि जल धारी व्यौमचारी विहारी ।
बहुगुनगन भारी सुंदरी चित्तहारी ।
विपिन परुष आगी विन्ध्य में जौन लागी ।
वरसि हरषि रागी दाहपीरानसागी ॥25॥

ललित गुनन वारी शैल फूली निवारी ।
तरु विटपलतारी वन्धुलौ निर्विकारी ।
जलद घनघटारी ह्वै अटारी निहारी ।
करत तुहिं सुखारी श्याम श्यामामुरारी ॥26॥

दोहा

पावस झर असुआ इतै बुझैन विरह दवागि ।
जगमोहन श्यामा बिना को बुझबे जिय लागि ।।27।।

। इति वर्षाः ।

शरत्

कासको अंशुक फूले सरोज सो आनन नूपुर हँस को सार है ।
अंग पकी अति खेतन धान परे सरदी मन मैन मरोर है ।
अंबर निर्मल राजै मनोहर सारस औ कुररीन को रोर है ।
नूतन आई वधूसी सुहागिन ऐसी सुहागनी या ऋतु जोर है ।।1।।

कास मही चहूँ छाई सुनो रजनी सजनी सम चाँदनी चार है ।
हँस लसैं जलतीर कुमोद सरोवर सातछितौनन भार है ।
फूलके भारन झाड़ झुके झुपि झूमि रहे वन अंत अपार है ।
देखो जहाँ तहँ सेंत सुपेत सुमालती मालन मोहै कतार है ।।2।।

चंचल चाह लसैं सफरी रसना मनु सुंदरी की मनि माल है ।
नीर के तीर सुपेत विहंगम हार मनो मन मोहै तमाल है ।
दोऊकरारे नितम्ब औ जंघ नदी तियके जग सोहै विशाल है ।
मंद चलैं जलधार मनो समदा प्रमदा सम धीरी सुचाल है ।।3।।

राजत व्यौम कहूँ अति सेत मृनाल और संख सो गौर कहायौ ।
चाँदी मनोहर जीवनधार अनेकन पार रहै बिलगायो ।
पौन के वेगसों मेघ चहूँ दिसि घूमैं अधीर समान विहायो ।
चौंर ढुरैं सत राजपै सो गगनो अति सोभा सनो दरसायो ।।4।।

अंजन ढेर की कांति मनौ नभनिर्मल चारहुँ ओर सुहायो ।
फूल बंधूककी रेनु सो रंजित भूमि को भाग चहुँ दरसायो ।
वप्रन लौ कलमाकके खेत लसै अतिश्यामल श्याम कहायो।
कौन लखैं हरषैं नहिं वानिक जो जगकारन ह्यांई बनायो ।।5।।

काको चित दारै नहीं कोविदार सुखमूल ।
मंद अनिल कंपित चहूँ शाख विशालन झूल ॥
शाख विशालन झूलि फूलचय कोमल पातीं,
मत्त भौंरकी भीर ठौर ठौरन मिलि गाती ॥
पियत मधुप मधु सुरभि गुंजरत सुमनन ताको
ऐसी वानिक लखै न मोहत जिय है काको ॥6॥

वाला नवेली सिंगार करै प्रति द्यौस बढ़े प्रमदासम अंगन ।
तारन लौ रुचिकै पहिरे शुचि भूपन सुंदर कामके रंगन ।
मेघ गए तजि व्यौम अरी अब आनन चंद उयौ हिय संगन ।
चाँदनी चादर ओढ़ेतियारजनी सजनी सम नैन कुरंगन ॥7॥

विहँग करंड माल वीची विच राजै धनी
सारस कदम्ब तीर नीर दरसाई है ।
बोलत सवन दिसि डोलत मराल मंजु
कंज रज रंजित नदीन छवि छाई है ।
नैनन को उच्छव मारीचि हिय लेत हरि
शीकर शिशिर वृष्टि वारि मन भाई है ।
पिय को वियोग विषदाहन सुवान छेद
चंद हूकरत रोज कामिनि कसाई है ॥8॥

कँपत फल वाल लदे शाली के जाल चहूँ
फुरया कुसुम झुकी डार सरसाई है ।
विकसि प्रफुल्ल वन पंकज पवन चलै
डोलत सुधीर अत मंद गंध भाई है ।
सहसा सरस सरहीय हरिलेत मोद
हँस जुग तीर नीर भीर भरि आई है ।
सीतल समीर वीचि लोल जगमोहन जू
ऐसी जा सरद नई सुषमा दिखाई है ॥9॥

मघवा को चाप व्यौम मंडल विलानो आज
विजुरीपताक जलद सोभा नसानी है ।
पंख पौन वीजि वक पंगति उड़ति नाहि
ऊँचे मुख मोर रोर करतन मानी है ।
नाचत जिदीन्हो शिखी मदनहू तज्यो तिन्है
हँसन मधुर गीत रति लपिटानी है ।
कदम कुटज सजै अर्जुन विहाय नीप
सुमन उमंग सिरी सप्तच्छद सानी है ।।10।।

कुसुम शेफालिका की सुगन्ध मनोहर सो
जंगल पवित्र वासवासित मनौ हरै ।
कूजत विहंग कलहँस सुकसारससे
डारन पै तालन पुलिनवन विहरै ।
इंदीवर लोचन हरिन हरिनीन मनौ
वापिन सुताल माल पौनवन विचरै ।
सीत जग छाय हाय करत कसाई काम
वाम कतलाम आन विरह हियोदरै ।।11।।

सीतल प्रात समीर वहै सरसीरुह जाल हलै वरवारिन
पल्लव अंत निवारि लगी चहूँ ओस करै पुलकावलिनारिन ।
भूतलशालिभरो दरसै जह गोकुल चित्रविचित्र बिहारिन
सारस हँसकिलोल करै जल लोल हिलोल प्रमोद संवारिन ।।12।।

छीनी मराल गती वनितानसों, पंकजहू मुखचंद्र प्रभावर
लोचन जो मद चंचल हारि गए प्रतिनीलम पंकजपावर
भौंह को विभ्रम ताल तरंग हर्‌यौ तनश्यामा लता कुसुमावर
दंत छटा अब फीकी परी नवमालती मोतिन कीन्ही निछावर ।।13।।

कारे विकुंचित नीलम केश में नूतन मालती माल गुथानी
चंचल कुंदन कंचन कानन तापै पयोज की सोभा लसानी
हार और चंदन लाय पयोधर किंकिनी जंघन में लपिटानी
नूपुर सुंदर पंकज पैरन पद्मिनी नारि सिंगारसजानी ।।14।।

कुमुद विकच राजै राजहँसौ विराजै
मरकत मनि आभा वारिअच्छौ सुसाजै
गगन जलद हीनौ चंदताराविलीनो
अधिक सुखद सोभा नैन को रोग छीनो ॥15॥

दिनकर किरनोको देखि कंजो खिलाने
वरयुवति मुखाभा प्रात त्यौंहीं लजाने
कुमुद प्रमुद फूले पेखि चंदा विमोहे
हसत मनुवधूटी पाय प्यारो लजोहे॥16॥

सरद कुमुद ह्वै कै पौन ठंडी सुडोलै
विगत जलदवृंदा चौदिसा गंध झोलै
विमल जल चहूँघा शालि सो भूमि सोहै
विमल किरन चंदा व्यौम तारा विमोहै॥17॥

पथिकजन विचारे देखि रोवैं पियारे
असित नयन सोभा कंजकारे निहारे
रवति कनकघंटी राजहँसी सुहानी
अधर रुचिरओभा बंधुजीवे दिखानी ॥18॥

जुवति वदन आई चंद की रोशनाई
कुमुदवन विभासी सामरी मुसकिराई
अधर मधुर सोभा फूल वंधूक लीन्ही
शरद सुभग प्यारी जातहै प्रीति कीन्ही ॥19॥

दरकमल सरीरा फुल्ल राजीव नैनी
दसदिसि लटकाई फूल सारी सजैनी
कुमुद रुचिर हाँसी कामिनी लौ सुहाई
करत मुदतिहारे चेत प्रीती लगाई॥20॥

जोहत मग वीती शरद श्यामा दरद न चीन्ह
''मोहि जानि कै पातकी प्यारी दरस न दीन्ह''॥21॥

। इति शरत् ।

अथ हेमन्त

प्यारी प्रवाल नए चहूँ फूल लखैं विकसेवन लोध पियारे
शालि पकी जिन सोहै तुषार बयार वहै अंग काँपै दुखारे
पंकज हू सुविलीन भए निसि दीरघ जाम टरैं नहिं टारे
कोक वियोगिन केर विपत्ति संजोगिन चैन महा सुख सारे ।।1।।

चंदनराग मनोहर गौर तुषार सुकुंद और इंदुसे प्यारे
हार लसैं कुच मंडल नाहिं हिमन्त की त्रास कपैं तन सारे
बाहुलता शुभ अंगद हू चुरियाँ न रहीं अब सीत के मारे
पीनपयोधर चीरहु छीन, नितम्ब दुकूल सबै तजि डारे ।।2।।

काँची कलाप सुकंचन रत्न के चित्र विभूषन दूषन लागे
नूपुर हँसको रोर लजावत ते पदपंकज ते गए भागे
पै अब गात सजात सिंगार जो कालिय चर्चित अंगहु जागे
केशके पाशसुधूपसों वासित आनन कंजन पत्रानुरागे ।।3।।

पीरी परी मुखपै रतिखेद परिश्रम जौं अति हर्षित गात है
तौहू हँसे न निहारि रदच्छद राग ललाम न आजु लखात है
पीन पयोधर जंघमनोहर जो मसकैं सिसकीन सुनात है
ओस को बुंदलग्यो तृननोक सो तामिस आज हिमन्त रुवात[1] है।।4।।

देखो इतै वह शालि के जाल उतै हरिनीगनजूथ घनेरे
काहू जलाशय सारस क्रौंच औ हँस मनोहर पंकज ढेरे
आज सुखारी[2] कदम्ब हिलोल करै जल लोल कलोल सबेरे
नीर विनिर्मल तीर सिवार हरै वनवानक चित्तहू मेरे ।।5।।

पकै हिम शीत संजोग सो प्रात समीर डुलावत डार झुकाय
प्रियंगु मनौ बिछुरीनिज पीतमप्यारी सुपीरी परै तन लाय
छके मदछाक सुगंधित आनन साँस की पौन रहै तन छाय
उरोजन लावत अंकम अंग अनंगको वानहु वेधत आय ।।6।।

1. रोती है
2. एक प्रकार का पक्षी

दोहा

दन्तच्छदलखि अधर अरु नखछत कुचनसुहात।
निर्दय सुरत विलासिनी जुवजन जोर जनात ।।7।।

वसंततिलक

कोई विभूषन धरै कर आरसीलै ।
वाला विलोकि तन लोचन सारसीलै ।
देखैं रदच्छद विदार विदारि गोरी ।
प्यारो पियो सरस सार सुजासु भोरी ।।8।।

कोऊ परिश्रम किए रति खिन्न देहा ।
जागी निशा भर विलोचन लाल एहा ।
छूटे विलोल कचजाल कपोल छाती ।
पौढ़ीतिया पलंग आलसता जनाती ।।9।।

निर्माल्य दाम सजिवासित गंध राज ।
कोऊ उतारि घननीलम केश साजै ।
ऊँचे कठोर कुच भारत नम्र गाता ।
कोऊ सुकेश रचना करतीं सुहाता ।।10।।

दुजी लखैं निजशरीर मल्यो पियारो ।
भारी प्रमोद जिय आनत ही निहारो ।
प्यारी सुचूनरि ललाम सरीर धारी ।
छूटी विलोल अलकैं झलकैं जुकारी ।।11।।

कोऊ बड़े सुरत केलि थकी जकानी ।
पीरी परी तुरत पीतम पै विकानी ।
जाके मले विपुलजंघ पयोधरो री ।
पीरा लही सुकरते दृग अंजनोरी ।।12।।

मालिनी

बहुगुन जुत सोहै सुंदरी चित्त मोहै ।
चहुंदिसि जहँ जाहै शालिकी वाल गोहै ।
गिरत बहुत पाला क्रौंच की सोहमाला ।
मिटत हिम कसाला कंठ लागै जु बाला ।।13।।

दोहा

शरद विगत, हेमन्त चलि भयो हिमंत, न कंत ।
जीवन धन बिनु किमु जियों भौ अब जीवन अंत ।।14।।

कैसे प्यारी काटिए दीरघ रैन हिमन्त ।
कै तुअ संग कृतांत कै करै पीर को अंत ।।15।।

। इति हेमन्तः ।

अथ शिशिर

आई शिशिर वरोरु शालि अरु ऊ खन संकुल धरनी ।
प्रमदा प्यारी रितु सुहावनी क्रौंच रोर मन हरनी ।।1।।

मूदे मंदिर उदर झरोखे भानुकिरन अरु आगी ।
भारी वसन हसन मुखवाला नवजोवन अनुरागी ।।2।।

शीतल चंदन चंद किरन जह चाँदनि चारु अटारी ।
शीतल सघन तुषार वयारहु मनन रमै अब प्यारी ।।3।।

इक तुषार संघात पात सो रैन भयावनि होई ।
दूजे चंद जोत तारागन सीतल सेव न कोई ।।4।।

मुख वीरीं सुख लेपमाल गहि आसव सुमन सुगंधा ।
धूप अगरु आमोद भौन विच कामिनि वसि मद अंधा ।।5।।

निज पिय कंपत देखि करुना करि जौं तिन्ह चिढ़ि सुनिवार्‌यौ ।
सुरत वीनती विफल न कीन्ही नैनन प्रीति निहार्‌यौ ।।6।।

मनमानी करि सुरति दया तजि आधीरात थकानी ।
बदलो लियो पीय मनु अपनो श्रमतजि प्रात जकानी ।।7।।

कुंकुम राग रंगे कुच मंडल उरसों उर लपटानी ।
मलि दलि जीति कसाला पाला सोवैं गलभुज दानी ।।8।।

सुभग कंचुकी कोसेकी लहि तनी वांधि कसि तानी ।
कुसुम शिरोरुह गुथी माल वर रति की देह लजानी ।।9।।

सुरभि गंधसों लदी साँस जेहि कंप कमल सुभ राजै ।
पी मधु मदन जगावत रतिहू आसव घर घर छाजै ।।10।।

कोऊ कामिनि मद राग छोड़ि लखि पिय आलिंगन जानी ।
विनत कुचन निज देह पेखि तजि गेह दूज मुसक्यानी ।।11।।

श्यामा छीन मध्य कुंचित कच धूपगंध रस साने ।
गिरी कुसुम माला वेनीतें सेजसुमौन बिहाने[1] ।।12।।

धोए जलसों कनक कमल मनु श्रौनन पोहै राजैं ।
पाटल पलक कंध लौ छूटीं अलक कोटि छबि छाजै ।।13।।

कुचकलसनके भार मंद गति विपुलजघन कटि छीनी ।
सुरत शयन को वेष रैन जो तजि दिन सजै नवीनी ।।14।।

लखिनख छत छातिन ओंठन हूँ दन्तच्छद विलसानी ।
सुरतसिंगार छाड़ि परभातहिं आनन ओप चढ़ानी ।।15।।

शिशिर अखरस शालिनवीनी गुड़ विकार जग भाए ।
प्रबल सुरत की केलि दर्प जहँ कंदर्पहिं को पाए ।।16।।

---

1. प्रभात

पै जग भौन जाल विरहिन को बिनु प्यारी नहिं नीको ।
शिशिर समै तौहूँ नहिं करही तिन सहाय कछु जीको ॥17॥

शिशिर कराहि कराहि कै दीरघ रैन कटैन ।
जगमोहन तन कंप दुख वाके बिनु नहिं चैन ॥18॥

। इति शिशिर ।

अथ बसंत

प्यारी वीर वसंत अब आयो होहु सचेत ।
सायक मौर रसाल लै भौंरन धनु गुन लेत ।
भौंरन धनु गुन लेत विलासिन मनहु विदारन ।
कमल सरोवर फूल तरोवर पौन विहारन ।
कामिनि सुख परदोष द्यौस रमनीक निहारी ।
मधु माधव चंहुसुखद दुखद विनु तुअ पं प्यारी ॥1॥

कछु कछु परै तुषार अटारी । चम्पक सुरभि केश सजिनारी
संगम कंत बसंत सुहावे । कुचन सुमन नवहार सजावै ॥2॥

आए वसंत भई कछू और है ओप घनी वर वापिन भारी ।
मानिक मेखला कामिनि के कटि चंदप्रभा तन दूनी उजारी ।
भौंर रसाल के मौर लखै जहँ धीर समीर वहै वन वारी ।
झोके झुकाय लदी अति कोमल डार सुफूलन गंध निवारी ॥3॥

कुचहार लसै सित चंदन लेप विजायट शंख की चूरी चुनी ।
भुज धारि मनोहर भूषन जंघन कांची कलाप की सोभा सनी ।
कटि लाल दुकूल दिपै पट छीन पयोधर कुंकुम गौर कनी ।
इमि साजि सिंगार चली पिय संग कौ नारि वसंतवधूटी वनी ॥4॥

नव कान कनैर, पयोधर हार, अशोककलीन गुथी अलकैं ।
कहुँ मल्लिका मालन वेनी मढ़ी मुखहेम सरोरुह पै झलकै ।

जिन पत्र विचित्र विराजैं घनें, कछु स्वेद कनूकभरीं पलकै ।
तन काम के राज की डोड़ी फिरी वर कामिनी जोर जुरी ललकै ॥5॥

तन पसीज बंधन शिथिल भयो सुपाय वसंत ।
मदन पैठि किय जुलुम अब विहरै सखिया कंत ॥6॥

पीरे परे मद आलस अंग अनंग इते पर चाँप चढ़ावै ।
वारहिं वार जह्माय सरीरहिं तोरत आपुनो तेह जनावै ।
नैन में मैन बसो भरिं आलस जौं मदिरा मद छाक छकावै ।
गोल कपोलन गौर के रूप पयोधर पीन व्है जोर दिखावै ॥7॥

नवल नवेलिन के अतन तनरहि पैठ्यो वीर ।
कटि विनम्र व्है जघन विच पीन रूप अति धीर ॥8॥

काहू विहाल और व्याकुल कै मनु आलस नींद के मोह गिरानी ।
काहू दई विसराय सरीर, न वैन कहैं, कहते सतरानी ।
काहू कहे उलटे पलटे निज छोड़ि सुभाव भई विकलानी ।
काहू लखैं करि टेढिये कोर, अनंग कियो सब जोरजवानी ॥9॥

कुंकुमराग प्रियंगु करै कुचमंडल चंदन लेपिकै गोरी ।
कोई मिलाय कपूर की धूर सुकेसर औ मृगनाभि की रोरी ।
भारी उतारि धरे पट अंबर झीने सुसंदली वैस की थोरी ।
मैन जगाय चलाय कै नैन के वानन वेधती भौहन भोरी ॥10॥

कोकिल पीय रसाल को आसव चूमत क्वैलिया व्है मदमाते ।
त्यौं करते निज तीय को आदर गुंज कै कंजन भौर रसाते ।
लाल प्रवाल के गुच्छे घने तरु डार झुकी सुमनो मन माते ।
पौन की झोक उचै उत साख इतै मन प्यारीन मोद समाते ॥11॥

मूलतैं नोक लौ मूँगन सो विलसैं नव पल्लव फूल समेत हैं ।
देखि जिन्है उपजै हिय शोक अशोक विलासिन दुःखहि देत हैं ।
माते द्विरेफ गुंजार विहार चलैं मृदु पौनते पाती सुपेत है ।
मोतीलती सी नवेली करै जुव कामुक के मन मैन निकेत है ॥12॥

मंजरी आज लसै जगमोहिनी जो सो कुरैयन आभा लजावति।
श्यामा सरोज सुआनन हाय जो चेतहू काको नहीं पिघलावति।
कैसे विचारे बटोही बचैं लखि दीप पतंग लौ प्रान जलावति।
मैन के वान धरे जिय सान पै तानि कमान चढ़ाय चलावति ॥13॥

आयो वसंत बयार झकोरत मैन मरोरत ताप सरीरहि।
पावक लौ वन किंशुक लाल पलाश के जाल करे हिय पीरहिं।
डार झुकी दरसै करसै जगमोहन को मन जारि अधीरहिं।
श्यामा सरीस अकेली भरैं यह भूमि नवेली लसै दृग नीरहिं ॥14॥

कीर की चोंच लौ किंशुक की छवि काहजरायो नहीं पिय प्यारी।
काहि कनैर कुसुम्मन बावरी ! आय हर्‌यो नहिं मोजगहारी।
तापै लगी अब बोलन कैलियाकारी कसाईनि वा दईमारी।
कूकि सुनैन कढ़ै यह पातकी प्रान कहाँ गई लाज हमारी ॥15॥

कोइल की सुनि कूकि जो फूकि सरीरहिं ताय।
कढै अधमजौ प्रान नहिं तो पी सुनि कढि जाय ॥16॥

सुनि पिक बैन रसाल जो पीरसाल रसधीर।
वामा चित आकुल भयौ जौ कुल बंध्यो शरीर ॥17॥

कुसुमित डार रसाल की कंपै पौन परभात।
चहुँ पिक बैन बगारि तिय हरि जिय जारत जात ॥18॥
कुंद हास श्यामा भए उजियारे वान वाग।
मुनिमन वन औरै करत उपवन आज सराग ॥19॥

कनककिंकिनी पहिर कुच मंडल मोती हार।
मदन विवश व्याकुल वदन सिथिल सुंकुतल भार ॥20॥

इत वसंत कोकिल मधुर मधुप करै गुंजार।
उत श्यामा भामा विरह करै छेदतन जार ॥21॥

नाना मनोहर फूल सें भूषित कोइल वोल पहारन काँई ।
कंदर खोहन मोहै गिरा वन पर्वत लोक मनोहर ताई ।
देखि बटोही विलोचन मूदि विमोहित व्है कल कैंहुन पाई ।
रोय विलापहिं ठानि वियोग पियारी बिना सव फीको दिखाई ।।22।।

लखि सहकार विकार चित मूदि नाक अरु कान ।
विरह अनल लावै तनहिं अतन चलावै वान ।।23।।

मौरन भौंर के झौरें झुपे मदमाते करैं कल कोकिल प्यारे ।
फूले कनैर मनौ कुसुमायुध मानिनी वानन वेधत न्यारे ।
हेम से रंजित फूल झरैं वरषा वनपादप पौन के मारे ।
एक तो दूवरे आप भए पुनि माधव और घटे बटवारे ।।24।।

कोइल बोलके व्याज बसंत हँसै वल कुंदन दन्त छटा है ।
पानि सुनो किसलै अरु पल्लव मूँगन आभा कछून घटा हे ।
कुंदन कंज सो आनन लै सु कपोल हू गौर विचित्र पटा है ।
कामिनी हास करै कुच चंदन हार विहार विराजै अटा है ।।25।।

मद विलास लोचन चपल कोयन लौ धनु तान ।
कुसुमायुध पारैं विपति मुनि जोगिन जियरान ।।26।।

आसव आनन पंकज लोचन लोध से लाल लसैं अनियारे ।
केश के पाश सिंगार कुरैयन फूल विलास सुवास सँवारे ।
भारी पयोधर जंघ छटा अटकै मन मन्मथवानके मारे ।
प्यारी तिहारो बन्यो यह द्यौस करै किन राज वसंत निहारे ।।27।।

पौन रसाल सुगंध वहै मद आकुल कोइल बोलत न्यारी ।
आनन दै सुख भौंर गुँजार क्मै जिय देखत भौंह तिहारी ।
साँझ सुहात खिलै जब चंद मनोहर मंद बयार झुकारी ।
आसव पान रसायन लौ कुसुमायुध आजु वसंत तयारी ।।28।।

पादप छाया लगै सुखदायक द्यौस में रैनहुचंद उज्यारी ।
सैन अटारी पियारी समेत वहै जब धीर सुगंध वयारी ।

कोकिल कूकि और भृंग हुंकार लतातर मंडप आसव प्यारी।
श्यामा वसंत कटै बड़े भागन जौं जगमोहन कोर तिहारी ।।29।।

काशी रच्यौ पहिले यह काव्य पै बाल प्रमाद सो नीकन होई।
मेरे रही अभिलाष हिए पुनि सोधि परिश्रम कीन्हेहु सोई।
संवत तीन औ चालिस फेरि उनीस सौ प्राय कियो नहिं गोई।
श्री जगमोहन सिंह लिख्यो इत श्यामा प्रसाद सुनो सब कोई ।।30।।

मंगल द्वादसि सी तिथी कृष्ण पक्ष आषाढ़।
रितु संहार वसंत लौ अंत कियो छल काढ़ ।।31।।

पक्षनैन शिव अंक शशि वासरबुध मधुमास।
चंद्रपक्ष की दोज में काशीपुरी निवास ।।32।।

उलथा जो पहले कियो ताकी यह तिथि जान।
बैस अठारह को रह्यौ विद्यारथी सुमान ।।33।।

।।इति समाप्त।।

॥श्री विजय राघवाय नमः॥

॥ प्रेम रत्नाकर ॥

PREMA RATNAKARA

or

THE GEM MINE OF LOVE

BY

A. N. M.

Benares
Printed at the Benares Printing Press
By Chhannu Lal
1873

॥श्री रघुकुलचंद्राय नमः॥

॥भूमिका॥

इस छोटे से गुटके में श्री महाकवि कालिदास कृत
गङ्गाष्टक और द्वादशमासी की भाषा एकत्र की गई है।
बारहमासी तो विशेष करके नवीन है।

और एक नूतन कवि से बनाई गई है और
सत्य ही वह ललित पदों से
सुशोभित है॥

To my dear esteemed friend

A.D.R. OF C.B.

I inscribe this little book

प्रेम रत्नाकर

।।श्री रामचंद्राय नमः।।

नमः श्री गणेशाय । अथ श्री कालिदास कृत गङ्गाष्टक

प्रारम्भ

कत्यक्षोणि करोटयः कतिकति द्वीपि द्विपानांत्वचः ।
काकोलाः कति पन्नगाः कति सुधाधाम्नश्च खण्डाः कति ।
किश्च त्वञ्च कति त्रिलोकजननि त्वद्वारि पूरोदरे ।
मज्जज्जन्तुकदम्बकं समुदयत्येकैकमादाय यत् ।।1।।

देवि त्वत्पुलिनांगणस्थितियुषां निर्माणिनां ज्ञानिनाम् ।
स्वल्पाहारिणी वद्ध शुद्ध वपुषांतार्णगृहं श्रेयसे ।
नान्यत्रक्षिति मण्डलश्वरशतैः संरक्षितो भूपतेः ।
प्रासादो ललनागणैरधिगतो भोगीन्द्र भोगोन्नतः ।।2।।

तत्तता गतः कदर्शनशतैः किंतैरनर्थाश्रितः ।
ज्योतिष्ठोविभु मुखैः किमीश विमुखैर्यज्ञैरवज्ञादृतैः ।
सूते केशव वास वादि विवुधग्रामाभिराम श्रियम् ।
गंगेदेवि भवत्तिटीष्वगकुटी वासप्रयासम्बिना ।।3।।

गंगाद्वारमुपेत्य शीत सलिलामालम्व्य हैमाचंली ।
यैराकर्ण कुतूहला कुलतयां कल्लोल कोलाहलः ।

ते श्रृरावन्ति सुपर्व पर्वताशरेः सिहासनाव्यासना ।
संगीतागम सिद्ध शुद्ध रमणी मञ्जीरधीरध्वनीन् ।।4।।

दूरं गच्छ सकृच्छ कृच्छ भवतो नालोकयामो मुखम् ।
रैया राकव राक सा कमितरैनकि प्रदैगम्यताम् ।
सद्यः प्रोद्यद मंद मारुतरयः प्राप्ता कंपोलस्थले ।
गंगाभः कणिकाविमुक्त गणिका संगाय सम्भाव्यते ।।5।।

विष्णोः सङ्गति कारिणी हरजटाजूटविहारिणी ।
प्रायश्चित निवारिणी जलकणैः पुरायोघ विस्तारिणी ।
भूभृत्कंदरदारिणी निजजले मज्जज्जनोतारिणी ।
श्रेयः स्वर्गविहारिणी विजयते गङ्गा मनोहारिणी ।।6।।

वाचालन्विकलं खलं श्रितमलंकामा कुलम्याकुलम् ।
चाण्डालन्तरलान्निपीत गरलं दोषाविलश्चाखिलम् ।
कुम्भीपाक गतंतमन्तक करगदाकृष्य कस्तारयेन् ।
मातर्जहु नरेन्द्रनंदिनि तव स्वल्पोद विंदुम्बिना ।।7।।

श्लेष्म श्लेषगयागले भृतविले कामाकुले व्याकुले ।
कण्ठे घर्घर घोर घोष मलिने कायेच सम्मीलति ।
यां ध्यायन्नपि भार भंगुर तरामाप्नोति मुक्तिर्नरः ।
सानः चेतसि जाह्ववी निविशतां संसार सतापद्रुत् ।।8।।

।। इति श्री महाकवि कालिदास कृता गंगास्तुतिः ।।

।। समाप्त ।।

॥ श्री गणेशाय नमः ॥

श्लोक

नत्वा विनायकम् देवम् लक्ष्मीशम् जगकारणाम्।
श्री श्री भूयश सिंहेन कृतेयं नव्य पुस्तको ॥1॥

बहूनि पत्रानि विलोकनेन ।
प्राप्ता मयासौ खलु क्षुद्र बुद्धिना ॥
पुनश्च प्राप्ता श्रीश प्रसादात् ।
किम्वातु प्राप्ता व्रजभूषेन ॥2॥

वंदेहम् जानकीशम् रघुकुल तिलंक यस्थितोव्याप्य विश्वम्।
वंदेहम् विश्वनाथम् पुनरपिब्रह्माम् अन्नपूर्णां तथाच ॥
वंदे श्री ढुंढिराजम् पुनरपि वंदे भैरवेशम् भवेशम् ।
वंदे श्री राधिकेशम् यदुकुलचंद्रम् गोकुलेशश्च वंदे ॥3॥

बारहमासी

श्री रघुबरके पदकमल रचौं सुमिरि कुछ छंद ।
मैं हो बालक निपट अति अरुहों मति को मंद ॥1॥
प्रणमो अरु श्री गुरुचरन कृपा करो महराज ।
भूल चूक नहि देखिए मतलब लेहु सम्हाल ॥2॥
हे गुरु मैं हो तव चरण अरु बालक अति भोर ।
विनय करत में आपके क्षमा करो सब मोर ॥3॥
बारामासी रचत हों सुनियो सब बुध लोग ।
छमियो मेरी चूक सब करियो मोपर छोभ ॥4॥
प्रथम मास मधुमास है सब मासन को राय ।
उमगत लहर मनोज की आवत सहित सहाय ॥5॥

अति विचित्र यह काल है जाको नाम बसंत ।
उठत मदन सबके हिए प्यारी चाहैं कन्त ।।6।।
बहु प्रकार के फूल सब फूलत हैं यह काल ।
मलय पवन चलती सदा बाला पहिरे माल ।।7।।
सहित पुष्प के वृक्ष सब अरु कमलनमय ताल ।
काम सहित हैं सब प्रिया बिरही अति बेहाल ।।8।।

चौपाई

गरम मास बैशाख जनावा । प्यारी बिरह दुख अति पावा ।
कुछ कुछ तेज घाम अब होई । विरह मिटावनहार न कोई ।।1।।

सोरठा

भये व्याकुल सब लोग देख सकैं नहिं बाट को ।
देखैं जल की ओर जेठ मास को हाल यह ।।1।।

दोहा

बैठे प्यासे सर्प सब ढिग मोरन के आय ।
मोर खाय नहि ताहि को रहे धूप से छाय ।।9।।
सूखि गए हैं ताल सब वैसे नलिनी वृंद ।
धूर उड़ै आकाश को देख परैं नहि कंद ।।10।।

सोरठा

अति बिरहिन जे नारि तलफैं अपने पतिन को ।
मृग चाहत हैं वारि दौड़ै जलके आसरे ।।2।।
भयौ सन्धि में स्वेद विकल भई सब योषिता ।
अम्बु रह्यौ नहिं शेष सूखे बन के ताल सब ।।3।।

छंद

आषाढ़ वर्षाराज आयो उठे चहुदिसि बादले।
मेघ गर्जैं बिज्जु तड़पैं ध्वनत बन में मोर रे।
मोर नाचत खोह बनके करत इच्छा जलद की।
ध्वनत चातक यूथ बन में करत याचन तोय की।
बहत बनकी निम्नगा सब सर्पकी नाईं बहैं।
सहित मैले तोय रजके सकल नदिया भय करैं।
जलद गरजैं उच्च स्वर से मनहुँ गाजैं बाजने।
स्फुरत बिजुली लफ लफा लफ परैं देखन कानने।
झुके बादल हर्म्य ऊपर मनहुँ कज्जल शैलरे।
ध्वनत गज सम छिन छिना छिन करत उत्सुक मैनरे ॥1॥

सोरठा

लागो सावन मासटूटै बुंद न एक पल।
धीर धरैं नहिं कान्त संयोगिन बहु सुख करैं ॥4॥
तलफैं विरहिन नारि चाहैं ए सब रैन सुख।
झर झर बरसत वारि डरपै प्रावृट् नाद सुन ॥5॥
भादों मास लगंत नाद करत हैं जलद बहु।
मदन बहु उमगत बिरहिन डरपै शब्द सुनि ॥6॥

दोहा

रजन होत है यामिनी निर्मल है आकाश।
जगमों छाई चाँदनी सुंदर होत प्रकाश ॥11॥

सोरठा

प्रेम ज्योति मणि चंद्र उदय होत आश्विन समय।
हृदय होत आनंद सुनत बालकी रति मिलन ॥7॥

आयो कातिक मास विगत भयो वर्षा समय।
भई उजियारी रात देख परैं नहिं जलद सब ।।8।।

छंद

परै देख न जलद ए सब ध्वनत वन नहिं मोर हैं।
परै देख न बिज्जु तड़पन परत सुन नहि सोर हैं।
मार्गशीरष मास की अब चलत आगे सेन हैं।
पतत किञ्चित तुहिन महि पर उठत बेगहि मैन हैं।
बढ़त दिन-दिन सीत जग में और नहिं कुछ यत्न है।
आस केवल बालकी है सीत में सुख सयन है।
पूष लागो आय केअब करत उत्सुक शीत है।
पान मुख में सहित कान्ता सयन सुख से हीत है।
अग्नि तापन तूलिका अरु तप्त भोजन सुखद हैं।
होय नहिं जो कान्त यह क्षण यही अतिसय दुखद हैं।।2।।

दोहा

माघ मास अति दुखद है यदि बाला है साथ।
प्रेम समय तो यही है एक मकरध्वज साथ ।।12।।

सोरठा

लागो फागुन मास फाग होत सब जगत में।
सुखी रहैं सब कान्त मैन बसै सब जनन के ।।9।।

छंद

यह प्रकार की बारामासी लिखत हो कछु गीत में।
पढ़ो सब जन धीर्य्य धरिके रहत मैं हो काशि में।

रहत तो मैं प्रथमहिं तो दछिन के एक देश में।
बसत तो अब काशि नगरी पढ़त विद्या भवन में।
आख्य भूवश सिंह मेरो भनत ए सब गीत को।
क्षमहु सब मम भूल जो है करहु नहि कुछ बीच को ।।3।।

कुण्डलिया

बारा मासी छंद में रची आज के रोज।
मंगलवार सुवार अस पढ़तहि उठत मनोज ।।
पढ़तहि उठत मनोज मैन मन में ह्व आवत।
आवै जलदी गरो भरो कछु नहिं कहि आवत ।।
भन श्री भवश सिंह अंक गो अंकेक सम्वत में।
चतुर्दशी सी तिथी नहीं त्रैलोक्य जगत में ।।

श्लोक

द्वादश मासीम्मया प्रोक्ता छंदसा साविधीयते।
रचिता भूवश सिंहेन ऋतु वर्णन मुक्तम् ।।1।।

।।समाप्त।।

नाटक

हुक्केवाले का नाटक

A Drama : Farce

In four Acts

हुक्केवाला का नाटक : प्रहसन 4 अंकों में

1 अंक नाटकीय पुरुष

प्रस्तावना

नांदी

सूत्रधार

बालकाः

एक बाबू	भम्भड़
यमुनाप्रसाद	रक्षोराट्
मोतीप्रसाद	मदनमोहन
जमादार	होलदास
गोविंदप्रसाद	कृशोदर
हरिप्रसाद	ठिस्सु
सर्फराजहुसेन खाँ	चुतरहिया
जगमोहन सिंह	ढुंढिराज

2 अंकः स्थान अरदली बाजार में एक अच्छा घर

राजेश्वर मित्र	किराची
मनराषन	मुसौटी
जगमोहन सिंह	Hound

गोविंदप्रसाद	कृशोदर
मोतीप्रसाद	मदनमोहन
हलवाई -टीमल	कुत्ता-झूपतासमल

3 अंक : स्थान रक्षोराट् का कमरा

मोतीप्रसाद	मदनमोहन
मंगलप्रसाद	प्रेमपात्र
यमुनाप्रसाद	रक्षोराट्
जगमोहन सिंह	Hound
सर्फराज हुसैन खाँ	चुतरहिया

4 अंक : स्थान Study

बाबू	भम्भड़	राशू	खिस्सू
रामस्वरूप	ऊसठ	नगेन्द्रनाथकर	गावदीदा
जगमोहन सिंह	Hound	महादेव चौबे	नक्कू
गोविंदप्रसाद	कृशोदर	मोतीप्रसाद	मदनमोहन
मोतीप्रसाद	मदनमोहन	यमुनाप्रसाद	रक्षोराट्
हुक्कावाला	भम्भड़	देवन	कालेखाँ
तिवारी	सुंठी	Dr.Hooper	ढावुस
पं.प्रयागदत्त तिवारी	गोबर गनेश	मंगलप्रसाद तिवारी	हुंण
सरदार	प्रेमपात्र		

प्रथमाङ्क : नाटक हुक्केवाला का प्रहसन

(नांदी आता है)

नांदी : (मंङ्गलपाठ करता है)

गननायक करिवर बंदन करो अनुग्रह सोय

बुद्धिराशि सुभगुन सदन मंगल छन-छन होय

सूत्र : यह तो अपूर्व मङ्गल पढ़ा - मेरी चित्त की इसकी ओर फिर गई। आर्यों इस सभा मंडली की प्रसन्नता के हेतु कौन-सी लीला करनी चाहिये।

नांदी : कौन सी लीला ? जब देखो तब इनके अढ़ाई चावल ही पकते हैं अभी उठके आँख मीजते हैं और ए महापुरुष सिर पर आ खड़े हुए कहते हैं कौन सी लीला करिएगा?

सूत्र : हे प्रिय आपको क्या बुरा लगा कि वचन के सुनते ही तिउरी चढ़ाते हैं। मैंने क्या बुरा कहा कि आप गरम हो गए - भला अब तो आप सुचित हो कहिए कौन सी लीला करिएगा ?

नांदी : *(हँसकर)* तुम तो मुझे बड़े गुरु देखते हो पीछा भी नहीं छोड़ते - जब तुम्हारी ऐसा ही हठ है तो एक लीला सोच के प्रारम्भ कर दो।

सूत्र : *(हि हि हि हँसकर)* *(स्वगत)* भला चंगुल में तो फंसे - *(प्रकाश)* अब हमारे जान तो वही लीला अच्छी होगी जिसकी चर्चा दो द्विज गाड़ी पर चढ़े चौक के निकट करते जाते थे-स्मरण तो है न !

नांदी : भली खबर दिलाई - अब उसी पर तत्पर होवें -

सूत्र : अब नाम कुछ मत कहो। चलो भेष बन-बन कर आवैं नहीं तो विलंब होगा-

(दोनों जाते हैं)

(अर्द्धजवनिका पतन)

इति प्रस्तावना

अथ प्रथमाङ्क

(भम्भड़ हाथ में हुक्का लिए और मुख से धुएँ को फुफकारते आते हैं)

(स्थान -गोशाला के निकट)

(सब बालक एक दूसरे से)

बालका : चलो जी पढ़ने को देरी होती है।

रक्षोराट् : *(जीभ को लपेटकर)* च्यलो बाबू साहेब आए।

मदन : अभी सात नहीं बजे - क्या बाबू साहेब कुछ अभी न जाएँगे।

रक्षोराट् : भला न जाव -आप ही मालूम हो जाएगा *(अपनी जेबघड़ी को देखकर)* सात बजने को एक मिनट है।

मदन : अच्छा-अच्छा-अच्छा बजने दो-

(होलदास का प्रवेश)

होलदास : *(नेपथ्य से सात की ठनठनाहट सुनकर)* यह सात बजता है- बाबू साहब आए।

भम्भड़ : *(मदनमोहन से)* चलो सात बजा देर क्यों-क्यों करते हो ?

मदन : पर साहेब *(हाथ को सिर पर धरता है)* अभी तो पाखाने से आते हैं अभी आया *(भम्भड़ होलदास से-तिउरी चढ़ाए कोठी पर चढ़े जाते हैं)*

भभ्भड़ : आज सबका दूध बंद .. ।

होलदास : बौत अच्छा-

(पाठशाला में जा-बालकों से-स्थान पाठशाला)

भभ्भड़ : Come to the board -what propositions today ?

3 बालक : 31st

भभ्भड़ : Well, prove it.

कृशोदर : From a given point ...

भभ्भड़ : *(आधे पर टोक कर)* next ।

ठिस्सू : From a given point to draw

भभ्भड़ : next...

चुतरहिया : Through a given point to draw a straight line parallel to a given straight line.

भभ्भड़ : Yes, That is right. Don't you See-It is through and not from. Well, go on now.

कृशोदर : Particular enunciation कहता है ।

ठिस्सू : Construction कहता है ।

चुतरहिया : Demonstration कहता है ।

Hound : Conclusion कहकर अंत कर देता है ।

भभ्भड़ : Do you remember the Algebraical formula ?

चुतरहिया : Yes Sir.

भभ्भड़ : Well, repeat it...

चुतरहिया : The difference between the number...

भभ्भड़ : Is it ? *(कान गरम कर देता है)*

चुतरहिया : बाबू साहेब यही तो है-

भभ्भड़ : भडुआ - यही है ? हूँ हूँ next...

कृशोदर : इसको Algebraically ठीक-ठीक कह देता है ।

भभ्भड़ : You express it geometrically. *(ठिस्सू से)*

ठिस्सू : इसको Geometrically ठीक-ठीक कह देता है।

भम्भड़ : That is all for today - *(इतना कह चल देता है।)*

कृशोदर : For tomorrow ?

भम्भड़ : You have a holiday for tomorrow.

जवनिका गिरती है।

इति प्रथमोऽङ्कः

। अथ द्वितीयोऽङ्कः ।

(स्थान-अरदली बाजार में एक अच्छा घर)

(Hound और किराची आते हैं)

किराची : कोई है यहाँ ?

(मुसौटी का प्रवेश)

मुसौटी : कौन है ? *(बाहर निकल कर)* अ आ तुम आव - ! क्या है ?

किराची : राजा से बोलो हम आया हूँ -

मुसौटी : अच्छा -अबै ठाढ़े रहो *(भीतर आकर हाथ जोड़ बोलता है)* महराज! बरना के पुल के बाबू आए हैं।

Hound : आने दो।

किराची : *(पाँव में बूट पहिने और सीढ़ियों पर खटखटाता आया)* Good-day !

Hound : Good-day ! How do you do ? I see you have come in scorching sunshine. How's that ?

किराची : don't you know? Oh! you know it too well - I have, come here for...

Hound : Oh! I understand your - but, this is not time for seeing your -

किराची : Never mind time ! I'll have now. Is'nt he your friend?

Hound : Oh! why not ? then do you mean to go there at this time ? This sunshine ! Ah ! me ! look up and see who the dam dares walk off home this time !

किराची : But this sunshine is all the more time ! whatever it may be to you I don't care.

Hound : Then, I must do as you like, for you're my friend.

किराची : Get up, then, - but see how will I see my... when... if he comes to know-who'd dare bear the frowns of the "frowning-lion" ?

Hound : Yourself -and who else ?

किराची : That's the way you-won't you let me see him, for whom I bear all this -This -as one "Love-Lorn."

Hound : 'Love-Lorn' - ? what do you mean by That ? Strange ! I think you will soon see him to your satisfaction.

किराची : *(हँसकर)* Satisfaction ? oh ! thank you then.

Hound : Needn't If so-Let us haste ! wait, let me have my clothes.

किराची : Certainly.

Hound : Won't you take sherbet ?

किराची : Why Not ?

Hound : *(मुसौटी से)* शरबत लाबो।

मुसौटी : *(शरबत बनाकर लाया)* म्हराज हाजिर है।

Hound : *(किराची से)* Quaff it off then.

किराची : Thanks -I drink for your health. *(- समेत पीता है) ।*

Hound : Get up now - haste. *(सब जाते हैं)*

(अर्द्धजवनिका गिरती है)

(स्थान-टी मल हलवाई की दूकान)

(नीम के वृक्ष से कृशोदर छिपे-छिपे आते हैं। किराची और Hound का प्रवेश)

Hound : There he comes. *(उंगली सामने दिखाकर)*

किराची : *(हँसकर)* Where ? I don't see him.

Hound : If you don't see him, who else can ?..

किराची : Good Evening ! *(दूकान के पास जा कृशोदर को देखता है। कृशोदर का प्रवेश)*

कृशोदर : *(मुसकराकर)* Good Evening !

किराची : *(मौन हो हाथ पकड़ लेता है)* Quite well ?

कृशोदर : Yes, how could you come?

किराची : I could go to the hell even, would you be there - but Ah! I want to see you everyday -

कृशोदर : But how can you - "without the wings of a dove?"

किराची : Oh ! I am a dove.

कृशोदर : Happy meeting ! will you - ?

कृशोदर : Say, for God's sake

किराची : *(बीच ही में)* God ! wher's the God ?

कृशोदर : Here is an atheist ?

Hound : *(सुनकर)*An atheist ? दूर, दूर दूर

किराची : What reasons you have for the existance of God?

Hound : It is an axiome which you must admit.

कृशोदर : भाई चुप रहो - Love में भी metaphysics ?

(नेपथ्य में - मदनमोहन -हः हः हः हः हः देख लिया)

किराची : *(भ्रम से)* That's bad, leave us now... और कृशो ।

Hound : Good Evening now !

किराची : Good Evening now !

कृशोदर : Good Evening now !

(सब जाते हैं)

(जवनिका पतन)

इति द्वितीयोऽङ्कः

अथ तृतीयोऽङ्कः

(स्थान-रक्षोराट का कमरा)

(मदनमोहन-प्रेमपात्र -रक्षोराट् और Hound आते हैं)

मदनमोहन : आवो -क्या हाल चाल है ? कहो जिस वास्ते दोस्ती लगाई थी पूरी हुई ?

Hound : पूरी क्या होना है-हमारा तो यही हाल हुआ ''मियाँ गए निवाज छुटाने रोजा गले पड़े।''

मदनमोहन : फिर क्या ? इससे क्या ? सब कहो ?

Hound : कहें क्या अपना सिर ?

मदनमोहन : तुम क्या कहोगे हम तो जान गए - ईतो हम पहिले ही कह चुके थे कि बेंङ्गालियों से दोस्ती मत लगावो -अब क्या- अब भुगतो-ई सब निरे पैजामा होते हैं।

Hound : क्या कहैं प्रिय ! हम तो बहुत ही चूके .. ।

मदनमोहन : चूके ? चल दूर ?

Hound : बस जो हो मनही में रक्खो -बाहर निकारने से क्या ?

.... ।

.... ।

Hound : सूझा क्या था-क्या तुमने नहीं सुना कि Love is blind और फिर मेरी आँखें तुम्हारी होतीं तो जानते। अब जाने दो इसे क्या -सुनो तो- बड़ा ही गजब हुआ जिसको हम अपना- *(कृशोदर का प्रवेश रक्षोराट् के पलंग के नीचे से)* और जो हम Head Master इस कालिज के हो जाएँ तो जो तुम कहो सोई करें और अंगरेजी की जितनी क्लास हैं खुद पढ़ावें और Mathematics की हो तो ईश्वर करै Euclid जल जाए - किस बहनचोद ...?

मदनमोहन : बहुत अच्छा-

Hound : हः हः हः हः भला हाँ किस पाजी ने- अब सहो Alexandria की Library जब जलने लगी इस Euclid को निकाला - *(कृशोदर चला गया)* अब वही सुनो -

प्रेमपात्र : कैसी बात उड़ाई है...

रक्षोराट : अरे यह भेडुआ बड़ा गुरु है -रामलोचन प्रसाद का लिखना बहुत ठीक है सच है ‘‘दोस्ती और दुनिया दो ही दिन की होती है।’’

मदनमोहन : हाँ जी -अरे बेङ्गलये बड़े दगाबाज होते हैं- भला तुमको अभी तो सूझे -

Hound : भला अब भी न सूझेगा - सो सुना बड़ा ही गजब हुआ - *(अपने जेब से एक चिट्ठी निकालता हुआ)* तुमने तो इसको देखा ही है-भाई जो तुम इसको लेने के लिए खेल न करते तो फिर हमको कैसे मिलती ?

मदनमोहन : यह वही गंगा के कमरे की है?

Hound : हाँ - इससे तो साफ दगाबाजी जाहिर हुई-अरे-यह-अब क्या कहैं - हमारे ही घोड़े पर नित्य जाता था और व्यर्थ चुगली ''नैनपुत्तलिका'' से हमारी खाता था। बड़ा ही पाजी और दोगला है।

मदनमोहन : जरा पढ़ो तो सही -

Hound : *(खोलकर पढ़ता है)*

My Govind,

I went to the city yesterday on jagmohan's horse and saw everyday Rajanis - I have told Rajanis, kedar, Ramgopal and vishu to be on the same footing with Jagmohan. I have told them everything about the bad conduct.

Yours affectionately

Kirachi

रक्षारोट् : कैसे दोगले ये हैं और तुम भी तो हम लोगों से कट गए कुछ बोलते भी नहीं थे।

Hound : क्या कहैं - इसका जवाब यही है कि Love is blind अब तो सब खुल गया।

सब : हः हः हः हः हः हः

मदनमोहन : ये लोग प्रीति क्या जानें देखो - *(बजाता है सितार और गाता है प्रेमपात्र का बनाया हुआ गीत)* :

मन लेके मतवारी दगा दीन्ही रे।

करी प्रीति पियारी तेरी रीति नजानी तन मन धन वारी

छबीली छल कीन्ही -
तेरो नैनवा बिसारे न बिसरे कजरारे लाज वांरे हिय बेधैं
नित कारे अब केसी करों कित जाँव दई मंगल कोटि करो
मैं तुम्हें चीन्ही।

(सब जाते हैं)

(जवनिका पतन)

इति तृतीयोऽङ्कः

अथ चतुर्थोऽङ्क

(स्थान - Study)

(हाथ में लिए बाबू आता है।)

भम्भड़ : *(Hound से)* कहो जी क्या हाल है ?
Hound : *(आकर और सलाम कर)* आपकी कृपा से सब भलाई है।
भम्भड़ : Come to the board.

(कृशोदर, चुतरहिया और ठिस्सू का प्रवेश)

सब : Very Good *(उठकर बोर्ड के पास गए)*
भम्भड़ : Repeat the 24th prop. B.K.I.
सब : *(कहकर) ... (निष्क्रान्ताः)*

(Hound और ऊसठ का प्रवेश)

(स्थान-पीपल के वृक्ष के तले)

Hound : क्या है साब ?

ऊसठ : *(मुंह में हुक्का फरसी का दबाए)* अच्छा है।

Hound : कहिये तो हमने आपसे कब कहा कि कृशोदर से प.ल. का काम लेते हैं ?

ऊसठ : आपने तो हमसे ऐसा नहीं कहा कौन कहता है ?

Hound : *(कृशोदर को पुकार के)* सुनो जी कृशोदर ! ये क्या कहते हैं।

(कृशोदर का प्रवेश)

कृशोदर : क्यों ये नहीं कहते थे -

ऊसठ : नहीं याद तो नहीं है।

Hound : चलिए हो गया।

(सब जाते हैं)

(मदनमोहन और Hound का प्रवेश)

(स्थान-छोटी गुलाई)

मदनमोहन : क्या था जी ?

Hound : था क्या - वही सबती हो रही थी जो मैंने तुमसे कल कहा था। *(सब जाते हैं)*

मदनमोहन : वह तो पूरा सुइंसही है। क्या तुम नहीं जानते ?

Hound : मैं भली भाँति जानता हूँ -यह वही दगाबाज है न-जिसने प.ल. की बात Station पर की मुलाकात लिख दिया भभ्भड़ के पास। चुतरहिया भी गवाह है। अरे उनकी भी तो शिकायत की थी ..। इनके गुन कहाँ लौ कहूँ हजार मुँह से भी नहीं बयान हो सके।

मदनमोहन : बस -चुप हो रहो -देखो वह हुक्कावाला आता है। *(सब जाते है)*

(हुक्केवाले का प्रवेश)

हुक्कावाला : कोई है ?

सुंठी : हाँ, बाबू साहब।

हुक्कावाला : *(एक पासी की ओर देखकर)* यह कौन है?

सुंठी : यह नौकरी की तलाश में आयल हौ।

हुक्कावाला : कोन नौकरी करेगा ?

सुंठी : पानी भरी -धोती कचारी सब काम करी।

हुक्कावाला : *(धुँआ फूँककर)* कौन जात है ?

सुंठी : म्हराज पासी हौ -

हुक्कावाला : भला पासी किस जात में है ?

सुंठी : हाँ म्हराज इनकर छुवल कोई पानी पियथौ ई भला कौन जात में बाटेन। *(जाता है)*

(पं. गोबरगनेस का प्रवेश)

गोबरगनेस : महाराज प्रणाम !

हुक्कावाला : महाराज ! *(हाथ सिर पर धर और खीस काढ़कर)*

गोबरगनेस : लेजिये -हाथों में फूल देता हुआ

''मंत्रार्था सफला संतु कामा संतु मनोरथाः
शत्रुणाम्बुद्धिनासाय मित्राणामुदयस्तव।''

हुक्कावाला : बैठिए - अब सब धर्म्म लोप हो गए - और देवता भी चले गए - क्योंकि - ''कलौदृशं सहस्राणि विष्णुस्तिष्ठति मेदिनीम् भूतलेचा''

गोबरगनेस : हाँ महाराज! अब तो सब देवता भी उठ गए।

हुक्कावाला : पर केवल हरि का नाम ही प्रत्यक्ष है-''हरेर्नामानि केवलम्''

गोबरगनेस : हाँ महाराज ऐसा ही है।

हुक्कावाला : और पंडित जी सुनिये यह हरि पंथ प्रत्यक्ष है ...।

गोबरगनेस : हाँ महाराज ? कैसे ?

हुक्कावाला : यहाँ सरदार से पूछिये एक वृक्ष सूख गया था। केवल हमारे जल के डालने से फिर जी उठा।

गोबर : हाँ महाराज ! वाह -2 ! आप कोई साधारण मनुष्य नहीं है ऋषियों के अवतार हैं ।

(सरदार का प्रवेश)

सरदार : *(आकर)* खिस्सू आयल बाटै ।

(नेपथ्य में- ह: ह: अब हरी लूट होगी, मुँह तो मीठा होगा)

हुक्कावाला : आने दो - *(खिस्सू-बहुत अच्छा)*- *(जाता है)*

खिस्सू : *(बङ्ग भाषा में)* पिन्नाम -महाशय !

हुक्कावाला : एशो ।

गोबर : तो फिर मैं अब जाता हूँ पूजा करना है ।

हुक्कावाला : अच्छा !

गोबर : *(हाथ उठाकर)* महाराज ! *(जाता है)*

हुक्कावाला : वलो कि खबर ?

खिस्सू : एकटी कथा आछे - आज के बैकाले नगेन्द्र एशे नाई-शे बेटा alternately आछे आमरा तो प्रति दुइ वेला, आशी...।

हुक्कावाला : आशिना कैनो ?

खिस्सू : आपनार शासन चाई-चलुन आज जावाजाबू देखि समये शकलेई एशेच्छी कि ना

हुक्कावाला : आर की देखिबो-नोकुर एरकम करितो- बेटा के ताड़िया दिया छी

खिस्सू : भालो

हुक्कावाला : बेटा के हरिपंथ करो ।

(गावदीदा का प्रवेश)

गावदीदा : *(मन में)* That won't do. He is domn rascal, *(प्रकाश)* की महाशय आमार पे एखन आशेना ?

हुक्कावाला : आजी तुमार बिल गिए छे - आर आशिबे किन्तु आवश्यक था के तबे Advance निये नेयो

गावदीदा : जे आज्ञा । *(जाता है)*

हुक्कावाला : आर संध्या करिते जाई। *(जाता है)*

खिस्सू : अमियो चाली। *(जाता है)*

(नक्कू, ढुंढिराज, मदनमोहन, प्रेमपात्र और रक्षोराट् का प्रवेश)

(नेपथ्ये) सहुआ वाला तो सरल चाहाल सिंहा रमधे आज कहलेस है कहाँ जाला हो झूड़मल आवा।

Hound : क्या आप पहुँचे ?

(जाता है)

नक्कू : जैजैकार - जैजैकार-कहिये आप अपनी खाद के पास बैठे हैं।

(मदनमोहन का प्रवेश)

मदन : हाँ हाँ -इनको बस यही रहता है।

नक्कू : काहो लड़िकवन का का हाल हौ ? आजकल किछु जिउलगाव राखाला कि नाहीं।

मदन : बस ये तो जिउलगाव और allowable, boyish ही के फेर में पड़े रहते हैं- यह नहीं जानते कि हमारे एक दोस्त को इन बेङ्गालिए भेडुआ ने कैसा धोखा दिया।

नक्कू : हाँ हाँ -का कुछ Yes तो नहीं भयल;

मदन : Yes क्या बड़ा Yes हो गया;

नक्कू : हम तो भाई अब पसेरी तौलै जाब्यै। रंज सब हैं जिन मानत जा। यह तो यहाँ के कारखानै हौ। *(जाता है)*

(स्थान- एक खपरैल घर-जिसमें कई टूटे बेंच मोढ़े मेज और वे बाजू की कुरसी रक्खी है - गोबर गनेस और बिहारी धर्म्मशास्त्र की पोथी खोले हुए सुंघनी सुंघ रहे हैं - और हुक्कावाला हुक्का पड़पड़ाता difficulty solve कर रहा है।)

(नक्कू का प्रवेश)

नक्कू : हाथ जोड़ कर जै महाराज !

हुक्कावाला : आवो चौबे *(कृशोदर को उद्‌देश्य करके)* देखो - आमी बात : कमकरी-छेलेरा हाँसे - किन्तु गन्ध हौयना -

कृशोदर : *(लज्जित होकर जाता है)*

हुक्कावाला : शास्त्र तो पंडितों ने चौपट कर डाला ।टीका क्या टिकिया है -अब क्या कोई समझता है सिरफ लबरधोंधों करके कल्पभेद मण्डूकप्लुत इत्यादि मानके निर्वाह कर लेते हैं - यथार्थ क्या है भेडुए कुछ भी नहीं समझते ।

नक्कू : हाँ ठीक है बाबूसाहेब *(धीरे से)* आप तो एक F-o-o-l हैं ।

हुक्कावाला : और तुम जानते हो संसार में हर एक Vice मसलहत से बनी है ।

नक्कू : *(धीरे से)*... । पागल हुआ है - *(प्रकाश)* हाँ ठीक है बाबू साहूब । *(जूता पहनकर धीरे से चल देता है-जबकि हुक्कावाला पंडितों से बातें करता है ।)*

हुक्कावाला : बैठिए - मैं आता हूँ ...*(लोटा लेकर जाता है)*

(Hound, मदनमोहन, प्रेमपात्र और रक्षोराट् फिर से आते हैं)

Hound : भाई कहाँ तक कहूँ मुझे तो यह धोखे की बात कहाँ लौ कहूँ - इन लोगों की प्रीत तो ऐसे ही है-

This weak...Of love is as a figure "Trenched in ice, which within hour's heat, Dissolves to water, and both lose his form." Say that upon the alter of the beauty.

दोस्त तो यह है - उसके वास्ते जान क्या ?

''दिलो जां दीन वो ईमां है जु लेना हो सनम ले लो-''

"You sacrifice your tears, your sighs your heart:
Write till your ink be dry and with your tears
moist it again, and frame some feeling line
that may discover such integrity"

और जो कुछ हो-प्यारे Shakspere ने कहा है - The private wound is deepest ....

मदन मोहन : चलो जाने दो बहुत हुआ तुम तो सुजान हो -

Hound :भाई ! सुजान ही होके क्या कहैं जाने दो -हमारा यह मतलब नहीं है बात तो हुक्केवाले की न है - *(जाता है)*

(मदनमोहन और ढावुस का प्रवेश)

मदन मोहन : डाक साब बंदगी - कहिए आपके वास्ते तो एक बनारसी चद्दर हम रक्खे हैं -

(काले खाँ की ओर देखकर)

(काले खाँ का प्रवेश)

काले खाँ : निकल बैछी -

ढावुस : कहो आपका आज मतलब क्या है ?

मदन मोहन : आज पेट में दर्द है College न जाएँगे।

ढावुस : फिर यह तो नहीं हो सकता ...

मदन मोहन : *(मन में)* यह साला बड़ा कजाक है सुइंसही है *(मुसकिराकर)* *(प्रकाश)* क्या हर्ज है। हूँण से कहेंगे - जाइए-जाइए अब हटो जी *(ढकेलता हुआ)*।

(ढुंढिराज का प्रवेश)

ढुंढिराज : क्या है जी वह कलार क्या कहता है ?

मदन मोहन : पाजी Certificate नहीं देता।

ढुंढिराज : Certificate नहीं देता ? अच्छा हूँण को आने दो।

काले खां : *(नेपथ्य में गाड़ी की आवाज सुनकर)* साहेब अवैछी।

ढुंढिराज : चलो साहेब से कहैं।

मदनमोहन : चलो *(दोनों जाते हैं)*

(हूण का प्रवेश)

हूँण : What's the matter ?

(मदनमोहन और ढुंढिराज आते हैं)

ढुंढिराज : I am unwell.

मदनमोहन : I am also, Sir.

हूँण : *(नाड़ी देखकर)(ढाबुस से)* Give them a dose of castor oil

ढाबुस : Very good sir - They will go College, sir ?

हूँण : No Sir, they are ill-Don't you see ?

(नेपथ्य में - हः हः हः हः हः साला खूब छका)

(जाते हैं)

(ढुंढिराज-मदनमोहन-प्रेमपात्र और रक्षोराट् का प्रवेश)

ढुंढिराज : देखो कैसा छकाया .. ।

रक्षोराट् : और बाबू साहेब ने तो पहले ही कह दिया था -

ढुंढिराज : हाँ जी हाँ - रक्षोराट् पर यह तो नहीं मानता था ।

प्रेमपात्र : अरे अब तो हुआ ।

ढुंढिराज : भाई सच पूछो तो हुक्कावाला बड़ा ही अच्छा है । जो हम लोग चाहें उसी वक्त होता है Hawthorn पर की अकिल मंदी तो तुमने सुनी ही होगी क्या कहैं भाई चलो अब देरी होती है - अभी कुछ खाया नहीं है ।

प्रेमपात्र : हाँ -चलो -

(जाता है)

मदनमोहन : भाई हमारे विवाह में आना होगा ।

ढुंढिराज : अवश्य आऊँगा - हमारी तुम्हारी दोनों की छुट्टी आ गई ।

मदन मोहन : तो अब चलो सुपुर्दनामा भी अब लिख गया ।

ढुंढिराज : पर हमैं भूलना मत-

मदनमोहन : नहीं ऐसा कहीं हो सकता है ?

ढुंढिराज : तो फिर चलो फिर बूवा से भेंट कर आवैं -

(सब जाते हैं)

(सब पूर्वोक्त जनों का प्रवेश - स्थान बाबू का घर)

रक्षोराट् : हम जाते हैं -
मैं जाता हूँ यां से सुनो मेरी पीर
सदा हिज्र में रंज है दस्तगीर
नजर में तुम्हारे गुनहगार हूँ
खता म्वाफ मेरी सदा वार हूँ
भूले जु भूलो कभी तुम हमैं
जाता हूँ बस बंदगी लीजिए
खता म्वाफ कर अब दुआ दीजिए ।

ढुंढिराज : दोहा -करहु कृपा गुरु गेह को जाँव आज अपराध
छमा करहु भूलहु नहीं हरिजू हिय आराध

मदन मोहन : देखिए अब जाता हूँ भूलिए मत आपके आशीर्वाद से सब कल्याण है ।

झपतासमल : बाबू थाहब थलाम अब हम जाते हैं ।

प्रेमपात्र : हिय में नहि आनंद सो बरसै जिय मति न छाड़िबो भाल परौ।
सुनिए यह मंगल की बिनती नहिं भूलिए जी यह सोच दरो ।।
जगमोहन सिंह सदा करिये किरपा मम ऊपर दुः ख हरो ।
जियको सुविबाह जु होय सदा नित आनंद पूरन में बिहरो ।।

बूवा : जाइए हरिजी आप लोगों का कल्याण करें ।

(सब जाते हैं)

इति चतुर्थोऽङ्क

जवनिका पतन

।। इति श्री हुक्केवाला का नाटक समाप्त ।।

विविध

पं. रामलोचन प्रसाद त्रिपाठी का जीवन वृत्त

श्यामपुर (निबंध)

श्री श्री श्री पंडित रामलोचन प्रसाद पति त्रिपाठी
का
जीवन वृत्तांत

श्री मद्विजय राघवगढ़ाधिपात्मज
श्री ठाकुर जगमोहन सिंह कृत
बनारस

"नखलुप्रेमचलंसुहृज्जने"

LIFE OF

Pandita Ramalochana Prasada Pati Tripathi

By

Thakur Jagamohan Sinha
Son of the late chief of Bijayraghogarh
Jabalpur. Central : Provinces
Wards' Institution

Benares

Printed By P.C. Chowdry & Co.
At the N.M. Hall Press
Benares
1876

DEDICATION

श्री श्री श्री बाबू यमुना प्रसाद सुकुल
श्री श्री श्री बाबू मोती प्रसाद सुकुलयोः

प्रियवर !

इस बसंत में कोई तुम से फूल माला देकर मिलैगा कोई बसंती बनकर खिलैगा - भला हम क्या करैंगे ?

मित्र,

हम को तो रोना ही है तो फिर क्या - चलो हम इसी को लेकर तुम से मिलैं तुम्हारे सम्मुख बैठ कर रोवैंहींगे यह भी तो एक काम ही है न - जो कुछ हो यह प्रेमलतिका बड़ी ही कोमल है और शीघ्र ही मुरझाने का भय है। तो फिर अब यही है कि हमको भूलना मत और यदि हम योग्य हों तो अपने कोमल हृदय में हमैं बैठने का स्थान दो - क्योंकि यथानुरूप स्थान तुम्हारे ही पास है।

अब कहाँ जायं - ?

काशी
फाल्गुन 1932

केवल तुम्हारा
जगमोहन सिंह

॥ श्री ॥

श्री बाबू रामलोचन प्रसाद पति तिवारी श्री लक्ष्मण तिवारी के सुपुत्र गोरखपुर के जिले में मुहम्मदपुर के वासी थे। ये अपने पिता के पाँच पुत्रों में से लहुरे थे। इनका जन्म सम्वत् 1909 भादों सुदी 10 मंगलवार के दिन हुआ था ये बड़े सुशील, प्रतापी, प्रीतिभाजन, अपने कुल के चंद्र और परमोत्कृष्ट संस्कृत व्याकरण और काव्य में निपुण थे। इनमें प्रीति इतनी थी कि साक्षात् प्रेम के अवतार थे। अपनी बाल्यावस्था तो इनने अपने मातुलालय में व्यतीत की और वहीं विद्याध्ययन किया। इनके मातुल सरवार के विख्यात पण्डित हैं और इन दिनों वृद्धावस्था सम्पन्न काशी वासी हो रहे हैं॥

इनका विवाह तिरहुत के विख्यात धनाढ्य श्री बाबू यमुना प्रसाद शुकुल की परम प्रिय स्वसा से सम्वत् - (?) में हुआ था॥

ये बाबू साहेब चार भाई हैं, एक तो उक्त हैं, 2 श्री बाबू मोती प्रसाद शुकुल 3 श्री बाबू कुन्ता प्रसाद शुकुल, और 4 श्री बाबू शिवप्रसाद शुकुल !

प्रथम तीन तो गवर्नमेंट कालिज में विद्योपार्जन करते हैं और एक स्व गृहस्थित पढ़ते हैं, ये भी मेरे प्रिय मित्र और कन्हौली के अधिपति हैं॥

जबसे श्री रामलोचन प्रसाद का विवाह इनकी भगिनी से हुआ था तब से प्रायः कन्हौली ही में बसते थे क्यौंकि इनका बड़ा मान्य था और सब लोग हाथ ही पर मानों धरे रहते थे। काव्य बहुत अनूठी करते थे और संस्कृति काव्य में इनकी बड़ी सूक्ष्म थी॥

द्वितीय बार जब ये काशी आये तब तो मुझसे भी इनसे दृढ़ मैत्री हो गई और निरन्तर पाती आर्ती जार्ती रहीं॥

बहुत कहने से तो और लोग अयथार्थ समझेंगे पर वास्तव में इनमें प्रीति की रीति अनुपम थी। अब इनको आपत् ने घेरा और फिर ले ही लिया, कुछ पूछो मत कहते तो कदापि नहीं बनता पर लिखने में भी लेखनी लहराती है। यहाँ तक कि आँसुओं के संयोग से मसी भी विकसी सी जाती है और फीका रंग हो जाता है - फीके तो दिन ही थे, फीका होन ही चाहै॥

अब विलंब से क्या ? बहटाना अच्छा नहीं - उनकी प्राणधिक प्रियतर प्रिया से बिछोह हो गया। उस प्रिया ने तो अपनी प्रीति के अनुकूल राह ली पर वह मित्र को रोने और पीटने के निमित्त छोड़ गई।।

इनकी प्रिया की दग्ध क्रिया के अंतर ये ऐसे बेहाल हो गए थे कि मेरे एक और प्रिय मित्र श्री बाबू मंगल प्रसाद मणि तिवारी कहते थे कि बस रघुवंश का आठवाँ सर्ग निकाल आज विलाप को पढ़-पढ़ शोक से आकुल इनके नेत्र रो-रो गंगा और यमुना के समान मानो दो नदियाँ बहाते और आप ही गंगोत्री और यमुनोत्री का अनुभव करते थे। जब लोगों के कहने से यह भी तय हुआ तब तो इन्होंने विक्षिप्त से बन प्रिया की और दृढ़ समाधि साधने का विचार किया। मेरे उक्त सुहृद ऐसा कहते हैं कि प्रतिदिन जब सुधि आती उचक-उचकचौकन्ने से हो कह उठते थे "जलदी गोद में ले लो" और फिर एक घड़ी के बाद चित्त की वृत्ति परिवर्तन होती थी।।

कुछ दिन तो यही जक्क बंधी रही फिर इनने श्री काशीपुरी को पयान किया और ऐसी इच्छा उपजी कि अपने मित्रों से अवश्य शीघ्र ही भेंट करनी उचित है।।

वे शीघ्र यहाँ रामलीला के दिनों में आ पहुँचे कि किसी प्रकार से मन मन में रहै और हृदय शीतल हो पर बिरही की बिहाग्नि कब जुड़ाती है।।

"क्योंकि -

शशिना सह याति कौमुदी
सह मेघेन तड़ित् प्रलीयते।।"

और जो ऐसा वैसा स्नेह हो तो बात ही जुदी है यह तो ऐसे ही था कि जैसा यक्ष ने मेघ से संदेश में कहा।।

"स्नेहानाहुः किमपि बिरह व्यापदस्तेह्य भोग्या
दृष्टे वस्तुन्युपचितरसाः प्रेमराशी भवन्ति ।"

True love no time nor distance can destroy
And independent of all present Joy.
It grows in absence as renewed delight
Some dear memorials, some loved lines excite"

जब हमारे प्रीतम यहाँ आए तब तो कुछ मन बहला पर जब-जब स्मरण आता पूर्ववत् व्याकुल और शोकाकुल हो जाते। उनने पहिली पाती जो मुझको पठवाई यथावत् प्रकाश करता हूँ और उनकी सब पाती क्रमशः लिखूँगा।

‘‘श्री’’

(1)
दोहा

‘‘गुण भाजन भाजन कुशल भाजन सुषमा पुञ्ज ।
चिर जीवतु सज्जन सुखद जगमोहन सुख पुञ्ज ।।1।।
या जग में कायर पुरुष रच्यौ विधाता ऽनेक ।
जगमोहन बिङरे रच्यौ जगमोहन से नेक ।।2।।
हौं चाहत दरसन क्यिो मित्र तिहारो नित्त ।
बिना दरश लोचन सुखी होत खुसी नहिं चित्त ।।3।।
मरद शरीफन पै सदा ईश्वर रहैं कृपाल ।
रामचंद्र लीला लखै अैहों परम उताल ।।4।।

श्रीरामलोचन प्रसादस्या शिषोयंतु’’

।। इति ।।

(2)
श्री दोहा

‘‘स्वस्ति श्री सद्गुण सदन मदन रूप कमनीय ।
जगमोहन साचो सुहृद मो जीयन को जीय ।।1।।
पाती कर आती भई छाती लई लगाय ।
ई पाती काती बिरह साथी सी सरसाय ।।2।।
खान पान छूटत सबै नैना बरसत मेह ।
ये विधना तुम कित रचे बिरह रचे जो नेह ।।3।।

बन्धनिया जग मैं बहुत प्रेम बंध अनुरूप ।
दारु कठिन काटत मधुप मरत कमल के कूप ।।4।।
जाचनि मैं लघुता हुतो पै जाचत हम चाहि ।
लागलती उन प्रेम की रहै हमारे माहि ।।5।।
अपने लघु मति मित्र पै सदा रहैं अनुकूल ।
मर्द शरीफन कै सबै अर्थ होत सम तूल ।।6।।

श्री राम लोचन प्रसादस्याशीर्वादा ब्रजन्तु
श्री पण्डित प्रयागदत्त शर्म्मणे नमः''

''यह एक समस्या जरा श्री बाबू यमुना प्रसाद के बिलसइआ को जाती है यह एक चरण अखीर है पर अभिलाषी है कि वार्ड के निवासी इसे खासी चार चरन की बनावेंगे ।''

कवित्त

चंद्र के कलासी ह्याँ घर में उदासी रहैं
शम्भु से उदासी आप काशी के निवासी हैं।।1।।

(3)

''प्राणोपम श्री राजा जगमोहन सिंह ।''

प्राणेश ।

आपकी दो पत्री अनुपम नवोपम आकर हमें विरह सागर निमग्न डूबते-डूबते को बाह पकड़ कर बाहर उलझ दिया-

अहा-जो हम उस काल में प्रमोद बन से खिले, किस मंद मति के सामने उसे कहने को मुंह खोलैं कोई प्रीति भाजन होय तब न - मित्र हमैं प्रीति का खिलौना समझो, अपने पायन का पूरे परिचारक मानो । मित्र ! अपनी कसम नहीं मालूम कि आप कौन से मंत्र जानते हो कि हमैं पायन में बे प्रयास लिपटा लिया । मैं आपके ध्यान से क्षण भर विलग नहीं रहता । इस बात में सर्वदर्शी ईश्वर साक्षी है । अब इसका निबाह आपके हाथ है । अब हमैं मैत्री मात्रैकाश्रय को छोड़ोगे तो दोष भागियों में गिने जावेगे- आपको राज संबंधी विजय पत्र ईश्वर प्रसन्न होकर दे यही प्रार्थना बारम्बार

ईश्वर से है। हम आपके राज्योत्सव देखने को अवश्य आवैंगे। वाराणसी में चैत्रवारुणी स्नान करने बुढ़वा मंगल ही के मौसिम में आवैंगे तब हम मित्र के दरशन से कृतकृत्य होंगे। मित्र अब हमें भी यहाँ अच्छा नहीं मालूम होता। भला मित्र यह तो लिखना कि रक्षोराट[1] हमको स्मरण करते हैं कि नहीं। शेष प्रार्थना।

तुम्हारा दीन दोस्त रामलोचन प्रसाद

श्री दुर्गा जयतु।

श्री भैया अवधेश प्रसाद को आशीर्वाद बारम्बार लिखना।

श्री प्रिय प - ल को बंदगी कह देना।

श्री मुक्खी सिंह को बंदगी

श्री बाबू तारा प्रसन्नो को बंदगी

सच है - दोस्ती और दुनिआ दो ही दिन की हैं।

(4)

स्वस्ति श्री सर्वोत्तमोपमार्ह सौजन्य सागर श्री परम प्रिय प्राणालय को - प्राणनाथ ! जब हम तुम्हारे करकंज से दूर हुए आँख हमारी बंद हो गईं अश्रुधारा तमाम से उमड़ आई अकेले जान हमें डुबाने लगी प्रिय प्राणनाथ प्रीति भाजन ! भूल मत जाना - हे सुजन मनोऽह्लादक तुम्है बिन हमें खुशी कैसी- हे प्रिय हृदय के जानने वाले - ! क्या तुम नहीं जानते - प्रियजन वियोग स्वभाव ही से जैसा दुख देता है तो भला - अब क्या-हमैं खुशी कैसी - हे मनोमूषक तुम कहीं हमें भूल तो नहीं जावागे ? जब तुम्हें भूलना ही था तब हमें क्यों अपने करकंज शीतल से शीतल किये? हाँ, हाँ मित्र तुम्हारा स्वभाव भुलुआ है न जैसे अपकारियों का अपकार दिया दान शीघ्र ही भूल जाते हो तो फिर क्या हमैं भी भूल जावगे ? नहीं नहीं मित्र हमैं न भूलना भला क्या हमैं उलटा दुख देवगे ? तब तुम्हें हम निर्दई लिखेंगे नहीं तो हाँ यह निरधार का किस आधार से प्राण रक्षा होगी हा मूर्ख विधाता ! तुम्हैं किसने विधि के नाम से महोन्नति की प्रतिष्ठा दी है क्या तुम्हारे गुण उसे ज्ञात नहीं थे ? नहीं नहीं स्वेत-स्वेत तुम्हारे बालों ने उसे ठगा, नाम तो तुम्हारा विधिना है न-तब -

---

1. श्री बाबू यमुना प्रसाद शुकुल को हम सब ''रक्षोराट'' कहते हैं क्योंकि ये बड़े बली और रुखे हैं।

दोहा

कै संयोग वियोग किय बिधि को है यह काम ।
बिधि तो तुममें है नहीं ताते विधिना नाम ।।

हा अब तो लिखने का ह्याव भी नहीं पड़ता । पर मित्र तुम बिरह केदुख से दुखित न होना पत्र प्रेरण में विलंब न करना फिर हाँ अब तो ।

दोहा *** से कह्यो राम-राम करि मान ।
उर में सालत है अजौ वाकी चितवन बान ।।

मित्र कुछ हम बीमार थे इसलिए पत्र प्रेरण में बिलंब हुवा अपराध क्षमा कीजिये ।

श्री पण्डित प्रयागदत्त शर्म्मणे नमः । अथेप्सित मनोरथ सिद्धौ भवानेव प्रमाणमिति विश्वस्तोऽहम् । परमेतद्वृन्तान्तं सुगुप्तमनुष्ठातव्यम् । तत्सिद्धिसंदेशवाहकम् पत्रमप्मवश्यं प्रेष्यं तदपि शीघ्रम।।

श्री दुर्गाविजयताम् ।

(5)

प्राणोपम श्री राजा जगमोहन सिंह ।

आज प्राणोपम प्राणवारे प्रियवर की पाती आई है मैं तो देखते ही आनंद रूप हो गया अहा कैसी समस्या उर में उसी काल अंकुरित हुई कि ''है षुशी है षुशी है षुशी'' तब तो झटपट मैंने एक कवित्त बनाया ।

सवैया

आज अनंद भयो भरपूर भयो दुख दूर हियौ हुलसी ।
मनौ धान सुखान में पानी परयौ कछु आय सुधारस सो बरसी ।
प्रिय की प्रिय पाती सुमंगल राती लई करसो उरसौ परसी ।
पर बाँचत ही कहि नाचि उठे है षुशी है षुशी है षुशी है षुशी ।।

शेष विनय

''हम पक्षी तुम कमलबन सदा रहो भरपूर।
हम पर कृपा न छाड़ियो का नियरे का दूर।।''

तुम्हारा दीन दोस्त रामलोचन प्रसाद

प्रिय नवाब साहेब सरफ़राज हुसैन को बंदगी कहना।

(6)

श्री दुर्गा विजयताम्।

प्रेममंजरी पत्र

दोहा

प्रेम करी हिय मुद भरी दरी कुठिलपन छत्र।
श्री लोचनपरशाद की प्रेममंजरी पत्र ।।1।।
जगमोहन ही को कियो जगमोहन अवतार।
ता कारन करतार को नाम भयो करतार ।।2।।

प्रियवर प्राणवारे

अरे वाह जी वाह तुमने तो आज अच्छी हँसी हँसाई पेट तो पाकासा बना दिया भला हमारी अंगुलियाँ ठठुर क्यौं गई अरु मित्र तुम्है तो बड़े-बड़े नखरे आते हैं ई तो हम पहिले ही लिख चुके कि आजकल हम शारदीय तप से तापित हैं इसलिए पत्र लिखने में बिलंब हो गया तो फिर प्रिय की छुट्टी... ने नहीं दई हा दई जब उसकी छुट्टी दे तब न हिय की कसकै मिटै विधाता तौ कूर ही है उसके गुण मैं क्या लिखूँ मैं भली भाँति उसको पहिचानता हूँ -

दोहा

मेल उन्हें भावै नहीं है सबसे प्रतिकूल।
घूण न्याय सब मेल ऊकरत होत उरसूल।।

तब मित्र धीरज धरो फिर यह भी तो एक समय ही है न - प्रियवर अपने मोकदमे का हाल लिखना कि अब क्या शकल निकली है प्राणवारे हमने एक पत्र बाबू साहेब को लिखा है अवसर पाय देख लेना और बाबू यमुना प्रसाद की भी पाती देखना और पढ़के सुना देना मित्र पत्र लिखने में बिलंब न करना शेष प्रार्थना ।

दोहा

पा-नी से कह्यौ राम राम करि मान ।
उर में सालत है अजौ बाकी चितवन बान।।

शेष

श्री रामलोचन प्रसादस्याशी राशिरास्ताम्

दोहा

प्रेम मंजरी तू कह्यौ प्यारे के मन माहिं ।
भला हमारी हूँ कभी याद होति की नाहिं।।

श्री भैआ अवधेश प्रसाद को बारम्बार आशीर्वाद लिखना श्री प्रिय प.ल। को बारम्बार आशीर्वाद कह देना और कहना कि अपने सभा में हमें भी याद करना कभी कभी।

सम्वत् 1921 मार्ग शुक्ल 12

(7)
श्री विजयते जीवितेशः
वसंतोत्सव हास्य

वन-वन वीथिन बाग मैं बनि बानक बहु रूप ।
लषो सजन कैसो कियो जग बसंत निजरूप ।।1।।
किशुक कुसुम डरावने लागत हैं बन बीच ।
बधि बसंत बिरहीन को लटकायो हिय षीच ।।2।।
वीथि-वीथि मैं फिरत बौराने नरनारि ।
पिचकारीं नारी भरैं अंकवारि नर धारि ।।3।।

हीः हिः हिः हिः थम्ह जाव हस लेने देव हीःहिःहिःहिः आ (बस) पेट तो पाका सा हो गया थम्हो-थम्हो जरा सुस्ता लेने देव तो सबब पूछना हः हः हः हः ओ जरा पलकें उठाकर देखो तो सही ! इन ग्रामियों को बसंत ने कैसा विह्वल बनाया है परस्पर निर्लज्ज गालियाँ बकती जाई भौजाई बेटी-चेटी भगिनी तो मानो परस्पर मंगिनी हो रही है माता को कौन माता है बुढ़िया तों युवजरती सी स्तन फटकिया उड़ाती इधर से उधर बसंत जननी सी मानो धमाल की ताल दे रहीं हैं बनन में बागन में बीथिन बजारन में बसंत की ससुरार हो रही है कहाँ तक कहैं जिधर आँखें उठाकर देखो हास्य ही हास्य है।।

किमधिकम्बिज्ञवरेषु

यह पत्री सविनय प्राणोपम बाबू यमुना प्रसाद को पढ़कर सुना देना और सविनय हमारे तरफ से कह देना कि तुम्हारी वीरता इसी में अटकी है कि निजाश्रित मित्रों को अपने विरह तीषी तलवार से मारो और एक पुरजी से भी प्राण रक्षा न करो भला यह कहाँ सीषे ? क्योंकि शेर के शिकारी तो बहुत देखने में आए पर मित्र के शिकारी तो आपही दीख पड़ते हैं हमारी बनी बिगड़ी माफ कर पत्री भेजो नहीं तो भला हम कैसे जिवेंगे यह पत्री हास्य रस है सुनना बसंत है न

तुम्हारे आनंद बन मधुकर लोचन

(8)

प्राणोपम श्री राजा जगमोहन सिंह

विज्ञवर

अहो ! मुझसे क्या कहते हो आज कितने रोज हो गए तुम्हारी तीन तीन पत्री आई पर मैं एक से भी उऋण न हुवा मुझसा कृतघ्न और कौन है मैं तो कुलिशोपम क्या साक्षात् कुलिश हो गया -बस कथा संक्षेप-मेरे ऊपर सब कठिन्योपमा न्यौछावर है अब हाल कुछ मेरा सुनो जिससे तुम्हारे पत्रोत्तर में देरी हुई। प्रथम मैं त्रिवेणी जी गंगा स्नान को गया था। गंगाजी की महिमा अपार है। क्षेत्र में आदमी की जमय्यत बहुत होती है बरंच मेला मैला आदमी गंदा चिन्ह मनुष्य का पर वास्तव में पशु होते है लौहाधिक्य वहीं विक्रय होता है यह क्षेत्र महाराज नेपाल के सरहद में है इंतजाम महाराजी पर निहायत खराब होता है वहाँ से गतगता सम्मित दसवें दिन फिर मैं निजालय को आया दो रोज गृहवास कर फिर मातुलालय को प्रस्थित हुवा मातुल तो

हमारे चतुर्थावस्था सम्पन्न काशी बास आस्विन ही से स्वीकार किये हैं उनका स्वभाव और स्वरूप संक्षेप में लिखता हूँ। उनकी मूर्ति देखने से ऐसा जान पड़ता है कि करुणरस के प्रवाह क्षमा और संतोष के आधार शान्तिरूपी लता के मूल क्रोध भुजंङ्ग के मंत्र सत्पथ दर्शक और सत् स्वभाव के आश्रय हैं उनके दर्शन से तो भाग्यहीन मैं ही न हुआ बरश्च उनके पुत्र जो उन महाशय के प्रतिबिम्ब साक्षात् और सौजन्यैक पात्र मेरे जीवन पात्र है उनके दर्शन से मुझको जो सुख हुवा मैं केवल इतना ही कहूँगा कि मैं निज भाग्य भोग्य किया उनका नाम तो यमुना प्रसाद है वह भी निजालय जो धनेशालय को अपने वैभव सामग्री से लजाता है तृणतुल्य छोड़ काशी जी विद्योपार्जन निमित्त हमारे जाने पर चतुर्थ दिन प्रस्थित हुए। हे ईश्वर क्या तुम्हारी ऐसी ही रचना है कैसे तुम्हें कोई करुणा सागर कह कर पुकारे और तुम द्रवो मेरे जान तुम्हारा नाम काठिन्य कल्पद्रुम है जिसके ये फल हैं कि जैसे स्वच्छाकाश को संध्या समय अनेक रक्तादि वर्णों से रंजित दिखला सारे संसार के आँखों के सामने क्षण भर में विध्वंस कर देता है हा इस भयानक संसार से भीत सुजन गोष्ठी में विश्रान्त को वियोग्नि अंगारा फलता है कहते हैं भाई जैसी व्यथा उस समय मेरे जी में हुई जी ही जानता है उस समय आपके पंडित जी का कहा याद आया ''मिलत एक दारुण दुख देही। बिछुरत एक प्राण हर लेही'' वस अब उनकी कथा नहीं लिखूँगा स्मरण होने से रोम खड़े होते हैं प्रत्यंग सहरा जाता है अब कुछ और सुनो-

मैं मातुल हर्म्यारुढ़ वियोग सागर में निराधार निमग्न सकल अंग शिथिल किये बैठा था आँखों के सामने भादों की अंधियारी छा रही थी अचानक पीतपट ओढ़े एक नवला चपला सी चमक उठी आँखों में चकाचौंध आ गई भाई मैं उसकाल में प्रत्यङ्ग तो उसे देखने नहीं पाया कारण यह था कि एक-एक अंग से उसके हजारों सोभा की तरङ्ग उठती थी जिस अङ्ग पै दृष्टि पड़ती थी वहाँ ही डूब जाती थी फिर उत्तीर्ण होने की नहीं मैं उसके अनुरूप उपमा कहाँ से ढूँढ लाऊँ पर भाई तुम रसिक शिरोमणि और मेरे हृदयज्ञ हो इसलिए एक मोटी सी उपमा देते हैं अज्ञ मत कहना। उसका रूप तो पश्यन्मनोहरा था आप बसंती पहने बसंत बहू सी मालूम होती थीं, थी तो चतुर्दशवार्षिका पर रूप लावण्य देखने से ऐसा जान पड़ता था कि ''तारुणये सति किं करिष्यत्यहो यूनामियम्बालिका !''

× × ×

पत्रवृद्धिभय से उसका विरह वर्णन नहीं किया। अब तो अक्षर लिप्त सब कागज हो गया मन का मनोरथ मन ही में रहा भला अपराध क्षमा करो पत्रोत्तर मैं शीघ्र ही दूसरे पत्र पर लिखूँगा वरश्च मम सख्युरारामोत्सवं शीघ्रं लिखित्वा प्रेष्यसि अब बसंत आया ऋतु बदल गई इनकी महिमा।

दोहा

देख दुखिन को दुख बहुत सुखिन बहुत सुख भार।
संयोगी केसार से बनि बन करत उजार।

तुम्हारे आनंदबन मधुकर लोचन।

इनका विवाह संवत् 1919 में हुवा इस समय ये 10 वर्ष के थे। अभिमुक्त बारानसी में ये पहिले पहिल जाड़े के दिनों में सम्वत् 1930 में पधारे और इसी बेर मुझसे समागम हुआ। ये रसिक प्रधान और मेरे बड़े ही प्रिय मित्र थे। गत वर्ष में हम सब एक संग रामलीला का प्रधान मेला देखने जाते थे और विश्रम्भालाप भी प्रायः घण्टों तक होता था।

इनकी प्राणाधिक प्रियतमा संवत् 1931 में बैकुण्ठ को सिधारीं उसके अनंतर ये कुवार 1931 में यहाँ आए।

जब उनकी प्रिया का बैकुंठवास हुवा तब मैंने भी उनको एक पाती लिखी जिसको यथोचित प्रकाश करता हूँ॥

''सिद्धि श्री लोचन सुखद लोचन रामप्रसाद।
मम लोचन में बास किय दूरी करत विषाद॥1॥
अति विलंब पाती लिखत छमहु सदा प्रियमित्र।
बिछुरन विरह सदैव दुख मो हिय तुम्हरो न्नित्र॥2॥
प्रिया गमन परलोक को सुनि हिय बाढ़ो दुक्ख।
यह कारन पाती बिलम मो जिय नाही सुक्ख॥3॥
कहा कहौं करतार की टारी टरै न रेख।
जीवन मरन सुनित्य है बस न काहु को देख॥4॥
तदपि मित्र धीरज धरहु बीज बिटप को हेत।
बीज आप प्रतच्छ हौ बहुत विटप प्रभु देत॥5॥

एक बरन पै एक मनि धरै साहसी कोय ।
तदपि मोल तव पत्र को कबहुँ न होय न होय ।।6।।
कुशल छेमअपनी लिखहूँ यहाँ कृपा तव सीस ।
है प्रिय मित्र तुम्हार सब सुमिरहु श्री जगदीस'' ।।7।।

12 सेप्तेम्बर 1874 श्री जगमोहन सिंहस्य प्रणामा संत
काशी !!

इसके अनंतर जब हमारे प्रीतम ने कुछ न लिखा और मौन व्रत धारन कर बैठ रहे तब तो मुझसे न रहा गया और फिर शीघ्र ही एक पाती और लिखी।।वह यह है

मित्रवर !

पतियाँ भेजी एक नहिं तज्यौ मोहिं बिसराय ।
खबर अदर नहिं लिखी तुम नैनन नीर समाय।।1।।
गिरि से जिमि नदियाँ बहैं झर झर बहै सुधार ।
नीर तीर नैनन नए उरझत है बहुबार ।।2।।
उरझै फिर सुरझै नहीं ये बिश्वासी नैन ।
जहं कोऊ परदेशी मिलै जाए मिलै अति पैन ।।3।।
मिलन आस निसिदिन बसै बिछुरन दुख नहिं सोच ।
जुगल नैन नैनहिं जहाँ चैनन नीरन मोच ।।4।।
प्रीति करत अति सुख लगै खबर रीति की नाहिं ।
रो रो लोचन लाल हो समझै नहिं मन माहिं ।।5।।
पाछे सम्पत विपत है रहै संग ये दोय ।
बिछुरन सो दुख आन नहि कोऊ और न जोय ।।6।।
पाती पै आतुर लिखहु जीमे जीमे धीर ।
होय मित्र अजहू भलौ नैन बहै नहिं नीर ।।7।।

27 नवम्बर 1874 तुम्हारा
काशी जगमोहन सिंह ।।

फिर ''प्रेम मंजरी'' (नम्बर 6) आई और उसके उत्तर में मैने यह पाती पठवाई ॥

प्रिय

प्रेम मंजरी प्रेम के फूलन गूथी आज ।
पाई, आई साँझही सुख दैवे के काज ॥1॥
प्रियवर लोचन ! मित्रबर मो लोचन के तार ।
प्रेम मंजरी रसभरी हृदय करी जिमि हार ॥2॥
श्री लोचन ! तुम पत्र ने सोचन मोचन कीन्ह !
मो नैनन के नीर की हीर पीर लै लीन्ह ॥3॥
प्रीतम तुम्हरे मिलन को नित्त चित्त अकुलात ।
प्राण अहो ! तुम बिन दुखी सुखी न निसी बिलखात ॥4॥
बिलम करत तो आपहो दोष लौट मुहि देत ।
वेद सुमित पाती गई हीर न हियकी लेत ॥5॥

25 दिसम्बर 1874 तुम्हारा
काशी जगमोहन सिंह

अंत की एक पाती मैंने रजस्टरी करके पठवाई जब उनकी कुछ खबर न मिली। वह यह है

मित्र ! यहाँ वारुणी और ग्रहण आ पहुँचे तुमने आने की प्रतिज्ञा की थी क्यों नहीं आते ए नैन दुख के अैन होकर पयोधर के समान आँसू बरसाते हैं और इनको सिवाय तुम्हारे दर्शन के और कोई अन्या औषधि नहीं है शीघ्र करने के कारण यह पत्र रजस्टरी करके भेजते हैं कृपा पूर्वक ग्रहण करके शीघ्रागमन करना दक्षिण हस्त में बड़ी वेदना है अतएव अधिक नहीं लिखा जाता क्षमा करना।

7 फाल्गुन 1932 तुम्हारा
जगमोहन सिंह

इसके अनंतर काशी का विख्यात मेला बुढ़वा मंगल आया पर वे न आये आने की प्रतिज्ञा की थी न तो कुछ पाती का उत्तर दिया शंका तो जी में अंकुरित हुई पर क्या हो सकता है कुछ दिनों के अनंतर 4 अप्रैल सन् 1874 रविवार केदिन एक आदमी श्री बाबू यमुना प्रसाद शुकुल के पास आया। कहाँ तो हम लोग उनके आने की राह देखते थे कहाँ वह यह संदेसा लाया कि आपने अपनी राह ली - मैं तो अपने घर में बैठा तेल लेपन अंग में कर रहा था कि नकटा नामक सहीस श्री बाबू यमुना प्रसाद का एक पुरजा लाया वह यह था।

My dear Jagamohan

I am very sorry to inform you that Babu Ramalochan Prasad died

Yours Sincerely

(Sd.) Jamuna Prasad Sukul

To

Thakur Jagmohan Sinha

इस पत्र को बाँचते ही मेरे नैन सजल हो आये और भोजन के बिना मैं उठ खड़ा हुआ नकटा भी पत्र देकर रोने लगा जाते ही यमुना प्रसाद जी मिले और शोकाकुक बैठे ही थे मैंने पूछा ''कैसी बीती ?'' उन्होंने कहा सब जानते ही तो हो एक आदमी उनके घर से यह चिट्ठी (हाथ में चिट्ठी को ले दिखलाते हुए) आई है।

मैं तो उस आदमी के पास गया और पूछा कि सब कह सुनावो।

मैं और श्री बाबू मोती प्रशाद और श्री मङ्गल प्रशाद बैठे और वह रो-रो कर लंबी साँसों को ले-ले कहने लगा ''पहिले तो इनके ओंठ पर एक फोड़ा हुआ जिसके आरोग्य के निमित्त गोरखपुर के अस्पताल में गए वहाँ पर औषधि अच्छी भई और फोड़ा आराम हो गया ये अपने घर लौट आये कुछ दिनों के अनंतर इनने कहा कि मैं काशी को जाऊंगा लोगों ने कहा क्यों घबड़ाते हैं। फिर तो इनने कहा कि उनके बिना जीवन व्यर्थ है और सचमुच नेत्रों से रुधिर की धारा बहने लगी तीसरे दिन जहाँ इनकी प्रिया थी वहाँ ये भी सिधारे।'' कथा समाप्त हो गई अब

क्या अब तो बस-जैसी मुझ पर बीती जी ही जानता बहुत कहने से क्या ? ये 30 मार्च सन् 1875 (सम्वत् 1932) में बैकुण्ठ वासी हुए।।

इति

उनकी अंत की पाती ज्यों की त्यों छपती है मुझको उनकी जन्मतिथि श्री पण्डित हरिप्रसाद पति ने लिख भेजी - ये उनके छोटे भाई हैं।

।।श्री दुर्गा विजयताम्।।

प्राणोपम श्री राजा जगमोहन सिंघ :

उरहना

तुम्हारे दीनानु कम्पनीय रामलोचन प्रसाद का मसी घटी कै है नहीं कागज के अब सुधि नहि लावत हौ। दृढ़ समाधि कै साधि मगन ह्वै हमरोई ध्यान लगावत हौ।

कै अपराध अगाधि समुझि मम मन-मन रोस बढ़ावत हौ।
कहौ-कहौ तब प्राणनाथ तुम पाती क्यों न पठावत हौ ।।1।।

क्यों प्यारे कर कमल की पाती आती नाहिं।
कागज घट्यो कि मसि घटी कै हमारि सुधि नाहिं ।।2।।

पहिले दृग पूतरि करि राख्यौ अब काहे बिसरावत हौ।
सुधा पिलाय पिलावत विष जिय नेकु दया नहिं लावत हौ।
तजौ निठुरपन प्राणनाथ तुम क्यौं इतनी कलपावत हौ।
हा हा हमारी सुधि लेवै को पाती क्यौं न पठावत हौ ।।3।।

मैं ही प्यारे दृगन की रहे पूतरी होय।
अब नैननि में किन कियौ वास पूतरी होय ।।4।।

आज नहीं तब काल आइ हैं याही मै बिरमावत है।
प्रीति फंद में डाल हमें अब भली भाँति तड़पावत हौ।
नैन नीर भरि-भरि निस बासर नेह नदी तैरावत हौ।

दई जरो यह प्रीति पाती क्यों न पठावत हौ ।
उचकि-उचकि तकि-तकि उठीं बकि बकि रावर नाम ।
दई प्रीति के फंद मै बावर कीनो राम ।।5।।

ऐसी आसा थी नहि तुमसो जैसी करि दिखरावत हौ ।
ह्वै हमार दूजन के ह्वै हो यह जित शंक जमावत हौ ।।
मान्यो नहिं कछु काम हमारो तासो नेह दुरावत हौ ।
भली करि ऐसी चाहिए पै पाती क्यों न पठावत हौ ।।6।।

नित-नित कै उरहन भलो है नाही कछु नेक ।
दया करो या दीन पर छाड़ि आपुनो टेंक ।।7।।

इति पत्रेदंमित्रचरणार्पणमस्तु

अय मित्र हम कौन से अपराध तुम्हारे किये ! हा हमें प्रीति फंद में फसाय अब मित्र छोड़ते हैं । हा इस कठोरपन का उपमा हम कौन जगह से ढूँढ़ लावै । सच तो सोचने से उपमेय ही है तब मित्र तुम आपी आप हो मित्र तुम्हारे वियोग से जैसी यहाँ कटती है ईश्वर साक्षी है अब तुम्हारी आस है विनय बारम्बार है भूलना मत ।

मित्र का पत्र प्रेममंजरी के फूल सा आया शीरसाभिवादन किया अपर पत्रों के निष्फल होने के कारण कुछ शोचित हुए पर ''अरसिकेषु रसस्य निवेदन'' मित्यादि पढ़ने से यावत्संतुष्ट हुए पर मित्र तुमउस हुक्केवाले का नाटक बनावो ।

।।इति।।

श्यामपुर

भारतखंड में अनेक खंड हैं, पर आर्यावर्त-सा मनोहर और कोई देश नहीं। पृथ्वी के अनेक द्वीप -द्वीपांतर, एक-से-एक विचित्र, जिनका चित्र ही मन को हर लेता है, वर्तमान हैं, पर आर्यावर्त-सी पुण्यभूमि न तो आँखों देखी और न कानों सुनी। इसके उत्तर भाग की सीमा में हिमालय सा ऊँचा पर्वत, जो पृथ्वी के मानदंड के सदृश है भूगोलमात्र में ऐसा दूसरा नहीं। गंगा और यमुना-सी पावन नदी कहाँ हैं, जिनके जल साक्षात् अमृतत्व को पहुँचाने वाले हैं।

त्रिपथगा की, जो आकाश, पाताल और मर्त्यलोक को तारती है, कौन समता कर सकता है ? सुर और असुर के मुकुट-कुसुमों-सी रजराशि की परिमलवाहिनी, पितामह के कमंडलु की कर्मरूपी द्रवधारा, धरातल में सैकड़ों संगरसुतों को सुरनगर पहुँचाने की पुण्य डोरी, ऐरावत के कपोल घिसने से जिसके तट के हरिचंदन से तरुवर स्पंदन होकर सलिल को सुरभित करते हैं, गंध से अंध हुई भ्रमरमाला, छंदोविचित्ति की मालिनी अंबतमसारहित भी तमसा के सहित भगवती भागीरथी हिमालय की कन्या-सी जगत् को पवित्र करती हुई नरक से नरकियों को निकालती है, इस असार संसार की असारता को सार करती है। भगवान् मदनमथन के मौलि की मालती को सुमनमाला, हलाहल कंठवाले के काले बालों की विशाल जाला, पाला के पर्वत से निकलकर सहस्र कोसों बहती विष्णु से जगत् व्यापक सागर से मिलती रहती है, इसकी महिमा कौन कह सकता है ?

यह की छोटी बहन यमुना से सख्यता करने से यमराज नगर के नरकादि बंदियों की मुक्ति कराने में कुछ प्रयास नहीं होता। प्रयागराज में यमुना की सहचरी होकर इस बात को दरशाती है। इसका समागम इस स्थल पर उनकी श्याम और सेत सारी प्रकट होता है।

इसके दक्षिण विंध्याचल-सा अचल उत्तर-दक्षिण को नापता भगवान् अगस्त्य का किंकर दंडवत् करता हुआ विराजमान है। इसके पुण्य चरणों को धोती मोती की माला की नाईं मेकलकन्या बहती है। यह पश्चिम वाहिनी जिसकी सबसे विलग गति है, अपनी बहन ताप्ती के साथ होकर विंध्य के कंदरों की दरी में तप करती सूर्य के ताप में तापित, सोतों के सदृश अपने बहुबल्लभ सागर में जा मिलती है। इसी नर्मदा के दक्षिण दंडकारण्य का एक देश दक्षिण कौशल के नाम से प्रसिद्ध है।

यही मग ह्वै कै गए दंडक बन श्रीराम।
तासों पावन देश यह विंध्याटवी ललाम।।

मैं कहाँ तक इस सुंदर देश का वर्णन करूँ ? कहीं-कहीं कोमल श्याम, कहीं भयंकर और सूखे-सूखे वन, कहीं झरनों का झंकार, कहीं तीर्थ के आकार मनोहर-मनोहर दिखाते हैं। कहीं कोई बनैला जंतु प्रचंड स्वर से बोलता है, कहीं कोई मौन ही होकर डोलता है। कहीं विहंगमों का रोर, कहीं निष्कूजित कुंजों के छोर, कहीं नाचते हुए मोर, कहीं विचित्र तमचोर, कहीं स्वेच्छाहार विहार करके सोते हुए अजगर, जिनका गंभीर घोष कंदरों में प्रतिध्वनित हो रहा है, कहीं भुजंगों की स्वास से अग्नि की ज्वाला प्रदीप्त होती है, कहीं बड़े-बड़े भारी भीम भयानक अजगर सूर्य की किरणों में घाम लेते हैं, जिनके प्यासे मुखों पर झरनों के कनूके पड़ते हैं, शोभित हैं।

जहाँ की निर्झरनी, जिनके तीर वानीर के भिरे मदकल-कूजित विहंगमों में शोभित हैं, जिनके मूल से स्वच्छ और शीतल जल धारा बहती है और जिनके किनारे के श्याम जंबू के निकुंज फल-भार से नमित जनाते हैं, शब्दायमान होकर झरती हैं।

जहाँ के गिरि विवर कुहिरे के तिमिर से छाए हैं। इसमें से भालुनी थुत्कार करतीं निकलकर पुष्पों की टट्ठियों के बीच प्रतिदिन विचरती दिखाई देती हैं। जहाँ के शल्लकी वृक्षों की छाल में हाथी अपना बदन रगड़-रगड़ खुजली मिटाते हैं और उनमें से निकला क्षीर सब वन के शीतल समीर को सुरभित करता है।

ये वही गिरि है, जहाँ मत्त मयूरों का जूथ बरुथ का बरुथ होकर वन को अपनी कुहुक से प्रसन्न करता है। ये वही वन की स्थली हैं, जहाँ मत्त हरिण हरिणियों समेत बिचरते हैं।

मंजु बंजुल की लता और नील निचुल के निकुंज जिनके पत्ते ऐसे सघन कि सूर्य की किरणों को भी नहीं निकलने देते, इस नदी के तट पर शोभित हैं। कुंज में तम का

पुंजित है, जिससे श्याम तमाल की शाखा निंब के पीत पत्रों से मिली है। रसाल का वृक्ष अपने विशाल हाथों को पिप्पल के चंचल प्रवासों से मिलाता है। कोई लता जंबू से लिपटकर अपनी लहराती हुई डार को सबसे ऊपर निकालती है। अशोक के ललित पुष्पमय स्तवक झूमते हैं। माधवी तुषार के सदृश पत्रों को दिखलाती हैं और अनेक वृक्ष अपनी पुष्पनमित डारों से पुष्प की वृष्टि करते हैं। पवन सुगंध के भार से मंद-मंद चलती है, केवल निर्झर का रव सुनाई पड़ता है। कभी कभी कोइल का बोल दूर से सुनाता है और कलरव निकट स्थित वृक्ष से सुनाई पड़ता है। ऐसे दंडकारण्य के प्रदेश में भगवती चित्रोत्पला, जो नीलोत्पलों की झाड़ी और मनोहर पहाड़ी के बीच होकर बहती है, कंकगृद्ध नामक पर्वत से निकल अनेक-अनेक दुर्गम, विषम और असम भूमि के ऊपर से बहुत से तीर्थ और नगरों को अपने पुण्य जल से पावन करती पूर्व समुद्र में गिरती है।

इस नदी के तीर अनेक जंगली गाँव बसे हैं। वहाँ के निवासी वन्य पशुओं की भाँति आचरण करने में कुछ कम नहीं हैं, पर मेरा ग्राम इन सभों से उत्कृष्ट और शिष्टजनों से पूरित है। इसके नाम ही को सुनकर तुम जानोगे कि वह कैसा ग्राम है। इस पावन अभिराम ग्राम का नाम श्यामपुर है। यहाँ के आम थकित पवित्र यात्रियों को विश्राम और आराम देते हैं। यहाँ क्षीरसागर के भगवान् नारायण का मंदिर सुखकंद इसी गंगा के तट पर विराजमान है। राम, लक्ष्मण और जानकी की मूरतें सजीव सूरतें सी झलकती हैं। ऐसा जान पड़ता है मानो अभी उठती-बैठती हों। मंदिर के चारों ओर गौर उपल की छरदिवाली दिवाली की शोभा को लजाती है। मंदिर तो ऐसा जान पड़ता है मानो प्रालेय पर्वत का कंदर हो। भगवान् रामचंद्र के सम्मुख गरुड़ की सुंदर मूर्ति कर कमल जोड़े सेवा की तत्परता सुझाती है। सोने का घंटा सोने की ही साँकर में लटका धर्म के अटका सा झूलता दीन दुखी दर्शनियों के खटका को मटकाता है। भटका-झटका भी कोई यद्यपि किसी दुख का झटका खाए ही यहाँ आकर विराम पाता है और मनोरंजन दुखभंजन खंजन गंजन विलोल-विलोचनी जनकदुलारी के कृपा कटाक्ष को देखते ही सब दुख दारिद्रय छुटाता है।

देवालयों की अवली नदी के तीर में नीर पर परछाईं फेंकती है। ऐसा जान पड़ता है कि जितने ऊँचे कँगूरों से वह अंबर को छूती है, उसी भाँति पाताल की गहराई भी नापती है। जहाँ विचित्र पाठशाला, बाला और बालक- पाठशाला,

न्यायाधीश और प्रबंधकों के आगार बनियों का व्यापार, जिनके द्वारे फूलों के हार टँगे हैं, जहाँ के राजपथों पर व्यापारियों की भीर सदैव गंभीर सागर सी बनी रहती है, चित्त पर ऐसा असर करती है, जो लिखने के बाहर है।

पुरानी टुटी-फूटी दीवालें इस ग्राम की प्राचीनता की साक्षी हैं। ग्राम सीमांत के झाड़, जहाँ झुंड कौए और बगुले बसेरा लेते हैं, गँवई की शोभा बताते हैं। पौ फटते और गोधूली के समय गैयों के खिरके की शोभा, जिनके खुरों से उड़ी धूल ऐसी गलियों में छा जाती है मानो कुहिरा गिरता हो।

यहाँ कोविद भरथरी, गोपीचंद, भोज, विक्रम (जिसे विक्रमाजीत कहते हैं), लोरिक और चँदैनी, मीराबाई, आल्हा, ढोलामारु, हरदौल इत्यादि की कथा रंजित हैं। ये बेचारे सीधे-साधे बुड्ढे जाड़े के दिनों में किसी गरम कौड़े के चारों ओर पुआल बिछा-बिछा के अपने परिजनों के साथ युवती और वृद्धा, बालक और बालिका , युवा और वृद्ध-सबके सब बैठ, कथा कह दिन बिताते हैं। कोई पढ़ा-लिखा पुरुष रामायण और ब्रजविलास की पोथी बाँचकर टेढ़ा-मेढ़ा अर्थ कह सबमें चतुर बन जाता है ठीक है - ''निरस्तपादपे देशे एरण्डोऽपि द्रुमायते'' । कोई लड़ाई का हाल कहते-कहते बेहाल हो जाता है, कोई किसी प्रेम कहानी को सुन किसी की प्रबल विरह वेदना को अनुभव कर आँसू भर लेता है। कोई इन्हें मूर्ख ही समझकर हँस देता है। यह भोली कविता भी कैसी होती है। अनुप्रास भी इन ग्रामीणों को सुखद होता है। धानों के खेत, जो गरीबों के धन हैं, इस ग्राम की शोभा बढ़ाते हैं। मेरा इसी ग्राम का जन्म है।

❑❑❑